国家出版基金项目
NATIONAL PUBLICATION FOUNDATION

新时代外国语言文学
新发展研究丛书

总主编　罗选民　庄智象

批评话语分析新发展研究

Critical Discourse Analysis: New Perspectives and Development

辛　斌　丁建新　钱毓芳 / 著

U0274708

清華大學出版社
北　京

内 容 简 介

本书试图在不断发展的话语社会理论的广阔背景下梳理 21 世纪以来批评话语研究在理论基础和方法论上的新发展。全书通过文献综述、理论探讨和实例分析相结合的方法，梳理和展示近年来人们在变化着的社会政治和学术形势下对批评话语研究中存在的一些问题的思考，对新的理论概念和分析方法的尝试，以及对批评话语分析未来发展的展望。

本书的读者对象是新时代语篇或话语分析者，尤其是对批评话语研究感兴趣的学者、教师和学生。

图书在版编目（CIP）数据

批评话语分析新发展研究 / 辛斌，丁建新，钱毓芳著. —北京：清华大学出版社，2021.9（2022.8重印）
（新时代外国语言文学新发展研究丛书）
ISBN 978-7-302-57272-5

Ⅰ. ①批… Ⅱ. ①辛… ②丁… ③钱… Ⅲ. ①批评—话语语言学—研究
Ⅳ. ① H0

中国版本图书馆 CIP 数据核字（2021）第 005005 号

策划编辑：郝建华
责任编辑：郝建华　刘　艳
封面设计：黄华斌
责任校对：王凤芝
责任印制：丛怀宇

出版发行：清华大学出版社
　　　　　网　　　址：http://www.tup.com.cn, http://www.wqbook.com
　　　　　地　　　址：北京清华大学学研大厦 A 座　　邮　　编：100084
　　　　　社 总 机：010-83470000　　　　　邮　　购：010-62786544
　　　　　投稿与读者服务：010-62776969, c-service@tup.tsinghua.edu.cn
　　　　　质量反馈：010-62772015, zhiliang@tup.tsinghua.edu.cn
印 刷 者：大厂回族自治县彩虹印刷有限公司
装 订 者：三河市启晨纸制品加工有限公司
经　　销：全国新华书店
开　　本：155mm×230mm　　　　印　张：22.25　　　字　数：339 千字
版　　次：2021 年 9 月第 1 版　　　印　次：2022 年 8 月第 2 次印刷
定　　价：128.00 元

产品编号：088066-01

中国英汉语比较研究会
"新时代外国语言文学新发展研究丛书"
编委会名单

总主编

罗选民　　庄智象

编　委

（按姓氏拼音排序）

蔡基刚	陈　桦	陈　琳	邓联健	董洪川
董燕萍	顾曰国	韩子满	何　伟	胡开宝
黄国文	黄忠廉	李清平	李正栓	梁茂成
林克难	刘建达	刘正光	卢卫中	穆　雷
牛保义	彭宣维	冉永平	尚　新	沈　园
束定芳	司显柱	孙有中	屠国元	王东风
王俊菊	王克非	王　蔷	王文斌	王　寅
文秋芳	文卫平	文　旭	辛　斌	严辰松
杨连瑞	杨文地	杨晓荣	俞理明	袁传有
查明建	张春柏	张　旭	张跃军	周领顺

总　　序

外国语言文学是我国人文社会科学的一个重要组成部分。自 1862 年同文馆始建，我国的外国语言文学学科已历经一百五十余年。一百多年来，外国语言文学学科一直伴随着国家的发展、社会的变迁而发展壮大，推动了社会的进步，促进了政治、经济、文化、教育、科技、外交等各项事业的发展，增强了与国际社会的交流、沟通与合作，每个发展阶段无不体现出时代的要求和特征。

20 世纪之前，中国语言研究的关注点主要在语文学和训诂学层面，由于"字"研究是核心，缺乏区分词类的语法标准，语法分析经常是拿孤立词的意义作为基本标准。1898 年诞生了中国第一部语法著作《马氏文通》，尽管"字"研究仍然占据主导地位，但该书宣告了语法作为独立学科的存在，预示着语言学这块待开垦的土地即将迎来生机盎然的新纪元。1919 年，反帝反封建的"五四运动"掀起了中国新文化运动的浪潮，语言文学研究（包括外国语言文学研究）得到蓬勃发展。中华人民共和国成立后，尤其是改革开放以来，外国语言文学学科的发展势头持续迅猛。至 20 世纪末，学术体系日臻完善，研究理念、方法、手段等日趋科学、先进，几乎达到与国际研究领先水平同频共振的程度，取得了令人瞩目的成绩，有力地推动和促进了人文社会科学的建设，并支持和服务于改革开放和各项事业的发展。

无独有偶，在处于转型时期的"五四运动"前后，翻译成为显学，成为了解外国文化、思想、教育、科技、政治和社会的重要途径和窗口，成为改造旧中国的利器。在那个时期，翻译家由边缘走向中国的学术中心，一批著名思想家、翻译家，通过对外国语言文学的文献和作品的译介塑造了中国现代性，其学术贡献彪炳史册，为中国学术培育做出了重大贡献。许多西方学术理论、学科都是经过翻译才得以为中国高校所熟悉和接受，如王国维翻译教育学和农学的基础读本、吴宓翻译哈佛大学白璧德的新人文主义美学作品等。这些翻译文本从一个侧面促成了中国高等教育学科体系的发展和完善，社会学、人类学、民俗学、美学、教育学等，几乎都是在这一时期得以创建和发展的。翻译服务对于文化交流交融和促进文明互鉴，功不可没，而翻译学也在经历了语文学、语言学、文化学等转向之后，日趋成熟，如今在让中国了解世界、让世界了解中国，尤其是"一带一路"建设、人类命运共同体构建，讲好中国故事、传递好中国声音等方面承担着重要使命与责任，任重而道远。

20世纪初，外国文学深刻地影响了中国现代文学的形成，犹如鲁迅所言，要学普罗米修斯，为中国的旧文学窃来"天国之火"，发出中国文学革命的呐喊，在直面人生、救治心灵、改造社会方面起到不可替代的作用。大量的外国先进文化也因此传入中国，为塑造中国现代性发挥了重大作用。从清末开始特别是"五四运动"以来，外国文学的引进和译介蔚然成风。经过几代翻译家和学者的持续努力，在翻译、评论、研究、教学等诸多方面成果累累。改革开放之后，外国文学研究更是进入繁荣时代，对外国作家及其作品的研究逐渐深化，在外国文学史的研究和著述方面越来越成熟，在文学理论与文学批评的译介和研究方面、在不断创新国外文学思想潮流中，基本上与欧美学术界同步进展。

外国文学翻译与研究的重大意义，在于展示了世界各国文学的优秀传统，在文学主题深化、表现形式多样化、题材类型丰富化、批评方法论的借鉴等方面显示出生机与活力，显著地启发了中国文学界不断形成新的文学观，使中国现当代文学创作获得了丰富的艺术资源，同时也有力地推动了高校相关领域学术研究的开展。

进入21世纪，中国的外国语言学研究得到了空前的发展，不仅及时引进了西方语言学研究的最新成果，还将这些理论运用到汉语研究的实践；不仅有介绍、评价，也有批评，更有审辨性的借鉴和吸收。英语、汉语比较研究得到空前重视，成绩卓著，"两张皮"现象得到很大改善。此外，在心理语言学、神经语言学和认知语言学等与当代科学技术联系紧密的学科领域，外国语言学学者充当了排头兵，与世界分享语言学研究的新成果和新发现。一些外语教学的先进理念和语言政策的研究成果为国家制定外语教育政策和发展战略也做出了积极的贡献。

习近平总书记指出："要着力推进国际传播能力的建设，创新对外宣传方式，加强话语体系建设，着力打造融通中外的新概念新范畴新表述，讲好中国故事，传播好中国声音，增强在国际上的话语权。"为贯彻这一要求，教育部近期提出要全面推进新工科、新医科、新农科、新文科等建设。新文科概念正式得到国家教育部门的认可，并被赋予新的内涵和定位，即以全球新技术革命、新经济发展、中国特色社会主义新时代为背景，突破传统的文科思维模式与文科建构体系，创建与新时代、新思想、新科技、新文化相呼应的新文科理论框架和研究范式。新文科具备传统文科和跨学科的特点，注重科学技术、战略创新和融合发展，立足中国，面向世界。

新文科建设理念对外国语言文学学科建设提出了新目标、新任务、新要求、新格局。具体而言，新文科旗帜下的外国语言文学学科的发展目标是：服务国家教育发展战略的知识体系框架，兼备迎接新科技革命的挑战能力，彰显人文学科与交叉学科的深度交融特点，夯实中外政治、文化、社会、历史等通识课程的建设，打通跨专业、跨领域的学习机制，确立多维立体互动教学模式。这些新文科要素将助推新文科精神、内涵、理念得以彻底贯彻落实到教育实践中，为国家培养出更多具有融合创新的专业能力，具有国际化视野，理解和通晓对象国人文、历史、地理、语言的人文社科领域外语人才。

进入新时代，我国外国语言文学的教育、教学和研究发生了巨大变化，无论是理论的探索和创新，方法的探讨和应用，还是具体的实验和实践，都成绩斐然。回顾、总结、梳理和提炼一个年代的学术发展，尤其是从理论、方法和实践等几个层面展开研究，更有其学科和学术价值及现实和深远意义。

鉴于上述理念和思考，我们策划、组织、编写了这套"新时代外国语言文学新发展研究丛书"，旨在分析和归纳近十年来我国外国语言文学学科重大理论的构建、研究领域的探索、核心议题的研讨、研究方法的探讨，以及各领域成果在我国的应用与实践，发现目前研究中存在的主要不足，为外国语言文学学科发展提出可资借鉴的建议。我们希望本丛书的出版，能够帮助该领域的研究者、学习者和爱好者了解和掌握学科前沿的最新发展成果，熟悉并了解现状，知晓存在的问题，探索发展趋势和路径，从而助力中国学者构建融通中外的话语体系，用学术成果来阐述中国故事，最终产生能屹立于世界学术之林的中国学派！

本丛书由中国英汉语比较研究会联合上海时代教育出版研究中心组织研发，由研究会下属 29 个二级分支机构协同创新、共同打造而成。罗选民和庄智象审阅了全部书稿提纲；研究会秘书处聘请了二十余位专家对书稿提纲逐一复审和批改；黄国文终审并批改了大部分书稿提纲。

本丛书的作者大都是知名学者或中青年骨干，接受过严格的学术训练，有很好的学术造诣，并在各自的研究领域有丰硕的科研成果，他们所承担的著作也分别都是迄今该领域动员资源最多的科研项目之一。本丛书主要包括"外国语言学""外国文学""翻译学""比较文学与跨文化研究"和"国别和区域研究"五个领域，集中反映和展示各自领域的最新理论、方法和实践的研究成果，每部著作内容涵盖理论界定、研究范畴、研究视角、研究方法、研究范式，同时也提出存在的问题，指明发展的前景。总之，本丛书基于外国语言文学学科的五个主要方向，借助基础研究与应用研究的有机契合、共时研究与历时研究的相辅相成、定量研究与定性研究的有效融合，科学系统地概括、总结、梳理、提炼近十年外国语言文学学科的发展历程、研究现状以及未来的发展趋势，为我国外国语言文学学科高质量建设与发展呈现可视性极强的研究成果，以期在提升国家软实力、构建人类命运共同体过程中承担起更重要的使命和责任。

　　感谢清华大学出版社和上海时代教育出版研究中心的大力支持。我们希望在研究会与出版社及研究中心的共同努力下，打造一套外国语言文学研究学术精品，向伟大的中国共产党建党一百周年献上一份诚挚的厚礼！

罗选民　庄智象

2021 年 6 月

前　言

始自四十多年前"批评语言学"（critical linguistics，CL）并经由"批评话语分析"（critical discourse analysis，CDA）发展而来的"批评话语研究"（critical discourse studies，CDS）今天早已超出欧美走向了全球，受到了广泛的认可，确立了自己作为一种（批评）社会研究方法的地位。批评语言学和批评话语分析经常被视为两个可以互换使用的概念，笼统地指任何旨在通过语篇或话语分析来揭示意识形态的生产和再生产。由批评语言学和批评话语分析拓展而来的批评话语研究在保持两者传统关注的基础上更加注重探讨话语在塑造当代社会和被其塑造中的发展变化。虽然一些批评话语研究者依然坚持以往只对语篇分析的兴趣，但一些主要流派，像"话语–历史方法"（the discourse-historical approach，DHA）、"社会–认知方法"（the socio-cognitive approach）、"多模态分析"（multimodal analysis）等，开始更加重视对社会文化语境和行为者身份以及符号的多模态和其中介方式的分析。

批评话语研究领域的权威期刊《话语与社会》（*Discourse & Society*）和《批评话语研究》（*Critical Discourse Studies*）分别于 2016 和 2018 年先后出版了三期专刊，它们都强调应加强批评话语研究的概念和理论研究。前者的特邀编辑科里赞诺斯基（Krzyżanowski）和福奇特纳尔（Forchtner）（2016：256）指出："我们尤其想强调，21 世纪第二个十年的 CDS 理论——常被称为后危机时代或者后新自由主义阶段——面临着一些既是真实世界性质的又是社会和学术性质的挑战。为了应付这种双重挑战，本引言之后的这些文章强调必须从双重的视角回顾 CDS 理论。"他们认为批评话语研究一方面必须首先应对社会政治挑战，考虑应付新的话语变化和话语变迁以及当代公共话语的新的性质和特征；另一方面，我们也急需在近来不断发展的话语社会理论的更广阔的背景下重新思考批评话语研究的理论基础，倾听来自批评话语研究核心领域之外的一些声音，以便丰富并帮助批评话语研究超越自己以往的传统，在变化着的社会政治和学术形势下发展出新的话语理论概念和分析研究方法。

我们写作本书的初衷也是从上述这两个方面梳理 21 世纪，尤其是最近十年来批评话语分析的主要新理论和新发展。我们在第 1 章和第 2 章里首先简要梳理了批评话语分析对后现代主义 / 后结构主义、语言相对论的一些核心理论概念的传承及其有关语言的对话性和意识形态性的观点。批评话语研究是兴起于 20 世纪 70 年代末的一种话语研究范式，到现在已有四十余年的发展史。第 3 章以 1979—2018 年间中国知网期刊数据库（CNKI）和科学引文索引数据库（WoS）的批评话语研究文献为数据来源，运用文献计量学的方法，结合 CiteSpace 可视化软件绘制国内外批评话语研究的科学知识图谱，通过对比国内外该领域的发文量、高产作者、研究机构、高被引文献来梳理国内外批评话语研究四十年来的发展脉络以及热点与前沿议题。

当批评话语分析或批评话语研究进入 21 世纪第二个十年之后，人们就开始对新千年的批评话语研究或批评话语分析进行反思并对其未来的发展做出展望，第 4 章试图从四个方面对此加以梳理和评介：（1）对批评话语研究中的一些核心概念的反思；（2）马克思主义与批评话语研究；（3）批评话语研究的伦理问题；（4）批评话语研究的未来发展。第 5 至第 10 章以理论阐释和案例分析相结合的方式具体地展示批评话语分析在进入 21 世纪之后的新发展和新方法。第 5 章所关注的互文性分析在批评话语研究中历久弥新，这一概念凸显了现代文化生活的相互关联性和相互依存性，是一个十分有用的概念。批评话语分析中的互文性研究试图表明意识形态是由特定社会群体的语篇和话语建构的，意义由具体社会形态中常规有限的行为和互动模式生成。在第 6 章中我们试图表明，批评话语分析在对语篇生成和理解的社会机制和过程进行理论描述上取得了令人瞩目的成果，但在对这些机制和过程进行心理和认知的阐释上还没有提出比较成熟的理论和方法。随着近年来认知语言学和心理语言学的不断发展，批评话语分析学者已经开始关注它们的研究成果并试图将其应用于批评话语分析。

语料库方法从 20 世纪初尤其是 20 世纪 80 年代以来随着计算机技术的迅速发展，在语言学界得到广泛的应用。语料库方法可以用来揭示语言与社会之间的关系，这是话语分析的核心问题之一，尤其是批评话语研究。第 7 章旨在表明利用大型计算机语料库的价值在于提高分析的实证可信度，减少分析者的政治和认知偏见。今天的民族志方法不再是 20 世纪早期专门研究偏远民族的方法，而是延伸到城市亚文化地带，或某个特殊人群、特别的社区；该方法也日渐渗透到社会科学的其他学科，包括社会学、教育学、语言学、历史学等学科。第 8 章首先介绍了民族志的含义和民族志方法在各研究领域的拓展和应用，然后结合具体案例分析重点讨论了该方法与批评话语研究相结合的问题、优势和新进展。

多模态是语篇的内在属性，近年来日益受到话语分析尤其是批评话语分析的关注。第 9 章对三则广告话语的分析表明，图像、颜色、线条等各种非语言文字模态在交流中经常与语言文字相辅相成，一起参与意义的构建，这足以证明语言之外的其他符号系统也是意义的源泉。当网络以难以想象的高速度发展的时候，网络语言由于各行各业人们的加入逐渐形成了自己的风格。可以说，因特网语是全球化的产物，其独特性与网络交流的特点和发展息息相关。第 10 章的分析表明，社交网络平台等新媒体的新闻话语既继承了传统媒体的主要特点，又有其独特的新媒体话语特征，使其信息传播的互文性和对话性更加明显。各种形式的新媒体与我们当今社会生活已经密不可分，其迅猛发展已经和将会继续催生出无限的虚拟空间，这既为现代社会和个人带来了极大的活力和便利，也对社会管理和个人素养带来了巨大的挑战和风险。

边缘话语分析是一种以社会关切为本的后现代主义话语分析范式，它试图打通话语批评与文化批评之间的阻隔与断裂，带有人种学的研究取向。它关注话语与文化的不平等，试图照亮话语与文化的边缘，以此消解"中心/边缘"、"主流/非主流"的二元对立。第 11 章试图厘清话语与人种学、话语与文本等边缘话语分析的一些基本理论问题。不同于纯粹学术或理论的探讨，批评理论从普遍性的社会问题入手，采取的立场往往是那些最受苦受难者的立场，批评性地分析那些权势阶层，揭示究竟谁该负责，谁又有能力解决这些问题（van Dijk, 1986：4）。

本书汇集了南京师范大学辛斌教授、中山大学丁建新教授和浙江工商大学钱毓芳教授近年来有关批评话语分析的最新研究成果，其中有些章节曾经在一些国内学术期刊上发表过。对本书做出贡献的还有李恩耀（参与撰写第 3 章）、徐丹（参与撰写第 9 章的 9.2 节）、李文艳

（参与撰写第 9 章的 9.4 节和第 10 章的 10.3 节）、张雪梅（参与撰写第 10 章的 10.2 节）、时佳（参与撰写第 10 章的 10.4 节）、张妙青（参与撰写第 10 章的 10.3 节）、沈文静（参与撰写第 11 章）。本书的付梓离不开以罗选民教授、庄智象教授为首的"新时代外国语言文学新发展研究丛书"的策划团队及清华大学出版社的郝建华分社长和刘艳编辑的鼎力支持和辛勤劳动，他们在本书的筹划和成书过程中提出了许多宝贵的意见和建议，我们在此表示由衷的感谢。

辛　斌

2021 年 6 月

目　　录

第 1 章
后现代语境下的批评话语分析

　　后现代社会的经济、政治和文化为批评话语分析提供了关键的主题和概念，而葛兰姆西（Gramsci）、哈贝马斯（Habermas）、福柯（Foucault）、德里达（Derrida）、巴特（Barthes）等的各种后现代主义理论对霸权斗争、全球化、知识和权力、语言和权力、生活世界的理性化、制度和生活世界的分离、制度对生活世界的殖民以及各种对这种殖民的抵制与反抗等的阐释为批评话语分析提供了一系列的理论和研究课题。对语言的批评研究至少可以追溯到苏联巴赫金学派（the Bakhtin School）的沃罗西诺夫（Volosinov）于 20 世纪 20 年代出版的《马克思主义与语言哲学》（*Marxism and the Philosophy of Language*），但它真正作为一种立场或方法却是出现于 20 世纪 70 年代以后的西欧和拉丁美洲。当时英国的一些语言学家如福勒（Fowler）、克莱斯（Kress）、霍奇（Hodge）等深刻认识到在当代社会以批评的态度看待语言的政治重要性，开始了批评语言学研究；1989 年费尔克劳（Fairclough）的《语言与权力》（*Language and Power*）一书的出版标志着"批评话语分析"的开始。乔利亚拉奇和费尔克劳（Chouliaraki & Fairclough，1999：2-3）认为批评话语分析产生于后现代的语境下，是对"后现代性"批评研究的一种贡献，其重点关注的是语言在后现代社会变化中的作用。他们将批评话语分析视为一种批评社会科学，指出话语是社会实践的一个组成成分，并与其他成分构成辩证的关系，批评话语分析应该超越阐释主义和结构主义社会科学的对立，倡导"建构主义的结构主义"（constructivist structuralism）或者"结构主义的建构主义"（structuralist constructivism）（Bourdieu & Wacquant，1992：11），即话语实践既受社会结构的制约，又是改变社会结构的生产过程。

1.1 后现代语境中的"文化"和"知识"

后现代主义是一个很难定义的概念，塞德曼（2001：28）指出，"根本就没有一种社会知识的后现代范式。在后现代的旗帜下，有多种多样的研究方法和概念策略。"但是"就抛弃某些关键的启蒙假设这一点而言，所有的这些方法和策略都具有某些类同或相似。"总体而言，后现代理论家都反对以特定方式来继承既定的理念，都反对以各种约定俗成的形式来界定或者规范其主义。现代西方文化的核心是启蒙主义，理性被尊为至高无上的权威，而后现代主义把对理性的怀疑作为其最重要的标志。启蒙时代以来的理性被分为两类，一是帮助人们摆脱蒙昧与恐惧的"人文理性"（human rationality），二是帮助人们了解自然、规范生产的"工具理性"（instrumental rationality），两者在资本主义发展的初期相辅相成、和谐统一。但是，随着 20 世纪以来尤其是两次世界大战以后工业革命和科技创新的迅猛发展，科技理性逐渐取代工具理性并不断蚕食人文理性，支撑人文理性的自由和人权渐渐被科技理性所主导的标准化、统一性、整体性所侵蚀，从而由人类所创造的科学技术却反过来控制了人们的思想行为与文化生活，人们必须不断地去适应技术。人被异化了。

哈维（Harvey, 1989）对资本主义经济从以产品制造业为主转向以服务业为主，从传统的大规模生产到以消费主导生产的转变进行了分析，认为这种转变导致了贯穿于整个现代社会中的时空压缩过程的加速：生活节奏的加快，生活空间的相互跨越交叉，使人们感觉似乎只有"现在"，只关注"当下"成了现代生活的典型特征。随着旅行、运输以及信息和图像传送的加速和成本的降低，空间障碍消失了，时空被日益压缩的全球化导致了史无前例的全球和区域的、制度和个人的事物之间的相互渗透和融合。因此，全球化一方面第一次使人们有机会接触许多文化传统，大范围地分享各自的经历和经验，另一方面也造成主体的分化和碎片化。后现代的人们生活在一个技术的、远离自然的、城市化的世界中，文化变成了"仿冒"文化，复制品与正品难以区分。这一切都导致了人与自然的隔膜，也使科技与人文关怀之间的平衡受到破坏。

现代主义在摒弃传统现实主义以"反映论"（theory of reflection）为中心的文本创作原则的同时试图建立起以"表征论"（theory of representation）为中心的新范式，而后现代主义不仅反对现实主义的旧传统，也反对现代主义的新范式；它否定任何作品的整体性、确定性、规范性和目的性，主张无限的开放性、多样性和相对性，反对任何规范、模式、中心等对文本创作的限制。后现代主义认为世界是荒谬无序的，存在是不可认识的，因此它不再试图去表现对世界的认识，而是注重展示主体生存状况。后现代作品倾向于打破求同的稳定模式，强调差异的不稳定模式，提倡话语的异质多元本质，主张从文本叙事、话语传达到受众接受的各个层面都引入多元化的概念，不再强求故事、结构与文本内在表达的连贯统一。

在西方启蒙文化中，区分真理与谬误并且赋予科学以作为知识之特权的做法具有重大的社会意义。科学和知识一直以来都被与宗教、玄学、神话或意识形态等区分开来，而只有科学才能产生真理的主张，才能帮助人类获得进步和解放。科学与修辞以及科学与政治被置于对立的地位，这种对立以一系列相关的二元对立为基础，例如理性与情感、真理与谬误、现实与想象、意义与形式、主体与客体、主观与客观、男性与女性、心智与身体、知识与意识形态、在场与不在场、口头语与书面语、字面的与隐喻的，等等。在这些对立中，第一项均被置于上位，因此科学是真实的、客观的、精确的和理性的，非科学则是虚构的、借喻的、主观的和非理性的。后现代主义的一个主要标志就是挑战启蒙文化中的这种二元对立和中心主义的各种主张。在后现代文化中，"科学与修辞以及科学与意识形态之间的界限变得模糊或者消失了；事实与虚构、知识与偏见、科学与文学、精确的与借喻的、理性与直觉以及男性与女性的层次被打乱，变得不稳定了"（塞德曼，2001：18）。

启蒙主义者认为，心智与客观外界是不同的，语言作为人类心智与客观世界的媒介可以反映或再现客观世界。受这种思想的影响，西方现代社会理论家一直在寻求一种可以反映社会并揭示其规律、普遍结构和逻辑的语言，他们往往将自己国家独特的发展和冲突投射到全球范围，仿佛这种特定模式具有普遍意义。但是在后现代主义者看来，所有这种思想和做法都应该被抛弃，因为它们压制了不同社会之间存在的重要差异，延续了西方世界霸权主义和民族沙文主义的愿望，它们只不过是为了认可某些社会模式的神话。后现代主义者主张摒弃这种自我的和动原的本质主义语言，将"自我"视为带有多种矛盾、多种社会关系和社会利益的统一体。利奥塔（2001）表达了后现代转向的这一主题，即主体和社会领域的非中心化。在他看来，后现代的特点是在知识的领域摒弃了确定性，摒弃了支配社会及文化优越性和道德一元化标准的原则，不再那么迷信一个一元的和一致的自我："后现代的知识不仅仅只是当局的工具；它锻炼我们对差异性的敏感性并增强我们容忍不可通约性的能力。"（利奥塔，2001：36）。利奥塔认为在后现代的文化中知识会以两种形式存在，一是科学知识可能成为官僚化的社会操纵工具，二是知识的局限性、不确定性和不完全性会更加受到关注。这种后现代的科学知识将逐渐抛弃绝对标准和普遍范畴，使人们意识到并容忍各种社会差异、话语含混和冲突。

后现代社会的信息技术，尤其是传媒的发展，开拓了新的经历和知识渠道，使得通过电视和网络等手段与遥远的他人建立和保持联系成为可能，新媒体、新传播技术已经并正在继续广泛而深刻地改变着人类社会的传播生态。后现代主义理论因此聚焦于随之而来的不受时空局限的符号在经济和文化上的核心作用。鲍德里亚（Baudrillard，1983）指出，现实被这些循环的符号所构成的"虚拟物"（simulacra）所取代，这种状况既为人们创造了很多机会和可能性，又带来了很多痛苦和困惑，深刻地影响了人们的自我意识和归属感，制造了极大的混乱和无意义感。语言在后现代社会中被商品化了，广告和各类推销性话语在推销商品的同时其自身也变成了商品，语言审美和话语修辞普遍成为第一位的。广告等现代语篇既反映了语言商品化的统一趋势，又为受众提供了广阔的解读空间，话语的"同质性"（homogeneity）和"异质性"（heterogeneity）共存，两者之间呈现出前所未有的张力。在后现代文化中，社会领域之间的界限日益模糊或被重新调整，各种语言实践之间的边界也随之如此："学科间的界限已变得模糊……科学、文学和意识形态之间，文学和文艺评论之间，哲学和文化评论之间以及高雅文化评论和大众文化评论之间的界限都已变得相当模糊，其变化之大足以令那些启蒙文化的卫道士们目瞪口呆。"（塞德曼，2001：3）话语"杂合"（hybridity）的可能性和程度急剧增加，"杂合"成为后现代话语的一个典型特征。"杂合"意味着一个语篇可有各种不同的解读，而且当人们把不同的话语带入自己对某一语篇的解读中并通过把当下解读的语篇与在阅读过程中带入的其他语篇相结合时，就创造出了一种新的杂合语篇。因此，后现代社会的碎片化使得要维持意义寓居于语篇之内的传统观点变得异常困难。

在这样一个去中心化的碎片化的后现代文化中，人们的生活越来越具有反思性，我们不得不对自己如何生活不断做出选择，运用关于社会生活的知识来改变社会生活是后现代社会的一个典型特征。为了更好地进行这种反思，人们越来越依赖专家体系（例如专家的文章和书籍等），其生活也就越来越受控于专家系统和技术及其应用，对专家系统的有效性的信任或怀疑成为当代社会生活的一个典型特征。后现代社会无处不充斥着权力和随之而来的权力和知识的联系，包括技术和权力的联系。福柯用"生命权力"（biopower）这个词来指现代的权力形式：它"把生活及其机制带入了直接运算的领域并把知识／权力变成了改变人生的动因。"（Foucault，1981b：143）福柯重点分析了学校、医院、监狱等社会机构中的某些微观权力技术，如教育和医疗中的考试与体检或检查等。他认为现代的权力并非来自外部的控制，而是持续不断的技术行为，各种各样的技术渗透到了社会生活的方方面面并规范着现代生活。

总之，在 20 世纪下半叶，当人类迈入后现代的文化领域时，知识成了多样化的知识；同一性被视为零碎的、多元的和渗透性的，社会和政治失去了固定的中心；人们再也不是一味地去追求普遍性和真理，而是更多地去张扬个体、差异、异质、局部性和多元主义的价值观，就像利奥塔所呼吁的，"让我们向一体性开战；让我们来为那些无法再现的事物见证；让我们来激发差异并维护这个名称的荣耀。"（勒梅特，2001：360）

1.2　后结构主义的话语批评观

"后结构主义"（poststructuralism）是 20 世纪 60 年代以后法国知识界后马克思主义批判方法探索的产物，它是后现代人文研究和话语批评（linguistic criticism）的一个最有影响的起点。受战后西方哲学"语言学转向"（linguistic turn）的影响，后结构主义强调语言和话语在形成主体性、社会制度和政治上的作用，其目标是挑战构成西方资本主义社会和政治层次结构的基础的那些二元意义，其方法就是以德里达为代表的"解构主义"（deconstructivism）。解构主义重视差别、知识以及话语在社会政治生活中的作用，将许多社会问题归结为话语问题；正是后结构主义，尤其是福柯（Foucault，1972，1977，1981b），在人文科学和社会科学中确立了"话语"（discourse）这个概念："后结构主义的知识就是（也仅仅是）语言，这个知识的署名就是话语。"（勒梅特，2001：361）德里达对西方文化中的许多经典文本所进行的解构性解读在欧美学术界产生了广泛而深刻的影响。所谓"解构"就是消除和分解西方文化中以非黑即白的二元对立为基础的"逻各斯中心主义"。西方哲学传统的基础是像下面这样的一些二元对立：一致性／多样性、同一性／差异性、在场／不在场、普遍性／特殊性等。"解构"就是对这些恒定意义的分离，是后现代对结构主义的在场、秩序和中心整体性的一种反击。

解构主义摒弃"整体"思想，强调异质性、特殊性和唯一性，并对以任何形式透过语言传达的思想都进行解构，以便人们意识到思想的不稳定性和知识的无常，认识到对任何思想进行系统化、集体性的统一解说都是谬误的。不过，解构主义并非极端的反智论或者虚无主义，因为德里达反对的并不是思想或者知识本身，而是对思想成为体系，或者集结成为政治力量（例如各种意识形态）的反制。德里达认为意义处在不断地流变之中，不存在终极不变的意义；他提倡在文本的能指与所指之间建立非必然的联系，其目的在于凸显能指与所指搭配的任意性和他们之间的差异性，使所指脱离既定能指的依附从而扰乱固化的结构思想。由于结构具有固定性和确定性，相反的结构往往产生类似的意义，久而久之，人的头脑会由于局部结构的刺激而映射出大致全部的意义。这些被意义透支所笼罩的形而上学的先验结构被解构主义斥之为乏善可陈的守旧根源。因此，在后现代作品中开始经常可以感觉到一个看似熟悉的结构，然而很快这个感觉就会被逆预见而行或独立于结构之外的意义所打乱。这类出乎意料或出其不意的元素有助于消解读者对结构的期待，打破结构主义的整体同一性，也有助于培养读者的怀疑精神和多元心态。

　　后结构主义反对关于中心的各种哲学，提出了一个建立在"非中心化"（decentering）概念之上的知识政治学。勒梅特（2001：367–368）在评论后结构主义对社会学的意义时指出，其"最重要的优点就是对作为非中心化的社会理论的实质的差异原则所做的确切表述。多亏了后结构主义提出了'一旦世界被非中心化，社会差异的有限性就变得明显'的思想，如今有了一个重要的工作主体。例如哈丁的'断裂的同一性'的概念，这就是后结构主义运动引起的理论转向的一个实例。"虽然迄今很多人仍然坚持认为，在理论知识之外存在着一个"真实的"世界，世界的"真实性"通常被当作具体经验数据的来源，但后结构主义者对这种信念持强烈的怀疑态度。他们认为，一切知识都是通过描写而获得的，是经过语言的中介被组织在话语中而领悟的。然而，这样获得的知识并不是对现实世界的准确表征（representation），而是处在不断变化之中，在不同的情境中，知识结构是需要被重新建构的。任何结构都不存在终极的意义，解释的任务不是去寻找意义，不在于关注它的普遍结构，而在于事物的本身和阐释过程，现实必须作为一个文本来解读。

　　早在 20 世纪 60 年代伽达默尔（Gadamer）就在寻求超越科技理性与科学方法控制范围的真理经验，他强调认识真理的两个关键概念："偏见"和"视域融合"（the fusion of horizons），认为历史性正是人类存在的基本事实，无论是文本还是解释者都内在地镶嵌于历史性之中（辛斌，2004a）。我们生活在传统之中，传统是我们的一部分，由于时间、空间和记忆的相互作用，我们总对传统产生偏见，偏见构成了我们全部的体验。而理解活动是把自身置于传统的进程中并使过去和现在不断融合，因此理解不仅以偏见为基础，它还会不断产生新的偏见。伽达默尔（1999：388）对"视域融合"中的"视域"（horizon）作了这样的说明："视域概念本质上就属于处境概念。视域就是看视的区域，这个区域囊括和包容了从某个立足点出发所能看到的一切。"理解的过程总是涉及两种不同的视域，即文本的视域和理解者自身的视域。文本有自己的历史视域，是因为它是在特定的历史条件下，由特定历史存在的个人（作者）所创造出来的；理解者也有自己特定的视域，这种视域是由他自己的历史境遇所赋予的。而所谓理解无非是这两种视域的融合。视域融合意味着，理解既非由文本所决定，也非由解释者来决定，而是由二者的统一来决定的。伽达默尔十分赞同海德格尔的"人们不只在语言中思考，而且沿着语言的方向思考"的观点；他指出，语言是理解的普遍媒介，理解从本质上说是语言的，语言是一切诠释的结构因素，因此我们所认识的世界是语言的世界，世界在语言中呈现自己，所以我们掌握语言的同时也为语言所掌握，这个掌握的维度就是理解的界限，同时也是语言的界限。为了突破启蒙主义由理性、整体性、中心二元性、结构性等组成的理解的固化框架，伽达默尔和维特根斯坦（Wittgenstein）先后提出了"语言游戏"（language game）的概念。在他们看来，语言，无论是口头的还是书面的，都如同游戏一样，没有主体、没有终极目的，说话者只是沉浸在语言的交流过程里，娱乐其中。这实际上是要求后现代的叙事语言淡化中心而注重外在的叙事技巧和开放式的结尾，以使受话者从绝对理性的真理束缚中摆脱出来，还原语言的本体地位。

福柯反对启蒙主义将理性、解放和进步等同起来，认为现代性实质上是一种控制和统治的形式，主体和知识等都是它构造出来的产物。他从包括病理学、医学、监狱和性学等各个方面对这种控制形式进行研究，旨在揭示知识、理性、社会制度和主体性的现代形式，认为这些看似自然的东西实际上是在一定社会和历史条件下的特定产物。福柯认为现代理性是一种强制力量，他特别关注个人是如何在社会制度、话语和实践中被控制和被塑造成社会主体的。在古典时期，人的理性从神学束缚下被解放，它试图在一片混乱中重建社会秩序。启蒙的理性神话用"求全求同"的虚幻来掩饰和压制多元性、差异性和增殖性。福柯用不可沟通性、差异性和离散性来对抗现代理性的压抑，认为那些组装我们话语理性的各种规则并不是普遍的和不变的，它们都将随历史的发展而变化，并且只对特定时期的话语实践有效。1970 年前后，福柯从对理论和知识的考古学研究转向对社会制度和话语实践的谱系学研究，即把话语置入社会制度和实践之中，揭示其中的权力机制。福柯认为"权力"是一个尚未规定的、推论的、非主体化的生产性过程，它把人体不断地构成和塑造为符合一定社会规范的主体，它本质上不是压迫性的，而是生产性的力量。在福柯看来，"知识"是与权力控制分不开的，任何时期的"知识"同时就是权力机制。

巴特曾赞成萨特（Sartre）的存在主义观点，之后转向结构主义，再后来又批判结构主义，提出了一种取消结构的文本分析理论。巴特认为我们在读一个作品时总要追求作品文字后面的意义，第一次阅读是一种理解，而第二次阅读又寻到了另一种理解。作品的结构因此就不是固定的，它可以随阅读的进行而变动。他认为符号就是符号本身，不代表任何事物，意义的结构是流动可变的，但这种变动是在一个框架之内，读者也在这个框架之内进行多价解释。因此，对文本意义的理解不是绝对的，而总是相对的。巴特（2012）把对文本的理解过程分为"可读性的"（readerly）和"可写性的"（writerly），后者要求读者就像作者一样，去创作意义和我们的现实世界。巴特把文本置于与其他文本的联系中而不是与其作者的联系中。他区分作品和文本："作品是具体的，占用部分书籍空间（例如，在图书馆中），另一方面，文本是一个方法论的领域。……这种对立让我们想起拉康对'现实'与'真实'的区分：一个明摆在那里，另一个则需被证明。同样，在书店、卡片索引和课程表中可以见到作品，可是文本却根据某些规则或违反某些规则，从而把自身揭示和表述出来。作品是放在我们手上的，而文本则由语言掌控。"（勒梅特，2001：356）因此，作品是一个具体的看得见摸得着的客体，而"文本是一个永远开放的和没有限制的领域中的游戏，它们产生了这个领域，又为这个领域所产生，它们必须在这个领域中得到阐释。"（勒梅特，2001：357）

哈贝马斯把生活世界分为两个部分："公共领域"（public sphere）和"私人领域"（private sphere），前者指公民在其中商议社会和政治事务的社会空间，后者指主要以家庭为基础的私人空间。后现代剧烈地扰乱了社会生活的边界，也因此扰乱了包括公共领域和私人领域的各种社会领域之间的语言使用边界，导致了话语和语篇中广泛存在的语言杂合，而话语实践的全球化则使这种杂合显得尤为突出。随着商品越来越具有了文化的本质，它们也越来越具有了符号或语言的性质，语言本身也被商品化了，往往受到经济动机的驱使或干预。这样的后现代社会在很大程度上损坏了个人和集体的身份，身份建构上的斗争是现代社会生活的一个明显特征。作为后现代标志的反思实质上就是语言反思，即对语言往往被用于干预和改变社会生活的意识。

拉克劳和莫夫（Laclau & Mouffe，1985）认为维持社会封闭是不可能的，因为社会中存在着各种对立和对抗，他们将对抗定义为"他者的存在阻碍我维持自身不变"这样一种状况。后现代的话语研究通过把葛兰姆西的霸权理论和后现代的话语理论，尤其是德里达和福柯的理论结合起来探讨这种社会对立和对抗，认为葛兰姆西的所谓"霸权斗争"（hegemonic struggle）主要是通过不同的话语实践来表达和实施的，也即霸权斗争表现为争夺控制话语实践的斗争。因此，资本主义社会的政治斗争变成了话语内的斗争和争夺话语权的斗争。当然，这并不是说整个社会只是一个单一的霸权斗争领域，而是分成许多个领域，而且这种斗争也不仅仅是阶级斗争，也表现为其他社会关系之间的斗争。

后结构主义强调社会的开放性，这包括强调社会差异、多样性和与批评"本质性"（essentialism）相关的社会身份的流动性。我们已经看到，这些社会特征在后结构主义的理论中都与话语实践以及社会的话语构成性质有关。社会生活本质上就涉及对话语开放性的限制、形成封闭的隔离以及固化差异和意义。人们因其在社会结构中的不同位置而与话语所形成的关系是不同的，尤其是他们所参与的话语实践的开放程度和性质是随他们所属的阶级、性别、种族和时代的不同而不同的。后结构主义认为，主体是在实践话语形态过程中由话语建构的，因而是社会过程的结果而不是像启蒙主义观点认为的那样是社会过程的出发点。例如，所谓的"女人"这个概念的内涵主要是话语建构的；不存在先天性的女人属性，只有在各种各样的话语形态中按性别建构的社会分割。这个意义上的主体难免是弥散的（dispersed）和碎片化的（fragmented）。强调差异性、多样性、流动性和相对性，对话沟通、求同存异，始终是后现代语境下话语研究的出发点和落脚点。

本节所勾勒的后现代社会的政治、经济和文化语境为批评话语分析研究提供了关键的主题和概念，例如"杂合""商品化"（commodification）、"全球化"（globalization）、"身份"（identity）、"反思"（reflexivity）等，而葛兰姆西、哈贝马斯、福柯、德里达、巴特等的各种后现代主义理论对霸权斗争、全球化、知识和权力、语言和权力、生活世界的理性化、制度和生活世界的分离、制度对生活世界的殖民，以及各种社会运动对这种殖民的抵制与反抗等的阐释为批评话语分析提供了一系列的理论和研究课题，例如语言的商品化（Fairclough，1995a）、技术官僚话语（Lemke，1995；Fairclough，1992c）、官僚政治话语（Chilton，2004；Sarangi & Slembrouck，1996）、政治话语的媒体化（Fairclough，1995b）、语篇的互文性与对话性（Fairclough，1992c；van Dijk，2001），等等。

1.3　话语的实践性和建构性

　　语言在现代化过程中成为社会生活越来越重要的一部分。那些把语言作为核心问题的后现代社会批评理论家在基本坚持马克思主义传统的基础上，试图发展一种更加辩证的社会观。例如哈贝马斯注意到了国家机器对资本主义市场经济造成的破坏效果的抵消作用，科学日益参与经济生产，成为一种重要的生产力。这些研究对国家、文化和社会交往的阐释丰富了经典的历史唯物主义并赋予了上层建筑在社会形态的构成和演化中更大的独立性。这些理论家在重构历史唯物主义中赋予了语言以核心的地位，对西方以理性主义为主导的认识论和反映论进行了有力的批判。

　　语言、权力和意识形态的关系是批评语言学和批评话语分析所关注的主要问题。受后结构主义思潮的影响，批评话语分析在很大程度上是对长期处于主导地位的结构主义语言学的反叛和补充，把语言形式在交际语境中的功能作为自己的核心课题。其代表人物福勒和克莱斯等人把语言与社会看作一个密不可分的统一体，他们在《语言与控制》（*Language and Control*）一书的序言里写道：（1）我们每天生成和接触的语言包含关于现实的具体观点或理论，不同的说话方式和写作风格表达对经验世界各领域的不同进行分析和评价；（2）语篇类型上的变化与社会因素和经济因素密切相关，因为语言变体反映和表达社会结构中的差异；（3）语言运用不仅仅是社会结构和过程的结果或反映，而是这些过程的一部分，它构成社会意义和社会实践。

　　哈维（1996）探讨了社会过程的话语方面和非话语方面的辩证关系，把社会过程分为包括话语在内的六个"时刻"（moment）：话语/语言、权力、社会关系（social relation）、物质实践（material practice）、制度／仪式（institution/ritual）、信念／价值观／欲望（belief/value/desire）。每一"时刻"都包含其他"时刻"的成分，因而话语是一种权力、一种信念／价值观／欲望形态、一种制度、一种社会关系、一种物质实践；反之亦然，权力、社会关系、物质实践、制度、信念等也都具有话语的一面。每一"时刻"内部的这种异质性反映了它们的相互制约性和共同决定性。批评话语分析所关注的核心问题是所有这些时刻之间是如何相互渗透、流动和转化的。费尔克劳（2006）运用哈维的这种社会过程中话语和非话语的辩证关系思想分析了语言在全球化过程中的作用，认为"全球化"这个词既指现实中发生的一系列变化，也表示对这些变化的表征，因此考虑全球化的实际过程和全球化话语之间的关系是同等重要的。他（2006：143）说："如果不考虑语言和话语我们就无法充分理解或分析作为一种现实的全球化，社会过程中的话语、表征方式、识解和想象构成全球化的一部分。如果再考虑到与全球化相联系的社会活动、互动互联的变化，以及由此带来的新的交际形式和新的体裁，我们就可以说全球化从内容到形式都具有话语的性质。"

批评话语分析者基本接受后结构主义的话语观和权力观，认为包括言语交际的所有社会实践都内嵌于权力关系网中，权力对实践主体具有支配作用。蒂特舍尔等（Titscher et al., 2000：144）在谈到批评话语分析的理论渊源时指出，福柯对包括费尔克劳在内的一些批评话语分析的倡导者是一个主要的影响来源。在福柯看来，话语并非语言或文本，而是在历史、社会和制度上关于陈述、术语、范畴和信念的特定结构。关于意义的具体阐释离不开冲突和权力，在话语的"势力场"（fields of force）中，各种意义进行着局部的竞争。控制某以特定势力场的权力在于宣称自己不仅拥有写在书面上的而且还拥有体现在学科和专业组织、机构以及社会关系上的科学知识。因此，话语不仅表达于文字中，而且还包含在机构和制度上，所有这些构成了待读的文本或文件（斯科特，2001：382）。话语势力场之间相互交叠、影响和竞争，它们为了自身的权威和合法性而求助于所谓的"真理"。费尔克劳（1992c：55–56）用了整整一章来介绍福柯关于话语和权力的理论及其对批评话语分析的影响，认为福柯理论中的以下五点对批评话语分析尤为重要：（1）话语的建构性质：话语建构社会，包括客体和社会主体；（2）"互话语性"

（interdiscursivity）和"互文性"（intertextuality）的首要性：任何话语实践都由它与其他话语实践的关系来规定，并以复杂的方式吸收利用其他话语实践；（3）权力的话语性质：现代"生命权力"，例如审查和忏悔，在很大程度上是话语的；（4）话语的政治性质：权力斗争既发生在话语中，也是为了话语；（5）社会变化的话语性质：变化着的话语实践是社会变化的一个重要因素。

葛兰姆西的"霸权"（hegemony）理论经常被批评话语分析者视为对福柯权力论的补充，用于分析作为支配力量的权力。霸权是一种基于"同意"（consent）而非"胁迫"（coercion）之上的支配关系，涉及把实践和其社会关系以及各种实践之间的关系自然化为"常识"（common sense）。因此，霸权这一概念强调在取得和维持支配关系中意识形态的重要性。拉克劳和莫夫（1985）试图把葛兰姆西的霸权理论与后现代的话语理论尤其是德里达和福柯的理论相结合，认为霸权斗争实质上是争夺控制话语实践的斗争，是通过不同的话语实践来表达和实施的社会对立和对抗，因而政治斗争就变成了话语内的斗争和争夺话语权的斗争。与葛兰姆西有所不同，拉克劳和莫夫并不把整个社会视为一个单一的霸权斗争领域，而是分成许多个领域，霸权斗争也不仅仅是阶级斗争，而是包括其他社会关系之间的斗争。安格里和沃达克（Angouri & Wodak，2014）运用"话语-历史方法"分析了在过去六年的希腊经济和政治危机中体现在话语上的各种社会政治力量的相互斗争和对抗以及希腊极右翼的"金色黎明"（Golden Dawn）党在此过程中的重新崛起。安格里和沃达克通过对英国《卫报》的 1497 份标语和广告及其宏观和微观语境的考察分析，向人们展示了各种社会势力如何建构和抵制"责怪"（blame）以及如何生成对自己有利的"意义"（sense）。作者最后得出的结论是，"金色黎明"党的重新崛起与"希腊危机"（Greek crisis）有直接的关系，而后者则是多种势力和事件的累加结果，话语在这一过程中起着不可忽视的作用。

沃罗西诺夫（1973）对运用一种抽象的规范体系来解释人类行为的做法提出质疑，认为这样做会抹杀真实生活的复杂性。他不认同结构主义语言学重"语言"轻"言语"的做法，认为"语言体系"并没有独立的实在性，它的存在取决于某一特定社会中个人的主观意识，而言语交际才是语言的基本现实："实际上，我们从不说或听见词，我们说或听见真或假，好或坏，重要或不重要，愉快或不愉快等等。词总是充满了来自行为和意识形态的内容和意义。那就是我们对词的理解，我们只能对在行为和意识形态上与我们相关的词做出反应。"（Volosinov，1973：70）包括结构主义在内的客观主义忽视社会实践主体，去寻找构成时间和实践经验的那些客观关系，如此使自己独立于社会实践之外，无法了解那些只有从内部才能把握的生成机制和原则。包括批评话语分析的批评社会科学，其研究对象是那些客观关系和结构与实践主体的立场态度之间的辩证关系，而这种研究的关键是如何看待作为社会实践一部分的话语。

在批评话语分析中，"话语"指的是社会实践的符号成分。话语在实践中具有双重性，即实践具有话语的成分（说话、书写等本身就是行为），而其本身又由话语表征。由于这样的表征帮助维持实践中的支配关系，因此话语具有意识形态性质。范吕文（1993：193）指出，话语和社会实践之间的关系有两种：一是话语本身就是社会实践（的一部分），是一种行为，是人们相互之间做的事情；二是福柯意义上的话语，是对社会实践的一种表征方式，是一种知识，是人们关于社会实践所说的话。就是说，一种是作为实践的话语，一种是作为理论的话语。CDA 对两种意义上的话语都应该关注，既关注作为权力和控制工具的话语，也关注作为对现实进行社会建构的工具的话语。

乔利亚拉奇和费尔克劳（1999）主张在对话语进行批评性分析时应该运用关系逻辑（relational logic）和辩证逻辑（dialectical logic）。关系逻辑意味着揭示话语如何内嵌于社会实践的网络中。他们对话语实践的阐释主要采用后结构主义的视角，尤其参考了后结构主义对关系逻辑的贡献，但却既不沿用其把整个社会生活归结为话语的做法，也不采纳其评判上的"相对主义"（relativism）。关系逻辑可以帮助人们识别话语实践和社会斗争背后的结构性关系，但它就像客观主义社会科学一样并不具有批评性。批评话语分析把社会关系和社会结构的稳定性视为权力的效果并对权力关系的再生产进行分析，从而把关系逻辑转化为一种辩证逻辑，其分析重点是社会结构的稳定性和持久性与具体的话语实践活动之间充满张力的辩证关系。社会结构既为话语实践提供可能性又施加限制，而话语实践既依赖社会结构又挑战和改变它："批评社会科学超越将结构和具体实践活动分开的结构主义做法，发展一种叫作'建构主义的结构主义'的认识论，并适当强调话语的建构功能。由于它关注构成实践内部关系稳定的那些关系系统，所以它是结构主义的；但它又是建构主义的，因为它同时关注揭示那些系统是如何在社会行为中被生产和被改变。社会制度既是社会行为的前提条件又是其产物。这种辩证关系反映的是社会中维持现状还是改变现状之间的权力斗争。"（Chouliaraki & Fairclough，1999：32）这段话表明，一方面作为社会实践一部分的话语对社会生活具有建构作用，另一方面由社会生产的结构是话语实践的前提条件，这就是所谓的"建构主义的结构主义"观点。

现代西方文明的核心是启蒙主义。启蒙主义者认为，现代科学以它的那种客观性、批判性和经验主义至上的文化将会使科学家完全脱离其所有的社会特性，获得一种只对真理发生兴趣的理性心智。但是，在后现代的文化语境中，"这种立场与居主导地位的社会学知识的逻辑是格格不入的，并一直受到各派科学评论家的严厉质疑"（塞德曼，2001：13）。罗蒂（2012）指出，现代哲学始终有一种对建立知识基础的追求，承担着把科学合法化为知识的任务。为达到这一目的，它假定了心智和客观现实之间的区别并把语言看作表征后者的媒介，把知识表述为语词和客观世界之间的镜像。罗蒂（2012：67）对此提出质疑："把语言中评估性的术语隔离开来，并把它们的不在场作为一门学科或一种理论'科学'特征的提议是行不通的，因为根本没有办法阻止任何人'评估性'地应用任何术语。"他认为，任何事物并不会在一种词汇中比在另一种词汇中得到更为"客观"的表达，虽然"词汇可分为有用的和没用的，好的和差的，有所助益的和误导的，敏感的和粗俗的，等等，但它们并没有分成'更客观的'和'不那么客观的'，或'更科学的'和'不那么科学的'。"（罗蒂，2012：76–77）罗蒂本人强调知识的语用特征，认为思想是为了做事，即为了推动某种利益和目标的实现。

在后现代的语境下，人们普遍认识到语言不仅具有工具性，也有建构性。不仅社会越来越被认为是一个文本，科学文本自身也被视为修辞学上的建构。塞尔顿（Seldon，1985：74）曾一针见血地指出："作家能够犯的最严重的罪行是妄称语言是一种自然透明的媒介，读者能够通过它理解一个可靠的和统一的'真理'或者'现实'。"福柯（1972：229）甚至呼吁"我们不应该想象这个世界会为我们提供一副可以辨认的面孔……我们必须把话语想象成我们施加于事物之上的暴力。"正因为如此，福勒（1991a：5）和其他批评语言学的创始者才感觉到对话语进行批评性分析的必要性："流行的正统观念认为，语言学是一门描写学科，无权对它所分析的材料进行评论；它既不规定用法也不评价所调查的事物。但是我看不出有什么理由不应该存在具有不同的目标和程序的语言学分支；既然语言运用是如此充满了价值观，实践一种旨在理解这种价值观的语言学似乎是无可非议的；这就是已为人们所知的批评语言学"。马奇恩和梅尔（Marchin & Mayr，2012b：4）在评价各种不同的批评话语分析方法时指出，它们的共同之处就是"都认为语言是社会建构的手段"。批评话语分析的创始者费尔克劳是其中的典型代表，他从一开始就接受了福柯关于话语建构社会现实的思想，指出话语既塑造社会又由社会塑造（Fairclough，1992c：55）。费尔克劳（2003，2006）继续认为社会和个体是被话语实践不断建构的，语言不是客观实在的反映，而是建构的积极媒介。因此对话语的关注不是要从话语中透视出某种客观实体的存在，而是要分析话语如何不断建构社会现实。费尔克劳认为话语的构建性通过两种方式实现：常规性和创造性。常规性的构建方式是指话语实践再生产已有的话语结构，维持现存的社会身份、关系和知识信仰体系。创造性的构建方式是指话语通过创造性地运用结构之外的语词来改变话语结构，从而改变原有的社会关系、身份和知识信仰体系。无论是创造性还是规约式的构建都依赖于社会语境，依赖于语言在其中的功能。

1.4 话语的异质性和对话性

利奥塔（2001：35–36）指出，"将来的社会将更多地落入语言粒子的语用学范围之内，而不是落入新牛顿人类学的领域（如结构主义或系统理论）之内。存在着许许多多的语言游戏，它们体现了各种成分的多相性。……后现代的知识……锻炼我们对差异性的敏感性并增强我们容忍不可通约性的能力。"启蒙主义者一直在寻求一种可以正确反映客观现实，可以解释社会本质结构或社会规律的语言。然而这种努力从来没有成功过，他们提出的一些所谓普遍理论的基本前提、概念、解释模型及其逻辑依据一再被证明是局部性的，而且具有种族优越论的性质。索绪尔（Saussure）的结构主义语言学试图运用一种统一的抽象的规范体系来解释人类的言语行为。但是，巴赫金学派早在 20 世纪初就对这一做法提出质疑，认为这样做会抹杀真实的语言使用的复杂性，无法解释具体话语（discourse in the concrete）的特定意思是如何产生的（Volosinov, 1973：70）。

　　巴赫金学派坚持话语的"异质性"，提出了"异体语言"（heteroglossia）这个重要概念，指许多不同语言变体（language variety，如方言、行话等）与一种民族语言（national language，如俄语、英语、汉语等）共存的状况。巴赫金（Bakhtin）认为语言在发展的过程中同时受到向心力和离心力两种力量的影响。语言的向心力使语言使用趋于统一和稳定，而离心力则使语言发生创造性的变化，产生异质、"杂合"的语言。巴赫金认为异体语言是语言多样性的体现，传统语言学所谓的统一语言实际上是不存在的，索绪尔的"语言"（langue），即作为一种民族语言统一标准的语法结构，并非"给定的，而是人为安排的，在其生存的每一时刻都与异体语言的现实相对立"（Bakhtin, 1981：270）。现实生活中的语言是芜杂、多样的，社会生活和历史变化带来语言内部"各式各样且各自自成一体的、用言语表述出来的思想意识体系……充满多种语言意义和价值取向的语言成分，每一种语言成分都有各自不同的声音"（Bakhtin, 1981：281）。在巴赫金看来，不同体裁、不同职业、不同时代的话语，甚至是不同个人的话语，以及官方语言、文学和政治运动语言都是不同的"语言"，都是纷繁世界中的异体语言。批评话语分析接受巴赫金的异体语言观点，认为任何对当今社会中各种形式和体裁的话语分析都应该包括对其体裁互文性（generic intertextuality）的分析，以揭示各种体裁是如何混合在一起的（Chouliaraki & Fairclough, 1999：118-119）。

　　由克丽丝蒂娃（Kristeva）在巴赫金的异体语言和对话性理论基础上提出的"互文性"这个后结构主义概念在批评话语分析中占有十分重要的地位。克丽丝蒂娃（1986：37）将"互文性"定义为"每一个词（语篇）都是不同的词（语篇）的交汇点，在此交汇点上至少能读出一个其他词（语篇）……任何语篇都是由引语拼凑而成，任何语篇都是对另一语篇的吸收和改造。"费尔克劳（1992c：84）的定义是："语篇所具有的充满其他语篇片段的特点；这些片段可能相互界限分明或者混合交融；语篇可能吸收、反对这些片段或者嘲讽地加以回应，等等。"乔利亚拉奇和费尔克劳（1999）认为，互文性是批评话语分析分析当代社会变化中的语言因素的一个核心概念，然而这个概念必须与权力理论（例如葛兰姆西的霸权理论）相结合，才能避免哈桑（Chouliaraki & Fairclough，1999：119）所提到的问题："互文性越来越扩张的范围意味着几乎无限制地涉及任何声音。不清楚物质基础和交流形式在何处、为何和如何来限制这种无处不在的互文性。"乔利亚拉奇和费尔克劳（1999：119）提出了语篇互文性分析的方法论原则，即人们应该不仅揭示所分析的语篇运用了什么互文资源，以及这些资源是如何由语言符号实现的，而且应该通过对语篇的分析揭示这些资源是如何在口头或书面语篇生成的过程中被相互结合运用的。把不同的声音以特定的方式编织在一起是语篇生成过程的一部分，把不同的话语和体裁混合在一起也是如此，问题不仅在于出现了不同的体裁，而更重要的是它们是如何在语篇中被利用和相互结合的。

后现代主义的重要标志是反对普遍性和统一性，突出差异性。但是仅强调差异性是不够的，还应该协商差异和超越差异，而协商则意味着将不同的话语带入对话。就哈贝马斯而言，对话的关键是通过就共同关心的问题进行公开和平等的讨论达成共识的过程。拉克劳和莫夫（1985）更关注对话的条件和效果，认为所建构的新的共识虽然改变了不同群体的身份，但却也平等体现了各方的要求，那么在不同的群体之间就存在着一种民主的平等。就是说，对话不仅涉及与他者话语的各种关系，也意味着对手之间的以势力为基础的协商，自己的身份不会被协商的过程所影响或改变。巴赫金学派则更强调对话的形式和内容。在巴赫金看来，语言的对话性不仅意味着任何话语都是对话链条上的一环，总是对他人话语的回应并预示或者引起他人的回应，也意味着话语具有内在的对话性（辛斌，1999），它是"复调的"（polyphonic）、"双声的"（double-voiced）、"双语言的"（double-languaged）。内在对话性是话语的一种普遍特征，其最一般的意义是在我的话语中出现他人的声音。巴赫金把他的对话理论也应用于对体裁的研究和分析，把体裁定义为一种活动形式，具有自己的主题内容、具体风格和组织结构。虽然话语受到体裁的限制，但同一话语中也会出现不同体裁的混合。因此，我们可以在两个层面来理解话语的对话性：首先，在一个话语中言者声音与他者声音的共现；其次，不同体裁特征在同一话语中的混合。

后现代社会中的主体身份本身就是异质性的，这是由社会对主体的各种定位所决定的。不同的异体语言既可以通过具体人物的言语进入语篇，各自带有自己的意识形态倾向，又可构成更广义上的对话背景，与整个语篇产生互动，形成语篇和语境的动态对话关系。因此，语篇中的语言并非一个统一体，而是充满了不同的声音和不同的观点，它们之间相互冲突或相互支持。巴赫金不断强调思想意识在领悟和理解由语言塑造的社会人的过程中的能动作用，对话的每一参加者都总是带着具体的预期和语义框架来理解具体的话语："说者冲破了陌生听者的概念视域（conceptual horizon），在陌生的领土上在自己和听者的统觉背景下建构自己的话语。"（Bakhtin，1981：282）这种自我与他者之间的对话以及将他者的概念视域融入自己的视域是个人自我意识发展和成熟的至关重要的阶段。这意味着个人意识必定是异质语言性质的，一个人所掌握的语言中的任何一种具体的"语言"不可避免地相对于总是已在那里的所有其他语言。正是在这些不同的语言或意识之间的不断对话中我们不仅表达自己并相互展示各自特有的内心世界，而且也塑造相互之间和我们与环境之间的关系，一点一点地改变着经常是不露痕迹地支撑和制约我们相互之间和我们与环境之间作用方式的那些现存的历史文化和意识形态。

在后现代文化中，"各种科学领域的传统分界线因此受到了质疑：学科消失了，科学边界线上出现了重叠交叉现象，新的领域由此产生了。知识的思辨层次让位于一种内在的、可以说是'扁平'的研究领域网络，而各领域的边界则处在不断变化的过程中。"（利奥塔，2001：39）这就是范戴克（van Dijk，2001，2004）所强调的批评话语分析的"跨学科性"（interdisciplinary）或"多学科性"（multidisciplinary）。"跨学科性"其实是包括批评话语分析的所有后现代社会科学研究的典型特征，它指的是突破传统学科的界限，把不同学科的理论和方法原封不动地应用于分析研究同样的问题。"跨学科性"要求理论应该是外散性的，与其他理论处于开放性的对话关系中。这经常取决于具体的理论如何定义自己的研究问题和研究对象。批评话语分析关注社会制度和社会行为的辩证关系，必然与其他理论发生联系，因此难免具有跨学科性质。具体而言，批评话语分析力图揭示人类交往的语言符号特征如何有系统地与交往的其他社会因素相关，即批评话语分析有系统地揭示符号的和非符号的、话语的和非话语的因素之间的转换关系。乔利亚拉奇和费尔克劳（1999：113）提出了跨学科性分析的三个重点：（1）交流互动分析，包括互动分析和语言符号分析；（2）互文性分析，以揭示交流所依赖的话语资源（例如体裁和话语规则等）并将其与社会话语秩序相匹配；（3）对交流互动背后的社会结构和社会文化实践进行社会学的分析。

在批评话语分析的跨学科分析中我们有必要意识到社会结构如何把符号组织成各种话语秩序，分析的重点是各种话语秩序之间的相互关系及其边界和流动在后现代社会中是如何维持和变化的。福柯（1972）提出的"话语秩序"（order of discourse）指的是与某一特定社会领域相联系的按社会秩序组织的一组体裁和话语，它们之间往往处于相互重叠交叉的动态中。"话语秩序"这个概念在批评话语分析中已经流行很久了，但这个关于话语空间结构的概念始终没有与某种完整系统的关于社会空间结构及其规约的理论相联系。我们或许可以将这个概念与博迪厄（Bourdieu，1994）的"场域理论"（field theory）相联系。一种话语秩序代表着话语实践的一种社会结构，它构成了某个社会领域中的社会秩序的话语层面，即一种话语秩序代表着某个社会领域中话语的组织结构逻辑。因此，话语秩序分析应该构成对一个领域的社会分析的一部分。根据博迪厄的理论，任何对话语秩序的分析必须置于对领域、习性（habitus）和资本（capital）形式的分析框架之内，即必须分析话语事件背后的动因及其社会基础、交际者的话语资源和潜能、不同符号模态的作用和相互关系等。这意味着更多的和更大规模的有系统的具体实证分析，例如可分析某一话语秩序的出现、运动和发展以及其边界的交叉与变化。批评话语分析在话语的互文性和对话性分析上的主要贡献在于主张话语秩序的调用方式在具体话语实践与社会结构和社会过程这两方面起着至关重要的调和中介作用。

　　批评社会科学的主要动机是帮助人们认识现状，认识它是如何产生的和将走向何方，以便人们能够安排并改变自己的生活。后现代社会中的各种经济活动和组织结构无不受到话语的塑造和重塑，话语成了社会现实的构成因素。政治和经济霸权往往意味着话语霸权，两者相伴而行，相辅相成。因此，各种对后现代社会变化进行分析研究的社会科学理论都强调这些变化在很大程度上都是语言和话语的变化。由于这些理论并非专门的语言研究或话语分析，批评话语分析显然在这方面可以做出自己的贡献，它可以通过对后现代社会语言状况的理论探讨为后现代的社会批评提供语言和话语研究的理论概念和分析框架。

1.5　语义的相对性和批评的反思性

　　后现代转向的一个主要特点是在知识领域摒弃了确定性。在启蒙主义思想中，我们对科学和知识的理解依赖于一个假定的真理和其表达媒介之间的对立，即客观真理独立存在于任何可能用以表达它的符号之外，理智的权威高于它自己的外在表达体系，"修辞的"与本体论和认识论上的真实相分离。但是，后现代主义者合并了真理和表述、信念和认识、理性和语言、表象和实在，以及意义和隐喻的二分体系，用一个修辞性的科学概念推翻了现代主义语言理论的权威："知识被重新定位在符号建构的过程中，而不再被认为是由符号辅助传达的东西。关于社会实在的知识不仅仅被看成是客观的产物，而且也被看成是具有内在说服力的符号过程。"（布朗，2001：313–314）

　　在以往的三个多世纪中，"相对主义"一直为欧洲哲学所深恶痛绝，任何人只要被怀疑没有与相对主义划清界限，就要被迫做出解释与辩护。然而，当人类迈入后现代社会，形势就发生了转变："追求普遍标准的人们被要求去证明相对主义的罪恶本性究竟何在；正是这些人眼下不得已要去证明他们仇恨相对主义的行为为什么是正当的。"（鲍曼，2001：265）布朗（2001：318）指出，不同的民族建立起了全套的范畴体系，通过这些范畴现实的一些方面被固定、聚焦或禁止。这些方面被置于人们意识的前景，成为说话或知觉的经验，其背景是缄默无言的存在："这个修辞性地建构的叙事整体为在特定符号背景或生活世界中的人们提供了认同的模型。"布朗的这一观点与早于他近半个世纪的沃尔夫（Whorf）的语言相对论（linguistic relativity）如出一辙，只不过沃尔夫强调的是语言在建立这些不同范畴体系中所起的决定性作用："我们都按自己本族语所规定的框架去解剖大自然。我们在自然现象中分辨出来的范畴和种类，并不是因为它们用眼睛瞪着每一个观察者，才被发现在那里。恰恰相反，展示给我们的客观世界是个万花筒，是变化无穷的印象，必须由我们的大脑去组织这些印象，主要是用大脑中的语言系统去组织。"（Whorf，1956：220）这就是沃尔夫的"语言相对论原则"（principle of linguistic relativity）："我们这样就知道了一条新的相对性原则，即并非所有的观察者都会由同样的确凿证据获得相同的关于宇宙的图画，除非他们的语言背景相似或者具有某种可比性。"（Whorf，1956：220）"经由语言建立起来的这些范畴体系不仅左右人们对现实世界的观察与感知，它们也影响人们的思维。"（Whorf，1964：135）

后现代主义的语义相对性思想并不局限于沃尔夫的语言相对论层面，他们更关注同一种语言中具体文本的语义相对性。索绪尔坚持将差异局限在语言系统之内，认为能指与所指之间存在着一对一的关系，能指再现所指。德里达则认为语言本质上是一种自我参照的系统，各种因素在其中相互作用和变化，所有因素都互为"踪迹"（trace）；各种在场和非在场的因素相互唤起、暗示、激发、延异和替补，生生不息，永无止境。德里达因此否定文本意义的确定性，主张文本意义的不自足性、相对性和多样性。以德里达、福柯、巴尔特等为代表的后结构主义关于文本意义的相对性的核心思想是：意义不是独立存在于文本中，而是在将经验转换为文本的过程中产生，当下文本与其他文本和语境处于对话的关系中（Todorov，1984：48）；文本是一个互文网络，是某种接合点，在此点上其他文本、规范和价值相遇并相互作用。因此，文本不再具有一个确定的意义，而是充满了许多意义和声音。

韩礼德和马特西森（Halliday & Matthiessen，1999：17）提到了关于语法和语义研究的两种观点，一是"本质主义"（essentialist）或者"符合论"（correspondence theory）的观点，二是"建构主义"（constructivist）

的观点。本质主义认为意义先在于形式，形式编码意义，"语言或语法服务于一个已经存在的经验模式，一个事先已经被识解了的'真实世界'。"建构主义则认为我们借助语法本身来识解经验，语法为我们建构现实世界中的事件和物体对象："现实是不可知的，我们所知道的只有我们对世界的识解，即意义。意义并非先在于实现它们的词语，它们形成于我们的意识与其环境之间的碰撞。"（Halliday & Mattiessen，1999：17）韩礼德和马特西森更倾向于建构主义的观点。受后现代主义的影响，批评话语分析持建构主义的观点，认为任何语篇都以不同的方式解读，一个语篇并没有唯一正确的意义，批评话语分析的任务之一便是分析对语篇的各种可能的理解。批评话语分析对索绪尔的能指和所指关系的任意说做出了一定的修正，认为使用中的语言形式和其内容之间的关系不完全是任意的，能指和所指的结合有其社会成因（Fairclough，1992c：75）。语篇中出现的语言结构和过程是说话者从整个语言体系中选择的结果，这种选择在很大程度上取决于社会语境以及说话者的立场观点和交际意图。某一结构孤立来看或许并不具有任何固定的社会意义，然而一旦用于特定的语境中，与其他结构相联系，它便可能产生重要的意识形态意义。语篇的各个层次和各种结构都可能具有意识形态意义。

在后现代社会，反思日益成为社会生活的一个重要特点，即关于实践的知识日益成为参与实践的重要一部分。反思还有另外两个特征。首先，反思涉入了社会斗争。反思性应用的实践知识是有立场的知识，这些知识产生于实践内部或外部的特定立场，它们既是斗争的资源又是斗争的赌注。其次，实践的反思性质意味着所有实践活动都有话语的一面，这不仅是因为所有的实践活动都或多或少地涉及语言的使用，也因为对实践的话语建构本身就是实践的一部分，而后者正是反思的真正意义所在。

启蒙主义者历来认为，调查者只有通过在情感上、认知上以及道德上都变成一块白板，才能够消除观察者的偏见。但是伽达默尔认为这是做不到的，因为我们生活在传统之中，传统是我们的一部分，由于时间和空间与记忆的相互作用，我们总是对存在的传统（历史性）产生着偏见，偏见构成了我们全部的体验。理解活动其实就是把自身置于传统的进程中并使过去和现在不断融合，因此理解不仅以偏见为基础，它还会不断产生新的偏见。因此，不仅历史决定我们，我们（的理解）也决定历史。与伽达默尔一样，后现代主义者认为真理、知识和意义都是相对的、不固定的、非最终的，它们是在各种我们身处其中并与之相适应的环境中不断被创造的："离开了文化、传统、语言游戏等情境，任何知识都是不可评估的。……不存在任何一种可以'在语境之外'自行证明其存在合法性的有效性标准。"（鲍曼，2001：262–263）"观念只有在它们帮助我们与我们经验的其他部分建立起满意的关系时才是正确的。"（James，1947：58）因此，社会批评家很少能成为超然的观察者，他们"根本就找不到一个阿基米德支点来使自己脱离社会关系和人类知识之间的相互限定。文化和它们'已定位的主体'都带着权力，而权力反过来也是由文化形式定形的。"（罗萨尔多，2001：232）那么，社会批评的合理性和正当性又来自何处？罗萨尔多（2001）认为我们应该采取一种与启蒙模型，即客观地分析社会现实的超然的观察者模型，相决裂的立场，而偏向于把社会知识看成是与多种立场和视角相关的东西，看成是社会分析家与社会的内在联系，看成是利益和价值在产生知识中的作用，看成是知识和权力交织在一起的产物。罗萨尔多（2001：233）赞成基于具体的地方社团和传统的多元化的语言批评，并建议社会批评家们在选取他们的道德标准和视野时应该依靠所属的文化传统和社团："领福利救济的母亲和警察局长对于国家权力的认识和感觉一定是不同的。"

汤普森（Thompson，1984：130）指出，实践依赖于反思性的自我建构来维持支配关系，由于反思性的自我建构功能，我们将其称为意识形态。各种意识形态就是出于特定视角或立场的实践建构，因而是片面的，它们以符合支配者利益和目标的方式调停或消除实践中的矛盾、困境和对抗。范戴克（van Dijk，1995：248）将意识形态定义为"社会群体分享的社会认知基本框架，这些框架由表征该群体自我定义的意识形态图式组织起来的相关社会文化价值观构成。除了维护其群体利益的社会功能，意识形态还具有组织该群体的各种社会表征（态度、知识）的认知功能，因而间接地监控着与所属群体相关的社会实践，包括其成员的话语实践"。从汤普森和范戴克的观点中不难看出，现代的意识形态概念与现代社会的各种实践尤其是话语实践之间的关系密不可分，一种社会实践的话语往往会"殖民"（colonize）或者"挪用"（appropriate）

另一种。因此，意识形态就是攸关支配与控制的社会实践建构，这种建构取决于某一实践和其他实践之间具体的话语关系。例如当代教育及其管理的意识形态是参照其他相关实践，尤其是经济实践话语而建构的（辛斌，2001）。另外，理论研究本身也是一种社会实践，不可避免地与其他社会实践，例如政治、经济、文化实践形成关系网络，这种关系决定着其内部结构和意识形态效果。因此，理论实践者理应反思其理论实践的社会立场和可能导致的后果，尤其是其理论实践与其他社会实践和社会斗争是如何交叉又是如何由它们决定的。哈贝马斯（1972）以"知识兴趣"（knowledge interest）来解释理论实践与其他社会实践之间的联系，指出批评社会科学的独特之处在于其对"解放"（emancipation）的兴趣，即从对僵化的意识形态的依赖中获得解放的兴趣。

张冰（2017：264-265）在解释沃罗西诺夫的意识形态符号观时指出："符号以及整个意识形态的本质在于其所表现的现实处于其掌控之外而遵循着自己特有的规律，与此同时，符号在其自身权限范围内不仅会反映这一现实，而且还会以一种特殊方式折射这一现实，即使其服从一种新的内在规律。这样一来，也就把机械的'反映论'改造成了符号学的'折射'理论。……任何物质物体在成为表征客体时，都既是不失其物质属性的现实生活的一部分，也具有意识形态属性。"批评话语分析从一开始就致力于分析和解释语言/话语、意识形态和权力的关系。批评话语分析者深受后现代主义思潮的影响，认为语言不单纯反映社会，它直接参与社会事物和社会关系的构成，因此他们力图透过表面的语言形式，从语言学、社会学、心理学和传播学的角度揭示语言、权力和意识形态的关系，包括意识形态对语篇生成过程的影响，语篇对意识形态的反作用，以及两者是如何源于社会结构和权力关系又是如何为之服务的。就像其他批评社会科学一样，批评话语分析需要就自己的立场观点和一切与此相关的东西进行反思和自我批评：它如何进行研究，如何看待和展望自己的研究目的和结果，研究者与被研究者是何种关系，甚至写的是什么书什么论文。批评话语分析从不隐瞒自己的立场和倾向性："批评话语分析是对做学问的一种批评视角：因此它是'持有态度'的话语分析。"（van Dijk，2001：96）批评话语分析总是站在社会中的弱势群体或被压迫者的立场上，反对和抵制滥用话语来合法化对权力的滥用。批评话语分析不像其他学问，它"并不否认，而是明确地界定和维护自己的社会政治立场。就是说，批评话语分析是带有偏见的并以此而自豪。"（van Dijk，2001：96）

鲍曼（2001）认为在后现代的条件下社会分析家应从"立法"的角色转向"解释"（interpretive）的角色；他们应该成为不同社会阶层的调解人、外来文化的解释者以及特定道德观的倡导者。他把后现代的社会分析看成是一种解释学研究。批评话语分析与其他批评社会科学一样，其基本动机是帮助人们认识现状，认识它如何产生和将走向何方，以便人们能够安排并改变自己的生活。批评话语分析强调各种后现代变化在很大程度上都是语言和话语的变化，后现代社会中的各种经济活动和组织结构无不受到话语的塑造和重塑，话语是社会现实的"构成"（constitutive）因素。批评话语分析从一开始就自视为一种"工具语言学"（instrumental linguistics）[1]，它着重分析人们生成的符号（如词、短语、句子等）和他们交流的意义之间的关系。分析的目的是揭示语篇中含而不露的意识形态意义，尤其是那些被人们习以为常的偏见、歧视和对事实的歪曲，并解释其存在的社会条件和在权力斗争中的作用。批评话语分析的目的与康纳顿（Connerton）所说的批评社会学的目的是一致的："批评……旨在改变或者甚至消除被认为是导致不真实的或者歪曲的意识的条件……批评……使得此前被隐蔽的东西显现出来，并以此在个人或群体中开启一个反省过程，以获得从以往的压制和支配之下的解放。"（Fowler，2002：348）

1.6 动态辩证的批评话语分析

后结构主义认为词语和文本根本没有固定的或内在的意义，而且词语或文本与思想或事物之间也没有明确的联系，语言和世界之间并没有一一对应关系，因此任何文本或话语分析都应建立在对特定的历史意义和语境意义的分析之上。斯科特（2001：381–382）认为，这样一种分析必须要回答的问题是："意义是怎样获得的？它是在怎样的语境下，

1　韩礼德（1978：36）将其定义为"为了理解别的事物，如社会制度，来研究语言"。

在哪一个特定的民众团体中，通过哪些文本的和社会的过程而获得的？更一般的问题是：意义是怎样变化的？一些意义如何变成标准的意义，而其他的意义又是如何丧失或者消失掉的？这些过程又解释了权力构成和运作过程的哪些方面？"批评话语分析在试图回答这些问题时特别重视对话语"殖民"或"挪用"的分析。所谓"殖民"或"挪用"，指的是话语或者话语体裁在社会实践的网络中从一种社会实践向另一种社会实践的挪移。这种挪移可被视为一种实践殖民（因而支配）另一种，或者后者挪用前者。话语的"殖民"或"挪用"总是意味着一种话语或体裁在另一种里的"再语境化"（recontextualization），其中不可避免地会涉及权力关系和语言"杂合"问题。批评话语分析的许多研究属于这一类，例如"话语市场化"（marketization of discourse）（Fairclough，1995a），"官僚话语"（bureaucratic discourse）和"技术话语"（technocratic discourse）向其他领域话语的蔓延（Sarangi & Slembrouck, 1996; Lemke, 1995），公共话语的"会话化"（conversationalisation）（Fairclough，1992c，2010）等。

再语境化涉及对其他话语有选择性的挪用和排列，这是构成任何话语实践的基本条件："社会实践的应用性知识，即作为特定实践参加者所拥有的如何行事的知识，是处于未被表征状态的知识。一旦这种实践被表征（被思考、被描述、被讨论），那它就是被再语境化了。"（van Leeuwen，1993：204–205）伯恩斯坦（Bernstein，1990：183–184）甚至认为"教育话语"（pedagogic discourse）并非一种真正独立的话语，而是一种再语境化原则，这种原则把原本属于其他实践的话语挪移过来植入自己的实践。在再语境化的过程中，某些话语被抽离于其原来的社会基础和权力关系，然后"作为涉及想象主体的想象实践而被重植"（Chouliaraki & Fairclough，1999：109）。意识形态正是在这种再语境化的过程中发生着作用："'想象的'并非与'真实的'相对照，而是把人们的注意力引向了实践或主体是如何通过再语境化而被意识形态地建构成了真实的东西；其建构方式通过伪装分类原则以及影响分类的再语境化实践的具体逻辑而掩盖了分类的任意性。"（Chouliaraki & Fairclough，1999：109）如果我们把话语视为意义潜势，那么再语境化意味着在分类话语的过程中对某种话语的一部分意义潜势的压制，并在不同的话语之间设置隔离。再语境化压制不同话语之间的矛盾，但是当不同的话语在具体的话语实践中相遇时，它们之间的这些矛盾又会涌现出来；批评话语分析对语篇的互文性和对话性的分析就是要探讨这种压制和再涌现的问题。

批评话语分析者对话语"殖民"和"挪用"的研究主要集中于对语篇或话语的互文性和对话性的考察分析（如 Fairclough，1992c，1995a，1995b；van Dijk，2001）；除此之外，他们也十分关注全球化与本土化现象，两者也是一种话语/文化殖民或挪用，例如欧美传媒模式对中国传媒的影响或者后者对前者的本土化或挪用（辛斌，2006，2008b；黄敏，2012）。全球化与本土化涉及强势国家或群体文化对弱势文化的侵蚀与支配问题。现代化开启了全球化，在全球化过程中，几乎每个国家都被卷入资本主义的世界体系中，绝大多数发展中国家不仅在经济上处于依附地位，而且其国家认同在西方强势文化的冲击下也面临着危机。目前的世界规则、主导性价值观念，主要源于西方。这就提出了这样一个问题：全球化或本土化是否就意味着发展中国家或民族要想融入现代、融入世界就一定要丧失自己的文化传统和尊严？在充满不确定性的后现代社会，不同的国家或民族如何理性地继承传统，又理性地走向未来，这对包括批评话语分析在内的所有社会批评研究是一个十分严肃的理论命题。后现代主义者指出了现代主义研究范式的两大缺陷，即西方中心论和刻板僵化的二分法。现代主义理论往往将西方的现代化作为参照系，建构起传统与现代、农业社会与工业社会、西方世界与非西方世界的二元对立模式。按照这种范式，非西方国家或民族只有追随西方的模式才能实现所谓真正意义上的现代化。后现代语境下的批评话语分析就是要力图打破西方中心论，更多地关注非西方世界的多样性和独特性，建构一种更具包容性的多元的语言/话语或文化研究范式："后现代世界摒弃了普遍的标准，它的问题不是如何使优势文化得以全球化，而是如何确保不同的文化之间的交流和理解。"（鲍曼，2001：262-263）

在后现代的社会中人们对自己的身份越来越困惑，而人们日益增强的反思意识，尤其是对话语实践和主体身份的反思以及他们试图确认或确立自己身份的斗争是后现代的一个永恒的主题。后现代主义主张"主体已经死了"并不等于否定或完全抛弃"主体"这一概念，它真正寻求的是"主体的建构过程以及将主体作为理论的要求或前提的政治意义和后果"（巴特勒，2001：209）。因此，后现代主义对主体的解构"仅仅意味着我们终止所有对于那个术语所指之物的支持，并考虑它在巩固和掩盖权威中起的语言作用。解构并不是否定或是排除，而是对诸如'主体'这样的术语提出质疑，或许最重要的是，开拓这样的术语，使它向先前没有被认可的新用法或新用途开放。"（巴特勒，2001：223）在后现代主义者看来，主体总是处于被建构的过程中，它永远不会被完全构成，而是会一再被构成。

批评话语分析尤其关注"主体"在话语中的"占位"（positioning）问题，这既涉及对具体社会群体和个人的身份和自我表征（如媒体对妇女、民族、种族等的表征），也涉及具体的体裁如何构建人们的话语位置或角色（如门诊中的医患角色），以及人们在动态的交际中如何建构自己的话语角色。在身份和角色上的斗争也是在差异上的斗争。如何与他者对话或交往的问题就像"我是谁"或者"我们是谁"一样，是包括批评话语分析在内的社会批评理论需要面对的后现代最紧迫的问题之一。博迪厄（1990a）认为，主体的社会性同时内在于"场域"和个体"习性"中，而且两者之间往往存在张力，尤其是在社会急剧变革时期。但是其理论并未阐释这种个体习性由何而来。或许伯恩斯坦（1990）关于"声音"（voice）的理论更有助于批评话语分析对主体身份和话语角色的研究。在他的理论中，声音与主体辨别区分话语实践的各种语境的能力有关：即何时何地说什么合适。正是基于这种能力主体才能参与具体的交往并表达具体的意思。乔利亚拉奇和费尔克劳（1999）认为，在批评话语分析中，"声音"可具体从主体所掌握的体裁和话语及其相互关系的具体"构型"（configuration）上加以理解。对于任何处于具体社会地位的主体，这些声音的话语构型都服从于其所参与的具体社会实践的权力关系和支配原则。

在进行具体的话语分析时，我们还有必要区分结构性的或者相对永久性的声音和在具体情况下领域、习性和声音的临时区分和搭配。齐默尔曼（Zimmerman，1992：87–91）区分主体的"话语身份"（discourse identity）、"情景身份"（situated identity）和"伴随身份"（transportable identity）。话语身份构成即时互动组织结构整体所需的身份，如发话和受话者、提问和答问者、修正发起者等；情景身份是特定情景中的临时身份，如求救电话中的求救者；伴随身份无论在何种交往情境中总是伴随着个体，如性别、种族等。在这三种声音中，伴随身份代表的是相对永久性的声音，而话语身份和情景身份则是在具体语境中产生的临时声音。批评话语分析对身份的定义和分类充分考虑到了言语交往的动态性。

后结构主义的语言或话语分析与差异概念密切相关。所谓"差异"是指意义通过或明或暗的对比而产生，对任何事物的正面定义都是以否定或压制其对立面为基础的。因此，"任何一个统一体的概念事实上都包含了被压制或被否定的事物；它就是在与另一个术语的明确对立中建立起来的。意义的分析包括了对于这些否定和对立的梳理以及弄清楚这些否定和对立怎样（以及是否）运行于特定的语境中。"（斯科特，2001：384）米纳（Minow，1984）提出了分析差异的进退两难困境，指出在处理从属群体时不考虑它们之间的差异，就会留下一种不完美的中间状态；但是如果老是盯着差异又会显得离经叛道。因此，他认为我们需要一个思考差异的新思路，因为在每一个范畴中一切现象都被看作是相同的，这就掩盖了各范畴内部的差异，我们的分析目标应该是不仅要了解不同范畴之间的差异，而且也要了解这些差异如何掩盖了各个范畴内部的差异。系统功能语言学（systemic functional linguistics，SFL）是批评话语分析最重要的理论基础，在系统功能语言学中，各种话语实践之间的差异是通过"方言"（dialect）、"体裁"（genre）和"语域"（register）来阐释的，一种话语实践内部的差异通过"编码倾向"（coding orientation）来解释。社会成员身份差异对应着编码倾向差异，这种差异通过具体的"语义风格"（semantic style）来实现。"编码倾向"决定着语义和词汇语法的选择，这样的选择会最终系统性地表现出特定的立场或态度的倾向性。因此，"语义风格"与意识形态直接相关。不过系统功能语言学以语言和语篇分析见长，而社会实践分析不足，分析者往往过于关注社会实践的语言符号因素，关注阐释具体的语篇如何从语言系统的不同潜势中做出具体的选择，而或多或少地忽视社会实践的其他方面，因而常常难以解释语篇内部的体裁"杂合"或者"互文"（intertextual）现象。

语言具有无限的生成能力，但话语秩序的稳定性会通过限制某些联系来限制这种生成力。另外，话语秩序还具体说明各种话语实践之间的流动关系和不同话语和体裁之间的再语境化关系，这种关系导致了语篇类型和其具体特征在不同话语实践和不同语境之间的不同分布。哈桑用"可渗透性"（permeability）概念来解释杂合语篇，认为可以把来自其他语类或体裁的成分视为当下语篇的构成部分，即"次语篇"（subtext），在功能上支持"主语篇"（main text）（Chouliaraki & Fairclough，1999：144）。不过，哈桑的做法其实是用"实例"（instantiation）来适应"系统"（system）。对话语实践进行整体分析可揭示其中各种因素的作用和相互关系并因此能帮助人们更加深入全面地了解语言符号因素在其中的功能。批评话语分析应该既重视具体的话语实践如何受系统的约束和限制，又重视话语实践如何生产和再生系统，这才能反映系统和实例之间的辩证关系。

话语这一术语在不同的学科中理解是不同的。我们大致可把话语的理解分为两种。一种是语言研究中普遍采用的观点，把话语看作是人们在真实的社会语境中进行交际的社会行为和社会交际。另一种是后现代社会理论普遍采用的观点（如福柯），把话语看作是对现实的社会建构，是知识的一种形式。费尔克劳对话语的理解糅合了上述两种观点。他把话语看作是一种社会实践，是一种行为方式，但同时认为这种行为方式是社会和历史情境中的行为方式，与社会的其他层面有着辩证的关系。他认为社会生活是各种社会实践互相交织的网络。话语只是社会实践的一个要素（moment），与其他社会实践要素（行为与交际、社会关系、物质世界等）属于辩证、互相内在化（internalized）的关系（Fairclough，2003）。费尔克劳这里所说的辩证关系是指话语不仅受社会实践的制约，同时也具有建构性。他认为社会世界和个体是被言语实践不断建构的，语言不是客观实在的反映，而是建构的积极媒介。因此，对话语的关注不是要从话语中透视出某种客观实体的存在，而是要分析话语如何不断建构社会世界。在建构的过程中，语言实现着各种各样的功能，产生各种各样的后果。话语具有构建社会身份、社会关系以及知识和意义体系的作用。话语的构建性通过两种方式实现：常规性和创造性。常规性的构建方式是指话语实践再生产已有的话语结构，维持现存的社会身份、关系和知识信仰体系。创造性的构建方式是指话语通过创造性地运用结构之外的语词来改变话语结构，从而改变原有的社会关系、身份和知识信仰体系。无论是创造性还是规约式的构建都依赖于社会语境，依赖于语言在其中的功能。

另外值得一提的是，费尔克劳所说的话语除了这种抽象的意义上所说的话语（作为社会实践的话语），有时也被用来指某一具体领域的话语使用，如政治话语、商业话语等，也可被用作可数名词，指最具体的话语的运用，即言说的方式，或从具体视角表达经验意义的方式。也就是说，费尔克劳所说的话语既指那些语言中实实在在的现象，同时又是对那些现象的高度概括。

1.7　结语

处于不同社会地位的人们形成了与话语和语言的不同关系，而这种关系也随着话语实践的不同而变化。关于话语的知识成了社会斗争中争夺的资源，例如在话语的技术化（technologization of discourse）中，基于知识的技术培训和学习已经变成了社会组织管理的一部分，带有明确的工具性目的。批评话语分析的产生和迅速传播本身就标示着生活在后现代社会中的人们普遍提高了的语言反思意识和能力，当然它自己在发展和日渐壮大的过程中也应反思自身在基于知识的话语斗争中的立场和角色。强调话语反思的后现代社会似乎反对并会削弱话语的意识形态功能，这当然只是一种假象，因为正如沃罗西诺夫（1973：9–10）所指出的，意识形态贯穿整个符号学领域或全部表义系统，"意识形态领域与符号领域相重合。它们相等同。凡是有符号的地方就有意识形态存在。凡是意识形态的东西就具有符号价值。"不过，随着后现代社会人们的语言反思意识和能力的不断提高，话语要更好地完成其意识形态功能就需要更有效的话语建构策略，而这也会反过来对批评话语分析者提出更高的要求。

第 2 章
语言相对论与批评话语分析

图兰（Toolan）于 2002 年主编出版的《批评话语分析》在第一卷里收入了沃尔夫和巴赫金的文章，反映了 CDA 在理论上与这两位先人的重要渊源关系。表面看，沃尔夫的文章是关于语言相对论的，而巴赫金的文章则是关于语言的对话性和异质性的，但认真分析我们就会发现巴赫金关于语言对话性和异质性的理论中浸透着语言相对论的思想，而沃尔夫的语言相对论中则充满了语言的对话性和异质性。两者的这些关于语言的本质及其与社会的关系的观点都深深地影响了 CDA 的理论并明显体现在其分析实践中。

意识形态批评始终是任何社会批评理论包括批评话语分析的基本组成部分。批评话语分析关于意识形态的理解基本遵循了马克思和恩格斯意识形态理论的传统，同时也深受法兰克福学派（the Frankfurt School）等西方马克思主义和后结构主义的影响。但正如威廉姆斯（Williams，1977：56）指出的，鉴于"意识形态"这一概念的曲折历史和其所要阐明的社会过程的复杂性，"要想无争议地确立唯一'正确'的马克思主义意识形态定义是不可能的"。本章在介绍和评述批评话语分析中的语言相对论思想之后，通过对巴赫金学派的语言和意识形态观的介绍和讨论来帮助理解意识形态的性质，澄清语言和意识形态的关系，并表明对话性意识形态批评对 CDA 的必要性。

2.1 沃尔夫的语言相对论

沃尔夫出生于 1897 年，卒于 1941 年，年仅 44 岁。他对语言学的兴趣始自 20 世纪 30 年代，一生倾心于对各种美洲印第安语言的分析。从巴赫金的角度看，沃尔夫是生活在异质语言的氛围里。19 世纪末 20 世纪初，美国社会中的土著美国人部落之间以及他们与欧洲白人之间开始相互交往妥协、和平相处，与此同时从欧洲和亚洲又涌入大批新的移民，因此当沃尔夫成年并成为有特权的扬基（Yankee）精英中的一员时，土著的和外来的各种语言相互混杂共存，并对官方语言英语及其所承载的文化和意识形态构成了挑战和"威胁"。但是，对于沃尔夫而言，这种各语言并存的多样性增添了人们观察世界的视角，开阔了他们的视野："当语言学家在能够对截然不同的许多语言进行科学的、批判性的研究之后，他们讨论的基础就扩大了，就会察觉原来一直认为是普遍现象的东西也有例外情况，一大堆重要事实进入了他们的知识领域。结果发现，背景性的语言系统（即语法）不仅仅是表达思想的一种再现工具，而且是思想的塑造者，是一个人思想活动的大纲和指南，被用来分析自己的种种印象、综合大脑中的一切东西。"（Whorf, 1990: 38）他举例说："当闪语、汉语、蒙古语或非洲语言与我们的语言相对照，在分析世界方面的差异就更明显。当我们再把美洲各言语共同体数千年来各自独立使用的各种土著语言和老欧洲的各种语言拿进来对照，语言以不同方式分割世界的这一事实就再清楚不过了。"（Whorf, 1990: 68）这直接导致了沃尔夫的语言决定、相对论思想。

语言与思维的关系早在德国学者洪堡特（Wilhelm von Humboldt）的《人类语言结构的多样性》中就有论述。洪堡特指出，每一种语言都是其民族的特有财产，一个民族的语言和其思维是不可分割的："一个民族的语言就是他们的精神，一个民族的精神就是他们的语言。"洪堡特认为知识虽然来自感觉经验，但是必须加上人的认识能力本身所提供的范畴或"感性"，才能最后形成知识，正是语言的内在形式对感觉经验进行了整理，并加以概念化。语言不同，其内在形式也不一样，对相同的感觉经验整理的结果也就不同。思维和感觉只有通过语言才能确定，才能变成有形的东西，才能得以交流和传播。思维和语言是互相依赖、不可分割的东西。所以，语言的不同引起对客观世界的理解和解释的不同。在一定意义上说，讲不同语言的人们生活在不同的世界之中，具有不同的思维体系。洪堡特的这些思想，对美国语言学家萨丕尔（Sapir）和沃尔夫产生了影响。沃尔夫大大地发展了洪堡特的理论，创造了后来被称为"萨丕尔–沃尔夫假说"（Sapir-Whorf hypothesis）的理论。

沃尔夫认为，语言就是文化，文化在语言中得以表述；作为人们行动体系的文化，只能存在于人们对周围世界的观念之中，只有了解这些观念是什么，才能了解什么是文化。在他看来，从语言到文化，从文化到语言，从文化到社会行为，从社会行为到文化，这些都是封闭式的循环性轨道，人们只能沿着这些轨道来运行，而不能离开它们。现在人们将这种思想称作"萨丕尔–沃尔夫假说"，并区分为"强式的"（strong version）和"弱式的"（weak version），即"语言决定论"（linguistic determinism）和"语言相对论"。语言决定论认为语言形式先于并决定知识的形式和理解过程，就是说，人类还无法想象一种不用语言编码的知识。语言相对论则认为，人类语言对意义的编码不受任何先验的限制，被语言编码的意义会塑造或影响语言使用者的潜意识。

沃尔夫认为，"在本族语共同体中，思想和思维的问题并不单纯是个心理学问题，而主要是个文化问题。"（Whorf，1990：15）思想的形成并不是一个独立的过程，而是某种语法的一部分，语法不同，形成过程也不一样，有的区别很大，有的区别甚微。"我们都按自己本族语所规定的框架去解剖大自然。我们在自然现象中分辨出来的范畴和种类，并不是因为它们用眼睛瞪着每一个观察者，才被发现在那里。恰恰相反，展示给我们的客观世界是个万花筒，是变化无穷的印象，必须由我们的大脑去组织这些印象，主要是用大脑中的语言系统去组织。我们之所以按照一定的方式解剖自然界，把它组织成许多概念，并赋予特定的意义，是因为我们达成了一个协议，同意按这种方式来组织自然界。这项协议适用于我们的整个语言社团，并用我们的语言模式固定下来。当然，这项协议是隐含的，并没言明，但协议上的条款绝对是强制性的。如果不按协议的规定去组织材料或进行分类，就无法开口说话。"（Whorf，1956：220）这就导致了沃尔夫的语言相对论原则："我们这样就知道了一条新的相对性原则，即并非所有的观察者都会由同样的确凿证据获得相同的关于宇宙的图画，除非他们的语言背景相似或者具有某种可比性。"（Whorf, 1990: 28）

沃尔夫指出，自然逻辑没有看到"语言现象对其说者而言主要具有背景的性质，因而处于批判意识之外，不受阐释自然逻辑的说者的控制。因此，当任何人作为自然逻辑学者来谈论推理、逻辑和正确思维法则的时候，他都倾向于只是与纯粹的语法事实同步进行……这些语法事实并非在所有语言里都存在，也并非推理的共同基础"（Whorf, 1990: 65）。沃尔夫举例说明语言这种背景知识是如何在日常生活中影响人们的思想的。沃尔夫本人在一家火灾保险公司任职期间注意到，人们对事物的命名或描述常常会影响甚至决定他们对这些事物的行为和态度，例如："在所谓的'油桶'储存地周围，人们的行为趋向于一种，即特别谨慎小心；而在所谓的'空油桶'存放地周围，行为却趋向于另一种——粗心大意，随意吸烟和乱扔烟头。然而，'空'油桶或许更具危险性，因为里面充满了易爆的气体。从物理的角度看，这种情况很危险，但按照惯例的语言分析却必须使用不表示任何危险性的'空'这个词。"（Whorf, 1964: 135）沃尔夫的例子表明这样一个事实，即语言中包含的认知上的"预设"（presupposition）基本上属于一种背景知识，往往不为人们所意识到。当有人把一个油桶说成是"空"的时候，人们通常会接受这个词所带有的预设含义，除非他们碰巧知道它不完全是真正意义上的空的。由此可见，语言可以在一定程度上通过其中蕴含的大量预设信息来间接隐蔽地影响使用者的思想和行为方式："背景性的语言系统（即语法），不仅仅是表达思想的一种再现工具，而且是思想的塑造者，是一个人思想活动的大纲和指南，被用来分析自己的种种印象、综合大脑中的一切东西。"（Whorf, 1956: 220）沃尔夫（2009）对擦枪的讨论证明了约定俗成的翻译本身"不会顾及原生态的物质世界（brute materiality），不顾及世界原本是如何被看到和感知的，而这些观察和感知世界的方式本身就是用于表达它们的语言的有机组成部分。"（Bakhtin, 2001: 367）

西尔沃斯坦（Silverstein, 1979: 193–194）指出，沃尔夫关于语言相对论的话语指出了"使用者的本族语指称意识形态是如何系统地关联于和至少部分有系统地衍生于其语言的语法结构"。语言与文化有密切的关系，这是毋庸置疑的，甚至有一种流行的观点认为语言是文化的载体。但是大多数学者不承认语言能完全决定人们的世界观和思维方式，虽然他们中的许多人在一定程度上接受语言相对论并找到了一些证据（Hill，1988）。

2.2　异质语中的语言相对论思想

巴赫金一生都在思考自我的本质和语言在社会生活中的核心作用，其雄心在于发展出一种对基于符号交际上的社会文化生活的跨学科或多学科的研究方法（interdisciplinary approach），常被称为"元语言学"（metalinguistics）或者"超语言学"（translinguistics）。异质语是巴赫金在其研究生涯后期提出的一个重要概念，指的是许多不同语言变体（如方言、行话等）与一种民族语言（如英语、汉语等）共存的状况。巴赫金认为语言在发展的过程中同时受到向心力和离心力两种力量的影响。语言的向心力使语言使用趋于统一和稳定，而离心力则使语言发生创造性的变化，产生异质的、杂和的语言，而异质语是语言的发展受到离心力作用的结果，是语言多样性的体现。作用于语言的这两种力量总是同时在发生作用，不断地推动着语言的发展和分化："语言只要生存发展着，区分和异质语现象就会扩大、加深。与向心力同时，还有一股离心力在不断起作用；与语言思想的结合和集中的同时，还有一个四散和分离的过程在进行。"（Bakhtin，1998：50）因此，巴赫金认为传统的语言学上所谓的统一的语言实际上是不存在的，索绪尔的语言，即作为一种民族语言统一标准的语法结构，并非"给定的（given），它总是人为安排的，而且在其生存的每一刻都与异质语的现实相对立"。（Bakhtin，2001：270）如果意义并非词语自身内在固有的，而是随语境而变化，那么同一个词语或者词汇和语法均相同的两个话语在不同的语境条件下就可能具有完全不同的意思。能指和所指的结合就不是自然的。（Gardiner，1992：89）现实生活中的语言是芜杂、多样的，现实的社会生活和历史变化带来语言内部"各式各样且各自自成一体的、用言语表述出来的思想意识体系……充满多种语言意义和价值取向的语言成分，每一种语言成分都有其各自不同的声音"（Bakhtin，1981：281）。这种自成一体的、用言语表述出来的各种思想意识体系便是巴赫金所说的"异质语"。在巴赫金看来，不同体裁、不同职业、不同时代的话语，甚至是不同个人的话语，以及官方语言、文学和政治运动语言都是不同的"语言"，都是纷繁世界中的异质语："语言在自己历史存在中的每一具体时刻，都是杂合言语同在的；这是现今和过去之间，以往不同时代之间，今天的不同社会意识集团之间、流派组织等之间各种社会意义相互矛盾又同时共存的体现。"（Bakhtin，1998：71）

舒尔茨（Schultz，1990：54）指出，沃尔夫的语言相对论击碎了听者认为其语言是唯一的语言的幻觉。他通过各种非英语乃至非欧洲语言的例子向他们展示了其语言优越感是出于纯粹的无知。不仅如此，沃尔夫的语言相对论通过对各种实例的分析讨论不可避免地把其英语读者带入了与其他语言的对话中，迫使他们具有了多语言的意识，不得不考虑这样一种可能性，即语言不再被视为体现意义和真理的唯一神圣不可侵犯的手段，它只是假设真理的许多可能的方式之一。巴赫金（1984：19-20）认为，在欧洲文艺复兴的早期出现了一种所谓的"伽利略语言意识"（Galilean language consciousness），这是一种包容语言文化变化和多样性的意识；在这种意识下，许多共存的语言和传统相互包容与对话，相互启发，催生了陀思妥耶夫斯基（Dostoevsky）式的复调小说这种艺术形式。不同语言和文化并存，相互对话与渗透的异质语状态是当时和此后各种艺术创作形式的产生与发展的源泉，而巴赫金的任务就是记录这些历史的创新与发展，分析研究具体作者如何以新的方式将这些艺术形式应用于自己的创作（Schultz，1990：50）。巴赫金（1981：291-292）指出，"异质语中的所有语言，无论其背后的原则和独特之处为何，都有其观察世界的特殊视角、表达世界的特殊形式、特殊的世界观；每一种语言都有其自己的对象、意义和价值观。"巴赫金这里所说的视角和世界观主要指的是一种潜意识中的、先于个人而存在的、不加思考的意识形态世界观（Hoy，2003：189；Shotter & Billig，2003：327-329）。这就是为什么霍尔奎斯特（Holquist，1986：101）在一个脚注中把巴赫金归于西方语言相对论思想家的行列时就指出："就像洪堡特，在巴赫金看来，语言的多样性本身就具有哲学意义，因为如果思想和语言二位一体，那每一种语言不就体现一种独特的思维方式了吗？正是在这一点上，巴赫金与萨丕尔，尤其是沃尔夫，走得很近。"

　　不同的社会异质语既可以通过具体人物的言语进入语篇，各自带有自己的意识形态倾向，又可构成更广义上的对话背景，与整个语篇产生互动，形成语篇和语境的关系。因此，语篇中的语言并非一个统一体，而是充满了不同的声音和不同的观点，它们之间相互冲突或相互支持。巴赫金不断强调意识在领悟和理解由语言塑造的社会人的过程中的能动作用，对话的每一参加者都总是带着实现的预期和语义框架来理解具体话语："说者冲破了陌生的听者的概念视域，在陌生的领土上在自己和听者的统觉背景下建构自己的话语。"（Bakhtin，1981：282）巴赫金指出，这种自我与他者之间的对话以及将他者的概念视域融入自己的视域是个人自我意识发展和成熟的至关重要的阶段："一个人的意识形态成长就是有选择地吸收他者话语的过程。"（Bakhtin，1981：341）这就意味着，个人意识必定是异质语言性质的：某种形式的异质语言是人类的基本条件。这意味着一个人所掌握的语言中的任何一种具体的"语言"不可避免地相对于总是存在那里的所有其他语言。（Schultz，1990：57-58）"话语从来都不是仅仅反映或表达已知和确定的存在之物。它总是创造此前从未有过的绝对新鲜的不可重复的事物，它尤其总是与价值（真假、好坏、美丑等）相关。"（Bakhtin，1986：119-120）就是说，对话总是产生独特全新的东西，正是在这些短暂的对话中我们不仅表达自己并相互展示各自特有的内心世界，而且我们也塑造相互之间和我们与环境之间的关系。也是在这种对话活动中，我们一点一点地改变着经常是不露痕迹地支撑和制约我们相互之间和我们与环境之间作用方式的那些现存的历史文化和意识形态。（Shotter & Billig，2003：321-322）"并不是经验来组织措辞，而是反过来，措辞组织经验。正是措辞首先赋予经验以形式和具体方向。"（Volosinov，1973：85）我们的活动和生活形式先于我们关于它们的信念。（Shotter & Billig，2003：334）

　　声音属于个人，但是每一个声音都是由先于个人存在的每个人在日常生活中都要身临其境的语言实践所塑造。在巴赫金看来，人们在异质语的世界里接触的每一组语言实践都构成一种"社会语言"（social language），即"一种具体的社会-语言信念体系，它在一种只是抽象存在的所谓统一语言中自成体系并具有明确的边界。虽然这样一种语言往往很难从语言学上加以严格的定义，但它却充满了进一步发展成一种具体方言的可能性。它是一种潜在的方言。"（Bakhtin，2001：365）要应付这种充满各种社会语言的异质语状况必须超越传统语言学和文体学只研究"抽象语言"（language-in-the-abstract）的边界，充分注意"具体的话语"（discourse-in-the-concrete），就是注意各种社会语言和生产它们的各种声音。这样做会引导人们去考虑此前被忽视了的存在于话语中的由对话关系决定的那些语言现象，这些对话关系首先是个人话语之间的，然后是同一民族语言中不同社会语言之间的，最后是同一文化，即同一社会-意识形态概念体系中不同民族语言之间的（Bakhtin，2001：275）。当然我们还可以加上第四种，即属于不同文化、不同社会-意识形态体系中的不同民族语言之间的对话关系。

虽然沃尔夫和巴赫金都关注语言对思维、思想和行为的影响，但其研究兴趣有所不同，前者更关注语法的作用，后者则更关注话语或使用中的语言的作用。在巴赫金看来，虽然研究语法很重要，但更应关注在具体语境中使用语言的全部事实。一旦我们进入话语，就会发现，每一个话语，无论长短，都有一个说者和一个听者（实际的或想象的），任何话语都具有对话性，对任何话语的研究都同时是对说者与他人的对话关系的研究。（Schultz，1990：21）对沃尔夫而言，语言是给定的，它影响其使用者的思维和思想，而对巴赫金（和沃罗西诺夫）来说，给定的不仅仅是语言，还有语言使用的情境或语境，语言和语境都是客观的，都是社会性构成的（socially constituted），它们共同决定着人们的语义表达和思想行为："个人的情感只有作为社会评价基调的陪音（overtone）才能发挥作用。'我'只有在'我们'的基础上才能在言语上得以实现……生活中的每一句话都是一种客观的社会性的省略推理（enthymeme）。它就像一种暗号，只有那些属于相同社会视域（social purview）的人知道。"（Whorf，1987：100–101）

舒尔茨（1990：6–7）指出，"沃尔夫是双声话语和对话性的杂合结构的大师……沃尔夫的语篇与陀思妥耶夫斯基的语篇一样充满了复调。""我认为，把一些巴赫金用于分析陀思妥耶夫斯基语篇的那些批评范畴和操作用来分析沃尔夫的语篇会使我们更好地理解沃尔夫。"在像"The Punctual and Segmentative Aspects of Verbs in Hopi"这样一些文章里，沃尔夫运用不同风格迫使其读者产生一种多语意识，从而这些文章不仅仅是语篇（text），而且同时也是各种事件（event）。（Schultz，1990：92）正如巴赫金评价陀思妥耶夫斯基的小说那样："在他作品中展开的不仅仅是单一作者意识下的单一客观世界中的各种各样的人物和命运，而是一群个体意识，它们拥有平等的权利和各自的世界，相互结合但并不是融合统一到一个事件中。"（Bakhtin，1984：6）

2.3　CDA 中的语言相对论思想

沃达克（2001b）、费尔克劳和沃达克（1997）以及梅耶尔（Meyer，2001）等在谈到 CDA 的理论背景和方法论来源时提到了韩礼德的系统功能语言学、伯恩斯坦的社会语言学、西方马克思主义、法兰克福学派、后结构主义、女权主义、英国伯明翰大学的"当代文化研究中心"、福柯的权力论、斯考伦（Scollon）的微观社会学、范戴克的社会认知理论，以及文论家和社会哲学家柏瑟（Pêcheux）、福柯、哈贝马斯、巴赫金和沃罗西诺夫，等等。但其中唯独没有提到萨丕尔和沃尔夫的语言相对论。这有两种可能，一是这些 CDA 学者的一时疏忽，二是语言相对论已经深入 CDA 的膏肓，成为其预设的想当然的理论基础。我们觉得第二种可能性更大。这从福勒（2002）的几句话中即可看出端倪："批评语言学"提出了一种对公共语篇的分析，这是一种旨在探索，尤其是在社会形态语境里考察，显性命题背后蕴含的意识形态的分析……批评语言学坚持认为，所有的表征都是由固化于表征媒介（这里指语言）中的价值观体系所调制和塑造的；它对常识发起挑战，指出某件事可以另外的方式加以表征，产生十分不一样的意义。"（福勒，2002：346–347）"……批评语言学家十分关注表征的意识形态相对性。"（福勒，2002：353）另一证据来自斯塔布斯（Stubbs，2002），他在这篇文章的题目中就干脆把 CDA 学者称为"沃尔夫的孩子们"（Whorf's children）。此外，图兰于 2002 年主编出版的《批评话语分析》在第一卷里收入了萨丕尔和沃尔夫的文章，也充分表明了 CDA 和语言相对论之间的渊源关系。

由索绪尔开创的现代语言学始终深受行为主义和实证主义的影响，这种影响从 20 世纪 40 年代开始招致了欧美一些社会学家的挑战。到了 20 世纪 70 年代末 80 年代初，随着大众传播媒体的迅猛发展，大众语篇对各种社会过程不断增强的介入作用和对人们的思想行为持续加强的影响控制，许多学者开始认识到语言并不像以往语言学家宣称的那样是一种客观透明的传播媒介，而是一种社会实践，是社会过程的介入力量："作家能够犯的最严重的罪行是妄称语言是一种自然透明的媒介，读者能够通过它理解一个可靠的和统一的'真理'或者'现实'。"（Seldon，1985：74）他们因此提出，社会的发展迫切需要人们重新认识语言的社会功能和语言学的任务，开展对大众语篇和其他非文学语篇的批评性分析。"批评语言学"和后来的"批评话语分析"应运而生。批评语篇分析（critical text analysis）旨在透过表面的语言形式，从语言学、社会学、心理学和传播学的角度揭示语言、权力和意识形态的关系，包括意识形态对语篇生成过程的影响，语篇对意识形态的反作用，以及两者是如何源于社会结构和权力关系又是如何为之服务的。范戴克（2001：96；2004：107）把 CDA 目标定义为主要探索社会政治语境中的话语是如何被实施、复制和合法化的，如何被用于制造或者抵制社会中的支配、控制和不平等。

批评语言学在很大程度上是对长期处于主导地位的结构主义语言学的反叛和补充。以索绪尔、布龙费尔德和乔姆斯基为代表的语言学将语言视为一个自主的、自给自足、自我调节的抽象体系；这一体系无论是其发生抑或与它之外的非言语世界之间的关系都是任意的，因而语言学家的任务就是不必参照任何体系外的因素来对它进行"客观"描写。美国的结构主义语言学本来与人类学同生共长，在 20 世纪初的美国均致力于研究描写正在逐渐消亡的各种土著语言。然而，从 30 年代开始它与人类学分道扬镳，试图将自己建设成一门"经验科学"（empirical science），即以当时的自然科学为蓝本的经验主义科学。语言只能以其自身的条件孤立地加以描写，不允许参照任何外部的事实，包括文化传统和现象。在这样的背景下，批评语言学反其道而行之，把语言形式在交际语境中的功能作为自己的核心课题。福勒等人把语言与社会看作一个密不可分的统一体，他们在《语言与控制》一书的序言里写道：1）我们每天生成和接触的语言包含关于现实的具体观点或理论，不同的说话方式和写作风格表达对经验世界各领域的不同分析和评价；2）语篇类型上的变化与社会因素和经济因素密切相关，因为语言变体反映和表达社会结构中的差异；3）语言运用不仅仅是社会结构和过程的结果或反映，而是这些过程的一部分，它构成社会意义和社会实践。福勒（1991a）对上述观点做了进一步的概括：语言运用所表达的是对我们表述现实具有干预作用的意识形态形式；不同的语言形式或用法因为使用的语境和交际目的不同而包含不同的意识形态意义。语言并不像传统语言学家声称的那样是人们借以交流思想的透明媒介，它也不仅仅是一种稳定的社会结构的反映；语言传播各种各样的世界观，因而是社会过程的一种不间断的干预力量。

　　如果说巴赫金的对话理论和其异质语是从挑战索绪尔的抽象统一的语言开始，那么批评话语分析则首先对索绪尔的能指和所指关系的任意性提出质疑。福勒（1987：31）指出，"语言中的意义不是自然产生的，而是约定俗成的。当语言学家说意义的表达是任意的时，他们的意思是任何声音或字母可以用于表达任何意义。但是什么样的意义最终得以表达却不是任意的或者偶然的。在一个社会的漫长历史中会有一种词汇体系或措辞发展成适合该社会需求的体系——这些需求是占支配地位的特权群体的利益需求。这些重要群体控制着把他们喜欢的意义体系合法化的手段：学校、图书馆、大众传播媒体等。这样，语言变成了社会实践的一部分，成了维持主要社会秩序的工具。"但是无论巴赫金还是福勒，他们都秉承了语言相对论的思想，触及了不同的语言和语言变体及其所承载的文化思想对语言使用主体的认知和思维的隐性影响和操控作用，正如拉康（Lacan，1977：284）关于能指、所指和说话主体之间关系所指出的："能指在决定某些作用中具有主动功能，在这些作用中能被表达的事物通过变成所指而似乎从属其符号。能指的这种主动功能现在变成了人性条件的一个新的方面，因为不仅仅是人在说话，而且它在人的内心并通过人说话；人性由一些作用构成，其中包括语言结构，人变成了它的材料；因此，在他的内心回荡着言语的联系，这是观念心理学所不能理解的。"拉康在这里强调了说话主体的被动性：是语言通过主体说话而不是主体运用语言说话。用海德格尔的话就是："是语言在说话，而不是人在说话。"（霍克斯，1987：164）正是认识到了能指、所指和说话主体的这种关系，福勒和其他批评语言学的创始者才感觉到对话语或语篇进行批评性语言分析的必要性："流行的正统观念认为，语言学是一门描写学科，无权对它所分析的材料进行评论；它既不规定用法也不评价所调查的事物。但是我看不出有什么理由不应该存在具有不同的目标和程序的语言学分支；既然语言运用是如此充满了价值观，实践一种旨在理解这种价值观的语言学似乎是无可非议的；这就是已为人们所知的批评语言学"。（Fowler，1991a：5）

批评语言学着重分析人们生成的符号和他们交流的意义之间的关系。分析的目的是揭示语篇中含而不露的意识形态意义，尤其是那些被人们习以为常的偏见、歧视和对事实的歪曲。CDA 学者认为权力和价值观内化于语言系统，构成人们认识世界和相互交流的背景知识："CDA 是关于事物如何被自然接受的理论。经常提到的观点是我们的许多信念和表征可能看上去是很自然的，但它们是被自然化了。"（Stubbs，2002：208）语言和语篇中的意识形态意义可以分为显性的（explicit）和隐性的（implicit）。前者较易识别，因为它们主要体现在词汇的概念意义和句子的命题意义中。但隐性的意识形态意义却不易察觉，它们往往体现在前提意义、内涵意义、感情意义、联想意义、搭配意义等当中，具有相当的隐蔽性；其中大部分已被自然化，变成了貌似常识性的东西，对语言使用者具有潜移默化的影响。这一观点与沃尔夫和巴赫金的语言观如出一辙，例如后者曾指出："异质语中的所有语言，无论其背后的原则和独特之处为何，都有其观察世界的特殊视角、表达世界的特殊形式、特殊的世界观；每一种语言都有其自己的对象、意义和价值观。"（Bakhtin，1981：291–292）这就是为什么语言"既由社会塑造又建构社会"（Fairclough，1995a：131）。费尔克劳认为意识形态意义在不被察觉时才最有效："意识形态其作用方式最不显眼时才最有效。如果人们发现了常识的某一方面正在以他们自身的利益为代价维持权力上的不平等，这个方面就不再是常识了，而且就不再具有维护权力不平等的能力，即不再具备意识形态的作用。意识形态在语篇中不被明确表达而是被作为背景知识，一方面引导语篇生成者以特定方式来描绘世界，另一方面引导读者以特定方式来理解语篇，从而使意识形态具有了无形的性质。语篇通常并不是向外'喷发'意识形态，而是通过提供线索引导读者将意识形态带入对语篇的理解过程——并在此过程中对其再生产。"（Fairclough，1989：85）

斯塔布斯（2002：211）在批评 CDA 时指出："常识世界总是一种修辞建构的观点经由沃尔夫的作品为语言学家所熟知。……沃尔夫提出了一个至今未解决的问题：是否多种语言影响其使用者的习惯性思维？CDA 把这一问题变为单一语言内部不同的使用模式。"这段引言最后一句话所提到的这一过程其实从巴赫金就开始了。前文已经提到，巴赫金的"异质语"概念不仅指不同语言的共存交汇，也指同一民族语言内部不同语言变体（包括地理方言、社会方言等）和不同风格的交叉共存。各种各样的"言语体裁"（speech genre）和风格充分体现了一种民族语言的内部多样性，它们各自包含着不同的意图、语调和社会评价方式，表达特有的世界观和各自相对统一的价值观、语义和时空体系。这些语言相互斗争，以具体的动机和行为模式充实和活跃着人类的意识。它们共存并保持着对话式的联系："在其存在历史的每一刻，语言都是彻头彻尾异质的：它表征现在与过去之间、过去不同时代之间、现在不同社会—意识形态群体之间、不同倾向、流派、领域等之间的各种社会—意识形态冲突。这些一致性的语言以各种方式相互交汇，形成新的表征社会的各种语言。"（Bakhtin，1981：291）"哪怕是在最自由、最不受限制的会话中，我们都以确定的体裁形式，有时是严谨地和循规蹈矩地，有时是灵活、有弹性和创造性地，来塑造我们的话语……我们就像服从于我们的本族语一样服从于这些言语体裁。"（Bakhtin，1986：78）CDA 是一种阐释认知和现实的语篇表征之间关系的理论，其核心思想正是来自沃尔夫和巴赫金，即语言和其使用隐性的分类经验，这种分类影响人们关于现实的观点。所以范戴克强调 CDA 的多样性和跨学科性。

2.4　巴赫金学派的意识形态观

马克思和恩格斯在《德意志意识形态》(*The German Ideology*)一书中将意识形态视为一种理想主义,是对现实的一种虚假表征。资本主义社会中的主流意识形态与统治阶级的物质利益和对劳动大众的剥削之间存在着紧密的联系,它往往把自己伪装成客观普世的。在马克思和恩格斯之后,意识形态在社会科学各领域内始终是个核心的概念,但人们在使用这个概念时经常带有贬义。例如法兰克福学派基本上从"虚假意识"的角度来理解意识形态,认为全部的意识形态都是为巩固和强化现存秩序服务的。马库斯(Marcuse,1964:51)在批评人们被工业社会中政治和文化多元主义的外观所迷惑,看不到其极权主义的实质时指出:"这种多元的实在成了意识形态的、骗人的东西。"阿尔杜塞(Althusser,1969:233–234)肯定了意识形态为人们理解和解释自己的经验和生存状况提供框架,但同时指出意识形态表达的是人们"与其生存条件的真实关系和虚构关系的(由多种因素决定的)统一体。在意识形态中真实关系不可避免地为虚构关系所掩盖,这种关系表达一种意愿(如保守的、尊奉的、改良的或者是革命的),一种希望或一种怀旧,而不是描述一种现实。"

虽然意识形态经常被用于否定意义,但与此同时也存在着另一种趋势,即意识形态概念的"中性化"(neutralization)。例如,列宁在分析20世纪初俄国两极分化的政治形势时号召详细系统地阐述一种社会主义意识形态,以抵御资产阶级意识形态的影响(Lenin,1969:41)。意大利马克思主义者葛兰姆西(1971)在总结西欧工人阶级运动失败的经验教训时深刻认识到意识形态问题在无产阶级夺取政权斗争中的重要地位。他既反对把意识形态看作经济基础的附带现象,也不同意把意识形态当作一堆错误的观念,而是主张将其视为一种思想体系,一种世界观。他认为马克思只是在论战的意义上把意识形态看作一些虚幻颠倒的错误观念。马克思实际上也看到了意识形态是一种现实的力量,是一个战斗的领域:"在这个领域里,人们活动着,斗争着,并获得关于他们自己地位的意识。"(Lenin,1969:377)葛兰姆西强调意识形态的实践性,人们一方面在社会实践过程中必然会在观念上进入意识形态领域,因为人正是在意识形态的教育中成长起来并获得世界观的；另一方面，人们又在已获得的世界观的支配下行动。意识形态作为具有实践意义的世界观并不是"任意的意识形态"（arbitrary ideology），即个人的成见，而是一定社会团体的共同生活在观念上的表达。意识形态概念的中性化意味着它既可用于否定意义又可用于肯定意义。

加德纳（Gardiner，1992：5-6）认为，巴赫金学派学者的主要兴趣和思想基本上属于西方马克思主义传统，不太关注政治和经济结构之间的因果关系，而是聚焦于上层建筑现象，例如工业化对人类价值观的破坏和商品形式对现代社会文化和民生各领域的不断侵入。他们都谴责资本主义把人异化为生产工具，把人与人的关系"物化"（reify）。他们认为自己的研究是批判性的，不属于传统意义上的"科学"，其目的是理解和反思那些压制性的社会结构和贫乏枯竭的思维方式。巴赫金学派把意识形态当作一个中性的甚至积极的概念，指各种社会意识的总和，是一种基本的社会现象：意识形态"被沃罗西诺夫等巴赫金学派成员用来指任何表意活动"（Gardiner，1992：71）。

巴赫金学派坚持意识形态的符号性和物质性，因为它涉及社会和历史中的具体符号交际："任何意识形态的东西都具有意义，它表征、刻画或代表外在于其自身的事物。换言之，它是一种符号，没有符号就没有意识形态。"（Volosinov，1973：9）沃罗西诺夫是这样定义意识形态的："说到意识形态，我们想到的是人们大脑中对社会现实和自然现实的反映和折射的总和；人们通过词语、绘画、图表或者其他形式的符号来表达意识形态。"（Volosinov，1973：9）意识形态的物质性是以其符号性为前提的。一切人类行为和认知都体现在某种符号中，这样的符号会产生真正的社会效果。每一个词语都会透露其使用者的意识形态，因此每一说话者都是意识形态的，每一话语都代表着一种意识形态。在选择说什么的时候，说者首先考虑的是话语背后的意识形态意义，而不是仅仅作为语言表达的话语的局部意义。正是因为意识形态植根于各种各样的社会和文化实践中，因此它不仅仅是一种观念、一种附带现象，而是一种客观事实，一种巨大的社会力量。意识形态反映和折射外在现实，它或者忠实于现实，或者通过另一视角来看现实，它具有歪曲其表征的潜力。不同的文化和艺术领域都以不同的方式折射现实，但所有领域都有一个共同特点，即它们都使用共同的物质符号，因此，"每一个意识形态符号都不仅是现实的一种反映、一个影子，它本身就是现实的物质成分"（Volosinov，1973：11）。

巴赫金与沃罗西诺夫一样反对把意识形态视为抽象意识的产物，认为意识形态自身就构成一种物质力量。他同样试图从语言学和符号学的角度把意识形态理解为源于具体社会语境中的表征实践，一再强调意识形态符号和意指过程与广阔的社会斗争密切相连，它们自身就构成斗争的领域或者冲突的场所："思想是活生生的事件，产生和作用于两个或数个意识之间相遇和对话的那一刻。"（Bakhtin，1984：88）"个人的言语既反映又生产其在阶级社会中的立场，并由此进入阶级关系的对话中。"（Bakhtin，1986：52）。当具体的意识形态话语受到主流话语或机构话语的渗透之后便会在维持不对称的权力关系中起到至关重要的作用。

加德纳（1992：66-67）将巴赫金学派的意识形态观总结为以下几点：（1）意识形态并非对现实的被动（歪曲性）的反映，而是其本身就构成一种强大的物质力量；（2）任何人类活动和主体性本身都离不开社会关系的符号表征，意识形态参与构成这种表征；（3）意识形态具有这种作用是因为它是表意过程蕴含的核心成分；（4）如果意识形态主要是一种符号现象，是话语或语篇的产品，那么要抓住意识形态的本质就要去理解和分析其在口头语和书面语中的具体表达。

2.5　语言和意识形态

巴赫金学派的意识形态观表明语言和意识形态之间的紧密联系。当代意识形态批评一直试图探索意义或观念如何影响现实社会中个人和群体的思想和行为方式。虽然探索的角度、方式和目的各不相同，但似乎有一点越来越清楚，即在这种探索中语言和话语分析必须占据优先地位。沃罗西诺夫（1983：113）指出，马克思意识形态理论的基础与语言哲学问题紧密联系在一起。马克思和恩格斯（1978：158）写道："语言和意识一样古老，语言是为他人而存在的实践性意识，它因此也为自我存在；语言跟意识一样产生于与人交往的需求和需要。"

　　20世纪对语言与意识形态关系的认真思考始自以索绪尔为代表的结构主义语言学：“正是结构主义几乎垄断了在语言和意识形态之间打造联系的尝试，至少在发现了巴赫金、沃罗西诺夫和梅德维德夫（Medvedev）之前是如此。”（Gardiner，1992：143）列维斯特劳斯（Lévi-Strauss）在其结构主义的文化分析中将意识形态和语言文化联系起来，指出文化分析的目标应该是那些人们往往意识不到的基础结构或深层结构，表层现象正是由它们产生的。列维斯特劳斯尤其感兴趣的是部落社会中占主导地位的那些神话体系，认为必须通过重构产生具体神话的那些深层转化规则才能认识神话的重要性。神话思想并非前工业化社会所特有，现代政治意识形态已经成为神话思想的滋生地（Lévi-Strauss，1968：209–210）。列维斯特劳斯关于神话和意识形态的思想对巴特产生了巨大影响，后者认为现代社会中的意识形态主要以神话的形式表现出来。巴特指出，神话属于二级意指系统（second-order signifying system），被资产阶级用于强化具体的内涵或意指联想网络，以表达和强化处于支配地位的世界观：“神话其实属于一种一般科学的领域，它与符号学中的语言学具有同样的涵盖范围。”（1973：111）

　　巴赫金学派对语言的意识形态功能的关注源于1917年俄国十月革命之后知识界对语言在文化和政治中作用的争论。当时的形式主义强调语篇结构的重要性，认为语篇中的思想内容或意识形态只是服务于语篇的形式结构。但是，马克思主义者反对把语言与社会和意识形态割裂，把语言形式独立于思想内容。不过当时的马克思主义者也有其自身的局限性，例如他们基本上将语言或语篇仅仅视为传递思想内容的媒介。正是巴赫金学派试图克服这种形式和内容的二元论，强调话语的形式结构本身实质上就是一种社会结构，语言表达方式和所表达的思想内容一样影响意识形态信息的生成和接受。意识形态不仅“反映”（reflect）现实，也可能通过语言表征来“折射”（refract）现实，不同的意识形态生产领域都因各自在社会中的地位和关切以不同的方式反映或折射现实世界。因此，意识形态符号不仅是表征现实的外壳，而是社会斗争的赌注和场所：“话语从来都不仅反映或表达已知和确定的存在之物，它总是创造此前从未有过的绝对新鲜的不可重复的事物，它尤其总是与价值（真假、好坏、美丑等）相关。”（Bakhtin，1986：119–120）人类生产和使用的任何东西，包括工具、食物等，都可以被转化为超越物体本身的具有意义的符号，因而符号具有歪曲其所表征的现实的潜力，或者忠实于现实，或者通过另一视角来看现实。不同的文化和艺术领域都以不同的方式折射现实，但其共同点是它们都使用共同的物质符号："意识形态领域与符号领域重叠，它们相互等同。有符号的地方就有意识形态。"（Volosinov，1973：10）意识形态要发挥作用并产生社会效果就必须依赖物质符号。

　　人类任何形式的认知和实践活动都是符号过程，意识和文化必须通过具体的媒介形式来传播，媒介难免影响传播的内容及其接受："意识形态符号对存在的这种折射取决于什么呢？它取决于同一符号共同体中具有不同倾向的社会利益群体的交织重叠，即取决于阶级斗争。"（Volosonov，1973：23）巴赫金一再强调没有中性的符号："每一话语都有关于正义、美好和真理等的主张。"（Bakhtin，1986：123）而沃罗西诺夫下面的这段话精辟地道出了符号或语言的意识形态性质和起作用方式："不同的阶级会使用同一语言，从而每一种意识形态符号中都交织着不同倾向的重音。符号变成了阶级斗争的舞台。意识形态符号的这种多重音性是一个极为重要的方面……统治阶级力图赋予意识形态符号以超越阶级的永恒特点，扑灭或内化其内部各种价值观之间的斗争，使之成为重音单一的符号。其实，每一个意识形态符号都像雅努斯（Janus）一样具有两面性。任何当下的咒语都可能变成赞美之词，任何当下的真理在许多其他人听上去都会不可避免地像是最大的谎言。符号的这种内在的辩证性只有在发生社会危机或变革时才会彻底展示出来。在正常生活状态下各种意识形态符号所包含的矛盾并不会充分显露，因为在已经确立起来的占统治地位的意识形态支配下的意识形态符号总是有一些反动的性质，似乎总是试图稳定社会生成过程这一辩证潮流中的以往因素，也因此总是强调昨天的真理，使之看上去像今天的真理。这就导致了占支配地位意识形态里的意识形态符号的折射和歪曲特性。"（Volosonov，1973：23-24）可见，思想不会发生于构成它的符号体系之外，意指本身就是意识形态的；意义并非发生在真空中，词语总是各种意义斗争的场所，而这些意义也是各种社会冲突的反映。思想从来都不仅反映被观察的客体，它也反映观察主体自身及其社会存在："思想是一双面的镜子，两面都可以并应该明亮清楚。"（Volosinov，1976：26）这种观点把我们引向了作为意识形态符号的语言或话语与主体性建构之间的关系问题。

阿尔杜塞运用弗洛伊德的"下意识"（subconscious）和拉康的结构主义心理分析理论提出通过"招呼"（hailing）或者"意识形态质问"（ideological interpellation）来解释主体性的建构。巴赫金学派则另辟蹊径，认为主体性或心理并非自主先在的东西，而是通过不同声音或话语之间的相互对话和斗争形成的。巴赫金认为全部社会和文化现象都在本质上具有深刻的主体间性或对话性，这种与他者、与自我（内部话语）或与外部世界之间不断的对话建构了人的主体性，并成为任何创造性思维或行为不可或缺的组成部分："在巴赫金看来，自我并非统一意义的最终保证者。巴赫金笔下的自我从来不是完整的，因为它只存在于对话关系中。它本身并非一种物质或本质，而是存在于与所有其他事物尤其是与他者自我的弹性关系中。"（Clarke & Holquist，1984：65）因此，主体性是一种由社会决定的内部复合体，主体之间总是处于对话关系中，它们具有不可预知性和不可量化性："主体永远不会变成一个概念（他自己说话并回应）"（Bakhtin，1986：169）。在巴赫金学派看来，个人意识必定是异质语性质的，因为一个人所掌握的语言中的任何一种具体的"语言"不可避免地相对于总是存在于那里的所有其他语言。不同体裁、不同职业、不同时代的话语，甚至是不同个人的话语，以及官方语言、文学和政治运动语言都是不同的语言，都是纷繁世界中的"异质语"："语言在自己历史存在中的每一具体时刻，都是杂合言语同在的；这是现今和过去之间，以往不同时代之间，今天的不同社会意识集团之间、流派组织等之间各种社会意义相互矛盾又同时共存的体现。"（巴赫金，1998：71）其结果，"异质语中的所有语言，无论其背后的原则和独特之处为何，都有其观察世界的特殊视角、表达世界的特殊形式、特殊的世界观；每一种语言都有其自己的对象、意义和价值观。"（Bakhtin，1981：291–292）巴赫金这里所说的视角和世界观对每个主体而言显然是一种潜意识中的、背景化了的意识形态。

2.6 意识形态的语境性和对话性

既然语言和意识形态如此相互依赖，那么意识形态研究就必须包括对表达它们的符号系统的分析。沃罗西诺夫（1976：101）指出，意义和形式、能指和所指之间的结合不是自然的，这种联系可能比较稳定，但"语言形式和价值观判断之间的联系是出于理所当然的教条信念，这种信念不容讨论"。沃罗西诺夫的观点既在某种意义上修正了索绪尔关于能指和所指关系的任意说，又应和了沃尔夫关于意识形态内在于语言并构成人们言语交际的背景化常识的观点（Whorf，1956）。巴赫金学派的另一位重要成员梅德维德夫（1985）在谈论言语体裁时也指出，"每一体裁都有明确的选择原则、明确的观察与认识现实的方式和明确的探究范围和深度。"（Gardiner，1992：22）这种体裁构成某种意识形态框架或者文化"格栅"（grid），在此框架内话语形成各自具体的语义和形式特征。如果语言和意识形态如此相互胶着，那么任何话语里都存在含而不露的意识形态，它们潜移默化地影响人们的思想意识，而当代话语批评的主要目的之一就是揭示这一事实及其含义，例如"批评话语分析是关于事物如何被自然接受的理论。经常提到的观点是我们的许多信念和表征可能看上去是很自然的，但它们是被自然化了。"（Stubbs，2002：208）。意识形态意义在不被察觉时才最有效，它作为背景知识一方面引导语篇生成者以特定方式来描绘世界，另一方面引导读者以特定方式来理解语篇："语篇通常并不是向外'喷发'意识形态，而是通过提供线索引导读者将意识形态带入对语篇的理解过程——并在此过程中对其再生产。"（Fairclough，1989：85）

意识形态意义有自然化、固定化的一面，但也有相对的、随语境变化的一面。巴赫金学派充分注意到了意识形态的语境特性，即其功能不仅是其形式结构问题，也与在什么语境条件下说了什么和如何解读具体语篇密切相关。因此，意指机制和语篇的语境对于意识形态批评同等重要："一种语言中的词语在词典里的中性意义表明其一般特征并确保某一语言的所有使用者能相互理解，但在实际言语交际中使用的词语总是带有个人和具体语境的性质。"（Bakhtin，1993：88）词不属于任何人，它们本身并不评价任何事情，但它们可以服务于任何说话者，被用于表达说话者各种有时明显矛盾的评价意义："感情、评价、情态是语言之词所没有的，它们只是在词语实际用于具体表述的过程中才能产生。"（Bakhtin，1986：85）

巴赫金认为意义由词语的所指功能、说者意识以及相关话语与他者"陌生话语"（alien utterances）之间的对话关系三方面构成，缺一不可："当我们试图理解话语时，重要的不是词语赋予物体和情感的直接意义——这是词语的假面具；而重要的是该意义实际的使用以及说者表达意义的方式，这种使用取决于说者的立场（职业、社会阶级等）和具体的情景。由谁说和在什么条件下说，这才是词语实际意义的决定因素。所有直接意义和直接表达都是虚假的，情感意义的表达尤其如此。"（Bakhtin，1981：401）巴赫金指出，任何一个词对于说话人而言，都存在于三个层面上："一是中态的不属任何人的语言之词；二是他者之词，充满他者表述的回声；三是我的词，因为既然我同他者在一定情景中打交道，并有特定的言语意图，它就已经渗透着我的情态。"（1998：174）没有"语言之词"在词典里的中态意义，语言就失去了其至关重要的共同性，也就无法保证所有使用该语言的人们的相互理解。如果把词在第一层次上的存在叫作"语言之词"，那么它们在第二和第三个层次上的存在就可以叫作"言语之词"，它们是言语交际中实际使用的词，总是带有个人和具体语境的性质。

巴赫金学派的意识形态理论带有明显的社会学和历史学倾向，他把语言视为总是处于具体的社会和历史语境中的一种社会实践，强调以往语篇的"再语境化"，而话语的意识形态意义则源于语言与符号体系在更加广阔的权力斗争的社会语境中是如何被运用的。话语和外部世界之间没有直接的关系，只有被语言中介或调节了的关系，任何话语都不是自给自足的："没有话语是第一的或最后的。任何话语都只是链条中的一环，没有话语能离开这个链条而被研究。"（Bakhtin，1986：136）因此，话语的意义至少部分地依赖于其他（过去的和现在的）同样是独一无二的各种话语构成的网络。在言语和物体或事件之间围绕或穿插着由各具自己价值观和重音的其他话语构成的充满对话和张力的环境。没有话语能自绝于与他者话语的接触和互动，所有话语都参与社会对话。对话总是产生独特全新的东西，正是在这些对话中，人们不仅表达自己并相互展示各自的内心世界，而且也塑造相互之间和与环境之间的关系。在这种对话活动中，人们一点一点地改变着经常是不露痕迹地支撑和制约他们相互之间和与环境之间作用方式的那些现存的历史文化和意识形态。

既然语言活动主要是对话性的，那么人类的思维基本也是对话性的，并因此具有内在复杂的两面性。如果每一话语都既是对他者话语，又是对语境的回应且自身还会引起他者的回应，那么每一话语都是由他者话语塑造的。因此，在言语实践中，话语的意义不能从个体说话者的内部心理去寻找，而是必须根据其说话时的特定对话语境加以理解。个人说出的每一个词不仅是各种社会力量现实交往的结果，其本身也具有内在的复杂性："我们知道，每一个词都是取向不同的各种社会声音相互冲突和交叉往来的场所。"（Volosinov，1973：41）每一个词都反射和折射其他词，"我们"的词不仅反映"我们"的思想，也反映"我们"可能与之有分歧的"他者"的思想："所有词都带有职业、体裁、年龄段、那一天那一刻的'色彩'，每一个词都带有其存在于其中并获得社会意义的语境的'色彩'。"（Bakhtin，1981：293）

2.7 巴赫金学派语言意识形态观对 CDA 的启示与问题

结构主义者对语言与意识形态关系的思考主要存在两个问题。首先，他们预设了一种"主导意识形态"（dominant ideology），指的是主要属于统治阶级的、渗透并凝聚整个特定社会的、在一定程度上被支配者认可的信念或价值观体系。但正如加德纳（1992：149）指出的，很少有证据证明从属阶级会主动机械地接受或内化统治者的价值观，而广泛的价值观分歧似乎才是现代工业社会的常态。汤普森（1984）认为，更为可信的是主导意识形态催化了现代社会的分裂和碎片化而不是其和谐。巴赫金学派并不认可和谐统一的意识形态，认为各种社会语言和相应的意识形态体系总是随着社会群体之间的分割而处于分裂状态。其次，列维斯特劳斯和巴特关于神话的分析始终与意识形态生产和消费的实际社会条件相脱节。其实，重要的不是语篇意指什么，而是它们如何意指。巴特倾向于从起源上演绎意识形态效果，视符号体系为自给自足的实体，理论上与现存的社会文化实践没有关系。他忽视了意识形态的社会实践力量，只专注于其形式结构分析。神话如何内化于语言和日常社会行为中？它以何种方式帮助霸权统治或者抵制这种霸权？巴特对这些问题从没有进行充分的研究。巴赫金学派关于意识形态的语境特征和其对话性的强调在很大程度上是对结构主义的语言和意识形态观的修正和补充。

巴赫金学派关于语言和意识形态的理论对我们今天的话语研究和意识形态批评至少有如下启示。第一，如果意识形态意义并非词语自身内在固有的，而是随语境而变化，那么同一个词语或者词汇语法均相同的两个话语在不同的语境中就可能具有完全不同的意识形态意义（辛斌，2004b），能指和所指的结合就不是自然的。这一思想从一开始就扎根于批评话语分析："语言中的意义不是自然产生的而是约定俗成的。当语言学家说意义的表达是任意的时，他们的意思是任何声音或字母可以用于表达任何意义。但是什么样的意义最终得以表达却不是任意的或者偶然的。"（Fowler, 1987：31）

第二，如果语言实践的相关语境内嵌于人类交往的历史，那么理解和解读本质上也具有历史性，它们必须建立在观察者自己的历史与社会关系的基础上，这就排除了对语篇材料超然中立的思考。巴赫金认为，感知者和被感知者无可避免地处于经由语言中介的有意义的对话关系中，社会"事实"并非先前给定的，而是至少部分地由感知者带入解读行为中的那些理论或概念所建构的："观察者在被观察的世界之外没有立场，他的观察参与建构被观察的客体。"（Bakhtin, 1986：126）在巴赫金看来，我们的大部分言语涉及对他人话语的表征和传递，这其中包含着对他人话语的评价、判断和回应，在这种不间断的表征和传递过程中我们建立起一种阐释框架，一种活的阐释学，以便我们去倾听、语境化、理解和回应他人话语。这种吸收和消化他者话语的过程对于发展批评性的反思和解放封闭的思想和行为是至关重要的。只有通过他者语言和文化的视角才能真正反思和理解自己的语言和文化本质。

第三，上述第二点意味着，任何人文研究都必然涉及与先前的和同时代的语言实践的对话，任何这样的实践都是在意指链条中发生的，都构成这一链条中的一环。如此一来，意义就是相对的和不稳定的："对象征结构的解读被迫陷入了象征语境意义的无底洞中，使之不可能像精密科学那样地科学。"（Bakhtin, 1986：160）但这并不意味着巴赫金及其同伴陷入了极端后结构主义的虚无主义中，他们要强调的是关于意义的共识应该通过对话达成，而不是强加于人。在他们看来，社会文化研究成功与否只能由处于对话中的主体之间所取得的相互理解程度来衡量，其最终目标是丰富自我而不是强制或枯竭他者。传统语言文化的历史性意味着没有任何一种解读是终结性的或不会出错的，每一后来的时代都会体现新的经历和视角，每一历史阶段都会以不同的方式来解读以往的语篇。因此，意义是开放的、不完整的，处于不断的变化中。

第四，巴赫金学派的对话性的意识形态理论试图打破作者视角的一统天下，挑战任何认为一种表征方式就能代表真理或者就能充分反映现实的妄想："真理既不产生于也不存在于某一个人的头脑里，它诞生于共同探索真理的人们之间，诞生于他们的对话互动的过程中。"（Bakhtin, 1984：110）。巴赫金（1981：414–415）在论述异质语时也指出："各种异质语就像相互对照的镜子，每一面都只以自己的方式反映世界的一点，一个小角落，使得我们去猜测和探寻其相互所反映的背后的更加宽广和更多层次的世界，这个世界要比一种语言或一面镜子所能反映的包含更多和更多样的可能性。"巴赫金这里试图把读者的注意力不仅引向社会中语言形式的多样性，也引向各种语言之间不平等的关系。巴赫金认为我们可以通过各种声音和意识之间的互动更清楚地意识到自己在话语和意识形态这一绵密网络中的位置，而独白则会阻碍或遮蔽这一过程。

巴赫金学派的语言和意识形态理论对当今话语批评理论产生了重要的影响，但与此同时我们也应该看到这些理论自身存在的一些问题。首先，巴赫金夸大了对话性的语言文化把人的意识从独白专制下解放出来的作用，他对此往往抱有过于理想主义的乐观态度："今天我们是在一个自由民主语言的世界中生活、写作和说话；曾经遍布整个官方语言和语言意识体系中的话语、形式、意象、复杂的和多层次的等级结构被文艺复兴的语言革命一扫而光。"（Bakhtin, 1981：71）然而，今天人们从事批评话语分析的主要目的依然是探索社会政治语境中话语是如何被实施、复制和合法化的，如何被用于制造或者抵制社会中的支配、控制和不平等（van Dijk，2001）。其次，汤普森（1990：7）将意识形态定义为特定情况下帮助确立和维护不对称权力关系的意义："意识形态就是服务于权力的意义。"虽然巴赫金学派也认识到了话语的政治性以及语言、权力和意识形态的关系，但他们强调意识形态贯穿于意指过程，几乎等同于意义。这样他们就很难再把意识形态视为维护特定社会群体利益或统治的一种特殊的意指实践。另外，他们也从未认真探讨符号是如何被实际调动来服务于社会权力斗争的，其对独白的表述也没能告诉人们多少关于现代资本主义自由社会中权力关系的实际情况，而这样的研究显然需要涉及支配阶级如何在各种教育、媒体、文化和政治实践中利用话语来强加某种价值观或世界观，并使之自然化。最后，巴赫金本人对狂欢文化的理解也过于理想化，缺乏历史性，其"人民"的概念十分模糊，缺乏社会内容。狂欢实际上并非一种天然的抵制不平等权力关系的实践，也不是管理社会的工具，它既可支持或维护也可破坏或瓦解现存社会秩序："狂欢并非本质上是激进的或者保守的。狂欢活动可能只是没有任何明显政治效果的稳定的周期性仪式，也可能是实际符号斗争的催化剂和场所。"（Stallybrass & White，1986：14）巴赫金把狂欢与暴力或权力相对立的思想显然值得商榷。与任何其他文化实践一样，狂欢本身并不自然导致自由和解放，其重要性和效果取决于其所处的或发生时的具体社会文化历史场景。

2.8　结语

如果说 CDA 是一种分析和阐释认知和现实的语篇表征之间关系的理论，那么其核心思想正是来自沃尔夫和巴赫金，即语言及其使用隐性地分类和组织经验，这种分类和组织潜在地影响人们的世界观和价值观。语言与思想相互作用、相互影响；语言中所蕴含的逻辑构成和知识结构往往对人们的思想产生重要的影响。汤普森（1984）提出，任何合理的意识形态批评都必须：（1）指出什么是真的或者什么是假的，以及真假的标准；（2）在此基础上批评现存的权力关系，提出更好的替代方案以满足人类正当的需求和要求。意识形态批评始终是任何社会批评理论的基本组成部分，20 世纪 70 年代以来兴起的批评语言学和批评话语分析，其主要目的之一就是分析语言和语篇的意识形态功能及其与社会中权力结构的关系。本章对巴赫金学派意识形态批评理论的介绍和讨论至少能使批评话语分析者认识到以下几点：（1）意识形态基本是一种符号现象，具有一定的隐蔽性，往往构成人们常识的一部分；（2）虽然意识形态属于上层建筑，但它却具有一定的独立性，是物质社会过程不可分割的组成部分；（3）意识形态并不一定是虚幻或虚假的，它是一种物质力量，介入社会过程并参与社会主体和身份的建构；（4）意识形态并不一定只是统治者或占支配地位的阶级自上而下强加的思想观念，而是社会斗争的赌注或场所；（5）意识形态批判不仅要批判或审视他人的意识形态，也应反思我们自己意识形态的局限性。

第3章
国内外批评话语研究：趋势、热点与前沿

　　批评话语研究又称批评语言学或批评话语分析，它从批评的角度研究话语，通过分析话语的语言特点及其所处的社会历史文化语境来考察背后的意识形态意义，进而揭示语言、权力和意识形态之间的关系（辛斌，2005）。这一研究视角最早可以追溯到 20 世纪 70 年代末，福勒等学者在《语言与控制》一书中首次提出"批评语言学"的概念（Fowler et al.，1979：185），到现在已有四十年的发展历史。四十年来，国内外批评话语研究经历了从"批评语言学"到"批评话语分析"再到"批评话语研究"的不同阶段（田海龙，2006，2016，2019），呈现出强劲的发展态势。

　　文献计量学是以文献或文献相关媒介为研究对象，采用数学、统计学等计量方法，研究文献和文献工作系统的数量关系和规律，以及探讨科学技术动态特征的一门学科（邱均平，1986）。目前，已有学者运用科学计量方法考察了国内外批评话语研究情况，如穆军芳和马美茹（2016）以 2006—2015 年间的 SSCI 期刊论文为数据，运用可视化软件对国际批评话语分析研究进行了科学知识图谱分析，穆军芳（2016）又以 1995—2015 年间的中国知网期刊论文为数据来源考察了国内批评话语分析的研究进展，朱慧超和李克（2017）则以 1995—2016 年间中国知网和硕博论文库为数据再次考察了国内批评话语分析的研究热点与发展趋势。这些研究都是在文献计量学基础上考察国内外批评话语研究进展的有益探索，对厘清国内或国外的研究脉络有重要参考作用。然而以上研究存在着不足：首先，选取的数据时间跨度多为十年或二十年，难以呈现批评话语研究四十年来的发展全貌；其次，仅考察了国内或国外的批评话语研究情况，并未开展国内外对比分析。

　　为了更清晰全面地梳理四十年来国内外批评话语研究的发展脉络，本章采用文献计量学的方法，结合 CiteSpace 可视化软件对 1979—2018 年间国内外期刊数据库中批评话语研究相关文献进行知识图谱分析，从发文量、高产作者、研究机构、高被引文献等方面回顾该领域在国内外的研究情况，以期对国内批评话语研究提供一些借鉴与参考。

3.1　研究设计

3.1.1　数据来源

　　国内数据来源于中国知网期刊全文数据库（CNKI），以"批评话语分析""批评性话语分析""批评语篇分析""批评性语篇分析""批评话语研究""批评话语""批评语言学"为主题词（keyword），时间设定为 1979—2018 年，来源类别选择"全部期刊"，剔除通知、简讯、征稿等无关文献后得到 1566 篇文献；国际数据来源于科学引文索引数据库（WoS），以 "critical discourse analysis""critical linguistics""critical discourse" 为主题词，时间同样设定为 1979—2018 年，引文索引选择"社会科学引文索引"（SSCI）、"艺术与人文引文索引"（A & HCI）和"新兴资源引文索引"（ESCI），剔除编辑素材、讨论、会议摘要、勘误等无关文献后得到 3656 篇文献。以上文献检索时间是 2019 年 6 月 28 日，检索完成后，对相关文献进行详细核查，确定其能够覆盖国内外批评话语研究的主要成果。

3.1.2　研究方法

　　本章采用文献计量学的方法，借助 CiteSpace 可视化软件对国内外批评话研究进行知识图谱分析。CiteSpace 是一款着眼于分析科学文献中蕴含的潜在知识，并在科学计量学、数据和信息可视化背景下逐渐发展起来的多元、分时、动态的引文可视化分析软件（李杰、陈超美，

2016）。文献计量方法与可视化技术的结合有助于精准分析海量研究文献，全面探析某一领域的研究进展及发展趋势。本研究使用的软件版本为 CiteSpace 5.5 R2。

3.2　国内外批评话语研究总体趋势与阶段特征

为了全面把握国内外批评话语研究的文献数量变化规律，我们对相关文献进行了数量统计对比（图 3–1）。从发文量的整体变化来看，批评话语研究受到国内外学者的持续关注，该领域的文献量呈现总体增长的趋势，其中国外的发文量持续增长，增速较快，而国内的增速较为平缓；从文献总量来看，国外批评话语研究文献数量（3 656 篇）远远超过国内文献量（1 566 篇）；从年度发文量来看，国内文献量与国外存在一定差距，且差距在不断拉大。具体而言，国内外批评话语研究四十年来出现了不同的发展阶段，呈现出各自的阶段特征。

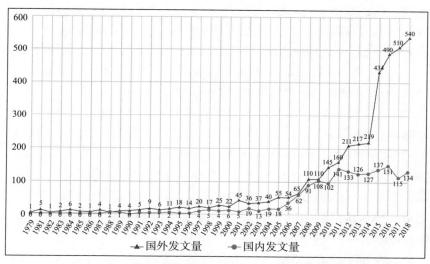

图 3–1　国内外批评话语研究（1979—2018）年度发文量趋势

根据文献量趋势图，国际批评话语研究的发展阶段可以分为萌芽期（1979—1989）、缓慢增长期（1990—2007）、快速增长期（2008—

2014）和高速增长期（2015—2018）。

在萌芽期，发文量较少，对批评话语的研究延续了文学批评的传统，如帕里尹德尔（Parrinder，1979）、曼雷（Manley，1981）、麦克加恩（Mcgann，1985）都在文学批评框架内对批评话语进行总结与反思。这一时期，批评话语研究的早期学者范戴克、沃达克、费尔克劳等正在建构理论，著书立说，加之期刊体系尚不完善，对发文量会有直接或间接的影响。

在缓慢增长期，发文量从 1990 年的 4 篇到 2007 年的 65 篇，总体呈现缓慢上升趋势。这一发展阶段开始出现专门的学术期刊，如范戴克创办的《话语与社会》和《话语研究》（Discourse Studies），范吕文等人创办的《社会符号学》（Social Semiotics），沃达克和奇尔顿（Chilton）创办的《语言与政治期刊》（Journal of Language and Politics），费尔克劳创办的《批评话语研究》，这些期刊为批评话语研究的发展提供了重要的国际交流平台。

在快速增长期，发文量开始超过 100 篇，到 2014 年达到 219 篇。这一时期批评话语研究的快速发展得益于逐步成熟的期刊建设。此外，2007 年 9 月在英国兰卡斯特大学召开的第二届"当代中国新话语"国际学术会议以及定期举办的"跨学科批评话语分析国际会议"（Critical Approaches to Discourse Analysis Across Disciplines Conference，简称 CADAAD），都推动了国际批评话语研究的发展。

在高速增长期，2015 年发文量达到 434 篇，并保持高速增长，在 2018 年达到了 540 篇。这一时期发文量的飞速发展说明批评话语研究在国外持续升温，一些权威期刊如《话语与社会》和《批评话语研究》相继开设批评话语研究专刊。另一个影响发文量的因素是自 2015 年起 WoS 收录了一些学术界具有一定影响力的新刊，如《恐怖主义批评研究》（Critical Studies on Terrorism）、《多元文化话语》（Journal of Multicultural Discourses）等。

与国外发展情况相比，国内批评话语研究也分为四个阶段：萌芽期（1979—1994）、缓慢发展期（1995—2001）、快速增长期（2002—2010）以及平稳发展期（2011—2018），但呈现出不同的发展特征。

在萌芽期，批评话语研究几乎处于停滞状态，只有极少数学者对国外批评话语理论进行了引介，如钱敏汝（1988a，1988b）集中介绍范戴克的话语宏观结构，施旭（1989）对范戴克的批评话语研究理论及最新发展进行了全面推介，也有学者从文学批评的角度讨论批评话语，如蒋原伦（1992）、程文超（1993）。

在缓慢发展期，发文量仍然较少，但开始有学者对批评话语研究进行全面系统的论述。其中陈中竺（1995）是国内最早引入"批评语言学"的学者，他详细介绍了批评语言学的哲学与语言学基础，并系统回顾了批评语言学的发展历程。在此之后，辛斌（1996）、丁建新和廖益清（2001）、纪玉华（2001）等学者对批评语言学或批评话语分析的基本概念、研究方法进行了深入探讨。这一阶段尽管发文量不大，但相关成果为该学科在国内的发展奠定了基础。

在快速增长期，2002 年的发文量增长到 19 篇，平稳发展四年后，2006 年的发文量为 36 篇，接下来继续呈现快速发展势头，到 2009 年已超过 100 篇，2010 年虽有小幅回落但仍保持在 100 篇以上。在这一时期，辛斌出版了《批评语言学：理论与应用》（2005），这是国内第一部系统介绍批评语言学的专著，而 2006 年南开大学举办的"（批评）话语分析"高级研讨班及首届"当代中国新话语"国际学术会议，将我国的批评话语研究推到了新阶段。

在平稳发展期，发文量保持在每年 130 篇左右，尽管有小幅下滑，但整体上呈现稳定发展态势。在这一阶段，2010 年由中山大学语言研究所发起举办了"中国批评语言学高层论坛"（后发展为"全国话语研究高层论坛"），2013 年成立了中国话语研究会（现更名为"中国英汉语比较研究会话语研究专业委员会"），2017 年成立了中国话语研究机构联盟。一系列常规会议的举办及学会的创立为国内批评话语研究的稳步发展提供了组织保障。

3.3　国内外批评话语研究高产作者

运行 CiteSpace 软件，节点类型选择"Author"，将国内与国外作者图谱的阈值分别设置为 4 和 6（即图中出现的作者发文量分别不低于 4

篇和 6 篇），分别生成国内外批评话语研究的高产作者及合作网络图谱（图 3-2、图 3-3）。根据生成的知识图谱，我们统计出发文量前十位的国内外学者（表 3-1）。

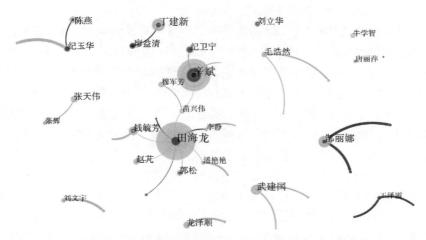

图 3-2 国内批评话语研究高产作者及合作网络图谱

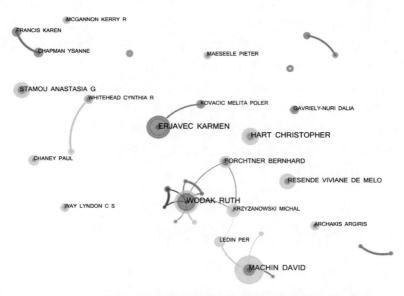

图 3-3 国际批评话语研究高产作者及合作网络图谱

表 3-1　国内外批评话语研究（1979—2018）发文量前十位的作者

序号	国内学者	发文量	序号	国外学者	发文量
1	田海龙	33	1	Ruth Wodak	17
2	辛　斌	30	2	David Machin	17
3	丁建新	13	3	Erjavec Karmen	17
4	武建国	11	4	Rogers Rebecca	12
5	邰丽娜	11	5	Anastasia G. Stamou	12
6	纪卫宁	9	6	Christopher Hart	11
7	纪玉华	8	7	EeroVaara	10
8	钱毓芳	8	8	Viviane De Melo Resende	9
9	赵　芃	7	9	Michal Krzyżanowski	9
10	廖益清	6	10	Majid KhosraviNik	8

如图 3-2 和表 3-1 所示，国内批评话语研究的高产作者有田海龙、辛斌、丁建新、武建国等，这些学者均是该领域的代表人物。辛斌自 20 世纪 90 年代开始从事批评话语研究，在批评语言学核心理念及主要研究方法的引介（辛斌，1996，2002）、批评性语篇分析视角下的英语新闻语篇研究（辛斌，1998，2000）以及语言的建构性和话语的异质性（辛斌，2016）等方面成果颇丰，影响深远。田海龙近十几年来在批评话语研究的理论发展方面颇有建树，阐述了从批评语言学到批评话语分析再到批评话语研究的演变（田海龙，2006，2016），提出趋于质的研究的批评话语分析模式（田海龙，2013），并结合辩证唯物主义的语言与社会关系对批评话语分析进行了再思考（田海龙、赵芃，2017）。除了田海龙、辛斌两位资深学者以外，丁建新在批评话语研究的基础上另辟蹊径，开创了边缘话语分析范式，取得了颇有意义的成果，他考察了边缘话语与社会的关系（丁建新，2010，2013），全面系统地厘清边缘话语分析的基本理论问题（丁建新、沈文静，2013），并通过探讨系统功能语言学的本质为边缘话语分析提供理论支持（丁建新，2016）。

国内批评话语研究领域的其他学者也取得了各具特色的成果，如武建国（2015）对批评性话语分析进展中存在的争议进行剖析讨论，邰丽娜（2013）考察了认知语言学理论在批评话语分析中的应用，纪卫宁（2013）对批评话语分析重要思想进行解读与评介，纪玉华和李锡纯

（2011）界定了"批评性话语分析"中的"批评性"，钱毓芳（2010a，2010b）运用语料库技术开展批评话语分析，赵芃（2015）采用批评话语分析探讨了学雷锋活动等具体议题，廖益清（2008a，2018）从批评话语分析视角研究时尚话语中社会性别身份构建。

如图 3-3 和表 3-1 所示，国际批评话语研究领域的高产作者主要有沃达克、马奇恩、卡门（Karmen）等，覆盖了批评话语研究不同发展阶段的代表学者。沃达克是批评话语研究的早期代表人物，她擅长使用话语历史分析法探究话语中的权力与意识形态，关注具体的政治相关议题，如美国电视剧中的语言使用如何影响政治的全球本土化（Wodak，2010）、欧盟成员国在语言选择与语码转换过程中如何体现意识形态与语境线索之间的相互影响（Wodak et al.，2012）以及欧洲移民政策中的话语如何表征欧洲国家身份（Wodak & Boukala，2015a，2015b）等。

马奇恩的研究专长是多模态批评话语分析（multimodal critical discourse analysis，MCDA），他曾探讨了商业化背景下新闻报纸如何运用字体、颜色、布局等视觉符号重构品牌（Machin & Niblock，2008），电视节目的犯罪报道中语言与图像在重新语境化过程中的作用（Machin & Mayr，2013），并阐释了多模态批评话语分析用于考察话语与社会、意识形态的必要性（Machin，2016；Machin & van Leeuwen，2016）。哈特（Hart）则将认知语言学引入批评话语分析，并采用认知与实验的方法对政治抗议等新闻报道进行批评性分析（Hart，2013，2018）。另外，很多学者关注了其他一些具体议题，如斯洛文尼亚报纸中记者建构调查报告使用的话语策略（Poler & Erjavec，2011）、教育话语中的批评意识培养（Rogers，2012）、商业广告中的语言变异（Stamou，2013）以及波兰的难民危机与瑞典的移民问题（Krzyżanowski，2018a，2018b）。

从图 3-2 和图 3-3 来看，国内形成了以田海龙和辛斌为中心的两个比较显著的合作网络，国外形成了以沃达克和马奇恩为中心的两个合作网络，这些合作关系中多是导师与其学生以及科研团队内部的成员合作。相比之下，国内外其他学者大多以散点呈现，说明合作关系并不明显，以独立研究为主。

3.4　国内外批评话语研究高产机构

运行 CiteSpace 软件，节点类型选择"Institution"，分别生成国内外批评话语研究的高产机构及合作网络图谱（图 3-4、图 3-5）。结合生成的知识图谱，我们得到发文量前十位的国内外研究机构（表 3-2）。

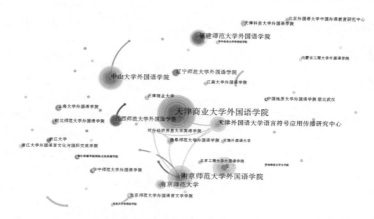

图 3-4　国内批评话语研究高产机构及合作网络图谱

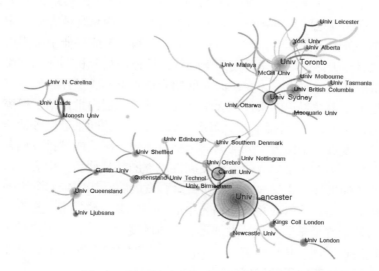

图 3-5　国际批评话语研究高产机构及合作网络图谱

表 3-2　国内外批评话语研究（1979—2018）发文量前十位高产机构

序号	国内研究机构	发文量	占比	序号	国外研究机构	发文量	占比
1	天津商业大学	43	2.75%	1	Lancaster University	84	2.30%
2	南京师范大学	41	2.62%	2	University of London	78	2.13%
3	中山大学	37	2.36%	3	University of Toronto	41	1.12%
4	天津外国语大学	30	1.92%	4	University of British Columbia	34	0.93%
5	福建师范大学	29	1.85%	5	Cardiff University	33	0.90%
6	郑州大学	26	1.66%	6	The University of Queensland	32	0.88%
7	江西师范大学	23	1.47%	7	The University of Sydney	30	0.82%
8	浙江大学	19	1.21%	8	The Queensland University of Technology	25	0.68%
9	上海大学	13	0.83%	9	The University of Melbourne	23	0.63%
10	浙江传媒学院	12	0.77%	10	York University	20	0.55%

　　如图 3-4 和表 3-2 所示，国内批评话语研究的高产机构聚集在天津、南京、广州等地的高等院校，如天津商业大学、南京师范大学、中山大学、天津外国语大学等，而这些高校又以二级学院或科研中心为依托。具体来看，天津商业大学外国语学院将"批评语篇分析"作为其学科发展的重要研究方向之一，在田海龙前期的带领下形成了扎实的研究团队，取得了丰硕成果；南京师范大学外国语学院以国内批评话语研究学者辛斌为带头人，加上国际符号学研究所的成立，共同推进批评话语研究在该校的发展；中山大学外国语学院拥有丁建新牵头的"批评语言学"研究团队，加之校级语言研究所及新近成立的韩礼德研究中心，形成了独具特色的批评语言学与韩礼德研究融合发展的态势，颇有影响力；天津外国语大学语言符号应用传播研究中心由田海龙主要负责，在批评话语分析与社会符号学研究领域发展迅速，成绩斐然。此外，国内越来越多的高校注重话语与传播研究，相继成立了研究所或研究中心，在批评话语研究领域不断取得新进展。

如图 3-5 和表 3-2 所示，国际批评话语的高产机构聚集在英国、美国、澳大利亚、加拿大等国家和地区，主要研究机构有兰卡斯特大学、伦敦大学、多伦多大学、不列颠哥伦比亚大学等高等院校。其中兰卡斯特大学是国际批评话语研究重镇，在批评性话语分析、认知语言学、语料库语言学等领域设有活跃的研究中心或研究组，如"语言、意识形态与权力研究组"（Language，Ideology and Power Group），"话语与语篇研究组"（Discourse and Text Research Group）等，并拥有批评话语研究领域的领军学者费尔克劳、沃达克、奇尔顿及新一代学者贝克（Baker）和哈特，形成了稳定的学术团队与鲜明的研究特色。从合作网络来看，这些国际研究机构不仅多产，而且高校间保持密切的科研合作，如兰卡斯特大学与卡迪夫大学、伯明翰大学、诺丁汉大学，多伦多大学与不列颠哥伦比亚大学、约克大学（加拿大）、悉尼大学、墨尔本大学，昆士兰大学与格里菲斯大学、昆士兰科技大学之间均形成了密切的科研合作网络。与国外研究机构合作网络相比，国内的机构之间合作较少，除南京师范大学、天津外国语大学、天津商业大学有一定合作外，其他机构大多是以散点出现，保持独立研究。

3.5　国内外批评话语研究高被引文献

通过中国期刊数据库的文献统计功能，选择"被引"，我们得到国内批评话语研究被引次数前十位的高被引文献（表 3-3）。其中引用频次最高的是陈中竺先生的文章，如前所述，这是最早将批评语言学全面系统引入国内的文献。

表 3-3　国内批评话语研究（1979—2018）前十位高被引文献

序号	篇名	作者	刊名	年 / 期	被引次数
1	批评语言学述评	陈中竺	外语教学与研究	1995/1	854
2	语言、权力与意识形态：批评语言学	辛　斌	现代外语	1996/1	839

（续表）

序号	篇名	作者	刊名	年 / 期	被引次数
3	批评性语篇分析方法论	辛 斌	外国语	2002/6	746
4	批评语言学与英语新闻语篇的批评性分析	辛 斌	外语教学	2000/4	684
5	批评语篇分析：理论评述和实例分析	戴炜华、高 军	外国语	2002/6	550
6	批评话语分析述评	丁建新、廖益清	当代语言学	2001/4	421
7	英语语篇的批评性分析刍议	辛 斌	四川外语学院学报	1997/4	404
8	批评语篇分析的理论和方法	戴炜华、陈宇昀	外语研究	2004/4	305
9	语篇研究的批评视角：从批评语言学到批评话语分析	田海龙	山东外语教学	2006/2	279
10	批评性语篇分析：问题与讨论	辛 斌	外国语	2004/5	271

辛斌在前十位高被引文献中有五篇文章，主要考察了批评语言学中的语言、权力与意识形态关系（辛斌，1996）、英语语篇中可能具有的意识形态意义（辛斌，1997）及英语新闻语篇批评性分析的主要方法（辛斌，2000），介绍了批评性语篇分析的主要理论基础、方法论源泉及语篇意识形态分析框架（辛斌，2002），并讨论了批评话语分析存在的一些主要问题（辛斌，2004c），这些文献对国内批评话语研究影响深远。

戴炜华早年对批评话语分析也进行了探究，主要是结合实例分析讨论批评语篇分析的核心概念、原则及理论方法（戴炜华、高军，2002；戴炜华、陈宇昀，2004）。丁建新和廖益清（2001）从批评话语分析产生的理论背景、语言学理论基石、研究的基本问题以及对语言教学的启示等方面作了概要评介，这一述评在国内批评话语研究界颇有影响。田海龙（2006）通过对批评语言学和批评话语分析的形成及核心内容的评述再现从批评视角研究语篇的发展过程，进而呈现从批评视角研究语篇的巨大潜力。

　　总体而言，以上国内批评话语研究的高被引文献以综述类或理论方法引介类为主，且文献发表时间较早，引领着国内该研究领域的发展。

　　运行 CiteSpace 软件，节点类型选择 "Reference"，生成国际批评话语研究高被引文献知识图谱，并根据图谱数据统计出引用次数排前十位的文献（表 3-4）。

表 3-4　国外批评话语研究（1979—2018）前十位高被引文献

序号	标题	作者	类别	出版时间	被引次数
1	Methods of Critical Discourse Analysis	Ruth Wodak & Michael Meyer	论文集	2009	285
2	Critical Discourse Analysis: The Critical Study of Language	Norman Fairclough	专著	2010	180
3	Analysing Discourse: Textual Analysis for Social Research	Norman Fairclough	专著	2003	115
4	A Useful Methodological Synergy? Combining Critical Discourse Analysis and Corpus Linguistics to Examine Discourses of Refugees and Asylum Seekers in the UK Press	Paul Baker, Costas Gabrielatos, Majid KhosraviNik, Michał Krzyżanowski, Tony McEnery, & Ruth Wodak	论文	2008	69
5	How to Do Critical Discourse Analysis: A Multimodal Introduction	David Machin & Andrea Mayr	专著	2012	61
6	Discourse in Late Modernity: Rethinking Critical Discourse Analysis	Lilie Chouliaraki & Norman Fairclough	专著	1999	57
7	Discourse and Practice: New Tools for Critical Discourse Analysis	Theo van Leeuwen	专著	2008	52

序号	标题	作者	类别	出版时间	被引次数
8	Critical Discourse Analysis: The Critical Study of Language	Norman Fairclough	专著	1995	51
9	Critical Discourse Analysis and Cognitive Science: New Perspectives on Immigration Discourse	Christopher Hart	专著	2010	41
10	Discourse and Power	Teun A. van Dijk	专著	2008	41

从文献作者来看，排名前十位的文献主要来自批评话语研究领域的领军学者费尔克劳、沃达克、范戴克和范吕文的研究成果，而这些成果又代表了批评话语分析的主要流派：以范戴克为代表的社会认知分析法（Sociocognitive Approach），以沃达克为代表的话语历史分析法（Discourse-Historical Approach），以费尔克劳为代表的辩证关系分析法（Dialectical-Relational Approach），以范吕文为代表的社会符号学（Social Semiotic Approach）。与此同时，在高被引文献中，贝克、哈特、马奇恩、科里赞诺斯基等新一代学者产出了高质量的成果，引人注目。

从文献内容来看，这些高被引文献涵盖了批评话语研究的基本概念、核心理论、研究方法等各个方面，体现了批评话语研究的进展与前沿。其中，引用频次最高的文献是由沃达克和梅耶尔合编的《批评话语分析方法》（*Methods of Critical Discourse Analysis*），这本书全面系统地介绍了批评话语分析的主要流派及异同。费尔克劳的成果在排名前十位的文献中占比最大，主要内容包括从宏观上把握批评话语分析的基本理论与方法，阐释了语言、权势与意识形态的关系（Fairclough，1995a），提出了批评话语分析的"五步"分析框架（Chouliaraki & Fairclough，1999），完善了话语实践分析法（Fairclough，2003），并发展了辩证关系分析法（Fairclough，2010）。在新一代学者中，贝克等（2008）运用语料库语言学的方法对英国新闻媒体中"难民"话语和"寻求庇护者"话语进行了批评性分析，马奇恩和梅尔（2012b）聚焦于多模态批评话语分析，从基本概念、理论基础、实例分析等方面说明了多模态符号资源在批评话语分析中的意义与功能，而哈特（2010）则将演化心理学与认知语言学的相关思想引入批评话语分析并对移民话语进行全新分析解释。

综上所述，国际批评话语研究高被引文献是该领域不同发展阶段产出的重要成果，奠定了批评话语研究的基础，对国内批评话语研究产生了积极影响，意义重大。除此之外，批评话语研究早期形成的经典学术专著同样值得国内同行关注，如范戴克于 1984 年出版的《话语中的偏见》（*Prejudice in Discourse*），费尔克劳 1989 年出版的《语言与权力》及 1992 年出版的《话语与社会变革》（*Discourse and Social Change*），沃达克于 1989 年出版的《语言、权力与意识形态》（*Language, Power and Ideology*）。

3.6　研究的热点与前沿

3.6.1　国内批评话语研究的热点

批评话语分析自 20 世纪 70 年代末兴起以来一直处于不断发展之中，在理论探索、方法创新及应用实践方面取得了丰硕的成果，也呈现出新的特点。李恩耀和丁建新（2020）运用文献计量学的方法，从发文量、高产作者、研究机构、高被引文献几个方面梳理了国内外批评话语研究四十年来的发展脉络。为了全面把握四十年来国内外批评话语分析的研究进展与未来发展趋势，本章的最后这一节采用文献计量与可视化技术相结合的方法，以 1979—2018 年间国内外期刊数据库中批评话语研究相关文献为数据来源，借助 CiteSpace 可视化分析软件，从高频关键词和突变术语两方面考察四十年来国内外批评话语分析研究进程中的热点与前沿议题，以期对国内批评话语研究提供一些启示。

关键词是作者对文章内容要点的高度概括和提炼，因此常用高频关键词来分析考察某学科领域的发展动向和研究热点（李杰、陈超美，2016：200）。运行 CiteSpace 可视化软件，节点类型选择"Keyword"，调试最小生成树算法（MST），将国内与国外关键词图谱阈值分别设置为 10 和 30（即图中关键词出现频次均不低于 10 和 30），分别生成国内外批评话语研究关键词共现知识图谱（图 3-6、图 3-7）。剔除"批评话语分析""话语分析"等比较宽泛的词语后，我们得到国内外批评话语研究前二十位的高频关键词（表 3-5）。

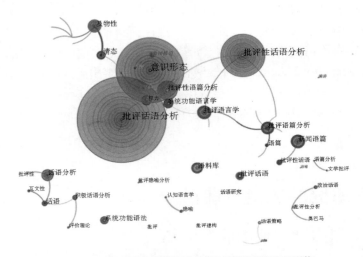

图 3-6　国内批评话语研究关键词共现知识图谱

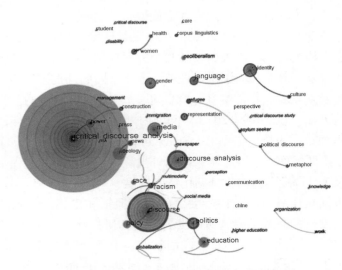

图 3-7　国际批评话语研究关键词共现知识图谱

表 3-5　国内外批评话语研究（1979—2018）前二十位高频关键词

中国知网（CNKI）			科学引文数据库（WoS）		
序号	关键词	频次	序号	关键词	频次
1	意识形态	352	1	identity	186
2	及物性	79	2	media	185
3	新闻语篇	77	3	ideology	181
4	权力	59	4	gender	158
5	语料库	55	5	education	150
6	情态	53	6	politics	142
7	系统功能语言学	52	7	power	133
8	系统功能语法	46	8	representation	99
9	新闻报道	37	9	news	87
10	积极话语分析	29	10	women	78
11	互文性	26	11	health	73
12	评价理论	23	12	construction	71
13	隐喻	22	13	racism	64
14	认知语言学	21	14	culture	59
15	分类	15	15	communication	56
16	演讲	15	16	metaphor	52
17	政治话语	15	17	corpus linguistics	50
18	话语策略	13	18	refugee	49
19	批评性分析	12	19	political discourse	49
20	话语建构	11	20	management	48

　　通过观察关键词共现图谱以及高频关键词表，结合文献细读，可以看出"意识形态""新闻语篇""权力""语料库""系统功能语言学""认知语言学""政治话语"等是国内外批评话语研究进程中的热点关键词，表明该领域在理论探索、研究方法及应用实践方面均取得了较大进展。

1. 权力与意识形态

　　作为批评语言学的两个基本概念，权力与意识形态是国内外批评话语研究学者持续关注的焦点。权力是话语事件中参加者之间的不对称以及特定社会文化语境中控制语篇生产、传播和消费方面不平等的能力

（Fairclough，1995a：1），而意识形态作为一个描述性概念，是从某一特定立场组织起来的观念系统，既包括歪曲现实的政治态度和理论又包括科学和形而上学（Kress & Hodge，1979：6）。

国内外学者从不同角度对权力、意识形态等基本概念及其相互关系进行了讨论，如福勒等（1979）强调对语篇的批评性分析应考察及物性、情态、转换、分类和连贯等蕴含的权力与意识形态意义，辛斌（1996）以两篇新闻报道为例阐述了批评语言学的语言、权力与意识形态问题，李桔元和李鸿雁（2014）则对"意识形态""权力""批评"的内涵进行了再思考，认为话语中的意识形态是一种普遍存在的语言使用者的态度、观点、信仰等，而权力关系是话语参加者之间的"支配"关系，作为一种"软力量"存在于语言使用中。实际上，批评话语研究将话语看作是一种社会实践，其主要任务就是揭示语言、权力与意识形态之间的复杂关系。因此，"权力"与"意识形态"就自然成了贯穿于批评话语研究始终的热点关键词。

2. 系统功能语言学

系统功能语言学是批评话语研究的主要理论基础和方法来源。韩礼德（1994）曾提出语言意义系统中的三大元功能（metafunction）：概念功能（ideational function）、人际功能（interpersonal function）和语篇功能（textual function），为批评话语研究提供了语言学基础。福勒等（1979）较早地将系统功能语言学运用于批评语言分析，费尔克劳（1989，1995a）则在系统功能语言学的基础上论述了批评话语分析的目的、意图及分析框架，马丁和沃达克（Martin & Wodak，2003）、杨和哈里森（Young & Harrison，2004）都对系统功能语言学用于批评话语分析做了深入探索和引介。此外，马丁（2004）提出了"积极话语分析"，成为批评话语分析的有益补充，马丁和怀特（Martin & White，2005）在人际功能基础上发展而来的评价理论也常用于指导批评话语分析。

在国内，众多学者将系统功能语言学作为批评话语分析的主要理论框架，在理论与应用方面取得了良好进展，如王晋军（2002）、刘立华（2007）、苗兴伟（2016）探讨了系统功能语言学与批评话语分析之间的渊源关系，许丽芹和杜娟（2009）结合系统功能语言学中的及物性、情态等核心概念对具体的新闻报道进行批评话语分析，廖益清（2008a）、唐丽萍（2009）则以评价理论为工具对社会性别身份构建、英语学习者对文化霸权话语解读等具体议题开展批评性分析。

3. 语料库与认知语言学

批评话语研究进展中引入了语料库语言学与认知语言学的成果，丰富了研究方法，拓宽了理论视野。语料库语言学利用语料库技术为语言现象提供大量例证，从而弥补单凭主观推断的不足。基于语料库的批评话语分析在国外开始较早，斯塔布斯（1996）、派珀（Piper, 2000）、贝克和麦克恩纳里（Baker & McEnery, 2005）利用词频、主题词、搭配等语料库提供的文本语境信息开展了理论探讨与实例分析。在国内，钱毓芳（2010a, 2010b）较早地系统介绍了如何将语料库融入批评话语分析，并利用语料库对英国报刊中关于恐怖主义话语的主题词进行具体分析（钱毓芳，2010c）。在这之后，基于语料库的批评话语分析受到国内学者们的关注，取得了大量有意义的研究成果。

尽管语料库在批评话语分析中广泛应用，但无法解释社会文化语境下的话语过程（唐丽萍，2011），而认知语言学的兴起有助于揭示意识形态在话语中的概念过程，为批评话语分析提供了新视角。范戴克（2008c）特别强调认知在话语与社会关系中的媒介作用，并提出话语–认知–社会三角关系（the discourse-cognitive-society triangle），而奇尔顿（2004）、哈特（2010, 2014）则引入了识解操作、心理空间等认知语言学概念，推动了批评话语研究认知视角的发展。在国内，认知视角的批评话语研究发展迅速，张辉和江龙（2008）、沈继荣和辛斌（2016）对批评话语分析与认知语言学的融合进行了理论评介与探索，唐韧（2014）、张天伟和郭彬彬（2016）则分别以英国媒体移民话语、欧洲难民危机为实例从认知视角开展批评话语分析。

4. 新闻语篇与政治话语

新闻语篇与政治话语是国内外批评话语研究的主要分析对象。批评话语研究历来重视对所有非文学语篇的分析，而新闻语篇与政治话语因其在意识形态产生和传播方面的特殊作用而备受关注，两者往往相伴而生。对新闻语篇与政治话语的批评性分析有助于探寻其语言使用背后所隐含的社会态度、权势及意识形态意义（Chilton，2004；尤泽顺、陈建平，2008）。

近年来，国内外学者运用批评话语分析的视角对新闻语篇与政治话语开展了全面细致的考察，如哈丁（Harding，2006）对比了加拿大新闻媒体在不同时期报道原住民与非原住民关系时使用的话语策略差异，考斯拉维尼克（KhosraviNik，2010）调查了英国各大报纸在表征难民、寻求庇护者和移民时使用的话语策略，贝克等（2013）利用英国报纸文章语料库考察"穆斯林"一词所表征的民族身份，巴勒斯（Burroughs，2015）则探讨了爱尔兰报纸报道中有关"非法移民"的话语表征（discourse representation），林予婷和苗兴伟（2016）分析了 50 篇美国总统阿富汗战争演讲中的合法化话语策略，武建国和牛振俊（2018）以特朗普的移民政策为例分析了移民话语的语篇特征及其采取的合法化策略。由此可见，身份、话语建构、话语表征及话语策略都是批评话语研究进展中的热点领域。

5. 学科融合与交叉研究

学科融合与交叉是批评话语研究进程中的一个显著特点。从国际批评话语研究的关键词"教育""健康""文化""传播""管理"可以看出批评话语研究已不再局限于语言学领域，它已拓展至教育学、文化学、传播学、社会学、管理学、医学等学科领域，如齐亚佩罗和费尔克劳（Chiapello & Fairclough，2002）将资本主义新社会学与批评话语分析相结合来研究新资本主义语境下的语言与意识形态，罗赞诺瓦（Rozanova，2010）整合批评老年学与批评话语分析方法对《环球邮报》文章主题分析来研究老龄化问题，麦克加尼恩和史密斯（Mcgannon & Smith，2015）运用叙事探究、话语心理学及批评话语分析的方法理解文化运动心理学研究中的文化问题。

对批评话语研究的多学科融合发展，学界分别有"多学科"（van Dijk，1993）、"超学科"（transdisciplinary）（Chouliaraki & Fairclough，1999）、"跨学科"（Weiss & Wodak，2003）三个术语，代表了各个学派和学者的不同研究倾向，也在一定程度上反映出批评话语研究在理论视角和研究方法上兼收并蓄的特征（张宵、田海龙，2009）。与国际批评话语研究相比，国内研究仍集中于语言学领域，在学科交叉和融合方面并不明显。鉴于此，国内学者在今后的研究中应积极开展一些多学科、超学科或者跨学科的研究，推进批评话语研究与其他学科的融合与交叉，从而丰富批评话语研究的理论、方法和内涵。

3.6.2　国内外批评话语研究前沿与趋势

运用 CiteSpace 的突变检测算法（burst detection）能从文献的题目、摘要和关键词中提取突变术语，以便检测某一学科领域研究的突然增长，从而考察该领域的研究前沿和发展趋势（Kleinberg，2003）。运行 CiteSpace 生成关键词共现图谱后，笔者通过"突变检测"（burstness）探测到国内批评批评话语研究的 12 个突发术语（表 3-6）以及国际批评话语研究的 25 个突发术语（表 3-7），从中可以清晰地辨识四十年来国内外批评话语研究的前沿动态及演进历程。

表 3-6　国内批评话语研究（1979—2018）突变术语

序号	关键词	起始年	结束年	强度
1	批评话语	1996	2006	11.387
2	意识形态	2000	2004	3.9825
3	批评语言学	2002	2011	3.8691
4	权力	2002	2007	4.9498
5	批评性语篇分析	2004	2008	4.2959
6	批评语篇分析	2005	2008	5.702
7	分类	2007	2011	4.5072
8	情态	2007	2011	3.7879
9	新闻报道	2014	2018	3.9928
10	语料库	2016	2018	10.8226
11	话语研究	2016	2018	4.2877
12	话语策略	2016	2018	4.2877

表 3-7　国际批评话语研究（1979—2018）突变术语

序号	关键词	起始年	结束年	强度	序号	关键词	起始年	结束年	强度
1	critical discourse analysis	2000	2003	4.7337	14	performance	2012	2013	3.9063
2	conversation analysis	2000	2005	12.3187	15	participation	2012	2014	3.9046
3	context	2002	2012	6.4125	16	children	2013	2015	4.5416
4	organization	2003	2008	4.3079	17	responsibility	2014	2016	5.5468
5	classroom	2005	2011	4.192	18	multimodality	2014	2016	4.5239
6	science	2005	2009	3.7391	19	cda	2015	2016	4.5775
7	critique	2007	2012	5.9747	20	violence	2015	2018	7.275
8	language policy	2009	2013	4.912	21	social media	2015	2018	4.0509
9	reform	2009	2013	4.5017	22	critical discourse study	2016	2018	6.9657
10	nursing	2009	2012	3.8412	23	media discourse	2016	2018	6.526
11	national identity	2011	2015	6.1836	24	care	2016	2018	5.3659
12	terrorism	2012	2013	5.6226	25	attitude	2016	2018	4.7147
13	technology	2012	2013	5.0245					

如表 3-6 和表 3-7 所示，国内批评话语研究近年来的主要突变术语有"新闻报道""语料库""话语研究""话语策略"等，而国外批评话语研究的主要突变术语有"责任"（responsibility）、"多模态"（multimodality）、"暴力"（violence）、"社交媒体"（social media）、"批评话语研究"（critical discourse study）、"媒体话语"（media discourse）等。这些术语中有一部分是前文讨论过的热点关键词，如"新闻报道""语料库""话语研究""话语策略"等。经过观察关键词突变的起止时

间并详细对比国内外文献，可以看出"多模态""社交媒体""媒体话语"是国际批评话语研究的前沿议题和未来的发展趋势，值得国内同行关注。

1. 多模态批评话语分析

多模态是批评话语研究领域的新兴议题，为批评话语分析提供了全新的理论视角与研究方法。马奇恩和梅尔（2012b）最早系统地介绍了"多模态批评话语分析"，主张从批评视角分析各种符号资源（语言、图像、声音、动作等）在多模态话语中的意义构建，进而揭示所隐含的权力与意识形态意义。在理论探索方面，马奇恩（2013，2016）、莱顿和马奇恩（Ledin & Machin, 2019）深入探讨了多模态批评话语分析的核心概念、基本特征及理论基础，哈特（2016）则结合认知语言学提出了一个综合的多模态批评话语分析框架，用于解释话语中的意识形态传播。多模态批评话语分析自产生之后被广泛应用于不同领域，如新闻话语中的价值构建（Bednarek & Caple, 2014）、政治叙事与传播中的视觉表征（Wodak & Forchtner, 2014）、高校中教学研究的重新语境化（Ledin & Machin, 2015）等。

在国内，多模态批评话语研究还处在起步阶段，只有数量不多的论文，如潘艳艳（2017）运用多模态认知批评分析中美征兵宣传片并探讨了多模态话语分析的批评特征，田海龙和潘艳艳（2018）讨论了多模态批评话语分析的研究对象、研究方法及其后现代特征，秦勇和丁建新（2019）从多模态批评视角考察音乐话语，并指出多模态批评话语分析存在的局限性和研究空缺。由文献可见，国内多模态批评话语分析尚未展开系统研究，在理论探索和应用方面拥有广阔的发展空间。

2. 社交媒体话语的批评分析

社交媒体是研究大众媒体范围之外的日常话语的独特来源，为批评话语研究提供了全新的研究领域。社交媒体为用户提供了一个交流思想、观点、态度的网络平台，可以通过使用、贡献和分享信息实现用户间的互动。在网络空间的社会互动交际中，话语建构与话语表征存在着不对称关系，这就使社交媒体成了话语权力产生与意识形态传播的重要途径，从而受到批评话语研究者的特别关注。从国际文献来看，批评话语研究在社交媒体领域已取得了突出成就，凯尔赛和贝内特（Kelsey & Bennett, 2014）以社交媒体 Twitter 为例来证明批评话语研究用于考察数字媒体技术中复杂权力关系的必要性和可行性，布韦尔（Bouvier, 2015）全面讨论了语言、身份、跨文化社会关系和权力在迅速演变的 Twitter、Facebook、YouTube 等社交媒体中的作用，奥劳森（Olausson, 2018）则通过对一位瑞典知名新闻工作者的推文进行批评话语分析来探究数字媒体环境下新闻自我形象建构过程及影响因素。

相比之下，国内仅有少量研究涉及社交媒体，如钱毓芳等（2015）探讨了"中国梦"在新浪微博中的话语特征，刘文宇和李珂（2017）以"青岛大虾事件"为例研究微博语篇中语言暴力背后的意识形态，沈文静（2019）探究新媒体话语中弹幕符号的话语特征及文化内涵。随着新媒体、自媒体技术的深入发展，微博、微信、抖音等国内社交媒体不断兴起，其即时性、交互性等特征直接影响着话语与社会实践，值得从批评话语分析视角下深入研究。

3. 新闻话语研究的深化

媒体话语尤其是传统媒体中的新闻话语一直处于国内外批评话语研究的前沿。从国际文献来看，批评话语分析视角下的新闻话语研究除了关注恐怖主义、女权运动、移民政策等政治议题以外，开始扩展至医疗卫生、技术、教育、经济等领域。特别值得一提的是，国际批评话语研究中出现了关于中国社会问题的讨论，如刘和李（Liu & Li, 2017）采用语料库方法分析中外报纸中有关中国雾霾的话语建构差异，葛和王（Ge & Wang, 2018）运用社会认知分析法考察普通民众在中国社会冲突新闻报道中的身份建构，刘和张（Liu & Zhang, 2018）讨论了中外报纸对中国空气污染健康风险的话语表征差异。

如前所述，国内文献中已出现大量对新闻报道中国际议题的探讨，与此同时，有部分学者开始关注国内的有关重大议题，如"中国梦""一带一路""南海仲裁案"等（武建国、林金容, 2016；钟馨, 2018；辛斌、时佳, 2018），但像国际文献中关注具体社会问题的研究仍然不足。

批评话语研究关注话语与社会的互动关系，通过分析复杂的社会现象来促进社会变革与进步，因此，国内批评话语研究者应立足于社会现实，以社会关切为己任，运用批评话语分析的方法解决中国语境下的实际问题。

3.7　结语

　　本章运用文献计量学的方法借助 CiteSpace 可视化软件绘制国内外批评话语研究的科学知识图谱，梳理了国内外批评话语研究四十年来的发展脉络。从发文量来看，批评话语研究受到了国内外学者的持续关注，出现了不同的发展阶段，整体呈现强劲的发展态势；从高产作者与机构来看，国内外批评话语研究均拥有活跃的领军学者及主要研究机构，并不断取得新进展；从高被引文献来看，国内外批评话语研究均产出了具有代表性的高质量研究成果，引领着该领域的研究发展方向。此外，国内外批评话语研究进程中也出现了一些研究热点与前沿议题。从高频关键词来看，批评话语研究的核心概念（权力与意识形态）、主要理论基础与研究方法（系统功能语言学、语料库语言学、认知语言学）、研究对象（新闻语篇与政治话语）、学科融合与交叉是国内外批评话语分析研究进展中的热点议题；从突发术语来看，国内外批评话语研究进程中的部分热点关键词仍然处于前沿地位，而"多模态""社交媒体""媒体话语"已成为国际批评话语研究的新兴前沿议题，值得国内同行特别关注。

第 4 章
21 世纪的批评话语研究

当批评话语分析或批评话语研究进入 21 世纪第二个十年之后，人们就开始对新千年的 CDS/CDA 进行反思并对其未来的发展做出展望，该领域的两份重要期刊，《话语与社会》和《批评话语研究》分别于 2016 和 2018 年先后出版了三期专刊围绕这些方面进行了探讨。本章试图对这些专刊中的一些主要思想观点从四个方面加以梳理和评介：（1）对 CDS 中一些核心概念的反思；（2）马克思主义与批评话语研究；（3）批评话语研究的伦理问题；（4）批评话语研究的未来发展。

4.1 CDS 核心概念反思

《话语与社会》2016 第 3 期专刊聚焦"批评话语研究的理论和概念挑战"，强调有必要更加关注 CDS/CDA 的一些核心概念。特邀主编科里赞诺斯基和福奇特纳尔在引言中希望在 21 世纪第二个十年 CDS 从现实社会和学术双重的角度来重新思考其核心概念方面的问题。在本节中我们仅聚焦最重要的三个概念：批评（critical/critique）、意识形态（ideology）和去神秘化（demystify/demystification）。

4.1.1 批评

开始于 20 世纪 70 年代末 80 年代初的"批评语言学"被其开创者之一的福勒视为一种"工具语言学"，其批评分析的目的是揭示语篇中含而不露的意识形态意义，尤其是那些被人们习以为常的偏见、歧视和对事实的歪曲，并解释其存在的社会条件和在权力斗争中的作用："批评……旨在改变甚至消除被认为是导致不真实的或者歪曲的意识的条件……批评……使得此前被隐蔽的东西显现出来，并以此在个人或群体中开启一个反省过程，以获得从以往的压制和支配之下的解放。"（Fowler，2002：348）麦克吉尔克里斯特（Macgilchrist，2016）在谈到21世纪早期有关"批评"一词的含义时引述了威斯和沃达克（Weiss & Wodak，2003）的观点，认为在 CDS/CDA 中"批评"有三层意思：首先是指对目前社会关系、权力等级和不平等的批评；其次是指对那些声称其分析是非政治化（即不考虑语言和权力之间的关系）的研究方法的批评；最后是指对这种声称非政治性的学术研究主动参与维护现存权力关系的做法的批评。麦克吉尔克里斯特认为对"批评"的这种看法与范戴克（1996：84）所表达的观点颇为一致，即 CDS "应该描述和解释权力滥用是如何通过支配群体或机构的语篇和谈话被实施、再生或合法化的"。比茨等（Beetz et al.，2018：322）持相似的立场："不反思话语和权力之间的相互关系，我们就无法理解话语和批评之间的关系。"事实上，批评话语研究的代表人物（例如 Fairclough & Wodak，1997；Wodak，2011 等）都认为 CDS/CDA 并非只是一种"知性探索"（intellectual inquiry），它也属于更广泛意义上的一种解放事业，与尚未完成的启蒙事业直接相关；因此，CDS/CDA 中的"批评"（critical）一词表示的与其说仅仅是阐释社会关系，不如说是试图改变它们，正如詹纳和蒂特舍尔（Jenner & Titscher，2000：147）所说的，"CDA 视自己为出于解放需求带有政治性的研究：它寻求对社会实践和社会关系产生影响。"因此，CDS/CDA 学者不仅只是描述社会表征，也试图介入那些表征以引起真正的社会变革；他们既是批评者也是倡导者，其采取的通常是受支配者或弱者的立场。麦克吉尔克里斯特（2016：268）将 CDS 在 21 世纪头二十年的主要目标概括为"依然是首先分析支配性权力结构，然后探索对支配控制的挑战"。格雷汉姆（2018：186）指出了 CDA 中"批评"的这种道德含义，即对意义的所有分析本质上都是一种事关道德的工作，CDA 也不例外，它必然是一种"道学"（moralistic）分析方法，其中的"批评"一词明确表示了这层含义，批评就意味着评判。

4.1.2　意识形态

CDS/CDA 总体上一方面坚持马克思主义有关意识形态的一些基本观点，另一方面又深受法兰克福学派，尤其是阿尔杜塞（1969，170，1971，1977）意识形态理论的影响。在 CDS/CDA 中，马克思主义的意识形态概念主要指某种虚假的东西："意识形态总是在某种意义上虚假、不公正或不适当。"（Herzog，2018b：403）CDS/CDA 学者深受福柯等后结构主义者的影响，认为知识是相对的，真理本身就是话语建构的结果，是由控制与排斥的权力斗争所导致的，因此他们对意识形态经常抱持着警惕和怀疑的态度，很多时候不仅分析也批评意识形态。赫佐格（2018b）认为经典马克思主义中带有虚假意义的意识形态概念可以用于理解和批评当代的意识形态。

人们通常认为可以将意识形态理解为一套信念、态度、有关需求的自我描述和构想，它们影响着某个社会或某些社会群体中的个人和群体的行为和思维方式（Stahl，2015；Jaeggi，2009；Eagleton，1991）。但赫佐格（2018b：402–403）指出："如果我们按字面意义理解意识形态，即思想逻辑，而且如果我们进而将这种逻辑理解为就某特定主题所表达的立场的内部结构和思想观点，那么意识形态研究就应该不是一件太复杂的事情，只需对有关具体主题的观点意见进行内容分析即可。然而，意识形态概念，尤其是马克思在其意识形态批评中提出的意识形态，要远比所表达思想的内部逻辑复杂。"赫佐格强调意识形态的实践性，认为在马克思主义传统中意识形态概念是与物质现实尤其是社会再生产过程密切相关的。这体现在三个方面。首先，对思想的关注是与对思想和信念在社会再生产过程中的作用的阐释相联系的；虽然思想不可能从物质现实当中抽象出来，但它可以对现实产生重要影响。其次，在这个传统中，思想被进一步视为社会条件的结果，或者至少深受其影响，因此对意识形态的分析可以揭示物质现实对我们思维的那些未被注意的影响，并表明我们的思维并非像我们认为或声称的那样独立自主。最后，意识形态具有社会功能，与强大的社会利益相关，它帮助稳定某些社会条件和支配关系。赫佐格（2018b：409）将自己关于意识形态的主张总结为：第一，思想和话语并非自主自发的，它们并不独立于社会关系而存在，也并非对其没有中介作用；第二，某些思想或话语可以同时即真亦假，它们可能会以适当的方式表征一种错误的或者病态的社会结构；第三，意识形态批评不仅仅是一项认知工作，它必须具有实践性，或者就像马克思（1978：535）所说的："哲学家只以各种方式来解读世界，问题在于要改变它。"在此意义上，意识形态和意识形态批评并不仅仅涉及符号性的话语秩序，而是具有物质的部分，包括社会关系、物质现实和实践活动。

CDS/CDA 认为意识形态分析属于话语分析领域，而话语分析不仅研究所表达的思想的内部结构，也将这种结构以马克思主义的意识形态概念所倡导的方式与社会实践和条件相联系："话语分析必须涉及物质现实，否则就只会是脱离语境的语义游戏"。（Hook，2001：542）由于语言使用总是发生在具体时空和社会条件下，即便是福柯所阐述的有关话语秩序的思想，也是建立在语言和物质现实的关系之上。福柯（1981a：52）强调："每一个社会的话语的产生都受到一定程序的控制、选择、组织和重新配置，以防止其权力和危险、掌控其偶发事件、规避其呆板可怕的物质性。"因此，理解和阐释语言、意识形态和权力之间的紧密关系可以说是话语分析常规工作的一部分。

4.1.3　去神秘化

绝大多数 CDS 研究者深受法兰克福学派意识形态理论的影响，认为不平等社会关系背后的那些权力关系通常并不为处于这种关系中的人们所了解。例如费尔克劳（1995：36）就表示他使用"批评"这个词，一方面是因为他坚持从动态的相互联系和变化的角度看待事物的辩证理论和方法，另一方面是由于他认为在话语中人或事物之间的相互联系会遭到扭曲而被遮蔽，"因此'批评'实质上就是使事物间的相互关系变得可视"。因此，CDS/CDA 从一开始就一直试图揭示社会支配关系是如何在语篇的生成过程中被实施和被掩盖的。沃达克和梅尔（Wodak & Meyer，2009：3）指出，CDS 的各种不同方法的共同之处在于都旨在"通过对（书面的、口头的或视觉的）符号材料进行系统的可追溯性的调查研究来揭去意识形态和权力的神秘面纱"。CDS 的最终目标是使那些被支配的社会群体认识到不平等意识形态的真面目并以批评的态度做出自己的反应。

将 CDS 的目标设定为"去神秘化",即揭示社会行为者尚未意识到的那些意识形态和权力关系,给从事 CDS/CDA 的研究者带来一些严重的伦理问题。拉图尔(Latour, 2004: 237)认为当代百分之九十的批评研究和研究者可归于他所说的"幻想地位"(fairy position)和"事实地位"(fact position);前者指那些"将批评与反拜物主义相联系"的研究者,他们错误地认为批评就是要"表明那些幼稚的拜物者只是将自己的愿望投射到某种物件上"。在拉图尔(2004: 239)看来,这使得批评者采取了一种本质上优于那些看上去需要启蒙的拜物者的特殊地位。与此同时,批评者还可以享受"事实地位",向幼稚者揭示他们所不知道的事情:"他们的行为完全取决于他们看不见的来自于客观现实的那些强大的因果关系,但只有你,你这位永远清醒的批评者才看得清"。从拉图尔的这一区分看,CDS 将意识形态视为对现实的歪曲表征,将自己视为解释这种歪曲或去神秘化的方法或工具,因而它把自己同时置于幻想地位和事实地位。

拉图尔(2004: 243)还提出了第三种地位,即"公平地位"(fair position)。如果说不公平的批评者假定只有自己才是老练而有知识的,那么公平的批评者则努力培养一种顽强的现实主义态度,寻求使用新的描述工具以便不仅仅只是揭露或者一再主张自己作为批评者的特权,而是会做得更多。CDS 显然需要批评现状,但要使自己处于"公平地位"就需要在批评的时候表明"批评者并非从幼稚的信徒脚下掀开地毯的人,而是为参与者汇聚提供场所的人"(Latour, 2004: 246)。CDS 除了否定看上去似乎是无法回避的现状也需要关注"文化中话语被用于审美、生产和解放目的的正面特征"(Luke, 2002: 106)。拉图尔和卢克(Luke)其实都试图推动 CDS/CDA 超越消极性的评判,朝着诊断性评估的方向发展。罗德里克(2018: 164)认为与"去神秘化"相比,马奇恩和梅尔(2012b: 5)使用的"去自然化"(de-naturalizing)这一说法可能更适合 CDS/CDA 的初衷:"我倾向于这个提法是因为它表示话语不仅仅可以掩盖或歪曲现实,它也具有经常是正面的建构功能,例如使某种经验显得很自然和不言自明，这符合福柯对话语的积极性和权力的能产性的看法。"因此，与其说 CDS/CDA 是在去神秘化，不如说它旨在揭示事物的相互联系，以及这些事物是如何通过话语变得清晰可视了。

4.2 马克思主义与批评话语研究

2018 年为马克思诞辰两百周年，《批评话语研究》（2018 第 4 期）借此机会组织了一个专刊，探讨马克思主义与话语研究的各种关系。比茨和施瓦布（2018：343）指出，虽然马克思主义的生产条件和生产关系概念激发了 20 世纪 60 和 70 年代的话语分析，但在当代大多数话语分析方法中马克思主义理论及其影响都渐渐被边缘化了，只是偶尔有所提及。他们认为重新考察生产条件和生产关系会令话语研究的分析和批评更为犀利。布洛克（2018：391）也注意到"不管怎样，马克思主义通常没有被明确承认是 CDS/CDA 的基础，在对该领域的考察中它也很少引起关注"。事实上，正如比茨，赫佐格和梅斯（2018）所指出的，话语研究从一开始就深受马克思主义的影响，尤其是在法国，从阿尔杜塞、柏瑟或福柯到哈贝马斯，再到批评话语研究中的各种方法和领域，它们无不受到马克思主义理论的影响。当代的话语理论和话语分析探究的是具体语境下社会实践所调用和加工的符号材料，尤其关注话语过程如何（再）生产其赖以发挥作用的物质生存条件。马克思主义重点研究和批评的是各种控制与剥削的社会关系、意识形态与权力、资本主义生产方式下的社会再生产和社会变革。因此，马克思主义理论不仅为话语研究提供了一种批评态度，而且许多马克思主义的核心范畴或概念经常成为批评话语分析的出发点。

4.2.1 辩证唯物主义的话语分析观

从事话语研究的人们经常游走于两种对马克思主义的解读，一是在传统的解读中马克思支持社会决定论，二是在后结构主义的解读中马克思也认识到社会的符号、语言和象征诸方面的自主作用（Angermuller，2018：415）。像鲍德里亚（1972）、拉克劳和莫夫（1985）和哈贝马斯（1992）这些"后马克思主义"（post-Marxist）理论家一方面对传统解读中将语言和社会被分为相互联系的两个独立领域的做法提出批评，另一方面他们在强调语言和话语的重要性的同时也在一定程度上忽视了物质社会现实或者降低了其重要性。安杰穆勒（Angermuller，2018）强调人们应该重温马克思的实践理论，尤其是有关费尔巴哈（Feuerbach）的第一篇名作，从中实践这一概念在马克思主义理论中的核心地位就已经显而易见了，"现实"（reality）在这里被理解为"感性的人类活动，实践"（Marx，2010：3），实践活动当然应该包括人们在社会中使用语言。

鲍瑞里（2018）比较了语言和交际研究中的两种批评理论，即以费尔克劳为代表的 CDA 和以意大利学者罗西·兰迪（Rossi-Landi，1921—1985）为代表的"唯物主义符号学"（materialistic semiotics）。他认为两种方法都承认话语和意识形态不可分离，是社会秩序结构中两个相互联系的方面，都注意分析各种意识形态话语如何提出和确立其有效性标准，并意识到其关于有效性的主张来自一种解读过程，因而没有绝对的正确性，而是以某种可能条件为前提。鲍瑞里注意到，费尔克劳和格雷汉姆（2002）在建议将马克思视为批评话语分析先驱时忽视了很重要的一点，即语言不仅仅是人类活动的一种产品，它本身也是生产，是有意义符号的生产，而将其研究重点放在符号过程的言语方面，即社会行为者借以构造和解读社会话语的语言（或言语）过程。然而，正如马克思在《资本论》中所阐释的，这种构造也源于主体在其社会实践过程中所实施的有意义的、非言语的行为。鲍瑞里认为唯物主义符号学方法可以通过参照言语和非言语符号过程来展示马克思是如何使用和发展符号、语言和话语这些概念的。

柏瑟（1995：82）指出了生产条件在话语分析中的重要意义："特定状态的生产条件对应着语言中话语生产过程的特定结构……这意味着不可能将话语作为语篇来分析，就好像它是一种自足的语言序列；有必要将其与特定状态生产条件基础上生成的所有话语相联系。"布洛克（2018：392）认为在许多 CDS/CDA 研究者的议程上从来都没有政治经济学。当我们将不平等视为一种真正的现实现象时，政治经济学，尤其是马克思主义政治经济学，对我们透彻理解什么在起作用和什么是关键就是必不可少的。费尔克劳和格雷汉姆（2002：187）强调，马克思在很大程度上预示了现今的批评话语分析，他的许多研究都强调"语言和其他社会成分之间辩证的相互联系，并因此能公平评判资本主义中语言的社会权力并与此同时又不把社会生活仅归结为语言，不使语言脱离物质存在或使其抽象化"。杰索普和萨姆（Jessop & Sum，2018）分析了马克思的《德意志意识形态》《路易波拿巴的雾月十八》和《资本论》三部作品，展示了马克思是如何预示批评话语分析和论辩分析的。马克思阐释了语言和符号体系是如何卷入具体社会组织的形成并促成对阶级利益和其他社会利益的认识或误认、表征或歪曲的。马克思将语言理解为一种实践意识的表达并批评了体力和脑力劳动的分工，这种分工使得知识分子容易认为思想才是历史的推动力。

比茨和施瓦布（2018）指出，当下的话语理论和分析大多关注的是话语过程如何（再）生产物质社会世界。然而，（再）生产条件和生产关系则很少被认真对待，无论是在理论和分析层面还是在政治层面。这种缺失不仅模糊了话语研究的唯物主义传统，也加剧了研究的去政治化，使得话语赖以（再）生产的那些语境条件被奇怪地与更广阔的资本主义生产条件相分离。另一方面，一些马克思主义方法忽视了话语在物质和意识形态（再）生产过程中所扮演的重要角色。比茨和施瓦布主张，不仅话语自身是在某些物质条件下产生的，而且（再）生产条件和生产关系也可以被理解为话语现象。话语的生产与作用其中的物质社会条件具有密不可分的关系。社会关系在社会实践和话语实践中（再）生成，而社会实践和话语实践又反过来受到社会关系和物质条件的影响："不同的文化、政治、意识形态、话语等社会现实并非单向地取决于狭义上的经济因素（生产力和生产关系），它们具有一定的自主性，社会形态不同方面（话语、意识形态、政治）的这种自主性其实已经反映在马克思的《路易波拿巴的雾月十八》，在此著作中上层建筑并非所描述的社会现实的孤立实体，而是与经济基础相互关联、相互影响。"（Beetz & Schwab，2018：341）

马克思认为劳动的分工会导致利益的区分，这就带来了一种新的意识形态批评，即意识形态不仅是错误的，而且还是为具体利益服务的，而这些利益往往属于最有权力的人；尤其是当涉及合法化过程的时候，统治阶级就不得不将其利益表现为整个社会的利益。在此意义上，意识形态是有问题的，因为它们将部分人的利益表征为人们的普遍利益。意识形态与支配的这种关系是话语分析最为关注的，这里的意识形态批评成了对支配控制的批评。与某种意识形态服务于统治阶级这种思想相关的问题是分析这些思想是如何被强加于被压迫者的。根据阿尔杜塞的意识形态理论，特定社会形态中的个人经历着与其生存条件的一种有意义的关系，他们在话语中从所占据的某个主体位置通过并凭借意识形态为自己也为他人来表征这些（往往是想象的）关系。个人不仅将其生存条件也将他们身处其中的社会关系认识或误认为是自然和客观的，从而他们不仅经历着自己与这种社会关系之间的有意义的关系，而且还认为自己就是主体。为了将自己塑造为主体，个人必须将自己认为是意识形态话语中的主体（Althusser, 2003）。

　　意识形态话语参与社会关系的再生产：生产关系是通过话语被意识形态（再）生产的。正是意识形态话语帮助确保了资本主义生产关系的再生产，这种生产关系被不断再生产（和改变），而话语研究则为分析社会关系的意识形态和话语再生产提供了工具。比茨和施瓦布（2018）借用霍尔（Hall, 1986）的观点认为阿尔杜塞的意识形态理论使这个概念摆脱了"歪曲的思想"和"虚假意识"的局限，走向了一种更加语言学或话语的意识形态观。生产条件和生产关系在（再）生产和变革社会现实的整个过程中都起着重要作用。因此，马克思主义的生产条件和生产关系概念在话语研究中应该重新获得重视。同样，话语在意识形态运作以及资本主义生产方式的（再）生产和变革中的作用也不应被忽视，而这就要求我们将话语视为一种半自主的物质过程，而不仅仅是语篇或语言。

　　上述这种辩证唯物主义的话语观也反映在埃塞克斯话语分析学派（the Essex School of Discourse Analysis）的理论和实践中（Howarth, 2018）。埃塞克斯学派认为"话语"最好既被视为包括所有形式的社会实践的一般范畴，又被视为主要关注社会实践的符号和表征方面的一种具体实践。作为一般范畴，"话语"这个概念用于主张所有的社会关系都具有象征或符号的性质，它们涉及将许多各类成分（例如语言、物质和文化的等）联系在一起，这些成分应该被认为是一些偶发事物，可以不同的方式来建构和联系在一起。狭义上，话语被视为语言和符号表达的那些具体形式（例如语篇、文件、发言、图像等），它们以各种方式来表征并构成社会现实。埃塞克斯学派基本继承了马克思主义的传统思想，坚持存在的关系性、实践性和社会性，试图在社会关系的广阔体系中将各种社会成分和实践联系起来。生产力和生产关系被视为决定或塑造其他的社会过程，包括意识形态、法律制度和政治结构等。话语被视为可以限制和修改任何实践活动中相互联系着的成分的一种表达实践。在埃塞克斯话语分析学派那里意识形态概念被理解为社会关系的一个方面，其功能涉及在话语或表意实践中掩饰社会关系的偶然性，自然化权力或支配关系。

4.2.2 （批评）话语分析的政治经济学

马克思主义的政治经济学主要研究社会生产关系，尤其是生产和分配、交换、消费等要素之间的辩证关系。梅斯（2018）试图基于马克思主义政治经济学和经济话语研究的一些理论范畴来提出一个经济关系和社会实践的话语分析框架。他认为在马克思的理论中经济既不是内在于社会秩序并受其管制调节的市场，也不是免于政治、文化和制度影响的实体，而是一种特殊的基于劳动力和财富分配冲突之上的社会权力关系。马克思主义并非将经济作为市场和社会秩序来加以研究，它分析的是关于财富和劳动力分配、商品和地位的获得以及社会欲望的建构等方面的冲突和斗争是如何由各种社会结构和文化机制所组织的。因此，物质性的结构和符号性的文化相辅相成，都是 21 世纪话语研究所必须关注的。像博迪厄（1984，2005）的"场域"理论这样的结构主义方法关注的是社会斗争的物质基础方面，包括具体稳定的"场域"中的资本和制度性的权力和地位；而像福柯（1972，1980）的权力和话语理论这种侧重文化影响的范式主要关注的是作为话语的各种符号是如何影响立场观点的形成和涉及解读与认知框架的斗争。

梅斯（2018）认为，将博迪厄的"场域"理论和福柯的权力话语理论相结合，能为我们研究内在于制度网络中的作为社会斗争组成部分的各种话语实践提供有用的工具，前者有助于分析经济基础，后者则有助于我们理解各种权力斗争中的那些开放的、尚不固定的、可协商的成分如何与权力关系的形成相关联。场域分析部分研究符号–想象立场如何转化为物质–机构立场，话语分析部分研究语篇和语言，表明具体的符号–想象立场是如何被建构的。梅斯（2018：372）将此叫作"话语政治经济学"（Discursive Political Economy，DPE），认为它能够克服马克思主义内部长期存在的结构主义和建构主义之间的对立，为更广泛的马克思主义框架提供适用的分析工具和系统的理论衔接。

柏瑟（1995：85）强调物质条件和话语之间并非一种直接的反应关系，而是一种意识形态转化过程。因此在话语中存在着一种转化位置，即在话语过程中起作用的是一系列的形态，表明 A 和 B 认为是自己和对方的位置，这些形态其实是对自己和对方位置的意象："任何话语过程都预设存在着各种想象的形态，它们大体规定着话语中作为一种话语生产条件的人物所处的位置以何种方式介入。我们还得加上'所指'（话语出现的'语境'或'情景'），它也是一种生产条件。……所指是一种想象的东西（主体的视角），而不是一种物理现实。"柏瑟在这里显然强调了"情景""语境"和"主体位置"（subject position）的想象性质，不过其思想也摆脱了物质条件和话语表征的区分，指出后者是前者中的一种至关重要的物质过程（Beetz & Schwab，2018：346）。安杰穆勒（2018）从马克思主义政治经济学的角度探讨了话语"主体位置"的建构。以往包括资本主义的大多生产方式都是建立在绝大多数人创造生产价值，而少数人利用劳动成果并建立在拥有生产手段的这种不对称上。结果是劳动过程的参与者帮助生产和再生产了资产阶级积累价值而工人始终丧失社会财富的阶级结构。安杰穆勒认为，从评价的角度看，话语实践也需要被视为一种价值来源。实际上，每当人们生产话语时，他们都是在从事社会现实中的评价实践活动。话语参与者通过语言不仅协商其表达的思想的价值，他们也评价自己和他人的主体位置，包括身份和角色，人们赖以被识别为话语共同体成员的那些标签和范畴等。阿尔杜塞强调人们并没有永恒普遍的主体性，他们是通过在话语中占据主体位置而成为主体。

拉克劳和莫夫（1985）提出，当人们长期大量生产语篇时，高价值主体位置就会从众多话语参与者的相互作用中出现。一旦这样一些主体位置被确立并为话语共同体所接受，它们就具有了客观价值，而其他主体位置就可以或者必须与之相联系；所有参与者都被卷入了造就相对有价值和不那么有价值的主体位置之间的等级差异。因此，话语并非只是人们表达思想的客观媒介，而是回应"对他人而言我是谁"这种问题的一种实践活动。安杰穆勒（2018）从拉克劳和莫夫（1985）的观点出发，认为 CDS/CDA 经常专注于外部经济和政治利益对科学知识或者公共协商的影响，而话语共同体内部话语资本的积累却并未给予足够的重视。作为运用语言的一种评价实践，话语需要被视为社会现实中一种重要的价值来源。正像商品的价值基于社会必要劳动时间，主体位置的价值取决于其吸收的话语共同体成员的时间和精力，价值从许多话语工作者向极少数话语"资本家"转移，结果是一些主体位置比另一些获得了更多的（交换）价值。

价值转移和积累的过程并不一定需要权力者来做策略性的组织，也不必复制现成的社会权力结构（虽然实际情况经常如此）。话语实践可以在完全"自由"的条件下运作（即无人遵从任何指令、脚本或法律法规），但却依然在获得认可者和不被认可者之间形成清楚的层级。如果一些参与者占据了支配主体位置而其他的没有，他们通常会受益于价值从许多看不见的话语参与者向占据高价值主体位置的极少数参与者的重新配置或分布。这就是安杰穆勒（2018：418）所说的话语共同体中的"话语资本积累"（accumulation of discursive capital）。他用政治话语和学术话语的例子，即制造"假新闻"和"科学真理"，来证明这种话语资本积累。

在学术话语中，"引用"（quotation）或者"言语转述"（speech reporting）可以在极少数学术明星和一般学术人之间构建起巨大的层级差异："他们正是通过引用和被引用认识到他人的价值并也使自己的价值被他人所认识。"（Angermuller，2018：421）研究者通过在其话语中使用他人的言语来表达与其他研究者相近或者疏远的主体关系，久而久之，人们就会发现在那许多经常引用的人和极少数经常被引用的人之间出现了巨大的不平等，后者的主体位置不断提高，而前者则很难获得他人的承认。因此学术话语可以被视为一个参与者认可他人并希望也获得他人认可的过程，在此过程中少数主体位置汇聚了大量话语参与者的时间和精力，积累了更高的价值，而大多数主体位置始终默默无闻，从而产生了支配群体和被支配群体之间的层级差异。这种差异不仅仅是名誉上的差异，最终也会体现为政治和经济权力上的差异。

由此可见，CDS/CDA 对话语的阐释不能仅仅局限于其所表达的思想，对话语的评价也不能单纯看它们是否传递了有用的知识或者真实地描写了现实，话语与其参与者明里暗里竞争的社会主体位置直接相关，是社会结构中主体性建构和争夺的手段、场所和赌注。我们因此应该超越语言、经济和社会之间的结构主义分野，采取一种实践逻辑的话语观。这种观点特别坚持两点。首先，附着于主体位置上的价值表达了话语共同体中的社会关系；主体位置并无内在固有的价值，其价值是所有成员参与的社会实践过程的结果。任何特定主体位置的价值需要与话语共同体中所有成员创造的价值相联系。其次，话语参与者在语言使用中通过话语资本的积累来帮助生产和再生产不平等的社会秩序，在此过程中大多数参与者生产的价值被汇聚到少数人那里。这一过程通常既非有意的也不会被语言使用者反映出来。当话语参与者通常用语言来达到自己（表达思想）的目标时，他们大多不会意识到所发生的价值的转移。话语因此不仅仅是表达价值的手段，也是一种价值来源。任何试图阐释社会现实中评价过程的研究都无法客观中立，因为无论这种研究如何想保持"客观"它都会参与创造人、事物和思想的价值。所有人都通过语言参与评价，CDS/CDA 的话语就像任何其他话语一样也帮助创造和确立真理和现实。

4.3　批评话语研究的伦理问题

2015 年 7 月在英国诺丁汉召开了以"批评话语研究的发展"（Developments in Critical Discourse Studies）为主题的会议，主要聚焦批评话语研究的评价基础、批评的客观性和伦理性。格拉汉姆（2018a：110）给出了会议定为这一主题的理由："首先，任何批评研究都应讲清楚其评价的基础；其次，批评语言分析长久以来一直被指责为非知性的道德说教，因而不客观、不科学；第三，对任何批评分析的实践者而言，讲清楚自己的批评伦理含义似乎是必要的；最后，批评话语研究作为公开表明关切社会正义的一项事业，无论其支持者还是反对者都应该讲清楚在任何具体情况下他们的'正义'指的是什么。"

4.3.1　主体间性的话语伦理

费尔克劳和费尔克劳（Fairclough & Fairclough，2018：169）指出，"批评话语分析是一种批评社会分析，聚焦话语和社会生活其他方面之间的关系，其批评在某种程度上属于伦理的。"罗德里克（2018）持类似的看法，即 CDS/CDA 是一项政治工程并因此也是一项伦理工程，它不仅旨在建立关于这个世界的知识，也试图揭示话语以何种方式来建构社会、政治、经济、种族和性别上的不平等并将这种不平等正常化和自然化。范戴克（2008d：823）认为，CDS 面临的一个问题便是：它"缺乏关于自己批评活动的标准和原则的理论，即详细的应用伦理学理论，以便 CDA 学者来评判话语或话语特性或其使用者是否因为违反基本人权而是'坏的'。"总之，CDS/CDA 存在的伦理问题一直是人们质疑其批评分析的合理性和有效性的根本原因之一。

根据罗德里克（2018：157），"话语伦理"（discourse ethics）这个词来自哈贝马斯，他认为"CDS 关于自己批评活动的标准和原则也主要基于法兰克福学派和哈贝马斯有关批评、理性和解放的一些思想。结果就是 CDS 的实践者倾向于将其批评实践和伦理建立在哈贝马斯的理想言语情景（ideal speech situation, ISS）的基础之上。"这种话语伦理本质上是道义性的，它假定新康德主义式的伦理主体以符合具有普遍意义的源于交往理性的责任和义务来行事，被广泛批评为太理想化，与实际情况不符（Susen，2007：250）。麦克吉尔克里斯特（2016：268–269）建议应该将"理性"（rationality）理解为一个具有临时性和主观性的概念，主张 CDS/CDA 同样采取一种适当的较具临时性和主观性的伦理框架，而不是一种道义框架："CDS 中经常提出的一个问题就是学者们如何为自己所采取的特定政治、伦理或道德立场进行辩护。……合理性具有主观性，因为主体往往具有多种立场，处于各种各样的科技、文化、社会、政治和伦理空间中。"

伦理经常被理解为属于道义范畴，它指导人们去根据道德要求、禁忌、许可来做出选择。格拉汉姆（2018：190）将"伦理"（ethnics）定义为或多或少编码的道德评价模式，"道德"则指已经确立的各种社会文化群体的"习俗"，我们可以基于人们通过经验形成的习惯和其在社会中产生的效果对这些方式做出好坏优劣的评价。道德规范就是社会化了的评判模式，它们对那些在社会化中接受了此模式的人们而言往往具有神圣不可侵犯的性质。但是格罗兹（Grosz，1989：xvii）认为，伦理本质上并非"意味着一种道德或规范法典或者一系列抽象的管制原则"；相反，伦理可以被视为"对主体而言是先在的他者和主体之间的操作或协商"（同上）。这种主体间的协商与所想象的在理想言语情景中发生的理性评议是不同的，它并不受制于一套普遍原则或规范，而是根据他者的需求临时达成。格罗兹因此借鉴莱维纳斯（Levinas）和法国女性主义的思想，支持以施事为中心的超越结果论和道义论的关系伦理："伦理，尤其是基于莱维纳斯作品的伦理是由他者的需求、他者对主体回应的呼召来定义的领域。"（同上）这种伦理观是将所有的社会关系都理解为是基于自己与他者之间的关系，伦理主体也因此必须是他者指向的。这与结果论和道义论形成对照：结果论和道义论基本上是分别根据具体行为的结果和行为者的意图来对具体行为进行评判，而关系伦理则将评判对象由行为转向行为者本身。格罗兹的这种依具体情况而定的带有主体间性的伦理框架并不试图在一套连贯一致的价值观的基础上建立一种有关如何进行评判的批评行为原则，而是要确立承认他者及其需求的价值观；这样，讲伦理就意味着具有承认和容纳他者需求并加以协调妥协的能力。价值观从来都不是先在于主体或行为者，而是通过主体与他者之间的作用关系达成的。因此，作为一种伦理实践，CDS 不能依据一套连贯规范的价值观。罗德里克（2018）建议与其将 CDS 的伦理框架建立在一种假定的基本理性上，还不如采取一种基于他者指向的社会关系的伦理。作为一种他者指向的伦理，去神秘化和启蒙这样的观念就变得没有意义了，因为这些观念要求一种享有特权和知识的社会行为者去评判他人的行为。而他者指向的伦理框架则采取的是完全不同的批评认识论，它寻求记录主体、实践、事实等是如何通过主体间性而变得可视，而不是寻求揭示被掩盖或压制的真理。

4.3.2 内在批评的话语伦理

格拉汉姆（2018b）认为，批评意味着对事物做出评判，而评判就是根据某种标准对事物做出评价。因此，重要的是分析者明确其所依据的标准，不管这些标准是什么。赫佐格（2016：280）认为目前 CDA 中主要有两种方法。第一种以费尔克劳、范戴克和沃达克等为代表，致力于揭示话语中隐藏的往往不被人们注意的语言、权力和意识形态的关系，为人们理解社会现实和话语的权力提供方法与手段，"他们的研究基本都是建立在自由或自主的理想之上的"。另一种是公开捍卫某一具体的"规范立场"（normative standpoint），例如人权。这是一种"外在批评"（external critique），采取外在的规范立场来分析社会现实在多大程度上与那个外在标准不同。赫佐格提出，如果我们不想参照外在标准和价值观，也可以进行"内在批评"（immanent critique），用马克思的话说就是"从世界自己的原则中发展出世界的新原则"（Marx，1976：345），即分析批评对象的内在不连贯或矛盾。赫佐格（2018b：406）指出，当采取一种外部视角时，批评者的规范立场对批评的对象而言不一定合适，因为前者的标准不一定就是后者的标准。他建议"采取一种内在立场，将批评视为不仅是对社会现实也是对思想的不足的批评。就是说，批评不仅要从批评对象的内部发展出其批评标准，也要能够超越批评对象。"这种内在批评首先面临的问题是：我们拥有什么规范资源来进行这样的批评？涉及不适当的意识形态，它们按什么标准被认为是不适当的？我们按什么标准来评价思想和社会现实的不适当性或者危害性？这些问题可以更加具体化为下列问题：批评的标准基础是什么？是否存在唯一的标准基础还是有多少批评对象就有多少标准基础？批评的规范立场必须是来自批评者还是来自批评的对象？这种批评的视角是先于分析还是（话语）分析的结果？赫佐格（2016，2018a）主张将"社会痛苦"

（social suffering）作为批评话语分析的起点，采用被批评对象的规范立场："我的假设是最终只有一条普遍的社会标准——（人为的）苦难应该避免。这条标准可以被用于作为衡量所有其他标准的最高标准，我们以此可以解决意识形态标准这个难题：如果一条标准是与避免人为苦难这条最高标准不可调和的，那它就必须被抛弃。"（2016：288）。这里的社会痛苦指的是当某些规范或标准在具体场合下未被遵守或者只是被部分遵守时所产生的痛苦。换言之，社会痛苦来自所主张的规范或标准与其被完全或部分忽视的现实之间的差异。社会痛苦描述的是对未获得认可的某种物理的（即以经验为根据的）反应，它先于科学甚至先于理性。因此，如果要将社会痛苦作为批评的基点我们必须将这种基于物理反应的社会痛苦理解为一种"二级"现象以区别于"一级"现象。作为二级痛苦或者产生于不受尊重的痛苦，社会痛苦最终取决于对具体的一级现象如何理解。对社会痛苦的内在批评仅针对所主张的标准与现实之间的差异。

　　所谓"一级"现象和"二级"现象是对自然现象和社会现象的区分。我们对自然现象不会有任何有关标准或规范的主张。虽然我们可以抱怨坏天气或者自己无法长生不老，但我们无法批评这些现象，因为它们并非由蔑视或者不认可等人为原因造成。只有对社会性产生、社会性可变、社会性可缓解或消除的现象才可能进行批评。就话语分析而言，我们必须表明某些现象并非自然的而是由社会导致的。话语分析者必须弄清所观察到的现象是否与参与者所期待的规范或标准相抵触，就是说，必须分析参与者或明或暗所主张的标准。只有那些与所主张的标准相抵触的社会行为才导致社会痛苦。脑袋撞在柜子上不与任何标准相冲突，我们对柜子并不会主张相关的标准。虽然脑袋撞到柜子上会产生肉体上的痛苦，但这并不是由不受尊重或违反标准而产生的社会痛苦。但是，如果柜子不按规定摆放而导致脑袋撞在上面，那就不仅会产生肉体上的"一级"痛苦，还会进而产生心灵上的"二级"痛苦。因此，作为二级现象的社会痛苦并非原始、真实或者自然的，它总是与具体社会历史背景下社会所接受的标准或规范框架相关。赫佐格（2018a）认为，包括话语分析的社会研究所能做的事情有两件，一是揭露导致某种社会痛苦的那些或明或暗的标准，二是表明消除痛苦的各种途径及其后果。

4.3.3　批评话语分析的程序伦理

作为道德哲学的一个分支，"伦理"主要关注的是做正当的事情，做应该做的事情。费尔克劳和费尔克劳（2018）认为对行为者的所言和所行只有参考他本应该说什么和做什么才可以加以评价。在他们看来，被广泛认可的伦理主要有三类：道义（deontological）伦理、后果（consequentialist）伦理和品德（virtue）伦理。按照道义伦理，人们有义务以与道德原则和承诺相一致的方式行事。道义论理与一种特定标准来源相关：权利、职责、义务、禁忌等，它们包括传统价值观，例如公正、平等和自由等政治价值观。人们由于受限于其所属的社会机构组织的法律法规、常规惯例，在采取行动时应该符合其职责和义务，就是说那些法律法规、常规惯例赋予他们行动的道义理由。按照后果伦理，人们应该选择那些具有积极伦理后果的行为，拒绝那些有消极后果的行为。按照品德伦理，人们应该根据自己理应养成的品德来选择那些有道德的行为，拒绝那些不道德的行为，例如一个人真诚与否或诚实与否就是一个品德伦理问题。

费尔克劳和费尔克劳（2018：169）指出，伦理批评主要是关于"行为"（action）的批评，但由于行为受制于社会实践、社会制度和社会结构，因此伦理批评有必要延伸至它们。CDA 主要关注的是政治话语，其伦理批评最关心的是作为行为动机的政治价值观，例如正义、平等、自由等。不过，他们也强调，虽然公正、平等和自由是政治领域公认的政治概念，但每一个都有不同的理解，在包括 CDA 的社会批评中人们经常诉诸这些概念，却很少考虑其在各种条件下的不同含义和理解。费尔克劳和费尔克劳（2012，2018）倡导在 CDA 中选择一种强调"程序伦理"（procedural ethics）的伦理批评方法，理由是"它涉及对行动建议进行批评性质疑的程序，该程序综合考虑到了道义、品德和后果等方面的因素。这一程序方法承诺 CDA 的公平性，而这对它作为一种批评社会科学方法的地位十分必要。"（2018：170）。程序伦理的实质在于："它基于公平公正，评价各种哪怕是相互冲突的行为主张，容纳包括道义伦理、后果伦理和品德伦理的尽可能多种伦理道德立场。"（2018：181）一个充分的伦理评价和批评的框架必须包括在审议中对不同行为思路的不同论点进行比较和评价。虽然这种对论点的评估会提出困难的问题并难以确保最终会达成共识，但会保证在做出决定时考虑到广泛的意见和各种选择，保证人们在通过集体评价一系列的论点之后能够（至少是）缓和自己的偏颇。CDA 经常选择它强烈反对的话语进行批评，一个有用的办法是也对采取与自己相似视角的论证甚至就是自己的论证加以批评性的质疑。这样做不是为了提供一个"平衡的观点"，而是为了将自己的主张向批评质疑开放，为了寻求和回应可能的反对意见，以便自己的论证不会失之偏颇。

费尔克劳和费尔克劳（2012，2018）建议，出于政治话语主要关注的是做什么的特点，CDA 应该重点分析"实践论证"（practical argumentation）和"评议"（deliberation）。实践论证经常具有问题-解答式的结构，即依据外在的道义约束首先识别现状中的问题，然后提出解决问题的办法。在提出一个解决办法以解决现有问题时，实施者必须保证这个办法并不与其遵守已有的制度规定的义务相抵触，即无论采取什么主张都必须是合法的，合乎道德的。评议是一种体裁，涉及各种提议或建议的测试，本质上符合费尔克劳提出的程序伦理。费尔克劳和费尔克劳从 2012 年以来发展的对实践论证和评议进行批评分析的框架为 CDA 提供了一种从伦理角度评价和批评话语的途径，其优点之一便是允许将思考或处理各种伦理问题的不同方法纳入同一伦理评议程序以求公平。他们认为，检验提议最重要的角度是看"后果"；这里的"后果"含义比较宽泛，可以指所建议的行为目标（意图后果），潜在的非意图后果（或风险），以及各种已知和可预测的影响。如果一个提议可能会导致不合法或不公平状况，那么该提议就可以从后果伦理和道义伦理的立场被评价为不可接受。实践论证主要包括四个步骤：（1）对话语的"规范批评"（normative critique）；（2）参照现存事态（现存社会现实）的特征来解释已被进行过规范性批评的话语；（3）对现存事态进行"解释批评"（explanatory critique）；（4）主张改进现存事态的行为。

费尔克劳认为伦理批评是规范批评的一部分，而 CDA 既是规范批评也是解释批评。规范批评依据公众认可的价值标准（例如定义人类幸福的一套价值观）来评价社会现实，直接关注对行为、行动和社会实践的评价判断，例如是否公正公平、是否种族主义等。并非所有的规范批评都是伦理批评，前者除了关于"真实性"和"公正性"的批评之外还包括对"真理主张"（truth claim）的批评。解释批评从事实到价值观进了一步，它寻求解释各种社会现实为什么是现在这个样子，它们是如何被维持或改变的。CDA 通过解释批评从现存事态中的问题或缺陷走向应该做什么的问题，从对伦理问题的关切走向对伦理问题的解答。CDA 通常将（通过规范批评识别的）问题解释为包括社会结构和社会实践的现存事态所导致的结果，从而使其批评延伸至社会实践、社会制度和社会结构。规范批评和解释批评都是社会批评研究所不可或缺的，其出发点都是认为社会或社会生活的某个方面对人类幸福造成明显但却是可以避免的损害，只是解释批评更加重视寻求问题的根源和解决之道。

4.4　批评话语研究的未来发展

在有关 CDS/CDA 在 21 世纪第二个十年以后如何发展的问题上这三期专刊也提出了一些观点和设想。

4.4.1　后基础视角下的批评话语研究

麦克吉尔克里斯特（2016）讨论了"后基础思想"（postfoundational thinking）下的 CDS。他首先区分了"后结构"（poststructural）和"后基础"思想，前者往往令人与"解构"（deconstruction）、"语言转向"（linguistic turn）和"意义不稳定"（destabilization of meaning）等观念相联系，强调对人类社会或文化结构和制度的批评；后者则试图回到 20 世纪一些通常不被视为后结构主义者的理论家、作者、女权主义者和后殖民学者对"偶然性"（contingency）和"不和谐"（dissonance）等思想的强调。"后基础"作品一般有两个特点：一是质疑"基础"的坚实性和普遍性，认为像上帝、理性、真理、普遍性、本质、客观性、结构、资本主义、个人主义、共识等这样一些形而上学的基本概念都具有偶然性，即它们是有语境的、带有政治性并因此是可以争论的；二是关注社会的不和谐、混乱甚至崩溃的一面，突出社会结构中的争论、否定、对抗、冲突或论战，而不是和谐、共识或相互理解。拉克劳（1990：39）认为混乱不仅威胁现有秩序，它也引起新的身份认同和实践活动：混乱因此"不仅造成负面后果，也提供了新的历史行为可能性"。伴随混乱时刻的往往是变化的可能性，经常会出现新的话语，作为对危机的一种反应。在今天这个全球化、媒介化和网络化的世界上，行为者往往会接触各种各样相互矛盾的媒体来源，社会抗议在全球变得越来越明显和频繁，扰乱了任何伪装的共识。麦克吉尔克里斯特认为，"后基础"视角使 CDS/CDA 能够更加直接地探索话语中那些打破支配话语的方面，对当下盛行的各种确定性提出质疑。如果说此前的 CDS/CDA 主要关注的是社会秩序的稳定性，那么"后基础"视角则令我们聚焦其不稳定性，探寻在那些崩溃时刻发生了什么，某一具体崩溃是如何与更广泛的社会、政治和文化问题相联系的。

4.4.2　语料导向的批评话语研究

费尔克劳、格雷汉姆、兰姆克（Lemke）和沃达克（2004：3）担忧批评话语分析的实践者面临的危险之一是畏惧于语篇尤其是语言分析的巨大压力而倾向于不加批评地采用现有的 CDA 框架。每一个框架往往都有自己内在的设想，用于指导和塑造语料分析，依赖已有框架的危险在于轻易确定某些各种具体社会结构上的不平等是如何可能导致特定话语现象的，而这种先入之见会被强加于任何实际的分析。与此问题直接相关的是 CDS/CDA 尚缺乏对多学科分析工具的使用，而这又会反过来令语料分析同质单一，容易产生类似或重复的研究发现。正如范戴克（1993：252）所指出的，使用多学科框架会揭示社会问题和话语的那种动态性和复杂性，只有结合各种方法形成一种具有反思性、多学科性和多面性的批评话语分析，才可能理解和适应严重社会问题不断变化着的复杂性并对话语策略做出多样化的认真细致的解读。

塔里伯和菲茨杰拉德（2018：125）倡导语料导向的批评分析（data-led approach to critical analysis）："为了避免预先假定语境这个潜在问题

并超越已知信息的界限，采用语料导向方法就有可能重新框定历史语境出现的条件并借助对局部政治和社会语境的认识来考察语篇本身。"他们认为，为了超越分析和解读话语中的纯粹语言描述，结合尼采对"真理意志"（will to truth）的谱系阐释和福柯有关评价图式的做法是有益的。前者揭示了真理（话语）如何被用来为无条理的精英阶层的新自由意识形态服务，以及它如何被设置为最高的（不容置疑的）价值观；后者则强调真理与"机构"（agency）及其倡导的伦理之间的关系。以"真理"为出发点，采用考古学和谱系学的方法使分析聚焦于在按已知的政治经济需要形成价值观的情况下各种所谓"真理"是如何来客观化或物化主体的。考古学方法帮助我们考察管控语篇的那些规则和条件的历史，而谱系学方法则为追寻那些在历史上将话语实践塑造成循环往复的权力关系网络的管控势力和事件提供了基础。

　　语篇和社会结构之间的辩证关系一直是 CDS/CDA 的核心关切。福奇特纳尔和施奈柯尔特（Forchtner & Schneickert, 2016）建议将博迪厄的社会学理论中的一些思想融入现有的 CDS/CDA 理论，以加强其对行为、社会结构和权力关系的阐释力。在博迪厄（1984，1990）的社会学理论中，"场域"和"习性"是两个核心概念。"场域"是宏观社会中为各种地位之间客观关系提供空间的社会微观世界，它们在不断变化的过程中具有自主的权力结构、自己的逻辑和规则。"习性"是社会化的结果，反映个人以往经验的感知、思想、评价和行为，它包含从个人或群体以往经历发展而来的各种策略，表明社会空间中个人或群体的具体社会地位。这种地位来自"资本"，即个人在社会化过程中所获得的各种资源的数量及其配置。"惯习"概念假定社会结构中拥有相似社会地位的个人会有类似的分类、偏好和生活方式，但社会主体并不会充分意识到这一点。

　　将惯习、策略和场域等概念融入 CDS/CDA 能使其更好地理解语篇和结构之间的联系。惯习主要是个理论概念，虽然博迪厄自己也没有系统提出对它的实证分析方法，但 CDS/CDA 可以利用传统的一些数据收集方法，例如采访、民族志学的观察或者论证式的分析，以识别和重构个人或集体的惯习。策略与在场域中定位行为者有关，可以利用 CDS/CDA 现有的工具进行充分的分析，包括语用学中的"含义"和"预设"、论辩理论中的"惯用话题"（topoi）和"谬论"（fallacy）、修辞学中像"隐喻"这样的各种修辞手段等。"场域"这个概念使我们能够从概念上理解行为者的客观地位，有助于将统计方法有效地融入现有的 CDS/CDA 分析框架中，以获取客观的社会（例如人口各种变量）统计数据。

4.4.3　多模态批评话语分析

马奇恩（2016）注意到，虽然"多模态"研究已经发展为一个独立的学术领域，但我们只是最近才开始在 CDA 期刊中发现相关研究。目前有数量不多的一些这方面的书籍（例如 Abousnnouga & Machin，2013；Djonov & Zhao，2014；Machin & Mayr，2012b；Mayr & Machin，2012）和一份该话题的专刊（Machin，2013），这些作品表明多模态分析十分符合 CDS/CDA 的核心目标。CDS/CDA 致力于揭示隐藏在语篇中的意识形态以及权力者如何试图按照自己的利益再语境化社会实践并维护其对意识形态的控制。这些出版物表明了除语言之外的其他符号资源如何以多模态的方式被调动起来以达到各种意识形态目的。鉴于多模态研究已经发展为一个领域，越来越多样化和复杂，目前对我们来说十分重要的是判断哪些概念和分析过程在多大程度上契合 CDS/CDA 的需要，什么多模态方法最适合多模态批评话语分析。这意味着我们不仅需要向内注意多模态领域中使用的概念，更加重要的是向外也注意具有更长更确定的视觉分析传统的其他学术领域。已有学者指出目前出版的多模态方面的著述存在的问题之一是在术语的使用和定义上还不够一致或者缺乏共识。

话语分析中的多模态研究主要由两本书开端：奥图尔（O'Toole，1994）及克莱斯和范吕文（1996），两者均深受韩礼德（1978）的系统功能语言学的影响。系统功能语言学与其他语言学理论的最大不同之处在于它超越了严格的形式语法而强调语言作为语义选择系统整体上是由多层次的子系统构成，整个系统被说话者用于具体的语境中来满足其交际需求。多模态研究表明语言研究者从关注作为意义生成场所的语言转而强调所有符号资源之间的相互联系，以发展一种强有力的工具来分析语境中包括图片、姿态、手势、空间和美术等各种资源的综合运用。克莱斯（2010：104）指出，"多模态社会符号学方法认为原则上所有的表征方式对表征和交际具有同等的重要性，因为所有方式都可能会产生意义。"例如照片往往被认为呈现的是纯粹的现实，但在塔格（Tagg，1988）看来，这是一种意识形态花招。照片虽然给出了一览无余的景象，但却剔除了其产生的手段，从而掩盖了它只是选择了某个十分具体的时刻、框架和视角这样的事实。有关照片的这种意识形态花招的思想引起了视觉、媒体和文化研究中对图片的批评性分析并产生了一些很有价值的思想成果。这类研究的基本观念之一就是：像照片这样的文化形式建构我们关于世界的知识。马奇恩（2016：327）指出，这里令人感兴趣的问题是：不同的观看者为何看的方式不同？图像为什么会有不同的看法？

图像的意义从来都不局限于其自身，对它们的分析必须在更加广阔的话语语境中进行，并在符号选择的层面上解释选择的方式和原因。马奇恩（2016：331）建议 MCDA 不仅应分析符号的动机和形式，也要将其植根于意识形态，弄清楚它如何向我们塑造世界的样子。正如马克思主义语言学家沃罗西诺夫（1973）所始终坚持的，符号不可以脱离历史语境的方式来抽象地加以研究。符号资源的意义构成现实斗争的一部分，而社会中的权力者总是试图控制这一过程。因此，当处理像照片或图片这样的东西时，MCDA 首先应思考与其社会性相关的问题，包括：为什么使用了这张照片而不是其他的？它如何已经由话语所塑造并受制于表征实践？它真正想表征什么？如果不弄清楚这些问题，我们就会陷入无的放矢的描述。就 MCDA 而言，关键的问题是：它对服务于某种制度或意识形态的整体表征带来了何种可能性？MCDA 最感兴趣的是制度如何管控像照片、图片这样的符号资源的使用，以及观看它们的人有何体验。马奇恩（2016）认为，当下 CDS/CDA 面临两个重要挑战：（1）语言加工的本质；（2）语言学和多模态方法之间的关系。他建议将认知语言学和多模态方法融入 CDS/CDA，以阐释话语中对意识形态的表达与解读。他的依据来自认知语言学中的一个观点，即理解语言涉及多模态心智表征的建构。CDS/CDA 可以在多模态社会符号学的框架内探索这一建构过程的特点和性质。MCDA 必须坚持这样一种思想，即话语存在于符号的各个层面，符号本身就形成意识形态。

4.5　结语

格拉汉姆（2018b：189）指出，任何批评学问都有一个悖论，即对任何话题的批评都意味着需要进一步的批评。从 20 世纪七八十年代的批评语言学到后来的批评话语分析，再到 21 世纪的批评话语研究，在每一阶段该领域的学者都希望并进行着进一步的批评，本章所梳理评介的只是他们在这方面做出的最新努力。无论语言／话语的批评研究在实践中取得了何种程度的进展，它都需要面对同等程度的严厉批评。

第 5 章
批评话语研究中的互文性分析

　　"互文性"这个概念是 20 世纪 60 年代由克丽丝蒂娃在试图融合索绪尔的结构主义和巴赫金的"对话性"（dialogism）时提出来的（Irwin, 2004：227；Haberer, 2007：57），它强调意义产生于语篇之间的相互联系，任何语篇中都充满其他语篇的片段和他者的声音，因而无论是阅读还是写作都是与此前的语篇、作者和常规惯例的互动对话过程："每一话语都是对其他话语的反驳、肯定或补充，都依赖其他话语。"（Bakhtin, 1986：91）任何语篇都是"对其他语篇的变更置换，是一种互文：在特定语篇的范围内取自其他语篇的数个话语相互交叉中和"（Kristeva, 1980：36）。"互文性"凸显了现代文化生活的相互关联性和相互依存性，是一个十分有用的概念，但正如艾伦（Allen, 2000：2）所指出的，"互文性"是当今批评词汇中使用最广而又误用最多的术语之一，本章拟简要梳理这一概念以及与之相关的其他一些概念在批评话语分析中的意义和应用。

5.1　批评互文性分析

　　不同领域的学者在看待和分析互文性时有不同的视角和目的，可大体分为两组。一是符号学尤其是文学符号学和语言人类学领域的学者，主要有克丽丝蒂娃（1980）、里法特尔（Riffaterre, 1978）、卡勒（Culler, 1981）、弗洛（Frow, 1986）等。这些学者用互文性这个概念来阐释小说、诗歌、神话、传记和民间故事等文学作品的异质性，涉及从特定作品受到的前人影响到文学创作的规范和惯例。杜雷（Durey，1991）、布里格斯和鲍曼（Briggs & Bauman，1992）对这方面的研究进行了较为系统的梳理。二是话语分析领域的学者，例如费尔克劳（1992a/b/c，1995a/b）、蒂博（Thibault，1991）、兰姆克（1985，1988，1992）、贝泽曼（Bazerman，2004）等。这些学者关注的主要是非文学语篇，他们不仅把互文性视为语篇相互关联的特性，也是一种涉及以特定方式生产和解读话语的社会实践。例如 Thibault（1991：130）提出的"批评互文性分析"（critical intertextual analysis）旨在"将语篇与其生成、使用、介入和变化的意义生成实践相联系。语篇并非自足的客观存在物，而是其生成的互文关系和过程的具体体现。……意义并非简单地存在于语篇中，而是社会历史情境中由各种语义关系的互文搭配和使用所生产和转化（再语境化）而来的。"

　　费尔克劳区分两种语篇分析："语言分析"和"互文性分析"，前者包括传统上对语音、语法、词汇、句法、衔接、连贯、话轮和谋篇布局等的分析；后者包括对说话者在语篇中调用的体裁、风格、语体、语域等资源的分析，这些都与话语秩序相关。"互文性"在批评话语分析中是个重要概念："在我看来，当代社会的批评话语分析的重点是理解不断变化的语用实践（话语）是如何与更广阔的社会文化变化过程相联系的。在分析作为话语实践的话语事件时互文性是个重要概念。它为了解（由语篇的异质性、意义、形式和风格实现的）话语事件的复杂性提供了途径。"（Fairclough，1992a：269）由费尔克劳率先践行的批评话语研究中的互文性分析通常分两个层面：一是具体语篇所利用的互文资源，既包括涉及的以往语篇，也包括体裁、风格、话语等的常规惯例；二是生成和消费语篇所涉及的那些互文实践，语篇生成被视为一种历史、文化和社会实践，其中各种现存的语篇、体裁和话语相互吸收和利用。批评话语分析试图从理论上阐释具体语境中社会主体在语义选择上所受到的限制，并把这种限制与由社会结构中的权力关系所决定的交往模式相联系，它因此从一开始就将韩礼德的系统功能语言学作为理论基础和方法论来源。韩礼德将语言视为一种意义潜势，这就意味着社会意义生成既是社会主体的一种能力，也是对他的束缚。奇尔顿（1983）因此区分社会主体"能够"意指什么和"可以"意指什么，并提出了"生成谁的意义"问题。

　　兰姆克（1985，1988，1992）的互文性研究主要关注的是语言共同体中复现的话语和活动模式以及它们如何由语篇构成、例示和相互联结或分离。他认为语篇正是通过互文关系才例示文化语境，因此考察互文性就可以揭示具体语篇与体裁的关系，了解语篇与其文化语境之间的关系。互文性分析对理解语篇的意义至关重要，因为意义不仅来自篇内，互文关系是其更重要的来源。互文性超越情景语境而依赖文化语境，情景语境中所产生的各种意义以具体语言共同体文化特有的方式相互联系，因而互文性是具体语篇与其文化语境之间的一种桥梁或"界面"（interface）。兰姆克（1983：159）认为互文性分析至少应弄清以下问题："谁针对谁生成的这个语篇？如何生成的？该语篇及其互文关系维护或者辩驳了什么社会利益？通过话语实践和不同的语篇语义关系再生或挑战了什么社会实践？"（Thibault，1991：235）他承诺其批评互文性分析既要提出像上面这样的问题，也要为这些问题寻求答案。

　　贝泽曼的互文性研究主要服务于其所从事的写作教学。他（2004：83-84）指出，"我们从周围以往语篇的海洋中，从我们生活的语言海洋中创造语篇……我们将一个语篇和其周边语篇的关系叫作互文性。互文性分析就是探究某个陈述与那个词语海洋的关系，它如何运用那些词语，相对于那些词语它如何定位自己。""互文性不仅意味着你指涉他人话语，也意味着你如何使用它们，用它们做什么，以及最终你作为作者以什么样的立场对它们做出你自己的陈述。"（同上：94）贝泽曼（2004：84）从教学的角度罗列了互文性分析的价值："分析互文性有助于探寻作者利用他人话语的方式及其对这些话语所持的立场；有助于了解研究者和理论家依据或反对的是什么来源；有助于了解政策文献背后的思想、研究和政治立场；有助于了解学生掌握了哪些与这个复杂的语篇世界相处的知识，还有哪些需要学习，以及针对他们正在完成的任务还需要那些具体的互文技巧；最后，有助于了解学生和学校本身是如何通过学生和学校特有的互文资源被表征、表达和赋予身份的。"贝泽曼（2004：86-92）提出了互文性分析的一些基本概念和程序，前者包括互文性的层次、互文表征的技巧、互文距离和范围，以及跨语境或再语境化的翻译和转换。分析程序包括：确定互文性分析的目的和所要回答的问题；确定所要分析的具体语料；查寻对其他作者的明显指涉以确定其他语篇的踪迹；通过考察当下作者指涉其他语篇的语境上下文来做出自己的评述和解读；寻找更加细微的线索来迎合你自己的分析目的；寻找一种模式以便你能得出某种结论。

5.2　互文性和再语境化

互文性在将语篇与语境相联系上具有重要的媒介角色。范戴克（2008b）将话语定义为对实践活动的再语境化，就是说，"在物质世界中发生的物质事件和社会实践被在语篇或谈话中重塑表达"（Törnberg & Törnberg，2016：408），而互文性分析引起注意的正是"语篇生成者和解读者的话语实践过程，他们如何利用话语秩序内可及的那些体裁和话语，将其生成各种'构型'并通过语篇加以实现。语篇是如何生成和解读的，体裁和话语是如何被利用和合并的，这些都取决于社会语境的性质"（Fairclough，1992b：213）。互文性虽然可以有不同的形式，但都是将此前某个语篇中的元素转移到另一个，这种"把一个语境中的话语或语篇里的某些东西移植或转化到另一语境中"（Linell，1998：144–145）的过程叫"再语境化"。范吕文和沃达克（van Leeuwen & Wodak，1999：96）认为再语境化是语言表达的一种普遍现象："就话语实践而言，我们表征一些其他的话语或非话语的社会实践，而这总是发生在被表征话语的语境之外，用伯恩斯坦的话说，就是表征总是涉及再语境化。"再语境化始终是批评话语研究的一个核心概念，它往往被批评话语分析者用于表明话语或语篇的社会功能，其扩散和传播有赖于以往在不同语境和时刻对社会秩序的各种表达之间的互文联系（van Dijk，2008c；Krzyżanowski，2016）。把特定词语、观点或事实再语境化会产生语义变化，因为语境变了，解读同一话语的方式和依赖的那些互文本（intertext）也就不一样了，被转移的成分获得了新的意义。哈奇恩（Hutcheon，1989）将此视为对现存表征的挪用，是在新的语境中"再利用"（recycle）表征意义（representational meaning）的一种方式，而蒂博（1991：235）则说得更加直白：话语中经过"这样整合的各种声音之间的异质语关系意味着将这些话语原料一方面从原语境割离，另一方面将其按照自己的目的和立场进行再表征。"

"再语境化"这个概念在批评话语研究中使用得非常广泛，许多研究者都在研究中或者结合具体的语言实践提出了自己的阐释或者将其融入自己的批评理论中。批评话语研究中的所有这些有关再语境化的观点和用法都在表明这样一个事实，即话语的功能及其散布和传播都离不开不同语境和历史时刻对社会秩序的各种表达之间的互文关系（Krzyżanowski，2016：314）。再语境化研究在批评话语研究中如此重要，以至于科里赞诺斯基（2016）建议 CDS 学者应该重新回到这个概念的首倡者伯恩斯坦对它的定义和阐释，以便更加深入地重新思考 CDS中对这个概念的各种用法。

伯恩斯坦（1986：9）是这样解释"再语境化"的："教育话语的原则是将一个话语从其实际的实践和语境中剥离并根据自己的选择性重新排列和聚焦而重置。"在 1990 年出版的《阶级、编码和控制：教育话语的结构》（*Class, Codes and Control: The Structuring of Pedagogic Discourse*）一书中，伯恩斯坦在分析撒切尔时代英国早起新自由主义教育政策的权力和逻辑时指出，再语境化过程不仅意味着某些话语片段（论点、思想、概念）的"运动"（movement），而且它首先是一个确立某种话语等级的战略过程："教育话语……将一种能力（各种技能）话语嵌入一种社会秩序话语，后者总是支配着前者。"（Bernstein，1990：183）由此可见，再语境化并不只是话语在时空中的传播过程，它更重要的也是一个创立话语秩序的过程。在此过程中某些话语不仅再语境化另外一些话语，而且它们成了创建和维持某种话语霸权的工具。因此，再语境化总是以"管理话语的支配"而结束（Bernstein，1990：184），在此过程中一些话语丧失了其基本功能而成为其他话语的附属或者被利用的工具，用伯恩斯坦的话就是"任何被再语境化的话语都变成了自己之外的其他东西的能指"（Bernstein，1990：184）。

伯恩斯坦（1990）区分"再语境化"过程的三个阶段，即"生产"（production）、"再语境化"和"再生产"（reproduction），并区分了再语境化的三种相互联系的语境："原始"（primary）语境，即生产话语的"源"（source）语境；"二次"（secondary）语境，即再生话语的

"目标"（target）语境；再语境化语境，它涵盖"源"生产和"目标再生产"之间的整个过程，正是在此过程中发生了话语的重新安置和整理（Bernstein，1990：191–193）。再语境化始于语篇成分在原始语境中生成的那一刻，"这是语篇发展和定位的过程……'新的'思想被选择性地创造、调整和改变，专门话语得以发展"（Bernstein，1990：191）。我们今天所说的再语境化其实是发生在伯恩斯坦区分的第二阶段，即对话语选择性的再生产，这个过程介于源语境和目标语境之间，它"构造一个领域或者次领域，在这里位置、行为者和实践活动所关注的是语篇/实践活动的移动……这个领域及其次领域中位置、行为者和实践活动的功能就是管理语篇的传播流通。"（Bernstein，1990：192）科里赞诺斯基（2016）因此建议，要理解再语境化不仅需要追溯话语片段或结构的来龙去脉，查寻其"去语境化"（decontextualization）的踪迹，即其重整、重塑和重置的那些时刻，也要关注其再生或者传播的原则和模式。

霍奇（2008：485）认为"互文性"这个概念很适合对政治话语的批评分析。一是它强调在各种不同话语交际中有争议问题之间的相互联系，而在政治领域此前说过的话经常会因为其"再表征"而引起争议："再语境化使得说话者能够将各种言语片段从一个语篇移入另一语篇，从一个语境移植到另一语境，并在此过程中不可避免地对被转移的言语进行不同程度的形式和内容上的转换加工，使之适应新的语境上下文。"就是说，对此前言语的再语境化会或多或少地影响其在原来语境中的意义，在极端情况下被移入新语境中的言语经过各种转换会产生与那个他人话语极为不同甚至相反的意义（van Leeuwen & Wodak，1999；Wu et al.，2016；辛斌，2018）。二是再语境化会涉及更重要的社会政治关切，不同话语交往之间的互文联系可用于强化或挑战现存文化思想并创造新的思想。不同言语事件之间的互文涉及在不同的语境中政治问题是如何从不同视角、基于不同的利益而被解读的，因此政治话语的互文性经常是一种控制释义的斗争，其结果会直接影响对现实的看法。贝泽曼（1993：21）将互文本视为"战略性的斗争场所"，是控制认知领域的战场。这种"认知控制"的思想也反映在费尔克劳（1992c：102–103；1995b：78）和克莱斯（1989：32）等对互文性和"霸权"之间关系的探讨中。

再语境化概念引起了批评话语分析者对语篇和语境之间关系的重新思考。蒂博（1991：121-122）指出，话语实践中的语篇和其中各种声音之间的关系在不同话语之间的对话互动中不断被再语境化，这对纠正将语篇和语境视为一一对应的传统看法十分重要。在系统功能语言学中，语境变量"语场"（field）、"语旨"（tenor）和"语式"（mode）经常被视为语篇中语言／语义选择的决定因素。这种做法很容易将情景语境物化为先于并独立于语篇生成的存在物，从而无法体现语篇作为各种话语、体裁、语域和风格汇集场所的性质。语篇和语境之间并非只是前者对后者的单向依赖关系，而是一种相互决定的辩证关系，即语篇在由情景语境决定的同时也实现和塑造情景语境。德汝和赫利塔格（Drew & Heritage，1992）在提到马林诺夫斯基（Malinowski）的话语意义来自社会文化语境的观点时指出，其语境观带有决定论和教条主义色彩。范戴克（2008a：4）认为近年来大多数语境理论陷入了"决定论谬误"（determinist fallacy）陷阱，将语境视为影响话语的"'客观的'社会情境属性"，事实上"社会情境因素和话语之间根本不存在直接关系"。话语和行为实际上既由语境塑造又对语境做出反应并构成和塑造语境，情景语境正如巴赫金学派坚持认为的那样，每时每刻都在不断流动中，绝不会重复第二次（张冰，2017：379）。塔里伯和菲茨杰拉德（2018：125-126）提出"语料导向／驱动的批评分析方法"（data-led/oriented/driven approach to critical analysis），其目的就是要"避免预先形成的语境问题"，他们认为"（再）生成语篇的那些条件也由语篇（再）生成"。范戴克提出一种"主观"语境观，认为真正起作用的是语用主体和其"心智模型"（mental model）："语境是由参与者自己定义的社会情境中那些相关的因素"，语境和话语之间的联系在于"参与者理解和表征社会情境的方式"（范戴克，2008a：5）。这是一种动态的语境观，即不仅语篇会随语境的变化而变化，语境也会随着人们的交流过程而不断被重塑。语境不再被视为先于交流主体及其经验而客观存在且固定不变，它是在人们真实的交往中被塑造的，会受到说话者的修正和"再表征"。

将语境及其与语篇的关系动态化令人们更深刻地认识到语境对以往机构话语和个人主观性的那种开放性影响，语篇和语境就是在这一过程中产生的："语篇的建构同样建构与之相关的语境。先前关于交流互动的话语、元话语和主观设想被用于建构语篇的结构和意义，在此过程中丰富而广泛的话语资源被调动起来，相互联系，并从原有的语境中被重新置于新的语境，形成新的语篇。"（Andrus，2011：118）在此过程中传统的话语秩序也在不断地被改变，正如艾略特（Eliot，1951：15）早在"互文性"概念被提出之前就针对艺术创作指出："对被创造出来的一部艺术作品所发生的也同时是对此前所有艺术作品所发生的。现存的不朽作品所构成的理想秩序被新的（真正新的）艺术作品的加入所改变……每一作品相对于整体的关系、比例和价值都被重新调整了。"总之，语篇的生产过程充斥着语境建构，原来在其他语境中生成的话语会被并未直接参与原来交流的他人重写、归纳总结、重新框定和表达。重要的是，这种重新框定过程会涉及原有话语参与者思想观点的重新解读，从而使原来的话语和被调用的那些话语资源变成了当下语境的一部分。

5.3　明示互文性和言语转述

艾格（Agger，1999：68）指出，在语篇日益全球流动的当今时代，"互文性"这个概念既不可或缺又有很多问题，问题之一就是"其应用本身要求分野和分类""分野是处理互文性的一种方式"。研究者一般将互文性分为两类，即一个语篇与以往具体的其他语篇的关联性和与先前常规惯例的关联性，只是不同学者会以不同的术语来指称这两类互文关系。詹尼（Jenny，1982）和弗洛（1986）区分"强式"和"弱式"互文性，前者指语篇中明显与其他语篇相关的话语（如引言、抄袭等），后者指语篇中存在语义上能引起对其他语篇联想的东西（如类似的观点、主题等）；热奈特（Genette，1997）把"强式"和"弱式"互文性分别叫作"互文性"和"跨语篇性"（architextuality）。费尔克劳将互文性分为"明示的"（manifest）和"构成的"；前者指语篇中标明的与其他语篇的关系："其他语篇明显存在于所分析的语篇中，它们被语篇的表层特征（如引号）明确标示或暗示。"（1992c：104）构成互文性（constitutive intertextuality）指"语篇生成所涉及的那些话语规范的组合"（同上），费尔克劳也把它称为"互话语性"。拉姆普劳普罗（Lampropoulou，

2014：470）沿用了费尔克劳的区分，指出互文性分析既关注语篇中明显提及的他人话语，也关注那些支配和促成语篇生成的各种话语资源（例如体裁、语域、风格、意识形态、社会文化思想和常规惯例等）的调配和组合："我会用'互文性'这个概念来表明语篇或言语对产生于不同语境的其他语篇或言语的依赖和利用，这不仅包括具体语篇或言语之间，也包括其背后的话语和／或意识形态之间的相互关系和相互作用。"

在"明示"互文性中最典型也是最为批评话语分析者所关注的就是"引用"或"言语转述"。索林（Solin，2004：271）也指出，"虽然互文性在文学研究和语言学中是一个广为关注的概念，但迄今仍无分析这一现象的固定程序或模式。在语言学中大量研究集中于语篇中有明显标记的互文关系，尤其是言语转述。"一个重要原因或许是，对研究者或读者而言引语或转述言语是确定无疑的他人话语，而不同读者对其他形式的互文关系则往往见仁见智，就如奥利维拉（Oliveira，2004：15）所言："互文性只有读者能够识别它、取得联系、看出相互参照才是存在的。"贝泽曼（1993：28）也指出，"并非每个人都会以同样的方式来读同样的书，兴趣和视角不同的其他读者可能不会选取同样的最相关语篇来讨论，也不会在那些语篇中发现同样的立场和分歧。"

费尔克劳将言语转述叫作"话语表征"，认为这是一种典型的互文关系，它把以往其他语篇的片段或明或暗插入新的语篇以达到新的交际目的（1992b：270）。巴赫金学派十分重视言语转述，沃罗西诺夫（1973：115）将"转述言语"（reported speech）定义为"言语内的言语，话语内的话语，同时又是关于言语的言语和关于话语的话语"。就是说，某句话被从原来的语境中分离出来，变成了另一语境中话语的一部分，从而在同一句法结构中暗示不同时空概念的语境发生了相互作用，这种去语境化和再语境化的过程不可避免地会令转述言语的意义发生变化。沃罗西诺夫特别强调转述言语与转述语境之间的动态关系："在转述言语和转述语境之间作着高度复杂和紧张的动态关系。不考虑这些关系，要想理解任何转述言语都是不可能的。"（同上：119）

言语转述通常预设准确性，它"往往与强烈表示准确性的逐字引用的语言意识形态相联系，令其具有一种建构可靠性表象的力量，从而赋予转述者的表征以合法性"（Hodge，2008：487）。虽然言语转述属于一种再语境化现象，但其背后隐含着每个语篇都有清晰固定意义的思想，布劳玛尔特（Blommaert，2005）称之为"稳固语篇意识形态"（the ideology of a fixed text）。然而，泰尼恩（Tannen，1989）将转述言语称之为"建构的对话"（constructed dialogue），强调任何引语都会因其新的语境而发生意义变化。凯尔撒米格里亚和菲尔里罗（Calsamiglia & Ferrero，2003）的分析表明，新闻报道在引用科学家的话语时，虽然报道者试图尽量忠实于原文，但当那些话语被置于报道中时还是会被或多或少地重塑。语言本质上是需要语境的，任何话语都会与其前后的话语处于相互的作用中，其解读总是需要参照与之相关的其他话语；由于话语的这种嵌入性质和相互联系，转述他人的话语就难免带有转述者的主观性。时空变了，语境变了，词语就会产生新的意义："我们的话语充满了他人的词语……这些他人的词语带有他们自己的表达，他们自己的评价语气，我们对此吸收、重塑和再强调。"（Bakhtin，1986：89）

贝尔（Bell，1991：52，191）十分重视转述言语在新闻报道中的核心作用，指出"记者使用的绝大部分信息都是二手的"，新闻几乎全部由某人所说的构成，这个人往往或者是消息中的行为者或者是事件的目击者，"消息"就是"权威消息源告诉记者的"；消息源越是精英，其所讲的故事就越有新闻价值。新闻报道者表达自己观点的方法之一便是通过选择外部声音来使报道包括一些信息而排除另一些；这种做法因其主观性具有强烈的意识形态性质，反映报道者倾向于采访谁，希望什么样的声音或观点让受众听到。因此，虽然不能把外部声音所表达的立场观点归于报道者本人，但报道者的确可以通过他人的声音或视角传达自己希望传达的思想而又不必为此负责："在某种意义上可以说没有哪一类话语能比新闻报道更具意识形态功能了，因为这类话语虽非政治话语，但其对事件、框架、消息源、呈现方式和标题等的选择都具有意识形态意义。如果受众与媒体持有同样的信念和价值观，那么他们也许就根本注意不到这种意义上的偏颇。"（Jullian，2011：768）

明示互文性分析能使我们更具体地理解一个语篇的意义及其与同一社会中其他意义之间的关系，"评价理论"（appraisal theory）中的"介入"（engagement）资源分析关注的是追溯表达态度和认可的他者声音的来源，因此特别适用于明示互文性分析。怀特（White，2003，2004）把这种声音来源分为"篇内发声"（intra-vocalization）和"篇外发声"（extra-vocalization），前者指作者的声音，后者指作者引入语篇内的但明显属于语篇外的声音。评价理论将这样的外部声音统称为"归属"（attribution）资源，主要包括语篇或话语内对外部他人话语的引用和指涉。朱利安（Jullian，2011：778）在运用评价理论中的"介入"系统来分析新闻报道中的转述言语时指出："毋庸置疑记者具有立场，转述他人话语表面上表示记者的客观性，但实质上这是记者介入的一种有效方式。或许可以说报道者的评价角色主要就掩藏在这些外部声音的背后，他或她对故事的构思及其对所引用话语的支持或挑战都会表露其倾向性，几乎不露痕迹地表达或传递其立场态度。"

5.4　异质语言和构成互文性

批评话语研究基本上将政府、媒体和各种组织等社会机构视为话语机构，它们不仅规定和组织着社会生活，也通过语言生产知识、信念和价值观等，语篇生成中各个层面上的语言选择都会影响并受制于这些不同的机构话语。这种认为具体语篇的生成植根于机构话语并由其激发和限制的观点表达了话语实践和社会实践在语篇研究中的重要性，也表明对语篇通过不同机构话语的互动来组织意义做出阐释的必要性。

对语篇的互话语特征的关注可以追溯到巴赫金提出的"异质语"（heteroglossia）概念，而这个概念又与其对话性理论密不可分（Tovares，2016）。"异质语"强调语篇生成中的语言选择和创新无不受到各种社会条件和社会群体话语的影响，形成语言风格、意义和意识形态的多样性和对话性："语言在自己历史存在中的任何时刻，都彻头彻尾是异质的：它表征现在和过去之间，以往不同时代之间，当下不同社会意识形态集团之间，不同趋势、学派、圈子等之间的各种社会意识矛盾的共存。这些异质的语言以各种方式相互交叉重叠，形成新的社会典型'语言'"（Bakhtin，1981：291）。巴赫金异质语思想的核心是"分层"（stratification）和"意图性"（intentionality）两个概念。"分层"指语言摆脱其统一稳定的状态而重新界定和组织其新的分层的过程，这是一个不同语境中不同语言特征之间相互作用的过程。巴赫金所关注的是语言分层的意图性，有意图的分层表示具体的观点、目的和思维方式，正是在这种分层和再语境化的过程中原有语言、权力关系和信念体系被重新界定并形成新的话语形式。

蒂博（1991）从语言的异质性和对话性来解释互文性，认为"异质语"概念强调意义生成实践及其所属的社会形态的离散性和非连续性，它们之间的联盟、冲突和斗争在社会符号系统中呈现出稳定与变化、霸权与斗争的辩证统一。蒂博的互文性分析分为三个层次，其中最宏观的层次借用了福柯的"话语形态"（discursive formation）概念，是一个将各种社会实践和意义汇集并使之相互关联的系统，其中包含一系列相互作用的子系统。下一个层次包含各种社会符号编码的倾向性，管控着"社会形态"（social formation）中各种物质和符号资源的生产和分布以及社会主体对它们的可及性。第三个层次是行为和主题共现的"互文形态"（intertextual formation），它们是由各种互文资源之间具体的纵横交错形成的联盟或者对立所构成并维持的，这些纵横交错就是不同的话语实践和话语主体通过语篇所发出的声音，代表着社会形态中的特定立场。在具体的语篇和话语实践中，语域、体裁、方言和主题等总是在表达、不表达和再表达的辩证关系中相互纠缠，上演着包含各种社会倾向性的意义之间的碰撞和杂合："一个具体的语篇通常是多个相关的社会话语及其异质表达的场所，具体语篇因此是社会形态中不同话语实践之间联盟、冲突、对立或合作这些异质语关系的例示和实现。"（Thibault，1991：120）

虽然语篇是众多异质语相互关联的场所，是在各种话语和前话语形成的互文形态构型的决定下生成的，但蒂博反对将语篇的互文性分析简化为一种搜寻具体互文来源的实证研究，主张应该重点关注那些被前景化了的典型意义关系的"共现结构"（co-patterning），正是这些结构将具体语篇与更广阔抽象的互文意义体系相联系："互文性在这里与按不同的社会符号编码倾向进行的具体词汇语法选择及其实现的语义框架的共现结构方式相关。"（1991：xii）异质语表明互文关系可以通过许多不同的方式进行分类并在各类不同的社会话语中被语境化。特定社会话语及其语言表达总是与其他社会话语处于某种策略性的关系中，它不断试图去预测、回应、压制、呼应、控制或颠覆那些其他话语，这就是巴赫金的对话性和异质语理论的精髓。对话性基于异质语体系中不同声音的相同和差异关系，在意义生成过程中这些语篇之间潜在的相同和差异关系可以有选择地通过互文手段被前景化或背景化。

　　费尔克劳的批评话语分析理论特别关注语篇的异质性，将"互话语性"定义为语篇中与各种"体裁""语类"（discourse type）或"风格"（style）的规范相关的那些异质成分及其组合："互话语性概念令人注意到语篇因其生成中所依赖的各种话语类型和常规惯例而产生的异质性。"（1992a：284）。费尔克劳认为语类构成与具体机构或社会领域相关的"话语秩序"，人们在描述话语秩序时不仅会关注相关领域所使用的语类，也会关注这些语类之间的相互关系，例如它们之间的边界是否清晰、固定，抑或可以相互渗透。费尔克劳主要通过"体裁""风格"和"话语"（discourse）等概念来阐释构成话语秩序并在语篇生成中被依赖的语类。与托朵洛夫（Todorov，1984）一样，费尔克劳（1992c：126）把体裁称作"从社会历史到语言历史的传动带"，它是相对固定不变的"符合所从事社会实践性质的那些语用方式"（1995b：76），因而分析语篇的体裁互文性可以揭示重复出现的那些语类"是如何表征和服务于特定社会'时刻'的"（2003：65）。

　　"风格"与"人们如何识别自己和被他人识别"（2003：159）相关，即与身份建构相关，"研究风格对考察人们的世界观、价值观和身份地位至关重要"（Li，2009：93）。不同的体裁也带有不同的观点和思维方式倾向，因此巴赫金主张风格和体裁不应分离，应同时研究："哪里有风格（语体），哪里就有体裁"（1998：147），他甚至为此创造了一个新词"体裁风格"（stylistics of genre），以表示两者之间的联系。（Bakhtin，1981；Holquist，1991）费尔克劳的"话语"概念深受福柯的影响，指"与从特定视角对社会实践的表征相联系的一种语言"（1995b：41），它既是"建构某种社会实践的方式"（1995b：76），也是"表征世界的方式"（2003：124）；"不同的话语代表不同的世界观……它们与人和世界的不同关系相联系"（2003：124）。这个意义上的"话语"主要与语篇的内容、概念意义、话题等相关，是"建构主题的特定方式"

（1992a：286），强调作为知识领域的内容或话题只有通过特定建构形式的中介才进入语篇。例如，所谓的"科技医学话语"指的就是从科学和技术角度建构的医学知识，以区别于其他的医学知识。

费尔克劳认为，以体裁、风格和话语为重点的互话语性分析就是将语篇视为一个由在生成过程中可及的各种互文资源构成的多面体，通过这样的分析可以了解语篇中表征的各种社会地位和身份之间的相互关系，洞察不同话语再语境化的动态过程，并最终可以阐释语篇的生成是如何与语境中具体的社会和话语实践相联系。巴提亚（Bhatia，2008b，2012）的"批评体裁分析"（critical genre analysis，CGA）深受费尔克劳上述思想的影响，注意到专业体裁越来越倾向于挪用不同的体裁资源，导致专业体裁的混合、内嵌和扭曲。他与费尔克劳一样，将这种现象称作"互话语性"："互话语性可以被视为跨越不同体裁、专业实践和专业文化的对体裁资源的'挪用'"（Bhatia，2012：24）。巴提亚（2008a，2008b，2010）区分互文性和互话语性，前者指的是语篇内对体裁资源的挪用，后者指语篇外的挪用。巴提亚认为，互文性作为语篇空间内的现象已得到广泛研究，但还有大量的挪用是发生在体裁、专业、机构和学科等之间，可被视为"社会语用空间"（socio-pragmatic space）中的挪用，本质上是"互话语的"（interdiscursive）。

费尔克劳将"明示"和"构成"互文性两个概念主要用于分析具体的语篇，他还提出了一些用于分析机构话语之内和之间互文关系的概念，除了前文提到的"话语秩序"，另一个是"互文链"（intertextual chain），指的是在时间顺序上语篇或话语之间的相互联系。不同机构之内和之间的实践活动具有相对应的互文链，即由在意义上具有较为常规的相互转换关系的不同语篇或话语构成的系列："机构内和机构之间的实践活动会形成一个个具体的互文链，即处于相互之间有转换关系的不同语类系列中具体语篇会以常规的可预测的方式相互转换和渗透"（1992a：288–289）。这里的"常规的"和"可预测的"意味着言语共同体中的成员一般会意识到这些约定俗成的互文链，能够预知在互文链中可能会发生何种转移和转化。例如，新闻发布者可能会预测到记者在报道其话语时会如何改动，甚至会预测到什么样的措辞会被保留，什么样的会被改变。互文链分析能够揭示一个语篇建立与其他语篇的关系的那些规则以及特定共同体或体裁利用其他语篇的那些典型做法。

　　"互文链"表示"链"上的每个语篇都与前后的其他语篇具有某种联系。与费尔克劳一样,兰姆克也特别关注话语共同体中语篇之间的那些可预测的常规关联:"重要的是理解至少是我们自己所属的共同体中建构语篇之间意义关系的那些一般原则。哪些语篇我们认为与这个具体语篇的解读相关,为什么? 建构出语篇之间的这些关系会产生什么意义? "(1992:257)兰姆克认为互文性并非客观存在于语篇中的形式关系,而是读者识别出的为一个共同体的实践所支持的那些关系。我们可以从各个角度探讨互文链中不同语篇之间的那些常规关系,索林(2004:273-275)认为首先需要关注下列问题:(1)不同机构之间存在着怎样的语篇互动? (2)什么样的语篇或体裁相互关联? 如何关联? (3)互文关系是显性的还是隐性的? 是单向的还是双向的? (4)意义在互文链上发生了什么变化? 不过,索林最后也指出,互文链分析并不足以显示互文关系的全貌,它所描述的往往只是机构之间形成的较为常规稳固的语篇互动关系,并不能反映创造性的互文关系。互文性应该是一种开放的意义或思想可以自由流动的网络系统,而不应被视为受机构话语或社会实践调节控制的将意义打包传递的传送带。互文链分析的优点是可以细致考察语篇互动中所发生的事情,揭示体裁在框定来自其他领域的思想观点的重要作用,表明意义并非能毫发无损地在不同的领域中传播,而是要经过各种机构话语的中介过滤。互文链的形成过程经常伴随着张力和变化,例如语类之间的竞争、殖民和霸权:"对问题,尤其是那些有歧义或有争议的问题的表征和再表征是一个反复持续的过程,以往的表征会不断地受到新的表征的挑战。话语斗争会在不同场合发生,各种语境由互文关系联结,使不同的话语事件相互形成言语交际链条。"(Hodge,2008:485)

5.5　结语

　　批评话语分析中的互文性分析试图表明意识形态是由特定社会群体的语篇和话语建构的,意义由具体社会形态中常规有限的行为和互动模式生成，而词汇语法的使用仅仅相对于更高层次的互文形态才有意义。但对批评话语分析者而言，"互文性"这个概念本身也是有问题的，它剔除了人（说话者）的因素，赋予"文本"太多的独立性，不过在批评话语分析者看来，排除人为因素的"语篇间无意的关系最好被称为'偶然联系'"（Irwin，2004：240）。另外，我们的确可以从权力关系的角度分析互文性，但权力的一种体现便是"排除"；互文关系可以形成链条或网络并支持不同社会主体之间的对话，然而在实践中语篇或话语的互动是高度受限的，例如索林（2004）的分析表明，科学领域和政府部门相互构建了明显的互文关系，但公众的声音则经常被有意无意地排除在外。

第 6 章
批评话语分析的社会认知取向

　　批评话语分析自 20 世纪 70 年代末产生以来先后呈现了三种倾向。以福勒为代表的批评语言学基本沿袭了语言学和文体学分析的传统，以韩礼德的系统功能语言学为理论框架，特别重视对语篇中语言成分的分析描写。20 世纪 90 年代开始以费尔克劳为代表的批评话语分析虽然依然以系统功能语言学为理论基础，但它更多地吸收了社会学和意识形态批评理论，主张跨学科、多视角的话语研究，特别重视对语篇互文性的分析。几乎与此同时，以范戴克和沃达克等人为代表的一些批评话语分析者认识到语言与社会之间并非直接发生联系，其中间环节是人的大脑。因此，他们强调由知识、情感和记忆等因素构成的认知状态在社会结构和个人行为及话语之间的中介作用。当然，这就带来了一个问题，即这种中介指的是什么？沃达克（2006）把这一问题叫作"中介问题"（mediation problem）。进入 21 世纪以来，批评话语分析一直试图从社会和认知两个方面来理解和解释语言、权力和意识形态之间的关系，这就要求它既要运用社会学以及社会批评的理论和方法，又要借助心理语言学和认知语言学的研究成果（Sperber，2006）。CDA 在对语篇生成和理解的社会机制和过程进行理论描述上取得了令人瞩目的成果，但在对这些机制和过程进行心理和认知的阐释上还没有提出比较成熟的理论和方法。随着近年来认知语言学和心理语言学的不断发展，CDA 学者已经开始关注它们的研究成果并试图将其应用于批评话语分析（张辉、江龙，2008；Hart，2010；詹韧，2014；Zhang & Di，2016）。

6.1 批评话语分析的"功能谬误"

批评话语分析最经常受到的批评之一便是威窦森（Widdowson）所谓的"功能谬误"（functional fallacy），即 CDA 把语言的"编码意义"（encoded meaning）原封不动地带入语篇的分析和理解，把"语用意义"（pragmatic meaning）直接从"语言意义"（semantic meaning）中引申出来。威窦森认为，功能谬论的根源是 CDA 在分析实践中混淆"话语"和"语篇"（text）概念，把语用学简化为语义学：在 CDA 中语篇的语用功能直接从其意义中引申出来，语篇被视为具有某种意识形态意义，并把这种意义强加于读者（Widdowson，1995b，2004；Pennycook，2001）。一般来说，"话语"指的是意义交流的整个语用过程，而"语篇"是这个过程的产品，是其留下的语言痕迹。人们可以对语篇进行语言分析，但解读（interpretation）的实质是以语篇为线索推导出话语意义，而这不可避免地要涉及语境和威窦森称之为"前语篇"（pretext）的阅读目的："解读必定受到具体语境和前语篇的限制。……所有解读都是如此，不仅是批评性解读，即它们不能直接从语篇分析中引申出来。"（Widdowson，1995b：169）这就是说，从读者或分析者的角度，解读就是在具体的语境条件、信念、态度、价值观的限制下从语篇中推导出意思。由于不同的读者会把不同的认知背景带入解读过程，因此，他们往往会从同一语篇中得出不同的解读。

费尔克劳曾反复强调区分语言意义和语用意义的重要性："关于意义的另一个重要区分是语篇的意义潜势和对它的解读。语篇由形式构成，这些语言形式由以往惯例化了的话语实践赋予一种意义潜势。一个形式的意义潜势往往是异质的，是各种重叠有时是相互冲突的意义的复合体，……语篇通常是模棱两可有多种解读的。解读者通常从这种模棱两可中选择某一特定意义，或者一组可供选择的意义。"（1992c：75）但遗憾的是费尔克劳在实际的分析中却常常忘记这种区分。另外，他在其著作中也经常强调语境对于理解和解读的决定作用："话语生成离不开语境，不考虑语境就无法理解话语……只有我们考虑到话语使用的具体情景，只有了解了其背后的惯例和规则，只有认识到它们内嵌于特定的文化和意识形态里，而且最重要的是只有我们知道话语与过去的什么相联系，话语才有意义。"（Fairclough & Wodak，1997：276）然而，在 CDA 学者的分析中却很少见到如此认真对待语境的证据，他们所做的往往只是一笔带过，很少进行深入系统的探讨。

福勒和费尔克劳都把系统功能语言学视为批评话语分析的主要理论基础和方法论来源。韩礼德（1994：xv）试图为语篇分析建立一部语法，"一部能够用于对现代英语中的任何语篇，包括书面的和口头的，做出合理和有用分析的语法"。他认为语篇分析可以分两个层次："一个对语篇的理解做出贡献：语言分析能够显示语篇如何和为何具有它所具有的意义。在此过程中可能会解释出多重意义、不同的意思、歧义、隐语，等等。这是两个层次中较低的一个。只要把语篇与语言的一般特征相联系，即只要把分析建立在语法上，这个层次通常是可以达到的。"（Halliday，1994：xv）这意味着人们可以通过对语言成分的分析来直接获得意义，从而达到对语篇的理解。另一个更高的层次"对语篇评价"（evaluation）做出贡献："语言分析可以解释语篇为何有效完成或者没有完成其目的——在哪些方面它成功了，在哪些方面失败了或者不那么成功。这个目标远比前一个更难达到，它要求不仅对语篇进行解读，也要对语境（情景语境和文化语境）以及语境和语篇之间的系统关系做出解读"（同上）就是说，在这个层面上读者把语篇与语境相联系并从外部对语篇进行解读。

威窦森（2000，2004）认为，韩礼德区分的两个分析层面并不符合人们解读语篇的过程，因为它暗示语篇可以被当作一个语言单位在脱离语境的情况下加以理解，似乎意义就客观地存在于语篇中，语言分析就等于语篇理解。事实上，在正常的语言使用场合，人们不是把话语先分析成一个个的句子进行加工，然后再考虑这样分析过的整个语篇是如何与语境因素相联系的。"人们并不是首先来理解语篇所包含的语言意义，然后再评价其可能的语用意义。我们并不是从语篇中读出意义，而是按照阅读目的和语境条件把似乎合理的意义读入语篇。我认为在韩礼德的区分中，分析与解读混淆了。"（Widdowson，2004：19）费尔克劳提出了一个批评性语篇分析的框架，其中包括三个步骤：（1）"描写"（describe）语篇的形式结构特征；（2）"解读"（interpret）语篇与生成、传播和接受它的交际过程的关系；（3）"解释"（explain）交际过程和它的社会语境之间的关系。说韩礼德把分析与解读混淆了就是说把费尔克劳框架中的第一个步骤和第二个步骤相混淆，即直接从对语篇的语言描写中得出解读。威窦森还认为在 CDA 中人们也经常把第二和第三个步骤混为一谈。按照费尔克劳的分析框架，解释（威窦森称之为"解读 2"［Interpretation 2］）旨在表明对解读（威窦森称之为"解读 1"［Interpretation 1］）是如何受到社会因素的影响或决定的，即这种解读是如何社会性建构的。因此，解释实际上是对解读的解读。威窦森（1996：60）指出，那样我们就肯定首先需要通过咨询实际的解读者来确定解读 1 的内容："费尔克劳认为他可以通过内省的方式来获得解读 1……这一立场在我看来与形式语言学家采取的立场之间没有根本的区别，即认为作为所描写语言共同体的成员，他们自己就可以作为语料的来源，并不需要咨询其他成员。然而，就如人们经常指出的，正是因为他们是分析者，所以他们并不是可靠的资料提供者。……在我看来，如果由分析者来提供解读 1，它必定与解读 2 混淆"。

奥赫娄兰（O'Halloran, 2003）在批评 CDA 中的"神秘化"分析时表达了与威窦森类似的观点。她指出，"话语"这个词至少有两种含义：话语 1 指读者对一个语篇的理解，包括读者价值观、阅读语境等对语篇连贯性产生的影响。话语 2 指福柯式的话语，即一组组有系统地组织起来的表达某一组织机构或制度的意义和价值观的陈述，它们规定和限制特定组织机构所关注的领域中什么可以说和不可以说以及什么可以做和不可以做。如果说话语 1 与话语实践相联系，那么话语 2 就与社会文化实践相联系；话语 1 依赖特定的阅读语境，话语 2 依赖特定的社会文化语境；话语 2 往往会影响到话语 1，特别是读者的价值观体系会影响到其对语篇的理解和阐释。奥赫娄兰认为，CDA 在其对不同语篇中的词汇-语法形式进行比较分析中使用韩礼德的功能语法有助于系统展现不同语篇在表达信息上的倾向性（她称之为"语篇在场偏见"［text presence bias］），但却难以预测这些倾向性是否会被带入话语，因而使用韩礼德的功能语法来发现话语 1 中的偏见是不合法的。作为一种语法，它不会告诉我们太多关于语篇的意义潜势是如何在具体的语言运用中被实现的。"困难在于我们如何知道所产生的语篇的哪些特征可以作为话语建构主体的证据。这涉及解读这个语用问题。福柯意义上的不同话语，即意识形态的理想的社会构成物，只能由个人的话语激活，即通过个人互动中的语言运用激活；词所表达的意义相对于我们在特定语境中给这些词赋予的语用意义而言只是第二位的。"（Widdowson，2004：85）

CDA 中关于语篇含有能够左右读者和 / 或使语篇的主题思想神秘化的意识形态意义的思想主要来源于沃尔夫假设，即语言结构上的不同会使说不同语言的人在某种意义上以不同的方式看世界。在 CDA 中沃尔夫假设被调整为：在同一语言变体中语言结构上的不同会引起读者以不同的方式来看待所描述的现实。奥赫娄兰（2003）在批评福勒和克莱斯等人对语篇中神秘化的分析时指出，CDA 反映出强烈的认知科学中象征主义（symbolism）和意义"合成原则"（the principle of composition）的影响。象征主义者认为心理加工是对可以按规则转化的符号的操作，语言认知也有一套算法，这些算法构成句法，从形式上详述对语言符号的运算操作。意义合成原则主张思想中的意义来自其组成部分的意义，模块表征来自其构成成分，句子的意义是其各部分意义的相加，这些部分是相互分离独立的："一个词对它出现其中的每一个句子在语义上的贡献都大体是一样的"（Fodor & Pylyshyn，1988）；"整个句子的意义完全取决于其组成部分的意义和这些部分的组合方式。"（Lakoff & Johnson，1980：202）虽然意义的合成原则具有合理之处，但其缺陷也是明显的："语言的每一个句子必须包含所有必要的模块，以便加上句法就不需要任何其他东西来提供句子的成真条件。被排除在外的'其他东西'也就是任何意义上的人类的理解。"（同上，203）就是说，句法表征是最基本的，语义推导独立于理解过程本身。这种象征主义思想的影响在包括 CDA 的各种话语分析中依然根深蒂固，导致分析者经常混淆语言意义和语用意义，直接从对语篇的语言分析中得出解读。

6.2　批评话语分析的社会–历史取向

关于语言的功能，有两种传统观点。其一，语言的主要功能是表征世界和人们的思想观点。这种表征可能是真实的，也可能是不真实的，或者是误导性的。其二，语言和人是相互分离的实体。语言是一种透明的媒介，它通过刻画和表征的方式在世界和人类之间起中介的作用。但是，20世纪以来，哲学家、社会学家和语言学家等越来越不满足于只把语言视为人们认识世界，进行思维和交际的一种客观透明的工具，而是越来越强烈地意识到语言、权力和意识形态的共生关系以及语言对社会过程和个人生活的介入作用。塞德曼（2001：13）指出，"科学团体以它的那种客观性、批判性和经验主义至上的文化将会使作为个体的科学家完全脱离所有的社会特性（例如阶级、性别和国籍），获得一种只对真理发生兴趣的理性的心智。这种立场与居主导地位的社会学知识的逻辑是格格不入的，并一直受到各派科学评论家的严厉质疑。"实证主义把科学视为纯粹客观的东西，强调科学只应限于所谓的"客观"描写和呈现"事实"，从而忽视了这样一个简单的事实，即科学是由科学家进行的，而科学家跟任何其他人一样具有自己的观点、兴趣和意识形态。"批评语言学"就是在当代西方人文科学领域中普遍存在的这种反唯理主义和反唯科学主义的背景下诞生的。

"批评语言学"这个词最早出现于福勒等人1979年出版的《语言与控制》这本书里。他们把语言与社会看作一个密不可分的统一体，在该书的序言里写道：（1）我们每天生成和接触的语言包含关于现实的具体观点或理论，不同的说话方式和写作风格表达对经验世界各领域的不同分析和评价；（2）语篇类型上的变化与社会和经济因素密切相关，因为语言变体反映和表达社会结构中的差异；（3）语言运用不仅仅是社会结构和过程的结果或反映，而且是其一部分，它构成社会意义和社会实践。福勒（1991b）对上述观点做了进一步的概括：语言运用表达的是对我们表述现实具有干预作用的意识形态形式；不同的语言形式或用法因为被使用的语境和交际目的不同而包含不同的意识形态意义。语言并不像传统语言学家声称的那样是人们交流思想的透明媒介，它也不仅仅是一种稳定的社会结构的反映；语言传播各种各样的世界观，因而是社会过程的一种不间断的干预力量。

"批评话语分析"这个词首先出现于费尔克劳于1989年出版的《语言与权力》这本书中。如果说福勒等人的批评语言学还主要坚持以语言学的理论和方法来分析语言和语篇，那么费尔克劳的批评语篇分析则在更大程度上倾向于对语篇进行社会学分析，其理论和方法论来源不仅包括系统功能语言学、语用学等语言学理论，也包括西方马克思主义的社会批评理论（尤其是其意识形态理论）、福柯的权力论以及后结构主义关于语言与社会的各种理论。与福勒等人一样，费尔克劳对传统的语言工具论提出了挑战，认为话语是社会行为、社会实践，语言建构社会生活和社会现实。我们说话时有多种选择来刻画自己和社会实践，我们最终的选择会对现实中的真实情况做出特定的描述和解释，从而向他人展示现实的许多可能的版本中的一种。在这个意义上我们的话语对现实做出了特定的建构，而这种建构只是许许多多可能的建构中的一种。话语不仅仅是意识形态的，也是一种社会生产方式，它生产主体，帮助建构社会权力关系。话语传递社会群体意识和个人意识赖以形成的知识，这种知识也是个人行为、群体行为和话语建构行为的基础。在这个意义上话语行使权力。上述这些观点集中体现在费尔克劳和沃达克（1997）提出的关于 CDA 的八条原则里：（1）CDA 关注社会问题；（2）权力关系是话语问题；（3）话语构建社会和文化；（4）话语具有意识形态功能；（5）话语具有历史性；（6）语篇与社会之间的联系是间接的；（7）话语分析是阐释性和解释性的；（8）话语是一种社会行为。

　　总之，CDA 将语言运用视为一种社会实践，与其他社会实践一样，对语言的使用离不开具体的历史文化语境，并在此语境中促成社会关系的再生。在所有的 CL 和 CDA 中三个概念是不可或缺的：权力概念、历史概念和意识形态概念。以福勒为代表的 CL 试图通过语言分析来理解社会、政治和经济形态背后的价值观和这些价值观的历时演变。因此，福勒（1987）认为批评语言学家应该像历史学家一样，把语篇既看作不同类型的话语实践也看作文献（它们是社会机构的信仰来源）；他们应该像编史工作者一样，特别关注语言表述中意识形态的相对性。而以费尔克劳为代表的 CDA 则特别关注马克思主义传统上的社会冲突并试图在话语中发现这些冲突的语言表现。费尔克劳认为，任何社会实践都有符号的因素，生产活动、生产方式、社会关系、社会身份、文化价值观、意识和符号都是相互辩证联系着的社会实践因素，CDA 就是要对符号与其他社会实践因素之间的这种辩证关系做出分析。

6.3　批评话语分析的认知–心理取向

如果说福勒和费尔克劳深受韩礼德的系统功能语言观和西方马克思主义及后结构主义理论的影响，表现出明显的社会批评倾向，那么范戴克和沃达克则特别关注心理语言学和认知语言学的研究成果，更多地受到谋篇布局的认知模式影响，重视人类心智在话语和语境、语言运用和社会建构之间的媒介作用。范戴克（2004：301）指出，"要想把话语与社会并进而把话语与控制和不平等的再生产相联系，我们需要详细探究社会行为者大脑中的社会表征所起的作用。对这种社会认知的忽视一直是批评语言学和话语分析的主要理论缺陷之一。我认为在对话语、交际和交流进行批评分析时，研究认知具有根本的重要性。"范戴克认为权力涉及控制，而控制又与认知有关，即一个有权力的群体不仅可以限制另一些群体的行动自由，而且也影响他们的思想。事实上，在现代社会中更加有效的权力经常来自对人们认知的影响与控制，具体表现为通过说服、掩饰或操纵等策略来改变他人的思想以符合自己的利益。正是在这关键一点上批评话语分析可以发挥作用：操纵控制他人的思想基本上是话语的一种功能。理解和阐释与权力相关的话语结构就是要揭示生产这些结构的社会过程和认知过程。范戴克把"话语"理解为交际事件，认为 CDA 应建立在一个合理的语境理论之上，"社会表征"（social representation）理论应该是其主要部分。社会表征指产生于社会生活并为言语交际所维持的那些观念、意见、态度、评价、意象和阐释。范戴克把自己的理论植根于社会–心理研究，把语境模式（context model）这一概念定义为与一个人说话时有关联的交际情景结构的心智表征（mental representation）。由于范戴克把认知和社会视为定义话语相关语境的两个方面，认为充分的话语分析要求同时对这两方面都做出细致的分析，因此人们把他的 CDA 理论叫作"话语–认知–社会三角"。

范戴克把语篇的意义分为宏观的和局部的。作为宏观意义的主题往往无法直接观察到，而是要靠受话人从语篇中推断出来。不过主题经常会体现在语篇的标题、概述、摘要、主题句或结论中，这些语篇成分一方面构成受话人推断语篇主题的线索，另一方面也会被发话人用于建构语篇的"阅读位置"（reading position），从而影响读者对语篇的解读和对相关事件"心智模型"的形成。局部意义是说话人在其关于现实世界的心智模型中做出选择的结果，它对受话者的心智模型并因此对其思想态度产生最直接的影响。范戴克认为，话语的连贯性并不是由事实决定的，而是由语言使用者在其心智模型中对这些事实的定义和理解方式决定的。这些理解和阐释是个人的、主观的、带有偏见的、不完整或者完全是想象出来的。换言之，话语的连贯性与理解和解释事实所参照的心智模型相关。正是被谈论事件的心智模型构成生成和理解语篇意义的基础："我们事后所能保存在记忆中的与其说是语篇的意义不如说是在理解过程中所建构的心智模型。"（van Dijk，2004：112）。这就是说，在话语和社会之间没有直接的联系，是语言使用者的心智模型把它们相互联系起来。

范戴克也把语境区分为局部的和宏观的。局部语境指交际事件发生的直接情景，其特点既包括交流发生的领域（如政治、生意）、活动（如立法、宣传）和具有各种社会角色的参与者，也包括参与者的意图、目标、知识、准则和其他信念等。范戴克倾向于从认知的角度将局部语境视为交际情景的一种心智模型。这种语境观能够对各种社会情景和在相同情景中进行交际的语言使用者之间的不同做出主观的理解和解释。就是说，并不是局部语境的各种因素而是语言使用者头脑中的心智语境模型对这些因素的理解和解释方式限制着话语，控制着话语的生成和理解过程。

宏观语境指的是社会集团共享的那些社会表征。范戴克认为，宏观语境对话语的生成和理解的控制可以分为直接的和间接的两种形式。前者通常以一些宏观陈述的形式出现，后者在话语中通过心智模型发挥作用。这意味着社会表征在心智模型里被具体化，并经由心智模型在话语中获得表达。另一方面正是通过像会话、新闻报道和课本这样的日常话语的心智模型我们才获得关于世界的知识、与全社会共享的态度以及我们最终的意识形态、基本准则和价值观。权力正是通过共享的社会表征和体现这些社会表征的心智模型来影响话语的生成和理解。贯穿范戴克语境理论的一个主要思想是，话语就像冰山，表达出来的只是一小部分与语境相关的具体知识，而未被表达但却被预设了的属于共享的社会文化知识在数量上远远超过被明确表达的。话语的许多特征，如宏观主题、局部连贯、代词、隐喻等只有借助那些预设的社会共享知识才能获得理解和阐释。

沃达克和其他 CDA 学者一样，认为话语实践和社会现实之间的关系是辩证的：一方面，社会现实规定和限制话语实践；另一方面，话语实践又反过来维护、影响或塑造社会现实。沃达克所要探讨的就是人类的认知和知识在话语和社会之间的这种辩证关系中的媒介作用。她指出："虽然我们都知道没有人能够透视他人或自己大脑的内部（'黑箱'），但是我们（几乎）所有的人都相信肯定存在某些心智过程把语篇的生成和理解既与社会现象也与显性的话语、语篇和谈话相联系。当我们分析人们对语言（行为）的态度以及具体的社会团体所持有的陈规和偏见时，这种联系表现得最为明显。"（Wodak，2006：180）沃达克（2006）指出，除了范戴克之外，迄今有关 CDA 和认知语言学的联系的研究还只局限于很小的范围，例如基于传统认知隐喻理论的隐喻研究。而目前急需探讨的是"社会和语言之间的媒介"（mediation between the social and the linguistic）。沃达克建议可以把不同理论学派中（例如福柯的话语形态［discursive formations］理论，博迪厄的习性理论，以及韩礼德和伯恩斯坦的语域和语码［code］理论）提出的概念分析工具综合起来形成一个统一的 CDA 理论框架。沃达克还建议，在建构理论框架和分析工具时不宜过分抽象，不必过于关注宏观上的对与错，而应以分析解决具体问题为目标。就是说，作为研究者我们首先提出的问题不应是"我们需要一个宏大理论吗？"，而应该是"就这个或那个问题以及这个或那个语境而言，需要什么相关的理论工具？"（Wodak，2006：182）

沃达克（2001a）综合目前认知科学中关于知识或社会表征如何在记忆中组织的许多理论（如框架理论、图式理论和脚本理论等），将其融入自己的"话语–历史方法"中，从知识结构和谋篇布局的角度探索话语生成中的说者意图和各种语言外因素。沃达克认为，CDA 必须全盘考虑语篇生成的社会心理、认知和语言等诸多方面。社会心理方面包括作为社会化过程的一部分而习得的应付现实，达到社会、政治、心理或者语言目的的各种策略。人们的文化、性别、个性、阶级身份、言语情景等构成其社会心理的前提条件，在此前提下他们发展出建构和

感知现实的"框架"（frames）和"图式"（schema）。在沃达克的 CDA
方法中，"框架""图式""计划"（plans）和"脚本"（scripts）各有所
指。"框架"是指概括情景的一般知识，着眼于情景知识的整体结构或
者宏观模式。图式比框架更为具体，是指实现某一特定情景或语篇的
具体结构或模式。"计划"具有明确的指向性，它可以说是指通往所欲
达到的某一目标的具体路线图。"脚本"是指由于频繁地使用而相对固
定下来的计划，规定着交际者的角色和可预期的行为。在语篇的生成
过程中，同样的主题宏观结构受到框架和计划的影响可能会在不同的
语篇变体中实现，这些变体接着会按照不同的语境因素被转换成不同
的语篇类型。沃达克（1996，2001a）提出的语篇理解模式与其语篇生
成模式颇为相似，强调语篇理解所依赖的也是那些对语篇生成具有重要
影响的社会心理因素。听者和读者首先根据框架把语篇归类，然后进行
策略性的阅读，尝试建构其谋篇布局的基础，以便达到最终的理解和阐
释。沃达克认为，没有对所有受话人都有效的谋篇布局标准，因为受话
者不仅建构语篇也建构社会语境，而且语篇和语境是相互作用，变幻无
穷的。

6.4　批评话语分析与认知语言学

随着近年来认知语言学和心理语言学的不断发展，CDA 学者已经
开始关注它们的研究成果并试图将其应用于批评语篇分析。

6.4.1　经验观、突出观和注意观

安格尔和史密德（Ungerer & Schmid，2001）认为认知语言学主要
是由三种方法表征的：经验观（experiential view）、突出观（prominence
view）和注意观（attentional view）。经验观认为，语言使用者对事物
的体验并不是纯粹客观的，对它们的描写往往带有主观色彩。例如，人
们在描述一辆轿车时，不仅会提到它的实际形状，还可能会对其速度、

外观、舒适性，方便性、拥有者的身份等做出评价；有人甚至会把小车与初恋或者车祸相联系。为什么会这样？我们可以用注意观来解释。注意观认为，我们用语言所表达的实际上只反映了事件中引起我们注意的那些部分。例如"The car crashed into the tree"这个句子只是描写了整个车祸中引起我们注意的一部分，而其他部分，如小车突然转向、冲出了马路等却未表达出来，尽管这些部分均发生在车撞在树上之前。

心理学研究表明，观察与思考总是相伴发生，不存在纯粹的感觉行为。任何人对经验的感知和理解都是以个人兴趣、图式知识和由此产生的对世界事物的预期为基础。人们实际看到的事物或现象总是受其注意力指向的限制，他们看到了什么和没看到什么取决于他们向何处看和注意的是什么。人们最终所看到的只是能够看到的一部分，这其中的一小部分进入大脑，而大脑最终储存下来的就更少。具有社会属性的语言参与感性知识的储存和交流，而话语中信息的安排与表达是由信息的突出程度决定的（突出观）。那些借助语言习得并通过语言运用而得以强化和固定的感性知识极易被人们习以为常，形成菲尔默（Fillmore）所谓的框架，即"词编码的概念所预设的已知认知结构"（Fillmore & Atkins，1992：75），导致对一种情景的特定认知视角。视角的基础在于把注意力指向某一方面的认知能力。

6.4.2 语境理论

从语言、认知和思维的关系看，语言与文化密切相关，这就是为什么认知语言学和以范戴克为代表的 CDA 方法都非常重视从认知的角度研究情景语境和文化语境。我们已经看到范戴克的语境理论既是社会的也是认知的。话语是发生于某一社会情境中的交际事件，情景因素主要包括场景、参与者和行为等。他认为，只有当这些情景特征在心智表征，即语境模型中获得表征时，它们才与话语相关。"换言之，我们可以拥有一个社会情景理论来解释各种语境，但我们还需要认知这个界面来把它们转化为我们称之为语境的'关联结构'"（van Dijk，2000：116）。在认知语言学里"语境"这个概念首先是一种心智现象："'图形'表明我将把语境视为一种心智现象，而情景则指'现实世界'中的某种事态。我们把'情景'定义为现实中各事物之间的互动关系。"（Ungerer & Schmid, 2001：46）认知语言学家认为，当我们理解话语时，词唤起我们大脑中相应的认知范畴，即我们关于现实世界中物体的心智概念，另外还形成了这些概念之间相互作用的认知表征。被唤起的认知表征并不是孤立的心智体验，而是立即至少以两种方式与长期记忆中的相关知识相联系。一方面，在具体语境中与所涉及范畴相关的知识被搜索到，另一方面当下活跃着的语境又激活了长期记忆中或多或少与之相关的其他语境。就是说，在我们的大脑中储存着我们经历过的大量相互关联的语境，而认知范畴并不仅仅依赖于它们内嵌其中的直接语境，也依赖于一连串与之有一定联系的其他语境。我们把储存于大脑中的属于某一领域的所有相关的认知表征叫作"认知模型"（cognitive model）[1]。认知模型基本上是开放的并且相互联系，这就是"连通论"（connectionism）提出的认知模型的两个特点：不完整性和联结成网。认知模型并不具有普遍性，文化为我们形成认知模型所必须经历和体验的所有情景提供背景和限制。所以，对具体领域所形成的认知模型最终取决于"文化模型"（cultural model），后者是某一社会群体所共享的认知模型。可见，认知模型和文化模型只是一枚硬币的两面，前者强调认知心理的个体差异，后者强调其统一性。认知语言学的这种认知语境论与范戴克的局部语境、宏观语境、认知界面和语境的关联结构等理论和概念异曲同工。

6.4.3　原型理论

世界上的事物，其性质、形状和色彩千差万别。我们如何区别，如何将其转化为词的意义？这就涉及分类的问题。分类的心理过程通常被称为"范畴化"（categorization），而范畴化的产物就是"认知范畴"（cognitive categories）。传统上范畴是由其所属事物共有的一个个特征定义的，在给事物分类时，一个事物总是非此即彼，没有中间状态，范畴中所有成员的地位是平等的。莱考夫（Lakoff）和罗什（Rosch）对此

1　其他相关的叫法还有前文所说的"图式""框架""脚本""计划"等。

提出质疑。他们的研究表明，范畴是以"原型"（stereotype，即最典型的例子）的形式表征在大脑里的，其他范畴成员的典型程度取决于它们在多大程度上与原型相似，不同范畴之间的边界往往模糊不清。人们在认识物体和判断其归属时通常分两个步骤，首先是"完形感知"（gestalt perception）或"整体感知"（holistic perception），然后才是把物体分解成属性。因此，完形感知在范畴化中起着非常重要的作用。从 CDA 的角度看，传统的范畴理论在某种意义上反映了语言的分类功能对人们的认知所产生的误导作用。但是莱考夫和罗什的原型理论也为我们分析和批评这种误导性提供了理论依据。请看下面这个例子：

例 1："But", I said, "isn't it a fact that the average Jew is a labourer-working for about a penny an hour?"

"Ah, that's only for show! They're all money lenders really. They're cunning, the Jews."

（George Orwell: Marrakech；摘自张汉熙，1990：16）

在例 1 中的回答者看来，凡是犹太人就一定富有，贫穷也是伪装的。这是事物分类经常导致的一种认知后果，因为名词在给事物命名时具有高度的抽象性，它们通常仅以一两个特征为标准把事物归类，反过来又把该类事物一些成员所具有的显著特征赋予其中的每一个成员。形容词常常也有类似的效果。例如沃尔夫在一家火灾保险公司工作时注意到，在所谓的"油桶"储存地周围，人们特别谨慎小心，而在所谓的"空油桶"存放地周围他们却往往粗心大意，随意吸烟和乱扔烟头。他指出，"然而，'空'油桶或许更具危险性，因为里面充满了易爆的气体。从物理的角度看，这种情况很危险，但通常的语言分析却必须使用不表示任何危险性的'空'这个词。"（Whorf，1964：135）可见，就跟并非所有的犹太人都富有一样，空油桶也并不一定是真正意义上的"空"。

传统的范畴理论不依赖语境和言语交际者的作用，但是认知语言学家的研究表明，范畴所表征的并不是对世间事物的任意分类，它们是以人类大脑的认知能力为基础的。范畴的认知观认为，"原型"只是一种认知参照点，它并非固定不变，而是随着语境和认知模型的变化而变化。语境不仅决定范畴原型的选择，也导致范畴内其他成员地位的调整。语境不仅能够改变某一范畴各主要特征的相对重要性，也能突出那些不太重要的特征，甚至引入新的特征。例如：

例 2：a. The hunter took his gun, left the lodge and called his dog.

b. Right from the start of the race the dogs began chasing the rabbit.

c. She took her dog to the salon to have its curls reset.

d. The policemen lined up with the dogs to face the rioters.

（Ungerer & Schmid, 2001：43）

在例 2 的 4 种上下文中，同一个词 "dog" 在受话人的大脑中唤起的原型肯定是不一样的。认知语言学的这种关于原型的观点对批评语篇分析极具启发意义。我们甚至可以运用该理论对批评语言学家以往的一些语篇分析进行重新审视和评价。例如奥赫娄兰（O'Halloran, 2003）就对费尔克劳（1989：51）关于一篇报道的标题 "Quarry Load-shedding Problem" 的分析提出质疑。费尔克劳认为标题中的 "load-shedding" 是一个名词化（nominalization）的例子，即报道者用一个名词来表达一个过程，从而掩盖了 "过程的一些至关重要的特征"。但是，从认知语言学的原型理论来看，词在各自词类中的地位不是平等和固定不变的，比如名词指固定可辨实体的程度和动词指具体动态事件的程度会随上下文发生变化。请比较：

例 3：a. The lorry shed its load on the building site.

b. Load-shedding is frequent on the building site.

（O'Halloran, K., 2003：115）

在例 3a 中 "load" 显然指典型的在空间上可以分辨的实体，shed 指典型的在时空上可以分辨的单一事件。但在例 3b 中这两个词的所指就非常不同。由于 "load-shedding" 并不能与一个孤立可辨认的实体相联系，因而它不是一个典型的名词。更何况这个短语在这里是用作名词 "problem" 的修饰语，从而其名词身份被进一步弱化了。另一个例子是福勒（1986）关于 "my" 的用法的分析。他认为，由于 "my" 是个物主代词，表达一种拥有和被拥有的关系，因而像 "my wife""my son" 和 "my assistant" 这样的短语把人与人之间的关系给物化了。福勒显然忽视了物主代词既有表达所有关系的典型用法也有表示许多其他关系的非典型用法（Quirk et al., 1985：321–322）。

6.5 批评话语分析中的认知话语分析

韩礼德和马特西森（2008）指出，知识和意义并不是两种不同的现象，而是同一现象的两种不同的比喻，所有的经验秩序都是语言赋予的，经验就是我们通过语言来识解的现实。这种观点道出了语言、认知和社会之间三位一体的关系。语言与社会并非直接相联系，它们之间存在一个中间环节，我们的认知能力就是联系语言和社会的纽带，也是两者相互作用的中介。话语既表征我们的心智，又通过我们的心智表征社会，因此批评话语分析不仅需要社会视角，也需要认知视角。

6.5.1 社会表征：认知的社会性

以范戴克为代表的认知话语分析（cognitive discourse analysis）对"社会表征"在语言/语篇与社会结构之间所起的关键作用表现出极大的兴趣："要想把话语与社会并进而把话语与控制和不平等的再生产相联系，我们需要详细探究社会行为者大脑中的社会表征所起的作用……对这种社会认知的忽视一直是批评语言学和话语分析的主要理论缺陷之一。"（2004：301）范戴克认为话语中带有偏见的关于他者的表述所依赖的正是社会表征。

"社会表征"这个概念是由莫斯考维奇（Moscovici，1981）提出的，指来自日常生活并为言语交际所维持的观念、意见、态度、评价、意象和阐释等一系列的思维产物，它们储存着一个社会群体关于具体事物的信念和知识，为全体社会成员所共享。社会表征具有三个主要特点：（1）规定性：社会表征包含特定社会中成员的思想和行为的常规惯例，所有成员都必须遵守；（2）历史性：社会表征储存着先前由社会所决定的关于世界的思维方式；（3）动态性：一个社会中发生的变化会导致这个社会的社会表征发生变化。范戴克从社会心理学的角度看待社会表征，认为有三种社会表征直接与话语的理解相关，即知识、态度和意识形态；他（2003a：89）重新定义了社会心理学中的"社会认知"（social cognition）这一概念，将其视为"社会行为者在社会语境中习得、使用或改变的心智结构和运算系统，这一系统为社会群体、组织和文化中所有成员共享"。范戴克认为，传统的社会心理学中的社会认知研究强调知识的个人性质，忽视知识在获得、使用和变化中的社会性质，而莫斯考维奇的社会表征概念则突出知识的社会性和共享性，弱化社会认知的个体性。范戴克重新定义的社会认知概念综合了两方面的思想，强调知识既有个体认知的一面，又有社会共享的一面："这里的'认知'既包括社会认知，又包括个人认知，既包括评价和情感，又包括信念和目标，以及话语和交际所涉及的任何其他的心智和记忆结构、表征或过程。"（2001：98）

与社会心理学一样，认知语言学也强调个体认知的重要性而忽视其社会性。例如，"概念整合理论"（conceptual blending theory）往往从个体及其心理过程看待认知，基本延续了古典认知主义对个人主义的强调。但是，辛哈（Sinha，2005）对儿童语言游戏的分析表明了认知的合作性和其物质文化基础。辛哈和詹森（Sinha & Jensen，2000：24）指出，认知语言学中"体验"（embodiment）这个核心概念不应仅仅着眼于人类的肉体或大脑，还要考虑认知和文化图式在物质文化中的实现或体验方式以及物质文化本身是如何内嵌于常规得体的行为和交往结构中的。从这个视角看，心智是在人们之间社会性传播的，心理过程是由体现和表征它们的客体支撑的。认知超越个人，体验超越肉身。

范戴克（2004）提出"社会–认知话语分析"（socio-cognitive discourse analysis），认为在话语研究中，认知分析和社会因素分析缺一不可，只有把语言和认知与社会过程及社会行为相联系才能对话语或语篇进行合适的分析。根据这种观点，我们必须把话语既视为社会活动的表征又视为其一部分。例如，当行为者通过使用语言参与社会实践时，其话语既是社会实践的一部分，又是对社会实践的表征；这种对话语作为表征的强调凸显了批评话语分析者的现实主义视角。但是，社会表征介于话语实践和社会过程与结构之间，即话语一方面表征物质世界，另一方面又是社会表征的体现或者再表征。因此，表征性的符号行为又具有社会建构功能，即表征会塑造被表征的社会过程。更具体地说，"话语"是对社会实践的表征，不同的话语会以不同的方式"定位"（position）人们，而以不同方式被定位的人们又会按照自己的"心智表征"来以不同的方式向自己和他人表征世界。在这个意义上，批评话语分析兼有现实主义和社会建构主义（social constructivism）的特点：批评话语分析者一方面把自己视为现实主义者，认为自己分析的是话语对真实世界中的社会交往活动的影响和效果，这个真实世界是不依赖话语而独立存在的；另一方面他们又认为社会现象在相当程度上是由话语建构的。其实，作为批评话语分析理论基础的系统功能语言学就渗透着建构主义的语言观："我们所采取的观点是人们所熟悉的来自欧洲语言学家叶姆斯列夫（Hjelmslev）和弗斯（Firth）的建构主义观点。根据这一观点，恰恰是语法本身来识解为我们建构出世间万事万物的经验。正像叶姆斯列夫（1943）所说的，现实是不可知的，唯一知道的是我们对现实的识解，即意义。各种意义并不是先于实现它们的措辞而存在，而是形成于我们的意识和其周围环境之间的碰撞。"（van Dijk，2008b：17）

批评话语分析特别关注一个社会群体的社会表征是如何为其成员提供解读框架或意识形态框架以及人们如何通过自己的成员身份来建构自我意识和他者意识。话语的作用在于以各种方式使各种社会表征通过言语活动获得生产和再生产，或者受到挑战并发生变化。例如，人们对健康和疾病的经验和观念基本上都是由主流的社会话语塑造的，在由这类话语创造的社会表征中，健康是无标记的常态，是自然的，而疾病是有标记的反常现象，是需要提供证据和说明的。在很多场合，如果说自己有病但又无法提供证据，那就会受到质疑，会被认为在说谎，这就涉及道德问题了。由此可见，健康与疾病并非一种纯自然的现象，关于它们的社会表征具有浓厚的意识形态色彩，这种社会表征在很大程度上是由话语创造又通过话语得以维持和传播的，这足以说明认知和心智的社会性。

6.5.2 心智模型：语言和社会的中介

以范戴克为代表的认知批评话语分析所关注的核心问题之一是社会知识。哲学中一般将"知识"定义为"有证据为真的信念"，心理学和人工智能则将知识视为记忆中的"心智表征"（Schank，1997；van

Dijk & Kintsch，1983）。心理学和人工智能关于知识的研究及其知识表征的理论极大地推动了人们对话语过程的理解，但是它们过于关注知识的认知性质而忽视其社会性质。事实上，知识既是认知的也是社会的。作为认知的，知识与我们大脑的神经结构相关联；作为社会的，知识在局部上与社会行为者之间的交流相关，在宏观上与社会结构相关联。因此，范戴克（2003a：85）把"知识"重新定义为"一个认知共同体达成一致的那些信念"。共识、常识或共享知识是定义知识的社会性的重要概念。

批评话语分析的主要目标之一是研究话语如何维持和再生权力与控制以及由此导致的权力滥用和社会不公。不公平的权力关系建立在强势群体对社会资源的控制上，社会资源不仅包括物质的也包括符号的（Bourdieu，1988），知识和公共话语在当今社会中构成十分重要的符号权力资源。权力涉及控制，而控制又与认知有关，即一个有权力的群体不仅可以限制另一些群体的行动自由，而且也影响他们的思想。在现代社会中更加有效的权力经常来自对人们认知的影响与控制，具体表现为通过说服、掩饰或操纵等策略来改变他人的思想以符合自己的利益。正是在这一点上批评话语分析可以发挥作用：操纵控制他人的思想基本上是话语的一种功能。理解和阐释与权力相关的话语结构就是要揭示生产这些结构的社会过程和认知过程。因此，要研究权力及其滥用，首先要了解权势群体或机构是如何通过公共话语来管理和表达他们的知识的。奇尔顿（2005）指出，人类行为，包括话语，是由知识、动机或者情感这些心理因素引起的，或者至少与这些心理因素密切相关，但批评话语的主要问题之一就是没有对两者之间的因果关系引起足够的重视。

沃达克（2006）将认知研究的方法视为探索话语和社会关系的最佳途径，认为只有通过大脑的认知才能把话语、语言和社会三者联系起来；像感知、信念和记忆等都是认知过程，它们是话语过程的基本构成成分。这类认知现象在我们的头脑中被表征为关于某事物的"心智模型"，而所谓的社会化在很大程度上就是学会如何在具体的文化中自动地应用支撑人们日常理解事物的那些心智模型。因此，在个人层面，经历过的生活事件依照相关的心智模型来被表征和再生。就是说，社会知识在我们的大脑中被表征为各种简繁不一的心智模型，这些心智模型再由话语来体现或表达。这一过程是循环往复的，即短期记忆和长期记忆中的心智模型和心理表征指导着人们对经验的理解，而它们反过来又被经验所不断更新。在此过程中，像成见或偏见这样的认知现象会通过人们使用隐喻或讲故事这样的话语活动而得以强化。在这个意义上，递归性的心智模型在话语和社会之间起着认知连接作用。

心智模型一方面表征社会知识，另一方面又由话语来体现，人们正是在发展和应用心智模型的过程中积极主动地使用语言的，而话语的一个重要意识形态功能就是通过修辞效果来操纵他人的心智模型。例如，考勒（2005）展示了作者如何可以主动地尝试在他人的头脑中建构一种关于经济关系的心智模型。她通过在认知和社会两个层面上考察隐喻模型的意识形态作用探索了话语和认知之间的联系。她把意识形态描述成话语底层认知表征和社会集团利益/兴趣之间的界面，指出隐喻模型对于研究认知和意识形态如何决定话语是一个特别有用的概念，因为隐喻把话语底层的认知结构与其中的意识形态相连接。

批评话语分析者特别关注具体语境中态度生产和再生产意识形态的方式，他们的主要任务之一就是揭露话语深层中唤起或传播的态度，并解读这种话语导致态度改变的方式。范戴克（2003b，2006a，2006b）把劝说性的政治话语描述为试图在听话者头脑中发展一种心智模型的话语活动，指出态度的表达是一种意识形态过程，表达态度的方式不仅与描述说话者的内在心智状态相关，也与操纵和控制相关。当企图改变他人态度的劝说支持某种在分析者看来是不公平的意识形态时，劝说就可被认为是操纵或控制性的。帕尔多（Pardo，2001）从批评话语分析的角度把"劝说"（persuasion）定义为试图就某件事说服某人，并指出劝说最终究竟是变成操纵性的还是强迫性的，这取决于劝说者在多大程度上诉诸权力来达到劝说目的。品特（Pinto，2004）在对一本教科书的分析中从课本的课文中分析出一种权威话语，这种话语试图说服读者，并同时掩盖劝说发生的结构性机制。许多关于劝说的批评话语分析关注的是像政治家这样有权力的社会精英的话语，但卡兰扎（Carranza，1999）分析了无权力的社会群体的劝说话语，表明他们在抵制某种意识形态时也能够有效地利用自己的劝说话语。

6.5.3　语境心智模型：情景和意义的界面

认知批评话语分析强调语境因素对话语分析的重要性，尤其是语境中的认知成分在话语的生成和语义加工中的作用。语境不仅包括场景、语域、行为、参与者关系、地位等与交际行为相关的社会因素，也包括参与者的认知特点，如目的、信念、知识、意见等，这些都是话语分析必然要涉及的方面。一切语义的生产和加工都与认知有关，认知方法不仅能加深对话语生产和加工过程的理解，而且有助于分析说话人的语境认知特点。

重视认知语境在语言运用中的关键作用是认知语言学的特点之一。福康涅（Fauconnier，1997）指出，语言表达本身没有意义，有的只是意义潜势；一个表达式在具体的交流情境中可能产生的意义基本上依赖参与者的背景知识和在局部语境中建立起来的心理空间结构。库尔森和欧克雷（Coulson & Oakley，2005）认为，我们可以用兰盖克（Langacker）提出的"定位"（ground）概念来阐释意义构建的局部语境因素。兰盖克用"定位"一词指言语事件、其参加者和周围的环境。他指出，每一表达式都涉及语境定位问题，因为"说话者和听话者都至少会模糊地意识到其在所唤起的感知中的角色"（2002：318）。在其对认知语法和话语的讨论中，兰盖克使用了一个稍加扩展了的"定位"概念，叫作"当下话语空间"（Current Discourse Space，CDS），认为 CDS 构成一个心理空间，它"包含了交谈双方共享的那些成分和关系，在话语进行的特定时刻这些成分和关系构成交流的基础"（2002：144）。

布兰特和布兰特（Brandt & Brandt，2002：69）指出，鉴于背景知识和语境知识对理解字面意义和隐含意义的重要性，概念整合理论应给予兰盖克的"定位"概念更多更明确的关注。对意义建构的完整解释要求一种更加详细具体的关于"背景认知"（background cognition）的理论和一套能够解释语言使用者如何在特定语境中以这样或那样的方式来理解具体的语言表达或图像的方法。为此他们提出了"符号空间"（semiotic space）的概念，认为意义建构发生的基本前提有两个，一是对进行着的话语的心理表征，二是假定交流双方心理定位的充分协调。这样，模拟直接语境的符号空间可以解释意义建构的一些最基本的因素，并会极大地影响此后产生的每一心理空间的内容。在心理空间理论中直接／局部语境是个十分重要的概念，语境定位可能会涉及感知者关于在符号空间或者当下话语空间中表征的正在进行的活动的心智模型。它也可能会包含通过符号或身势指示语唤起的心智模型，以及帮助感知者建立、组织和匹配各心理空间的背景认知。所有句子的生成和解读都无一例外地依赖对交流双方或隐或显的那些关于语境信息的假定。

在阐释意义建构中那些隐性和显性假定的作用时，库尔森和欧克雷（2005）在其概念整合网络中提出了一个与符号空间类似的"定位箱"（grounding box）概念，但指出定位箱并不是一种心理空间，甚至也不像整合网络中的其他空间那样具有表征性。定位箱包含了话语分析者关于语境的重要假定，可用于详述说话者的角色、价值观、经历等。虽然这些假定会影响意义建构的进行方式，但它们不一定是由说话者明确表达的，一旦这些假定由说话者明确表达，它们就会在整合网络的心理空间中被表征为各种心智模型。定位箱概念把语境概念纳入概念整合理论，为建构适用于真实话语情景和一些虚构话语情景的当前模型提供了一种机制。总之，出现在意义建构过程中的心理空间建构要求应用和整合编码意义、背景知识和语境信息，一种完善的意义建构理论必须探索这些因素之间的相互作用。

范戴克认为，在真实社会情景和语义选择之间存在一个认知界面，即语境心智模型，它决定着说话者的语义选择。语境心智模型是一个人说话时相关联的交际情景结构的心智表征："我曾建议把这个界面定义为一种心智模型。就是说，语境不是社会情景，而是参与者就社会情景中相关的特征建构的一种主观的心智模型。"（2003a：95）这种语境模型能够解释"语境化"（contextualization）的许多方面，例如因人而异的对社会条件与限制的理解以及最根本的关联性问题。范戴克把语境区分为局部的和宏观的。局部语境指交际事件发生的直接情景，其特点既包括交流发生的领域（如政治、生意）、活动（如立法、宣传）和具有各种社会角色的参与者，也包括参与者的意图、目标、知识、准则和其他信念等。他认为影响我们说话、写作和理解的不是局部语境中的地点、时间、性别、年龄、职业等社会特征，而是我们对这些社会因素的主观理解和建构。就是说，并不是局部语境的各种因素而是语言使用者头脑中的语境心智模型对这些因素的理解和解释方式限制着话语的生成和理解过程。

宏观语境是指社会集团共享的那些社会表征，其对话语生成和理解的控制可以分为直接和间接两种形式。前者通常以一些宏观陈述的形式出现，后者在话语中通过心智模型发挥作用。这意味着，一方面社会表征在心智模型里被具体化，并经由心智模型在话语中获得表达；另一方面，人们正是通过像会话、新闻报道和课本这样的日常话语的心智模型获得关于世界的知识、与他人共享的态度、价值观和意识形态。贯穿范戴克语境理论的一个主要思想是，话语就像冰山，表达出来的只是一小部分与语境相关的具体知识，而未被表达但却被预设了的属于共享的社会文化知识在数量上远远超过被明确表达的。话语的许多特征，如宏观主题、局部连贯、代词、隐喻等只有借助那些预设的社会共享知识才能获得理解和阐释。

6.6　奥赫娄兰的"理想读者框架"

詹克斯（Janks，2002）认为对语篇进行批评性分析主要分两个阶段：（1）解读阶段关注的是对语篇生成和接收过程的分析；（2）解释（explanation）阶段关注的是语篇和其社会文化语境之间的关系，例如社会文化语境是如何影响或左右对一个语篇的理解和阐释的。奥赫娄兰在此基础上又增加了一个阶段，变成了与费尔克劳分析框架中的描写、解读和解释相对应的三种批评分析：

语篇偏见分析（描写阶段）：这是一种批评性语篇分析（critical text analysis），是对关于同一事件的不同语篇中（或者在同一语篇内）的词汇语法形式进行比较分析。

神秘化分析（解读阶段）：这是一种话语1分析，着重分析语篇表达中的缺项，这些缺项导致语篇所涉及的事件和参与者在读者的话语1中的神秘化；分析语篇中那些在场的信息如何强化了那些不在场的信息。

社会认知分析[1]（解释阶段）：这是一种话语 2 分析，着重分析读者习以为常的话语 2 如何会把阅读引向特定的可能会导致意识形态再生的解读。

奥赫娄兰（2003）认为，CDA 在以往十几年的发展中对解读阶段所涉及的认知因素关注不够，对语篇如何使所描述的事件神秘化的认知研究相对较少；心理语言学的证据很少被引用，尤其是没有发展出读者理论以及他们如何认知的理论；对语义推导的产生研究不够。她提出的"理想读者"（idealized reader，IR）框架就是试图在某种程度上补足上述这些缺陷，探索从认知的角度批评性解读语篇的方法，显示如何可以有系统而可信地来预测新闻语篇是否有可能通过结构上的缺失来蒙蔽只读大意的读者。IR 框架中"批评"一词的含义最接近于上述第二种"批评"。"理想读者"是指那些"非批评性读者"，他们对语篇内容基本不熟悉，只读大意，不愿意付出太多努力来注意语篇中缺失的信息。"神秘化"是 CDA 中出现频率极高的一个概念，神秘化分析也是 CDA 中用于揭示语篇意识形态意义的最常用手段。所谓"神秘化"是指降低读者对所描述的事件和参加者的理解。例如在对环保主义者与警察的冲突的报道中，如果报道者清楚地解释了警察采取行动的理由而隐去环保主义者进行抗议的理由，那么读者就很可能对抗议者产生负面印象。

奥赫娄兰认为 CDA 学者在分析中付出了远比只读大意的读者多得多的加工努力，他们详述句子或语篇中缺失的信息并认为这些缺项对于读大意的读者就是把内容或事件神秘化。奥赫娄兰将此归因于沃尔夫主义和认知科学中的象征主义的影响。象征主义赋予句法范畴以意义，认为句法信息和语义信息是分别加工的；沃尔夫则认为语言等同于思想。例如，在像施事–过程–目标或者施事–过程–受事这样的结构中，如果其中的一个必要成分（如施事）缺失，就会使句子的意义不完整或不充分，就会导致相应思想的缺失，导致神秘化。在 CDA 学者的分析中（如 Fowler et al.，1979；Kress & Hodge，1979；Fairclough，1989 等）能找到大量这样的分析和解释，尤其是其中关于被动化和名物化的分析。

1　在原文中 O'Halloran 似乎将"社会认知分析"归于解读阶段，我们推测这也许是笔误。

奥赫娄兰评论道，这样的分析在认知上不是建立在自上而下的方法上，而是与逻辑经验主义和乔姆斯基的理论相一致，把句法与语义相隔离。CDA 在强调语义句法结构的重要性的同时降低了阅读理解中背景知识的重要性和基于背景知识上的语义推导的重要性。奥赫娄兰认为 IR 框架可帮助避免这样的过度解读，因为她的目的在于建构一个框架来预测非批评性读者阅读新闻语篇时可能做出哪些推导："我们关注的焦点是不带有具体明确目的只读大意因而不会投入太多努力的一般读者，对于他们有些这样的信息缺失的确可能意义重大。我们需要一种框架来表明什么样的推导是这样的读者可能做出的或者是他们通常不会做出的，从而我们可以预测语篇中何种信息缺失通常会或者不会导致读者的话语 1 中信息的缺失。这样我们就会更好地了解一个语篇对于特定的读者群来说是否会由于某一重要信息不太容易被他们推导出来而使一个事件或其参与者神秘化。"（2003：172）

　　IR 框架建立在连通主义的认知模型和心理语言学的证据之上。连通主义者不把认知视为对具有结构的符号串的运算，认为句法加工和语义加工相互作用，同时进行，并不以句法优先为基础。连通主义强调语义推导并非句法加工的特殊的或者事后的过程，而是内在于语言加工，这与象征主义对推导作用的贬低和其对句法加工的强调形成对照，也与CDA 中的神秘化分析忽视语义推导而关注表层结构的做法相抵触。连通主义认为输入的语言符号只是心理活动的线索，心理活动因而超越输入；句子唤起我们的背景知识，它们只是理解世界的线索，而不是认知过程的表征，更不是外部世界的直接反映。心理表征是句子提供线索的结果，这种心理表征必定超越句子结构，而不会像霍奇和克莱斯（1993）暗示的那样是句子结构的摹真本。连通论强调足够语境信息下人们阅读时推导意义的能力；既然语义推导是句子加工的内在部分而不是额外部分，那么读者处理蕴含成分就不是问题。例如，施事–过程–受事结构的缺损并不一定影响或减弱读者对行为发出者的识别或理解，在特定上下文中读者完全可以从 "the detention of black pupils" 或者 "the shooting of 174 Africans" 这样的表达方式中推导出施事。再例如，要引申出刀并不需要特别的推导步骤。……由以 ate 为动词并以 steak 为宾语的句子描述的事件总是涉及作为工具的刀"（O'Halloran, 2003:

103）。因此语篇中句子没有表达出来的信息或者表达不具体充分的信息并不一定导致读者话语 1 中信息的缺失，他们只要付出些许努力，就会产生一系列的语义推导。

在 IR 框架的语义推导部分，奥赫娄兰首先根据心理语言学的传统区分了两种在线推导（online inferences），即"连贯推导"（coherence inferences）和"详述推导"（elaborative inferences）。连贯推导通常自动产生；至于详述推导，对于没有具体阅读目的的读者而言，如果有快捷易得的信息可以依赖，它也有可能自动发生。如果读者带有具体的阅读目标并愿意投入更多的认知努力，那么有些详述推导就可能不是自动产生的。麦库恩和拉特克里夫（McKoon & Ratcliff, 1992）把那些非自动发生的推导叫作策略推导（strategic inferences）。但是 Noordman（1990）认为连贯推导在很大程度上与详述推导一样依赖于读者对材料的熟悉，当对语料不熟悉时，连贯推导也不总是会自动产生。IR 框架重点涉及四种具体的语义推导发生的条件：使役前因（causal antecedence）推导、使役后果（causal consequence）推导、工具（instrument）推导、例示（instantiation）推导。奥赫娄兰认为，在没有具体目标和策略的阅读中，只能产生两种自动推导：局部连贯推导和依赖即时易于获取的信息的详述推导。当读者带有具体明确的目的并愿意投入更多的时间和精力，这时产生的其他详述推导并不是自动的，而是策略性的。奥赫娄兰指出，以费尔克劳为代表的 CDA 中的大多数神秘化分析采取的是这种策略推导，因而得出的结果往往与非批评性读者的话语 1 不一致。奥赫娄兰提出了 IR 框架的如下加工原则：

IR 是一类非常惜力的加工者。既然 IR 只具有一般的阅读目标，投入很少，那么其阅读就只涉及自动推导，包括连贯推导和具备快速易得信息时进行的详述推导。

IR 阅读不涉及策略性语义推导，因为这种推导要求付出更大的加工努力。

对上义范畴、一般范畴或抽象范畴的例示是一种详述推导；如果相关背景知识易得，那么这种推导便是自动的。

使役前因推导对 IR 是自动的。这种推导可分为连接性的、复原性的和详述性的。连贯使役前因推导是由读者随时完成的。但是详述使役前因推导的强度依赖于特定情境的因果关系在记忆中的强度。

奥赫娄兰提出理想读者框架的主要目的就是为识别语篇中所谓的神秘化现象提供依据。她运用这个框架对 CDA 的一些主要代表人物的许多有关神秘化的分析进行了反思和重新分析，试图表明由于该框架以一般的阅读目的和最小的付出为前提，它可以帮助预测一个新闻语篇中的缺失是否会被只读大意的读者推导出来；换言之，它可以帮助评估一个新闻语篇中某些缺项是否对非批评性的读者会导致对事件和其参与者的神秘化。

虽然 IR 框架只涉及新闻语篇中因果关系的推导问题，但它在一定程度上可以帮助我们确定读者在阅读新闻语篇时可能或不太可能付出最低努力的限度，并向我们展示了读者对一个语篇投入的认知努力是如何影响其语义推导和对语篇的最终解读的。奥赫娄兰区分批评性话语 1 分析和一般性阅读，认为 CDA 在进行批评分析时应在考查语篇中的信息缺失及其导致的神秘化效果上更具系统性，克服主观性或直觉性。奥赫娄兰的分析表明，并不是语篇中所有的缺失都会导致读者话语 1 中的缺失，从而导致神秘化。

IR 框架具有互动的性质，它坚持自上而下的话语加工方法，强调人类在具体语境中进行语义推导的能力，主张认知输出不一定与语言输入相等同。根据桑福德和加罗德（Sanford & Garrod，1981）的"基本加工原则"（primary processing principle），在阅读理解过程中，语言输入一有可能就会与背景知识相联系，产生的表征又被用来帮助理解后续语篇。这就解释了为什么自上而下加工要优先于自下而上的对词汇和句法的加工。对自然语言的加工过程是不完全的，如果一个具体的词语在语境中与读者的预期有较高的符合度，它就容易为读者所接受，读者就不太会对其词义作详细的分析考察。就是说，读者首先依赖自上而下的策略，只有当该策略的资源枯竭时才使用自下而上的策略。斯珀伯和威尔逊（Sperber & Wilson，1995：27）认为句子并不是发话人思想的充分表征，任何语言表征都不是对其背后思想的充分表达，因而都是不完整的；一个句子只是一组线索，这些线索帮助受话人推导出发话人所要传递的意义。Garnham（1985：138-41）也认为，人们关于句子的记忆不是其句法结构，也不是其字面意义，而是由该句子所表达的和读者的认知资源之间的互动所建构的意思，而个体间和个体内的阅读兴趣和付出的阅读努力是不同的和经常变化的。因此我们有理由相信，由于 CDA 分析者通常是带着特殊的目的和兴趣来分析语篇的，他们通过一些策略性语义推导所得出的结论或者解读与不带有特殊目的来阅读同一语篇的只读大意的读者所得出的是不一样的，从而出现所谓的"功能谬误"。

不过，IR 框架也有其局限性。首先，它关注的只是使役认知过程。语义推导是一种极其复杂和灵活多变的认知心理活动，虽然使役推导是人类最具普遍性的一种认知过程，但我们很难肯定对它的分析研究就能反映人类语义和语用推理的全貌。其次，IR 框架关于神秘化的分析主要关注的是语篇中信息的缺失，而没有考虑读者根据自己的背景知识而可能在阅读中加进去的信息："在神秘化分析中对使役关系的考察是建立在一个语篇是如何与普遍的认知机制相互动的，而不是随不同的社会地位、背景知识、经验等而变化的读者反应。"（O'Halloran，2003：220）这就产生了威窦森在批评 CDA 时提出的一系列问题："你凭什么得出那样的推导？你能提供何样合理的证据来推出意图？有什么根据使你能够合理地假定你提出的意图就一定跟其他人的话语理解相符合？这是一个解读的问题，它关系的不是能从语篇读出什么而是能够把什么读进语篇，不是发话人可能在语篇中意味着什么而是语篇对受话人可能意味着什么。"（2000：10）奥赫娄兰声称 IR 框架针对的是非批评性读者，即所谓的"理想读者"，这样的读者：（1）对语篇中描述的事件并不熟悉；（2）以读大意为目的，只想付出最低限的努力，因而不会着意去查找语篇中的缺失信息。这不仅令我们想到乔姆斯基（Chomsky）的"理想说话者"（ideal speaker）。问题是：（1）"熟悉"或"不熟悉"是个程度问题，那么需要怎样的不熟悉才可被视为理想读者？（2）"最低限的努力"是多大的努力？（3）人们可以为了各种目的来读大意，这是否会影响他们对语篇中缺失信息的查找与分析？

IR 框架旨在为解读语篇提供更为坚实的基础，以克服 CDA 中的功能谬误。但是，阅读理解是从语篇引申出解读的一个过程，它总是语篇、语境和阅读目的之间相互关系的结果。任何语篇都具有导致多种解读的语义潜势，至于最终实现的是哪种意义取决于语境因素的相互作用。"对一个语篇的分析无论如何详细，在解读中被激活的只是那些被（有意或无意地）认为具有语境关联性并与阅读目的相关联的语篇特征。果真如此，那么我们需要探讨的是不同的语境和目的如何能够作用于同一语篇来产生不同的解读。"（Widdowson，2004：166）IR 框架也许能为我们分析语篇或话语提供一个基础或者一种参照标准，但是它还无法解决下面这个问题，即特定语义功能是如何根据上下文关系和语境因素而被实现为语用意义的？

奥赫娄兰和威窦森都批评 CDA 对语篇进行过度解读，认为非批评性的一般读者不会如此细致入微、吹毛求疵。诚然，每一话语都会展示出各种各样的意义特征，它们和其代表的意义不完全是有意识有计划地安排在语篇中的，而是在一个语言共同体中通过长期的语言运用而凝练和沉淀下来并为整个共同体所继承和分享。这意味着任何语篇都包含有意识和无意识生成的部分。博迪厄（1990b）的习性概念，葛兰姆西（1971）的"霸权"理论，费尔克劳（1989）关于意识形态的自然化和常识性质的观点，以及汤普森（1990）关于意识形态传播中涉及的自然化策略的思想都承认这种历史的凝缩过程，也都涉及参与者可以控制的话语范围的限度。布劳德尔（Braudel，1981）把历史中的时间分为三个等级：（1）缓慢时间或结构时间（slow time or structural time）：解释人们生命中的可能性限度的制度和社会的缓慢的看不见的转换；（2）即时时间或者事态时间（intermediate time or conjunctural time）：长时间的螺旋模式，例如特定政治统治时间或者资本主义发展和危机的周期；（3）事件时间（the event time）：参照个人、日常生活、我们的幻想、理解和意识来计量的短时间。布劳德尔认为历史的缓慢模式是超越历史主体的理解力而不被意识到的，因此社会事件中的个人对导致时间的深层的结构原因的认识是受到局限的，他们只能在即时的与事件相关的时间框架内来发挥主体能动作用。但他同时也认为，虽然更高层的发展经常超出个人的控制和意识，但通过事后的认识或者历史的反思和分析是能够观察到的；其实，在事件时间中发生的单个事件需要参照它们发生的事态时间和结构时间来加以解释。这意味着，批评话语分析者必须比非批评性分析者站得高看得远，能够运用他拥有的相关专业知识来就话语或语篇中那些不易为非批评分析者察觉的东西提出自己的看法，以启发或引导后者。

布劳玛尔特（2005：134-135）指出，人们可以站在不同的历史角度从不同的历史层面说话，这些不同的历史性层面在意义的连续与不连续之间、在话语的连贯与不连贯之间制造了大量的张力："共时性创造了特定的说话角度，这一历史角度通常被具体地定形在特定的认知立场或说话方式中。……虽然语境只是一个历史的点但却又是多层次的共时性的汇聚联结处，因为在每一语境里我们都会发现以不同的速度在不同的等级上运作的属于不同秩序的话语特征——我们观察不到我们的制度的深层，我们只看到和经历到其表层。因此，如果一个人能够使我们觉得自己经历的现实是唯一相关的现实，我们的历史立场是唯一'正常'的立场，那么他就最有可能令我们相信自己是正确的。"这就是说，每一话语都同时展示出不同的实践层面或历史层面，它受限于并参照不同层面的历史材料，其中只有一部分是可见的，可以被个人意识到或经历到。一个话语通常会把数个历史层次浓缩为一个共时层面，或者只容纳一些历史材料而排除其他的，从而它往往只会反映一种历史立场，而在此过程中我们会发现各种有系统的影响在起作用。CDA 一直想做和在做的就是揭示这一过程和那些比较隐蔽的不易被一般读者所察觉的历史层面或材料，以引起人们的注意和思考。

总之，威窦森认为 CDA 学者在语篇分析中经常出现所谓的"功能谬误"，即把语言的编码意义原封不动地带入语篇的分析和理解，把语用意义直接从语言意义中引申出来。功能谬误导致的后果之一是在 CDA 的神秘化分析中往往把语篇中句子表层结构上的缺项等同于语篇中信息的缺失，从而影响读者对事件真相的了解和评价。奥赫娄兰的理想读者框架希望借助认知和心理学的理论和实验为神秘化分析提供一个起点和参照框架，但它的作用是有限的，无法完全解决语篇分析中普遍存在的"功能谬误"现象。

6.7　反对认知话语分析的声音

反对 CDA 的认知话语分析的声音主要来自会话分析（conversation analysis，CA）。会话分析者对社会表征理论持批评态度，不愿意把认知状态、心智模型或意识形态框架这些认知概念视为有用的分析工具，认为社会表征的内容，如知识或情感，并不能独立于其在交谈中的呈现方式；社会表征有其动态性，这种动态性产生于话语交往过程。就是说，一个社会群体如何表征社会现象取决于其话语交往过程，而不取决于某个先前存在的话语交往框架。其实，CA 一直反对将话语视为其背后思想和意图的产物，认为心智状态、知识、思想、情感等认知问题只有在交谈中成为参与者的兴趣中心或关注焦点时才具有相关性。

CA 和 CDA 之间争论的另一个问题是：话语分析是否应参照分析者拥有的相关外部语境知识？所谓的"外部"是指具体的时间、空间或地点信息，也指一些相关的社会信息，例如参加者的社会角色和地位、其生活经历和所处的社会历史背景。萨克斯（Sacks，1974）曾指出，CA 感兴趣的是不依赖外部语境的那些组织特征，即那些结构特征不依赖具体的身份或情境，而是具有抽象的概括意义。正是这种抽象特征才使得参加者能够根据会话交流的具体和即时的语境来设计他们的话轮。谢格洛夫（Schegloff，1997）也指出，批评话语分析者在描述和解释事件和语篇时，经常把自己的理论框架强加在其分析的行为、事件或语篇上，而不是使用会话参加者的话语来阐释这些事件。CDA 应该做的不是诉诸分析者关于外部语境的知识，而是首先把自己的分析范围限制在语料所显现的会话参加者所关注的东西上。只有先根据话语上下文完成了会话分析过程才可考虑外部语境，才可阐释文化和意识形态问题（Schegloff，1997，1998）。

与 CA 不同，CDA 学者非常重视对语境尤其是宏观语境的分析，他们把自己的分析置于社会行为的语境中，试图通过话语分析来理解和解释语言是如何作为社会过程的一部分而起作用的。从 CDA 的视角，不仅话语是由特定的文化和历史语境决定的，而且特定文化中处于主导地位的话语通过群体或个体认知对人们的社会建构实践具有特殊的影响。因此，具体的话语行为不仅仅是当下会话设计的结果，也是会话者此前或当下在更加广阔的社会因素作用下对各种可及的话语和阐释资源加以理解的结果。例如，意识形态的作用之一是通过影响人们思考体验自己和其所处的社会环境的方式来确立人们的具体身份，因而话语能够把我们塑造为特定类型的主体。各种主体位置是篇外语境的一部分，正是话语把人们安置在这些位置上（例如医学话语能把人们设置为"患者"或者"医生"）。麦肯雷和麦克维提（McKinlay & McVittie, 2008: 244）认为，虽然 CA 特别关注会话参与者如何在局部语境上下文中组织合适的话语，但如果他们不借助或参照参与者的外部语境知识就不可能为这一问题提供令人信服的答案。沃达克（2006）也以具体的话语分析表明，像反犹太人宣传这样的话语只有考虑到历史和社会政治因素才能理解和解释。

总之，CA 不赞成把认知语言学的理论和研究成果应用于话语分析，认为目前的认知科学过于强调个人的心知状态，而不是脚踏实地地对言语交际进行经验性的细致研究（Schegloff, 1998, 2006），因此，"严肃的批评话语分析需要使用会话分析的方法"（Schegloff, 1997: 174）。但是，正如麦肯雷和麦克维提（2008: 244）指出的，CA 的主张意味着分析者不能关注会话参加者没有明确涉及或讨论的问题，它也就无法处理权力、控制等问题。从本节看，CDA 中的认知话语分析所一直坚持的是：想要揭示或解释语言／话语、权力／控制和意识形态之间的关系问题，就必须把认知分析和社会分析纳入同一个话语分析框架中。

6.8　结语

霍克海默（Horkheimer）认为对任何研究对象都没有单一的研究方法可以产生最终的可靠结果，对一个问题只采用一种研究方法有导致歪曲的危险。他因此建议运用多种方法相互补充（Wodak & Meyer, 2001: 10）。本章认为 CDA 从一开始就特别重视从社会学的角度对语篇进行分析，但在很大程度上对语篇分析的认知视角重视不够。我们提出，对语篇进行批评分析的社会学方法和认知语言学方法可以相互补充、相互借鉴。其实，除了本章所涉及的，认知语言学理论中的许多其他概念和理论都对 CDA 具有重要的启发意义。例如，考察话语中"图形"与"背景"或者"射体"与"界标"是如何选择的，两者之间是何种关系，又是以何种语言手段表达的，将有助于揭示说话人的立场观点和交际意图。认知语言学的凸显观也可以用来解释句子和语篇的信息结构、主位结构、名物化和被动化等语言现象。认知语言学中的框架理论、心理空间和概念整合理论、趋近化理论和批评隐喻分析等今年来已经被频繁应用于批评话语分析并取得了很好的效果（Groshek，2008；汪少华、张薇，2018；Chilton，2014；Cap，2011，2013，2018；武建国等，2016；Charteris-Black，2004；Hart，2001；O'Halloran，2007；张辉、张天伟，2012）。

任何关于语言和人类交往的研究都不能企望一劳永逸地解决所有问题。一种理论或者一种方法都有其自己的研究对象、目的或目标，因而都有局限性。具体到 CDA，其研究的目的和立场是明确的，其理论方法也是建立在其目的和立场之上的。绝大多数 CDA 的学者并不认为他们对话语的阐释与解释是唯一正确的。一个单一的独特的话语形式的出现会涉及各种层次的具有社会意义的因素。这些不同层次具有意义是因为它们来自在不同的历史层面上运作的不同的意识形态。这就是为什么同一段话语会同时被许多人所理解，但却被这些人做出了非常不同的阐释。在语篇分析上，我们非常赞同威窦森（2000：22）的观点，即"更合理的做法似乎是观察不同的语境和合作条件是如何从同一语篇引申出不同的话语意义。这样做需要实际考察人类文化因素，把语篇置于其社会文化语境中去。如果批评话语分析者循着这样的思路去探索话语，把他们自己的那些不全面的解读作为研究的动力而不是赋予其以优先的地位，他们的工作就会具有真正重要的意义。"

第 7 章
语料库语言学与批评话语分析

仍有声音批评 CDS 按照自己的偏好无原则地选择语篇、摘录或者论据，妨碍了其分析的有效性。因而，CDS 中一些基于语料的分析经常为自己的做法提出克服这些缺陷的理由，包括改进以经验为根据的分析的客观性（Baker，2012），减少研究者的偏见（Mautner，2016），以及取得更加严谨的有代表性的有效发现（Macgilchrist，2013）。贝德纳里克和凯普勒（Bednarek & Caple，2014）通过对"新闻价值"（news value）的话语分析试图发展一种将定量分析和定性分析方法各自的优势结合起来的分析方法，并针对新闻价值的语篇和话语分析提出了一个词汇层面的分析框架或清单。在理想的情况下，这种分析至少应该包括两个部分：（1）基于语料库的对各种相关符号系统的大规模分析；（2）对选自语料库的语篇和对新闻价值有贡献的各种符号系统及其相互关系进行严密的分析。

7.1 语料库

"语料库"（corpus）一词源于拉丁语，意为 body（大量），即大量的文本（body of texts），复数形式为 corpora。"corpus"一词是 1956 年艾伦在《哲学社会的交易》（*Transactions of the Philological Society*）上发表的《阿巴扎语动词组合的结构与系统》（Structure and System in the Abaza Verbal Complex）一文中提及，意指语言研究所用的口语和书面语的文本。而"语料库语言学"（corpus linguistics）这一术语出现在埃尔特斯和梅杰斯（Aarts & Meijs，1984）主编的论文集《语料库语言学：英语研究中使用计算机语料的新近发展》（*Corpus Linguistics: Recent Developments in the Use of Computer Corpora in English Language Research*）中，被学界认为是新创的词语。如今通过计算机软件生成的检索行以及词频表，用以观察由小文本收集而成的大型语料库中的语言现象已然成为语言学研究的重要方法。

这种跨越大量文本在多语境下搜索单词和短语的方法可以追溯到13世纪，当时圣经学者和他们的团队一页一页研读圣经，并用手工为其中的词汇按字母顺序标写索引，以便其他圣经学者能找到引述的出处信息。安东尼（Anthony of Padua，1195–1231）做了《拉丁文圣经》（Vulgate）的检索行，1230年卡迪纳尔（Cardinal Hugo St. Caro）在500名僧侣的帮助下将《拉丁文圣经》中的词汇做了一个索引。历经几百年后，于1737年Cruden完成《圣经词汇索引大全》（A Complete Concordance to the Holy Scriptures），1890年斯特朗（Strong）完成《圣经词汇索引大全》（Exhaustive Concordance of the Bible）。如今检索软件几秒的工作便可超越500个僧侣（McCarthy & O'Keeffe，2010：3）。虽然这些手工编辑工作无法和当代的语料库软件相比，但是，他们的理念却接近于现代的计算机检索程序。19世纪末语料库方法开始用于语言研究，比如1898年德国语言学家F. W. 卡伊丁（Kaeding），使用大规模的语言材料来统计德语单词在文本中的出现频率，编写了世界上第一部德语频率词典。在我国，从20世纪20年代开始，也有学者建立文本的语料库，如1925年陈鹤琴采用统计的方法来研究汉字的频率，编写了《语体文应用字汇》，其目的在于制定基础汉字的字表。那时的语言学家也许用一个鞋盒子放入一些收集的书面语或者转写的文字纸片，并无代表性，只是些凭经验收集的小型观测数据（McEnery et al.，2006）。这些语料库并非计算机可读，但它们是现代语料库的雏形，在语料库的发展史上功不可没（冯志伟，2002）。

现代语料库具有规模大、机器可读、自然发生、代表性、可赋码、类型多等特征（McEnery et al.，2006；Baker & McEnery，2015），其中代表性备受关注，利奇（Leech，1992：116）认为计算机语料库很少是随机收集的文本材料，它们是为了特定的目的而收集起来的，通常作为某种语言或文本类型的代表。辛克莱（Sinclair，1996）也强调文本的代表性，他指出语料库建库应该按照明确的标准使得采样具有代表性。由此可见，现代语料库既区别于随意收集的文本，也区别于那些库存的文本资料。1961 年美国布朗大学开始 100 万词规模机器可读的 Brown 语料库的建设，是真正意义上的现代语料库建设的开端，十年后英国的兰开斯特大学、挪威的奥斯陆大学以及伯根大学联合以相同的采样方式建成了以英国英语为内容的 LOB 语料库，Brown 和 LOB 成为最早研究英国英语和美国英语的机器可读语料库资源。20 世纪 70 年代开始中国也建成了一些机器可读语料库，如汉语现代文学作品语料库（1979 年）、现代汉语语料库（1983 年）、中学语文教材语料库（1983 年）和现代汉语词频统计语料库（1983 年）。发展至今，语料库无论是从规模到类型都发生了深刻的变化。语料库分类也越来越细化，根据不同的用途分为多种类型，如平衡语料库、专题语料库、平行语料库、多语语料库等。近年来，许多超大型的档案资料式语料库以及以网络为数据的语料库相继建成，如 Google Books、LexisNexis、Hansard、NOW 等，为多学科的研究开辟了新的路径和方法（钱毓芳、叶蒙荻，2019）。

语料库方法从 20 世纪初尤其是 20 世纪 80 年代以来随着计算机技术的迅速发展，在语言学界得到广泛的应用。在语料库形态、语料库规模、语料选择、语料处理、专题语料库、语言理论、翻译研究、文体学、语法和词典开发、"数据驱动"学习和话语研究等方面出现了一批优秀的成果。如今语言研究中，语料库相关的学问，即便不是显学，也称得上热门无疑（许家金，2017）。

语料库有超大的储存能力，可以弥补人类记忆的局限性。语料库分析软件运转速度快、计算精确，可以大大提高研究的效率，大规模真实语言的观察，能避免研究者固有的偏见，让结果更可靠。更重要的是，语料库方法这一语言分析的新理念使人们对常见的语言现象有新的领悟，改变了人们思考语言的方式（Leech，1992）。一方面，语料库能帮助研究者获得大量反映语言使用的真实数据，另一方面，语料库分析展示给我们那些"习焉不察，出乎意料"的语言特征。语料库诸技巧被广泛应用于语言研究的方方面面，在语言学各个分支，如语法学、语义学、语用学、话语研究等方面取得了丰硕的成果。近十多年来，语料库分析方法被越来越多地用于社会科学与语言相关的研究，它使碎片化的信息聚集在一起，形成大规模的文本，语料库分析基于真实语言，可弥补以往单凭直觉推断的缺陷，为人们提供自下而上的研究方法，与基于直觉的研究相辅相成，取长补短。

语料库方法可以用来揭示语言与社会之间的关系，这是话语分析的核心问题之一，尤其是批评话语研究。显然，利用大型计算机语料库的价值在于提高分析的实证可信度。语料库语言学的一些分析方法对批评话语分析具有重要的意义，语料库分析以系统的语言描述为基础，需要解释大量的文本，它也提供精确快速的计算结果，语料库驱动技术减少了研究者的政治和认知偏见，以修正学界对批评话语分析的质疑，即批评话语研究者根据自己的政治议程精心挑选单个文本进行研究（Koller & Mautner，2004：225；Partington，2004b：13；Orpin，2005：38）。

7.2　语料库批评话语研究的缘起和方法

与其他传统话语分析、篇章语言学研究方法不同，批评话语研究不仅研究话语、篇章本身，而且重视话语实践过程及其社会语境分析，注重从社会制度和社会构成方面来寻找解释话语的原因。话语活动并非发生在真空之中，而是产生于社会团体与复杂的社会结构的互动之中。因此，如果我们想理解话语及其效果，就不能不考虑话语出现的语境。"话语的生成离不开语境，不考虑语境就无法理解话语……只有我们考虑到话语使用的具体情景，只有了解了其背后的惯例和规则，只有认识到它们内嵌于特定的文化和意识形态中，而且最重要的是只有当我们知道话语与过去的某一点相联系，话语才有意义。"（Fairclough & Wodak，1997：276）正因为如此，长期以来 CDA 一直以定性研究为主。它的创始人之一福勒（1991：68）就曾说，批评性的解读需要研究者具备历史知识与敏感性，人类而不是机器才可以拥有它们。

这种定性研究方法因偏重主观性和缺乏代表性而遭到部分学者的批评。威窦森（1995：169）对语料的代表性提出了质疑，认为从特定视角所作的阐释有些偏颇。因为它带有意识形态倾向，选择分析的是语篇中能够支持观点的那些特征。斯塔布斯（2002）认为，CDS 的材料十分有限，几乎没有考虑过局限于短小语料片段的分析是否充足，应该如何筛选语料，语料是否有代表性，对语料片段的分析没有任何关于其代表性的说明。批评话语研究不应局限于对文本片段的分析，而应在大规模抽样调查的基础上得出关于典型的语言使用情况的一般性结论。为了回应这些质疑，20 世纪 90 年代末一种基于语料库的批评话语研究新模式开始出现。

那么，语料库究竟能为批评话语研究作何贡献？两者的契合点在哪里？莫特讷尔（Mautner，2015）做出过如下总结，认为语料库语言学方法从以下五个方面为批评话语分析提供便利：

语料库语言学基于这样的理念，即语言变体具有系统性和功能性（Gray & Biber，2011：141），根植于 20 世纪 30 年代的理论，语料库语言学已经意识到它作为一种"语境和社会学技术"的潜在应用（Firth，1935：13）。在这两个方面，批评话语分析和语料库语言学有其契合点。

较之纯手工的分析，语料库语言学能让批评话语研究者接触更大规模的真实语言数据。

语料库提供不同视角看数据，为三角验证做出贡献（McEnery & Hardie，2012：133），换句话说，可以用几种方法去看同一语言现象（Creswell & Miller，2010）。

语料库能够让批评话语研究者扩大实证基础，还能帮助他们降低偏见，解决受到严厉和持续批评的问题。

语料库语言学软件提供对文本数据定性和定量研究的视角。计算词频及其他重要的统计，提取单个的检索词，用定性方法考察其搭配语境，描述重要的语义形式并辨别其话语功能。

贝克和麦克恩纳里（2015）也提出了值得用语料库方法的几条理由：其一，它至少提供了一个更可信、更大规模的基础，让结果昭然若揭；其二，语料库分析可以以更巧妙的方式来得出一个明显的结果，诸如主题字、搭配词（collocate）和检索行分析等技术有助于更详细地了解语言在使用中的功能；其三，语料库分析可以揭示真正令人惊讶的发现，这与我们的预期截然不同。

用于话语分析的常用方法有词频统计、主题词分析、词丛分析、检索行分析和搭配分析。

词频统计。就语料库本身而言，它不能告诉我们什么，它只是电子文本的集合体，很容易运用语料库软件进行分析。亨斯顿（Hunston，2002：3）也曾经说过，"语料库并不包含关于语言的新信息，但软件为我们提供了一种对熟悉事物的新视角。"为了获得这种新的视角，第一个分析步骤都会涉及两个功能：词频列表的生成（按出现频率，或按字母顺序排序）和检索行。许多软件具有此功能，从成熟的商业软件 WordSmith Tools 8（Scott 2020）、Monoconc Pro（2000）和 Word Sketch Engine（Kilgariff et al., 2004）到可从互联网下载的免费软件，如 AntCon。这两种语料库处理技术是建立在非常迅速地搜索大规模电子文本的基础上实现的。

词频统计是语料库语言学最基本的方法。语料库软件能帮助我们在大规模文本中快速获取高频词，这些不断重复出现的词能引起我们的关注，也许是很好的研究起点。

主题词是指通过与参考语料库相比较而得出的具有特殊词频的单词。主题词并非是绝对的高频词，但一定在某种程度上具有显著的统计意义。比如，钱毓芳（2010）对英国《太阳报》2001 年前后一年关于恐怖主义的报道进行了主题词统计，发现最高主题动词为 revealed，并均匀地分布在所有的报道中。这一现象可引起我们的关注，并通过检索观察其左右共现词的语境加以解读，最后结合语料库的描述和解读，将其置身于社会语境中，考察更多与之相关信息进行阐述。但是要注意的是，简单地计算词的频率本身并不能告诉我们任何信息；只有做相关定性和定量的分析，才能洞察深层的意义。

搭配（collocation）涉及词的意义识别，这些词习惯性地出现在节点词（node word）附近或相邻的位置，如果大型语料库随机排列的话，所显示的搭配词远远多于我们的想象。从意识形态的角度来看，搭配词考察很有价值，两个词相互不断地联系在一起，构成特殊的意义（Stubbs，1996：195），如贝克等（2013）在分析英国报纸关于难民的报道时发现，refugee 总是和 a flood of 搭配在一起，flood 是指给人类带来灾难的自然现象，此处隐含着媒体话语中对难民的消极构建。虽然语料库分析的最初阶段往往是定量的，依赖于主题词和搭配等分析技术，作为研究的切入点，但随着研究深入，分析逐渐变得更加定性和语境导向，不再依赖计算机软件。一旦定量形式识别出来，就需要对它们进行解读，研究进入第二阶段，在这一阶段，软件作为辅助工具帮助研究人员快速对语言数据进行检索分析。语料库检索能进一步提供文本更多的语境信息，这些信息使我们看清意义的构成方式。

7.3　语料库批评话语研究的主要进展和趋势

　　基于语料库的批评话语研究始于 20 世纪 90 年代，莫特讷尔也许是第一位将语料库方法运用到批评话语研究的学者。她倾向于一种根植于文本证据的自下而上的方法，希望在一个更大的、潜在的更具代表性的实证基础上工作。她收集了 1971 年至 1994 年四份英国的日报（《卫报》《每日电讯报》《每日镜报》和《太阳报》）关于欧盟的社论，共 16.8 万字。从当时话语分析的角度来看，这是一个超级大库，仅靠传统的方法无法应对众多的文本（Mautner，1995）。通过基于语料库的批判话语实证研究，她认为语料库索引功能有效将定性和定量研究融合在一起，两者相辅相成。

　　语料库和批评话语研究相结合的研究自 20 世纪 90 年代中期以来取得了长足的发展，虽然历史不长，但产出了一批重要成果。20 世纪 90 年代探索该方法的学者还有斯塔布斯（1994，1996）、卡尔达斯–库尔塔德（Caldas-Coulthard，1995）、克里施纳莫塞（Krishnamurthy，1996）等。斯塔布斯（1996）通过语料库检索的方法，分析 Baden Powell 对童子军（Boy Scouts）和女童军（Girl Guides）的最后一次报告中 happy 和 happiness 的检索行，揭示意识形态是怎样通过语言形式、词汇和语法传递的。研究发现，一些性别歧视体现在英语语言本体中，但是另一些是由单个文本中的语言表达方式构建出来，如 "Boys are told to be happy" 和 "Girls are told to make others happy"，这些话语很大程度上影响着人们的价值取向。克里施纳莫塞（1996）基于媒体、字典和大型语料库对 ethnic、racial、tribal 三个字的词频、搭配、语境等信息的考察后，发现我们每个人在日常生活中都会接触各种各样的语言输入，有些是我们自己选择的，有些则不是。这种输入有助于建构我们的知识，同时也有利于我们对语言及其使用者的理解。然而，语言所表达的主要态度和观点也可能影响我们的思维。卡尔达斯-库尔塔德（1996）用语料库和批判话语相结合的方法对新闻报道中的性别代表性进行了一项研究，指出性别偏见严重偏向男性。

进入 21 世纪后，基于语料库的批评话语研究无论是研究范式上还是关注的社会问题上都有着较大的变化，出现了一批有分量的成果，具有代表性的学者有帕廷顿（Partington，2004）、亨斯顿（2002，2003）、奥赫娄兰和考芬（O'Halloran & Coffin，2004）、贝克（2005，2006）、提玻尔特（Teubert，2000）等。

帕廷顿（2004）提出了语料库辅助话语研究（Corpus-assisted Discourse Analysis，CADA）这一术语，他在用语料库方法对克林顿时期美国白宫的 50 个新闻简报的研究后指出，利用语料库的检索技术和语料库中详细的语言证据来研究语篇的话语特征和说话人的交际策略具有很强的独创性。语料库方法使我们能够揭示某些意外的"潜在思想"，这些思想连作者本人都没有觉察到（Partington，2003：7）。贝克（2006）的 *Using Corpora in Discourse Analysis* 一书较系统地介绍了如何用语料库分析来揭示语言模式，从而使我们能够理解语言在话语构建中的使用方式（或建构现实的方式）。亨斯顿（2002）考察了提玻尔特（2000）的"反亲欧派话语"、福劳尔杜（Flowerdew，1997）的最后一任港督话语策略、费尔克劳（2000）的新工党话语、派珀（Pipe，2000）的终身学习话语、莫里森和洛福（Morrison & Love，1996）的"欢庆话语"、斯达布斯和葛尔比格（Stubbs & Gerbig，1993）的作格动词、维臣斯（Wichens，1998）的法律教程话语等基于语料库的批评话语研究后认为，语料库对于批判性语言学家来说是一个非常有用的工具，因为它们可以识别不断重复的语言形式，并且可以用来识别隐含意义。因为语料库中的文本都是去语境化的，研究人员需要阐明所观察到的文本之间的关系，这些研究表明，语料库分析可以揭示意识形态并弥补文本数据不足的缺陷。

学界一直在探索语料库和话语研究相结合的方法，贝克等（2008：

295）在做了大量基于语料库的实证研究后，提出了一个基于语料库的9 步话语分析框架，该框架将语料库分析技巧，如词频、词丛、主题词、分布等分析方法，用于辨析语料库中的话语，并运用语料库做互文和互话语研究。该分析框架设计严谨，使定量和定性分析紧密结合在一起，层层叠叠、环环相扣、有序递进。它帮助研究者处理大规模文本，使批评话语研究获得更多的实证数据；减少研究者的偏见，增强分析结果的可信度，通过理论和方法的融合，互相取长补短（Baker，2008：297）。

　　贝克等（2013）在另一项更大规模的研究中再次进行了实证性的考察，他们认为这是一个开放性的框架，研究者在定性和定量研究中循环往复，每个阶段都是下一阶段进展的基础，旨在帮助提出新的假设，因此这个框架并没有穷尽（Baker et al.，2013：27）。贝克在 2014 年的研究中对语料库与批评话语分析方法做了进一步的反思。他认为虽然语料库方法可以通过让研究者利用更大数量的数据来增强 CDA 分析，使他们能够基于大量语言形式提出更有说服力的主张，但是，仍然需要辨析人们固有的偏见。他通过对比《人民》（The People）和《卫报》两份报纸关于穆斯林的话语建构，发现各报之间存在差异，如 The People 中报道每 8 个穆斯林中就有 1 个是极端分子，而《卫报》的这一数字为1/35。这种量化模式仍然需要研究人员对媒体的这些数字进行批判性解释，同时必须揭示社会不公平现象是如何在媒体中产生并延续的。

　　近十多年来，国内越来越多的学者将语料库方法运用到批评话语研究中，钱毓芳（2008）用语料库和批判话语相结合的方法比较《人民日报》和《太阳报》中的恐怖主义话语建构，揭示中英报纸如何将国家利益、经营目的、读者定位等政治和社会因素渗透到话语中。该研究首次将此方法用于英汉的话语比较研究。2010 年钱毓芳发表《语料库与批评话语分析》一文，较全面地介绍了语料库与批判话语相结合的方法，随后出现了一批具有代表性的实证性研究成果，这些研究聚焦社会热点，如恐怖主义、环境、抑郁症、国家形象、中国梦、低碳经济、战争等。王芳（Wang Fang，2013）比较中英报刊中的抑郁症话语；钱毓芳和田海龙（2011）讨论了政府工作报告话语与中国社会变迁之间的关系。研究表明，写入政府工作报告中的政府关注点形成新的话语并影响话语接受者的行为，进而通过他们引起和促进社会变革；庞超伟（2013）对伊拉克战争大规模行动结束前后的布什伊战话语进行了对比研究，探讨布什如何在战后新情境语境下重新建构战争合法性；唐丽萍（2016）借助语料库语言学手段进行批评话语分析，揭示美国话语体系如何操纵作为国家喉舌的大报配合国家的外交政策，掌握建构中国形象的霸权；钱毓芳和黄晓琴（2016）探寻英美主流报刊围绕"中国梦"话语轨迹，通过社会情境分析辨别、解读与阐释这些话语，以揭示西方媒体围绕"中国梦"的话语表征，以及这些表征所反映的意识形态特征，从而为"中国梦"的话语体系建构策略提出建议；张立英和李可（2017）分析了《纽约时报》反恐语料库，计算得出高主题性的介词主题词 against，其搭配词和索引行分析指向《纽约时报》反恐报道的议题与日程。其中，恒定搭配词和反复出现的索引行体现了反恐话语中的经常性议题，而季节性搭配词和索引行中的变化揭示了每年美国政府反恐策略上重心的调整；同时，against 的搭配词和索引行分析揭示出美国三届政府在反恐问题上不同的意识形态倾向。钱毓芳（2016，2019a，2019b）考察不同时期英美主流报刊关于低碳话语的建构及其嬗变，揭示媒介化的政治话语所反映的社会现实。研究发现，媒介化的政治话语是政治与媒体两种不同的机构话语相结合的产物。这些主流报刊中设置的低碳经济议程有效地传递着政府的声音，并对形成公众的低碳意识产生重要影响。钱毓芳和麦克恩纳里（2017）聚焦三十年英国报刊围绕中医的报道，考察不同时期英国报刊对中医话语的建构以及变化。研究发现，尽管对中医的怀疑态度贯穿三十年的报道，但是，这些报刊围绕中医制定的议程是传授中医知识、加深读者对中医问题的理解、塑造中医舆论的重要因素，为中医走进英国产生积极影响。

随着近年来大型历时专题语料库的建成，如何探索新的语料库分析方法，利用海量语料进行跨学科研究成为语料库语言学界研究的重要内容，贝克等（2017）在考察 Hansard 议会辩论语料库中围绕 Ireland 一词历时的意义变化时提出了意义波动分析法（Meaning Fluctuation Analysis），这种对某话语现象的趋势可视化分析很具象地展示出话语的发展趋势，结合历时社会语言学、话语历史分析和语料库语言学的方法了解语言变化的动态语境和语篇波动的原因。麦克恩纳里等

（2019）通过搭配观察单词用法的变化，尝试了"用法波动分析"（Usage Fluctuation Analysis），它不是按特定语义理论加以预设，而是用可视化的图形观察大型历史语料库中词的用法波动，这无疑对语料的历时分析提供参考。

历时大型语料库可作为经验数据的来源，通过对所收集从前保留下来的文本的间接考察来揭示语言和社会的复杂关系（Baker et al., 2017）。对于分布在文本中的点点滴滴碎片化的语言实证，通过不同的统计技术得以规整（Nevalainen, 1999），从碎片中去还原历史意义的模式，语料库诸方法可以成为语言学家、话语分析家与历史学家强大的辅助工具。

观察某个主题词的搭配关系能够从海量的数据中缩小研究范围，使分析更加聚焦，在拥有 16 亿字规模的 Hansard 语料库中每个主题词的搭配词多至上百个，这些搭配词有可能因为时间跨度大而使分析变得复杂。为此，贝克等学者认为我们可以将数据分为几个时间段来观察词汇意义或者说是话语的变化。这样的分析之前有许多学者已经尝试，如钱毓芳（2010, 2016）、钱毓芳和麦克恩纳里（2017）等，这些研究大部分都通过频率来分段，关注峰值期的话语特征，很少考虑各时期的搭配状况。贝克等（2017）将一百年的数据分为十部分，以每十年为一个单位来观察节点词的搭配情况，也就是说每个搭配词最多出现十次，如此，可以有效梳理和观察问询词百年来的搭配趋势。

分析每个搭配词十年跨度所有检索行的复杂性不言而喻，因为每个搭配词的峰值变化不尽相同。但是，其变化具有话语嬗变意义，比如在介于低谷和上升拐点区域的频率变化比峰值后面跟着一个平均频率或后面跟着一个低处的峰值更明显（Gabrielatos et al., 2012）。前期大量的研究案例证明，一些峰值处总是和某个事件相关，如"9·11"恐怖事件使媒体对恐怖主义的报道达到顶峰，哥本哈根气候峰会使全球媒体对低碳经济关注的空前，这些事件往往蕴含着新的话语（钱毓芳，2010, 2016）。在下面一节我们将以一个案例来具体展示一下语料库方法在批评评语研究中的应用。

7.4　英国议会辩论中的能源话语分析

英国议会辩论语料库（Hansard Corpus）涵盖从 1803 年至 2005 年所有英国议会辩论的文本，共有 7 545 101 次辩论，40 000 个发言人。由 Marc Alexander 博士领衔的跨校研究团队建设，2011 年受英国 ESRC（Economic and Social Research Council）和 AHRC（Arts and Humanities Research Council）资助立项，2016 年完成。语料库元数据后期经戴维斯（Davies）处理纳入美国杨百翰大学语料库中心。这个项目的标注使用英语历时分类词表的层次结构，这是有史以来创建的最大词库，也是所有语言中唯一的一个历时词表，为观察历时的话语变迁提供了极好的依据。

7.4.1　分析方法及分析框架

历时语料库是现阶段保存下来的宝贵的参考资料，如英国大英图书馆报刊历时新闻语料库、英国议会辩论语料库等。如何在海量数据中识别话语？如何通过一个历时几百年的语料库去考察不同时期的话语特征？如何通过此类语料库追溯某一话语的纵深发展轨迹？有什么样的方法能帮助我们从这些海量数据中找到研究的切入点？这些问题在大数据时代引起学界广泛的关注，并在方法论上做了许多有意义的探索。

话语碎片式地分布在历时大规模的文本中，为了将这些碎片联系起来，把握不同时期的话语特征以及话语变迁的脉络，我们可以通过以下方式来揭示某一话语现象在各个时期的情形：

（1）通过观察节点词历时被提及的趋势分布，获知该词在不同时期的被关注度，从而考察大规模历时文本各峰值区间与研究主题相关的重要事件；

（2）大规模的文本数据通过 Sparkline 来观察搭配词的波动趋势（Baker et al.，2017），Sparkline 是指在大型语料库中词汇走势的微型图，易于在描述时直接加在某一词汇的后面，例如，从 renewable 两百多年在英国议会辩论语料库中与 energy 的搭配趋势，我们可以看出，renewable 一词在后期才与 energy 密集搭配；

（3）通过分析节点词的搭配，使研究问题在海量数据中得以聚焦，以期辨别、描述、解读话语的意义；

（4）将不同时期的话语置身于社会大情境，分析这些话语形成的社会因素、历史因素等，以及这些话语和社会之间的互动关系。

7.4.2　语料库分析

1. energy 一词的分布趋势

本研究首先对英国议会辩论语料库 1803 年至 2005 年 energy 一词的分布趋势进行了观察，从图 7-1 中我们可以看到，20 世纪 60 年代 energy 一词在议会辩论中被提及的次数开始增加，到 20 世纪 70 年代骤增，达 23 051 次，80 年代达到了顶峰（29 098 次），之后持续处于高位。由此可见，能源话题在 20 世纪 70 年代已经引起英国政府的高度重视。我们无法逐行阅读十几万条检索行，因此，本研究使用互信息值（MI）提取与 energy 搭配最强的前十位名词、动词、形容词，通过查看检索行以及回归原文观察不同时期政府围绕能源所构建的话语，并解读政府关于能源问题的政策导向以及采取的行动。

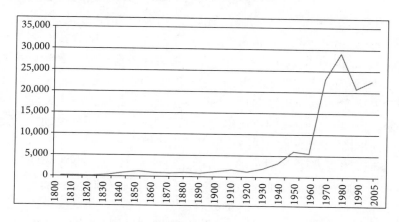

图 7-1　1803—2005 年英国议会辩论提及 energy 一词的分布趋势

2. 搭配词分析

追溯搭配概念的起源，我们不得不提及弗斯，他在 1951 年发表了题为 "Modes of Meaning" 的文章，文中首次提及 collocation 一词。1957 年该文被收集在《J. R. Firth 语言学文集 1934—1951》中，作为纪念文集由牛津大学出版社出版。[1] 弗斯（1951，1957）指出，搭配是习惯性相伴的词。亨斯顿（2002：68）进行了类似的定义，她认为搭配指"单词共现的趋向"。布朗和尤尔（Brown & Yule，1983：62）举了英语中习惯性搭配的例子：hair is blond, trees are felled, eggs are rotten (but milk is sour, and butter is rancid), we kick with our feet (but punch with our fists, and bite with our teeth)。

搭配分析在话语研究中被证明是一种有用的工具，因为它不仅可以揭示词汇联想的模式，还可以展示一个词在语境中是如何获得意义的，而语境中的意义可能与其字面意义不同，甚至是相矛盾的（Xiao, 2015）。在做语料库分析时，人们通常通过观察节点词和搭配词的关联以获取意义，节点词指一个正在被检验其与其他词共现的词项，而搭配词指的是在设定的跨距内与节点词共现的任何词项。本质上，两者地位没有区别。如果单词 A 是一个节点，单词 B 是它的搭配词之一，当单词 B 作为一个节点被研究时，单词 A 将是它的搭配词之一。在实践中，使用这两个术语可以在描述结果时作出有用的区分（Sinclair et al., 2004：10）。常用于计算搭配的方法有六种，即 MI、MI3、Z-Score、T-Score、Log-log 和 Log-likelihood 等，诸方法各有长处，研究者通过观察一定跨距内与节点词搭配的词语可以更好地了解他们之间的意义关系，在处理和分析海量数据时，用互信息值测算搭配的强度，能有效识别大规模文本中节点词的意义构建，通过观察节点词不同时期的搭配词可以揭示围绕某一主题的话语特征以及话语嬗变。

本研究中我们首先对英国议会辩论语料库 1803—2005 年间 energy 一词的搭配名词进行了统计，发现"efficiency/效率、secretary/部长、department/部门、authority/权威、policy/政策、source/来源、industry/工业、conservation/节约、use/使用、supply/供给"是"energy/

---

1 感谢北京外国语大学许家金教授为此提供的文献。

能源"一词最强的十个搭配名词，由此我们可以看出和能源相关的搭配组合："能源效率""能源政策""能源来源""能源企业""节约能源""能源使用""能源供给"，还有"能源官方机构"和"能源官员"等，因篇幅之故，我们选中"能源效率"和"能源政策"两个名词词组作为研究对象。我们首先使用 Sparkline 制作出了微型趋势图，分别观察它们的搭配走势，如能源效率，能源政策。可以见得，总趋势基本一致，"能源政策"峰值略早于"能源效率"。

那么，什么是能源效率和能源政策？根据国际能源署的定义，能源效率是指"减少提供同等能源服务源投入"，是确保未来安全、可靠、负担得起和可持续能源系统的关键，是解决能源安全、环境和经济挑战的最快和最便宜的方式。而能源政策是指特定实体（通常是政府）决定解决能源开发问题（包括能源生产、分配和消费）的方式。能源政策的属性包括立法、国际条约、投资激励、节能指南、税收和其他公共政策技术。两者都是关乎一个国家国民经济和社会发展的持续健康成长的战略。本研究将聚焦两百多年以来英国议会辩论中围绕能源效率和能源政策的话语建构，并进行深入的分析、解读与阐释，旨在揭示英国议会辩论中的能源话语变迁以及其对社会的影响。

3. 能源效率话语

能源效率是一个环境优先选择概念，它对于气候变化和可持续发展战略的实施至关重要。提高能源效率一直是英国能源政策的重点目标之一。早在 1973 年 10 月 25 日下议院围绕"英吉利海峡的隧道项目"的辩论中，时任英国下议院议员和经济事务大臣（1965—1967）的 Sir Austen Albu（1903—1994）在陈述他的见解时首次提及"能源效率"一词。

例 1：Members to the report on the motor car and national resources provided for the OECD, which showed that the average energy efficiency of most motor cars is about one-third that of a London to Birmingham train. In future, electricity generated by nuclear power will become relatively cheaper, and the comparative costs of electrified rail and road transport will change substantially and these changes in comparative costs may well affect consumer choice.（译文：向经合组织提供的汽车和国家资源报告的成员国表明，大多数汽车的平均能源效率约为伦敦至伯明翰火车的三分之一。未来，核能发电将变得相对便宜，电气化铁路和公路运输的比较成本也将发生重大变化，这些比较成本的变化可能会影响消费者的选择。）

（Sir Austen Albu, House of Commons, Channel tunnel_hansard, 25 October 1973）

由此可见，英国议会关于能源效率的辩论始于汽车的效能问题。观察 20 世纪 70 年代的议会辩论，"能源效率"一词出现 32 次，主要围绕交通能效、工业能效以及"能源效率标签"（energy efficiency labelling）（该建议由消费者协会提出，旨在敦促英国政府采取行动，增强公众节能意识）等话题。到 20 世纪 80 年代，energy efficiency 一词猛增到 1 485 次，从辩词中我们可以看到，能源效率问题被认为比节能更重要（见例 2），议员们提出了提高能源效率的具体措施，如通过建议、定价、投资等，英国能源部 1983 年成立独立的能源效率办公室（EEO），指导、组织全国除交通部门外的工业、公共部门和家庭的更有效的节能工作，1985 年 4 月 1 时任能源大臣的 Peter Walker 在议会宣布将 1986 年定为"能源效率年"的决定（见例 3），希望政府能与主要的能源公用事业和工业部门联合起来，对英国获得更高的能效标准产生更大的影响。值得注意的是，80 年代可再生能源概念已经出现在议会辩论中，可见当时英国已经以各种行动推进提高能源效率。

例 2：I do wish that we could use the term "energy efficiency" when we mean this rather than "energy conservation" which means so many things—is crucial. We are not yet doing enough on energy efficiency, as, indeed, the recent debate on the rational use of energy in industry demonstrated. There are three ways in which energy efficiency can be stimulated by advice, by pricing and by investment. The advice has been plentiful. The prices have increased substantially. Both have had their impact. But what is now needed is investment. （译文：我真的希望我们可以用"能源效率"这个词来表达这一点，而

不是用"节能"这个词来表达这么多的事情，这一点至关重要。我们在能源效率方面做得还不够，正如最近关于工业合理利用能源的辩论所证明的那样。通过建议、定价和投资三种方法来促进能源效率。建议已经有很多，价格也已大幅度上涨。两者都产生了影响。但现在需要的是投资。）

（House of Lords, Energy development and conservation_ hansard, 20 April 1983）

例 3：Now we move ahead with a new impetus because 1986 has been designated Energy Efficiency Year. The aim is to ensure that the public, the business community, local government and central Government become conscious of the need to stop the waste of money and energy in which Britain currently indulges. Hence the slogan of the year is "Monergy 86". That is an opportunity to carry forward the momentum of the present campaign and ensure that our energy resources are employed to their maximum potential. Returning to our work on renewable, I have to say that I regard the evaluation for use.（译文：1986 年被指定为"能源效率年"，这是我们前进的一个新动力。其目的是确保公众、商界、地方政府和中央政府意识到必须停止浪费英国目前的金钱和能源。因此，今年的口号是"节能省钱 86"，这是一个趁势而上的机会，确保我们的能源资源发挥出最大潜力。回到我们关于可再生能源的工作，我不得不说，使用评估是正确的。）

（Mr David Hunt, House of Commons, Energy alternative sources_ hansard, 25 October 1985）

20 世纪 90 年代英国已启动各项举措，发展新的双边项目，议会辩论涉及林业、能源效率、生物多样性、臭氧层和气候变化等环境问题的新多边措施，这些政策已载入环境白皮书和官方发展援助小册子"环境和英国援助计划"。在 20 世纪 90 年代全球应对气候变暖的大背景下，时任枢密院议长的 Ann Taylor 在辩论中指出："能源效率是应对全球变暖威胁的最廉价和最快速的方式。"1990 年英国制定了"家庭能源效率计划"，1991 年开始实施。自此，英国每年持续扩大资金投入，改善低收入家庭、残疾和老年人家庭的节能活动。起初，该项目只是限于房屋通风和楼顶隔热，后来扩大到空墙隔热、暖气控制和小型荧光灯等方面。根据 1998 年英国国家审计署审计结果显示，家庭住宅节能计划获得了很大成功（张平，2001）。

例 4：Such targets are tough but achievable——achievable by the sorts of policies that are sensible in their own right: an integrated transport policy that makes public transport more attractive and gets traffic flowing more smoothly; increasing the use of renewable forms of energy; improving energy efficiency in firms and the public sector up to the standards of the best, and increasing the use of combined heat and power; and improving energy efficiency in homes, for example, through promoting self-financing schemes by the energy suppliers.（译文：这类目标很难实现，但可以通过各种合理的政策来实现：综合交通政策，使公共交通更具吸引力，使交通更加顺畅；增加可再生能源的使用；提高企业和公共部门的能源效率，直至效能达到最好的标准，增加热电联产的使用；例如，通过促进能源供应商的自筹资金计划，提高家庭能源效率。）

（Mr Ivor Richard, House of Lords, The denver summit_ hansard, 24 June 1997）

例 5：I agree with what the noble Lord, Lord Geddes, said about energy efficiency: It is vitally important to make sure that the cake does not grow larger and larger simply because people burn too much fuel, too much electricity: I also agree with the tenor of the remarks of the noble Lord, and certainly the remark of Professor Fells in his evidence to the committee, that to reach the target set by the Government—5 per cent from renewables by 2003 and 10 per cent by 2010—requires action on an "heroic scale".（译文：我同意 Geddes 勋爵关于能源效率的说法：确保蛋糕不会因为人们燃烧过多的燃料、过多的电而变得越来越大，这一点非常重要：我也同意勋爵的言论的基调，当然也同意 Fells 教授在其证据中的观点。委员会认为，要达到政府设定的目标——到 2003 年，可再生能源占 5%，到 2010 年，占 10%——就需要采取"大规模的行动"。）

（Mr Charles Williams, House of Lords, Electricity from renewables ecc report_ hansard, 5 November 1999.）

例 6：It is a carbon-saving technology, but a whole range of issues, involving energy efficiency, the use of carbon fuels and the replacement of carbon fuels by other sources of energy, are equally important.（译文：这是一种碳节约技术，但是一系列的问题，包括能源效率、使用碳燃料和用其他能源替代碳燃料，同样重要。）

（Mr John Whitty, House of Lords, Carbon dioxide capture_ hansard, 23 February 2005）

英国在国际能源协议中一直扮演着主动积极的角色，纵观议会辩论中能源效率的话语变化，我们可以看到 20 世纪 70 年代初议会辩论中开始出现能源效率的讨论，能源效率话语主要围绕如何降低能源价格、开发可再生能源、倡导能源效率标签等，80 年代英国政府设定的能源效率年，旨在普及能效知识，唤醒公众能效意识，走在世界的前列，是最早意识到能源效率问题的国家之一。能源效率不仅仅是不计成本地提倡节约能源；相反，它是要确保关于能源效率措施的投资决定同其他节省成本的投资一样得到评估。能源效率话语贯穿在议会关于能源的辩论中。

我们也看到议会辩论所构建的能源效率话语对英国社会产生的重要影响。无论在敦促政府立法、影响百姓的行动等方面都有着举足轻重的推动作用。美国能源效率经济委员会的数据显示，世界经济大国中英国的能源效率一直是名列前茅的。在推动节能低碳方面，除了制定相关政策外，还以纳税和贷款等金融手段加以调节，以大量利民政策加速各项节能政策的推动。英国多年来致力于提升能源效率，并设立高标准的能源效率标注，以表达决心。政策执行、法律制定以及经济制度的激励，带领百姓走低碳之路，促使英国在能源政策领域处于国际领先地位。

4. 能源政策话语

英国是最早制定能源政策并调整产业结构的国家。在 Hansard 语料库中，工党议员 Lyall Wilkes 在 1947 年 3 月 20 日下议院辩论时首次提出制定能源政策的建议。当时是针对原子武器尤其是原子弹展开的辩论，他认为如果一项原子能政策既不能保障人们的安全感，也无法保证节省国内的人力，那么，就原子武器问题制定一项原子能政策毫无意义，更何况这种原子武器不被信任，甚至让人恐惧和怀疑。这些辩论的关注点与 20 世纪 50 年代讨论的能源政策不尽相同。

50 年代关于能源政策的议会辩论有三个关键词：有力、平衡、转型。议会辩论围绕着出台一项强有力的原子能政策以缓解英国依赖煤炭和石油的局面，同时，议会也意识到能源利用的平衡性问题，呼吁制定合理利用燃料和电力资源的总体平衡政策，建议重组产业结构不合理的电力行业。1958 年，政府制定一项旨在确保最大限度利用本土燃料资源的国家能源政策，从各个方面着手启动原子能政策和核能政策，使其成为国家最安全的产业之一。

例 7：It is our contention that a balanced fuel and power policy, or as I prefer to describe it, a balanced energy policy, is very much in the national interest. Our argument is that these new developments in electricity, for which we are now legislating in this Bill, should move ahead with that kind of consideration in mind, and should be part of the general national policy for balance in the proper utilisation of the country's fuel and power resources.（译文：我们的论点是，一个平衡的燃料和能源政策，或者我更喜欢将它描述为，一个平衡的能源政策，是非常符合国家利益的。我们的观点是，我们目前正在这项法案中对电力的这些新发展进行立法，应该在此基础上继续前进，并且应该成为国家合理利用燃料和电力资源的平衡总体政策的一部分。）

（Mr Arthur Palmer, House of Commons, New clause amp x2014 development of electricity supply and efficient utilisation of all forms of energy, 04 March, 1957）

例 8：I believe that in the foreseeable future the country will have to depend on coal and oil, and that we must also do all we can to develop our atomic energy policy to ease the situation. But I do not want it to go out from this House that there is no future in the mining industry. I do not want the impression to be created that nuclear power will take the place of coal in the foreseeable future; otherwise, we shall have even greater difficulty in attracting men into the industry. The apparent basis in this Bill for the reorganisation of the electricity industry will not be accepted in the mining industry.（译文：我相信在可预见的将来，这个国家将不得不依赖煤炭和石油，我们也必须尽我们所能来制定我们的原子能政策，以缓和局势。但我不希望从这个房子里传出采矿业没有未来的消息。我不想给人留下这样的印象：在可预见的未来，核能将取代煤炭。否则，我们将更难吸引男性进入这个行业。矿业不会接纳本条例草案中有关重组电力行业的明显根据。）

（Mr William Blyton, House of Commons, Electricity_bill_hansard_17 December 1956）

20 世纪 60 年代的议会辩论中，英国在推行制定更大范围的能源政策，如核能政策、燃料能源政策等。到 70 年代，能源政策在议会辩论中的频率剧增，从 60 年代的 104 次，增加到 1 611 次，意味着对能源政策的重视度大大提高，我们将共现于"energy policy／能源政策"的左 1 形容词进行了提取（见表 7-1）。

表 7-1　20 世纪 70 年代议会辩论中与 energy policy 左 1 共现的形容词

wise, right, real, total, sensible, cheap, watertight, knit, balanced, true, realistic, credible, proper, true, reasonable, wider, rational, workable, useful, effective, active, clear, constructive, whole, comprehensive, integrate, entire, stringent, national, European, domestic, long-term, liberal, future, coherent, flexible, overall, satisfactory, acceptable, constructive, complete, concerted

随着人类对煤炭与环境污染气候变化因果关系的不断认知，英国社会能源转型自觉性在不断提高，自 20 世纪 50 年代以来，英国北海石油天然气等替代能源大规模开发利用、撒切尔主义坚定不移的"去国有化"进程等因素影响着英国能源转型等政策的制定（陈卫东，2016），从 20 世纪 70 年代与能源政策搭配的形容词我们可以看出，围绕着能源政策具有一个相对完整的话语体系，"正确、完整、令人满意、建设性、可接受、有效、灵活、严密、平衡、有用"等具有积极语义的词与之共现。将国内的能源政策置身于国际大环境下，放眼世界来思考本国的能源问题是这个时期能源话语的又一延伸。

共同能源政策是议会自 70 年代以来探讨的焦点之一，80 年代议会辩论对该话题的论证更加聚化，提出如果要制定一项任何形式的共同能源政策，需要为这项联合政策提供资金。90 年代以来，欧盟能源政策中的一体化因素日益加强，超国家主义的成分随着统一能源税的征收、能源环境标准的实施以及统一大市场的稳步发展正逐渐加强欧盟能源政策的共同色彩（蒋一澄，2006）。

2010 年 7 月 27 日英国联合政府发布了首份《年度能源报告》，其中包含了 32 项促进能源发展和应对气候变化的具体措施。节能和低碳能源成为能源政策的两大主导方向。低碳电力的开发已成为其首选。同时，新政府转变推动能源开发的方式，通过能源市场改革和碳价提升的同步推进，吸引私营部门的投资。未来一段时间新政府如何实施这些设想，效果如何，将成为英国能源政策转型和改变的一个重要节点（王仲成等，2011）。

从 70 年代开始可以看到议会辩论中所折射的"居安思危"话语，英国政府总是以定价为基石来制定能源政策，确保消费者的利益，同时也想尽办法在能源效率和温室效应方面起重要的作用，让消费者高效、经济地利用燃料。70 年代至 90 年代是英国社会艰难且激烈转型的年代，以英国首相撒切尔夫人于 1988 年 9 月在英国皇家协会大会上发表的演讲为标志，英国政府正式认同了工业二氧化碳排放与温室效应之间存在联系。正是这一明确表态，为英国政府一系列减煤减排的立法和行动奠定了坚实基础（陈卫东，2016）。80 年代，走向欧洲共同的能源政策成为热议的主题，议会辩论不断讨论这个共同能源政策的可行性以及对英国的影响。90 年代，议会关于能源政策问题的辩论核心依然是居安思危，以明智、合理为本。这些讨论开始和再生能源利用、环境保护、可持续性发展联系在一起。

例 9：The debate is timely because, in the past few days, the Government have published a consultation paper that sets out proposals for a national sustainable development strategy and proposals for completing the programme to reduce the emission of greenhouse gases. My right hon: Friend the Secretary of State for the Environment made those proposals clear in an announcement today. Our sustainable development strategy will consider the state of the environment now and how it might change over the next 20 years on present trends. （译文：辩论是及时的，因为在过去的几天里，政府发表了一份咨询报告，为国家可持续发展战略提出了建议，建议完成计划，减少温室气体的排放。我亲爱的朋友，环境大臣今天的公告中明确这些提议，我们的可持续发展战略将考虑目前的环境状况，以及按照目前的趋势，未来 20 年环境变化走向。）

（Mr Ken Purchase, House of Commons, Energy policy_ hansard, 16 July 1996）

例 10：There is no room for complacency in energy policy or environmental protection matters. The world might look with great hope to Kyoto, post-Rio and all that goes with that, but all Governments appear to be accepting that there is an uncontrollable global economy and that growth is the order of the day. The environmental damage done by excessive transportation, excessive destruction of forests and excessive use of fossil fuels appears to be viewed as the necessary consequence of the eternal growth theory. Therefore, humankind has a long way to go in trying to control it. （译文：在能源政策和环境保护问题上不能自满。世界或许对《京都议定书》《里约议定书》以及与之相关的一切抱有极大的希望，但所有国家的政府似乎都在接受这样一个事实：全球经济无法控制，增长是当今的秩序。过度的运输、森林的过度破坏和矿物燃料的过度使用所造成的环境破坏看来是永恒增长理论的必然结果。因此，人类要控制它还有很长的路要走。）

（Mr Jeremy Corbyn, House of Commons, Energy policy_ hansard, 22 April 1998）

例 11：They have ignored the round table's fears that market forces alone will not be enough to promote energy efficiency—a key element of a sustainable energy policy. Obviously, the Government's narrow ideological commitment to privatisation and deregulation in energy, as in transport, is undermining any possibility of sustainable development. （译

文：他们忽视了圆桌会议的担忧，即仅凭市场力量不足以促进能源效率——这是可持续能源政策的一个关键要素。显然，政府对能源私有化和放松管制的狭隘意识形态承诺，就像在交通领域一样，正在破坏可持续发展的任何可能性。）

（Ms Joan Ruddock, House of Commons, Sustainable development_hansard, 4 December 1996）

例 12：The Prime Minister on the latter point—as the hon: Gentleman knows, because we agreed with it when it was the previous Government's policy—I favour a balanced energy policy. We have been perfectly happy all the way through to agree on the energy efficiency measures that were introduced under the previous Government and which we will develop: Indeed, the environmental task force will be a development of existing policies. In respect of renewable energy, we are encouraging the greater use of solar energy and wind power, particularly through the non-fossil fuel obligation, which encourages power suppliers to make use of renewable energy sources.（译文：关于后一点，首相先生知道，因为我们在上一届政府的政策时同意这一点，我赞成平衡的能源政策。我们一直非常高兴地就上届政府提出并将发展的能源效率措施达成协议：事实上，环境工作力将是现有政策的发展。在可再生能源方面，我们鼓励更多地使用太阳能和风能，特别是通过《非化石燃料义务》鼓励电力供应商利用可再生能源。）

（Mr Tony Blair, House of Commons, Denver summit hansard, 24 June 1997）

到 21 世纪，在走低碳之路的大背景下发展可再生能源提上议事日程。能源政策围绕着低碳经济，英国非常注重健康发展。2003 年英国发布了能源白皮书，作为重要的能源政策文件，首次将环境置于核心位置，英国首当其冲地将走低碳之路写入政府文件，引领全球的能源意识，迈出了一大步。能源政策依然以安全负担得起为前提。议会作为政策制定的参与者，同时也有督促政府实施政策的义务，议会辩论话语中清晰可见。

例 13：The White Paper establishes an energy policy for the long term. For the first time, such policy puts the environment at its heart. It will give energy producers and industry the long-term market framework that they need to invest and plan with confidence. It will ensure that consumers can continue to rely on safe, affordable energy for all their needs. It will help us to play a leading role in meeting the challenge of global climate change.（译文：白皮书确立了一项长期的能源政策。这样的政策第一次将环境置于核心地位。它将为能源生产商和行业提供长期的市场框架，它们需要有信心地进行投资和规划。它将确保消费者能够继续依靠安全、负担得起的能源满足他们的所有需求。它将帮助我们在应对全球气候变化的挑战中发挥主导作用。）

（Ms Patricia Hewitt, House of Commons, Energy white paper_hansard, 24 February 2003）

例 14：We have established a sustainable energy policy network to implement those parts of the White Paper and this is again co-chaired by the two Secretaries of State, who do have that specific responsibility. As to the manner in which the Secretary of State's responsibility is discharged, we firmly believe that this is best done by leaving the key functions that others must have to those who are best able to deliver them. This, we believe, is the strength of our current regulatory system.（译文：我们已经建立了一个可持续能源政策网络来实施白皮书的这些部分，这也是由两位国务卿共同主持的，他们确实负有这一具体责任。关于国务卿履行职责的方式，我们坚定地认为，最好的办法是把其他人必须具有的关键职能留给最有能力履行这些职责的人。我们认为，这就是我们当前监管体系的力量所在。）

（Mr David Triesman, House of Lords, Electricity supply_hansard, 19 January 2005）

5. 讨论

本研究通过统计 1803—2005 年英国议会辩论中 energy 一词的搭配，选定与之搭配强度最高的 efficiency 和 policy 两个名词，确定以 energy efficiency 和 energy policy 作为研究对象，考察 200 年以来英国议会辩论中对能源效率以及能源政策的话语建构，以此考察议会辩论近现代以来对能源问题的认知过程，所建构的能源话语折射了英国政府对提高能源效率以及能源政策制定的行动轨迹。研究发现：

（1）与 energy 搭配的 efficiency 以及 policy 历时搭配频率显示，英国议会关于能源政策的辩论始于 20 世纪 40 年代，20 世纪 70 年代达到顶峰；关于能源效率的辩论始于 20 世纪 70 年代，20 世纪 90 年代达到顶峰。与英国能源结构的发展相一致（核能和原子能始于 20 世纪 40 年代；可再生能源始于 20 世纪 70 年代，并且一直在增长；替代能源始于 20 世纪 70 年代，20 世纪 80 年代达到顶峰）。

（2）200 多年议会辩论提及能源的趋势图为我们提供议会对该问题的关注度历时概貌，无论低谷还是高峰都给研究提供线索，尤其高峰阶段往往和特殊的事件相关，便于我们联系不同时期的社会现实，如 20 世纪 80 年代密集的能源效率讨论与"能源效率年"等重要活动相关。

（3）搭配词的研究使我们从大量文本中快速梳理出围绕节点词的核心意义，也便于观察节点词历时的语义变化，进而发掘该话语与社会之间的动态关系。

（4）迷你趋势图（Sparkline）为我们提供便捷地观察单个搭配词的历时境况方法，在分析超大型文本中诸多搭配词的情况下，该方法优势凸显。

超大型历史语料库无疑为我们研究话语的历史变化提供了极好的语言例证，语料库将碎片化的能源话语集合在一起，便于我们观察那些不断重复的语言形式，找到话语轨迹。本研究对英国议会对能源效率和能源政策辩论的历时考察，使我们看到在 20 世纪 40 年代英国就开始着手制定能源方面的政策，20 世纪 70 年代开始，在国际应对全球气候变化的大背景下，开始倡导可再生能源开发，采取了一系列的措施，如通过奖励和财政制度实施能效标签制度，向消费者发出正确的信号。20 世纪 80 年代发起"能源效率年"，充分提高全民节能意识，同时制定提供节能特殊津贴的利民政策。长期以来，虽然提高能源效率的能源政策在不断调整，但始终照顾到百姓的利益，在付得起的前提下，保持能源政策的稳定性。这些提高能效的措施及制定的能源政策值得我们关注和思考。

7.5　结语

语料库语言学和批评话语分析都是相对比较年轻的学科，在短暂而充满活力的发展历程中，它们在很大程度上都顺着各自的轨迹前进。然而，它们有着共同关注的问题，即语言除了自身的结构外，还与社会互动，进行富有成效的合作，并互利共赢。语料库与话语研究相结合的方法使定性和定量研究珠联璧合，语料库提供的语言例证是凭直觉的研究方法所不能及的，批评话语分析的方法又使语料库所提供的例证变得清晰明了。将语料库的发现和社会情境相结合使我们更清晰地认识到话语是意识形态的反映。

自 20 世纪 90 年代至今，语料库和批评话语研究联姻以来，人们不断在探索和完善研究方法，词频、主题词、搭配、检索作为最基本的分析方法，一直沿用至今。值得注意的是，在使用过程中要避免过度依赖和过度解读语料库所呈现的数据，必须回归文本，并将话语置身社会等进行多维验证。在大数据迅速发展的背景下，探索新的分析方法是摆在我们面前的课题。对海量数据的可视化分析必定是未来发展的趋势。

第8章
批评话语分析的民族志方法

    Ethnos 这个词源于希腊语，意为民族、种族或文化群体。当 Ethno 作为前缀与 Graphic 合成"民族志"（ethnography）一词时，它指的是广义上称为描述性人类学的分支学科，即致力于描述人类生活方式的科学（Smith, 1989: 13-18）。民族志的起源可以追溯到 15 世纪和 16 世纪，是在哥伦布和后来的探险家前往新大陆和南海岛屿的航行中产生的（Vidich & Lyman, 1998）。这些欧洲探险家、传教士、殖民者遇到不同文化和种族的民族，观察并记录不同民族群体的起源、历史、语言和生活方式，目的是为了了解他们，把这些陌生的文化置于传统世界观以及西欧的知识体系中，同时也是殖民者的需求，他们需要组织并证明剥夺这些劳动力和自然资源的合法性（Asad, 1973）。因此，早期的民族志描述可以在欧洲探险家、传教士和殖民官员为政府和其他机构编写的文本中找到。

    民族志在学术界出现于 19 世纪末 20 世纪初，文化人类学家用它来对新遇到的民族的文化进行广泛深入地研究，并探究这些群体、团队、组织和社区中的社会互动、行为和感知，在"新大陆"和南太平洋的大部分地区也是如此（Smart, 2012）。这一研究的典型例子是马林诺夫斯基（Malinowski）和拉德克里夫布朗（Radcliffe-Brown）等研究人员通过长期参与及观察，对偏远农村小社会进行的人类学研究，并记录他们的社会秩序和信仰体系（Reeves et al., 2008）。另外一些重要的田野调查还包括博厄斯（Boas, 1897）在北美西北沿海地区、马林诺夫斯基（Malinowski, 1922）在特罗布里昂群岛（Trobriand Islands）、贝特森（Bateson, 1936）在新几内亚、米德（Mead, 1928）在萨摩亚。随后的几十年里，越来越多的美国社会学家采纳了这种方法，他们将研究转向自己生活的社会中城市亚文化的社会实践（Clifford & Marcus，1986），产生了一系列的成果，如 Lynd & Lynd（1937）、Anderson（1940）、Whyte（1943）、Liebow（1966）。

在经历民族志转向后，该方法已经渐渐渗透到其他学科，例如科学研究（Woolgar & Latour，1986）、教育（Goetz & Breneman，1988）、人文地理学（Mountz & Wright，1996）和组织研究（Orr，1996）。同时，民族志也被用于工业（Richardson & Walker，1948）和管理（Jackell，1988）以及教育（Hess，1991）、公共卫生（Jafarey，2009）和犯罪学（Auty & Briggs，2004）等政策领域的应用。近几十年来，也出现了后现代和其他民族志的替代形式，如批判民族志、女性主义民族志、自我民族志、展演民族志、视频民族志和基于虚拟网络的民族志。随着民族志在这些不同的学科、专业领域的运用，研究者们对其各自的目的进行了调整，该方法论经历了目标设定、认识论和方法的多样化发展历程，同时仍然保留了其核心目标，即研究文化和社会现实中特定的社区或团体（Smart，2012：148）。

8.1　什么是民族志？

关于民族志是什么，研究什么，是方法还是视角，学界众说纷纭，莫衷一是。皮科克（Peacock，1986）认为民族志是指对一个民族及其文化基础的社会科学描述。描述人类学和民族志都被认为是一种理论，只关注描述。也有学者认为民族志是研究的一种风格，而并非一种单一的方法，它用各种技巧收集数据，如布鲁尔（Brewer，2000：10）认为，民族志是研究自然发生的场景或"田野"中的人，通过捕捉他们的社会意义和日常活动的方法，让研究者直接参与到场景中，以系统的方式收集数据，没有任何外部强加给它们的意义。民族志学者的任务是记录这些地区的民间文化、观点和实践设置。设置目的是"深入了解"每一组群看待世界的方式"（Hammersley，1992）。布鲁尔（2000）则建议民族志学者应该通过深入访谈、话语分析、实地观察，同时运用视频、摄影、电影和互联网等视觉手段密切联系和熟悉社会环境，探索人在特殊环境中的社会意义。民族志学者的观察总是以世界图景为指导，这些图景决定了哪些数据是显著的，哪些不是。这种对一个物体而不是另一个物体的注意行为折射了观察者的价值观，以及他的主观兴趣（Vidich & Lyman, 1998: 46）。

民族志观察的基本要素一直是学界探讨的话题，贝特森等（1968）在 Communication: The Social Matrix of Psychiatry 一书中总结出民族志观察的四种基本要素：对研究对象群体的概括；中立（客观）的观察；考察研究对象的个体经历；观察者与研究对象之间的互动。斯考伦（1998）也曾对民族志研究的基本范式做过阐释，他认为民族志即书面报告，是以特殊的方式观察特殊的现象并以特殊的方式书写出来。这种观察与报告方式并无严格的标准可言，但是包含着以下基本要素：田野调查、现场观察、陌生化、比较观察等。费特曼（2010）则建议民族志学者应当对他们所研究的族群或文化始终保持一种开放的态度，发掘丰富的原始资料，必须清楚自己的倾向。为了让研究更可靠，应当采取诸如三角测量、情景化方法以及价值无涉取向，使负面倾向的影响降到最低。在整个研究过程中，民族志研究允许对现实的多种解释和对数据的不同解释。民族志学者专注于从主位的或者说是内在的视角来理解和描述社会及其文化景观。民族志学者既是说书人又是科学家，而民族志的读者越接近从讲述者的角度理解他们的观点，这个故事也就越精彩，科学知识就越丰富。

民族志已经跨越了学科界限，"实地考察"不再是专业人类学家的专属特权，其他学科也越来越多地融合民族志方法，如：社会学、社会语言学、话语研究、教育学、行政学、护理学、文化学、社会心理学和其他学科现在经常将民族志研究要素纳入自己的方法和研究设计中（Oberbuber & Kryzanowski, 2008）。民族志学者采用文化维度来解释所观察到的行为，并确保这些行为被放置在一个有意义的文化背景中。民族志学者的关注重点在于人们的思想和行为的可预测的日常模式。因此，民族志同时具有研究方法和写作文本式产物这两种意义（Fetterman, 2010）。

8.2 民族志的拓展

民族志既作为一种方法，同时也作为研究的内容，其独特的优势渐渐被社会科学的诸学科所关注和认识，并被多个学科采用，例如人类学民族志、社会学民族志、教育学民族志、传播学民族志、媒介研究民族志。尽管很多民族志学者开始反对"我研究你"这一传统人类学民族志的权力内涵，但所有的这些分支都起源于马林诺夫斯基的人类学方法（Scollon，1998：278），借由直接叙事和对事件的"深描"来让人们在其自身背景中发声，记录真实、严谨、可信的故事，这些故事通过当地人对自身社区中日常生活的观察来阐述。

8.2.1 人类学民族志

人类学民族志通常聚焦西方以外的国家以及部落社群，旨在把整个民族的知识和生命从遗忘中抢救出来。这些研究主要关注点在于整个群体的生活方式以及其特殊的思维和社会结构组织，这样的工作通常由两部分人完成，即人类学家和语言学家，后者只关心他们的语言，前者则关心除语言以外的所有东西。比如，1925 年美国语言协会成立便以这种兴趣来分类。目前许多民族志研究都是由语言人类学家来完成（Scollon，1998：274）。贝特森（1936）的《纳文》一书很多时候被认为是人类学传统民族志的最好的例子，书中描述了贝特森深入新几内亚的田野调查，通过观察一场为成功少年男子"纳文"举办的庆贺仪式，目睹拉特穆尔人的礼仪行为，贝特森认为这种行为不仅与拉特穆尔文化的结构和实用功能有关，而且还与拉特穆尔文化的精神气质联系在一起。这种对主观性的认识和对知识客观性的追求使当今的民族志写作呈现出某种实验的特征。而在这两方面，《纳文》都堪称先驱（梁晶，2011）。

8.2.2　社会学民族志

社会学民族志研究聚焦城市的群体或者是亚文化地带。芝加哥学派的社会学家被公认为是城市民族志和社会民族志的先驱。这些研究区别于人类学民族志不仅是因为研究群体的不同，而且是因为不同的研究问题。社会学民族志的核心关注点在于政治生活和政治现实。许多人从理论取向而言是马克思主义者，因此他们发现城市人口中的社会关系比土著社会的最后几个人更值得有直接的理论关注，以马克思主义的观点，这些土著人仅仅存在于社会发展的早期阶段。人类学家会争辩，没有群体比另一个群体发展得更快，只存在不同的发展。社会学家经常反驳说，这只是回避了这样一个事实：人类学家在大多数方面表现得好像他们自己的理论建构比他们研究的人更有价值。1993 年问世的《街角社会》（*Street Corner Society*）一书被认为是城市或者说社会民族志的经典之作。作者 W. F. 怀特（Whyte）于 1936 至 1940 年，对波士顿市的一个意大利贫民区进行了田野调查。他以被研究群体——"街角帮"一员的身份，置身于观察对象的环境和活动中，对闲荡于街头巷尾的意裔青年的生活状况、非正式组织的内部结构及活动方式，以及他们与周围社会（主要是非法团伙成员和政治组织）的关系加以观察，并及时进行记录和分析，最后从中引出关于该社区社会结构及相互作用方式的重要结论。《街角社会》提供了一个研究社会现象的人类学视角，虽然社会学和人类学是两个学科，但是二者之间存在相通之处，应该相互借鉴（王玉，2017）。社会学的道德想象力总是需要经验透过情感的结构来触发，因此，这种民族志尤其需要在单纯地讲故事（描述或是情境的重建）或讲道理（解释或者是道德阐述）之外具备新的叙述手段（田耕，2019）。

8.2.3　教育学民族志

20 世纪 60 年代后期，美国学者埃迪（Eddy）、奇尔科特（Chilcott）、米德和斯宾德勒尔（Spindler）等人，开始把民族志方法运用到以学校为单位的研究中，他们把这种方法称之为"教育民族志""教育研究的民族志方法""教育研究的民族志技术"等（樊秀丽，2008）。民族志话语研究方法在探索学校和工作场所的"知识建构"方面已经取得了卓越的成绩（Cross，2001）。

民族志的主要优势在于它强调了解被研究的人以及其组织的观念和文化。通过与被研究者的长期接触，民族志研究者能够逐渐进入他们的世界并了解他们的生活。斯宾德勒尔的系列研究很多时候被认为是奠基之作（Spindler，2000）。人类学方法有助于揭示人类在教育环境中的行为，教育人类学者在对待和考察"教育、文化和人性"这三者的复杂关系时，坚持人类学理念的精髓，即整体观。因此，在教育民族志视角下，教育绝不再是一种被割裂的社会文化现象。教育人类学者通过深入某一社区、族群或民族，对教育及其与诸多社会文化事项间的关联互动，以"文化持有者的内部眼界"去描述或解释，在"地方性知识"中提炼和总结人们如何赋予他们生活世界中的教育以社会文化意义及其方式（巴战龙，2008）。

8.2.4 交际民族志

交际民族志是人类学家研究语言现象时所运用的重要方法，也是社会文化知识和语言关系研究的传统方法之一，主要探讨语言的使用方式和原因，以及语言在不同文化中的使用方式。它是由海姆斯（Hymes）和甘柏兹（Gumperz）在 20 世纪 60 年代初使用的方法，用于分析语言与社会文化的关系。甘柏兹和海姆斯的《社会语言学方向》（*Directions in Sociolinguistics*，1972）是最早一本相关研究的论文集。该论文集整合了一些言语交际的社会基础的主要研究方向如：描述性语言学、生成语法和相关社会语言学，旨在探索和拓展方法和视角。1982 年萨维尔特洛克（Saville-Troike）在 *The Ethnography of Communication* 一书中介绍了一些术语和概念，并阐释了这些术语和概念对于讨论如何使用语言和为什么使用语言以及语言在不同文化中的使用是如何变化的重要性。同时介绍了由海姆斯和其他学者提出和发展的基本术语和概念，并展示了他们工作中最重要的发现和应用。她借鉴社会人类学和心理语言学的观点，并使用了许多语言和文化的例子，建立了一个包括文化能力整体框架内交际的模型。2002 年该书根据交际民族志的最新发展出了第三版，增加了两个全新的章节：交流模式的对比；礼貌、权力和政治。结合多种语言和文化中的大量例子和插图来分析交际现象的模式。

　　社会语言学和交际民族志都关注使用中的语言。社会语言学家通常关注发音和语法形式的变化，而民族志学者则关注交际单位是如何组织起来的，以及它们在更广泛意义上的"说话方式"中的模式，以及这些模式如何以系统的方式与文化的其他方面相互关联并从中获得意义（Saville-Troike，2002）。

8.3　民族志与批评话语研究

　　科里赞诺斯基（Krzyżanowski，2011）认为，民族志方法有助于研究人员收集其他方法无法获得的数据，同时还提供了一种用准内部视角解释数据的方法，民族志研究的目的是获得准内部人士对团队成员之间如何互动和交流的理解，他们的信仰和价值，他们如何挑战和解决问题，他们如何创造和应用知识，以及他们如何完成学习和工作。科里赞诺斯基提出的话语民族志方法一方面通过广泛的实地调查和机构空间的民族志，整合了人类学和批判的分析视角，另一方面，对（社会）行动者塑造这些空间并在其中发挥作用的话语进行批判分析。民族志和批评话语分析作为补充性的一般框架，在拟议的话语民族志方法中进行了分析。然而，两者的合并也渗透到更深的层面，即分析的中间层和微观层面，在分析研究的一系列阶段之间进行三角划分——尤其是语境化、现场工作和话语分析——使得民族志和话语分析的不同方面得到仔细平衡。斯玛特（Smart，2012）提出了两种话语民族志的方法，即解读民族志和交际民族志。

　　尽管话语分析和民族志使用完全不同的工具，对话语的性质持有截然不同的观点，但这两种方法的目的基本上是相同的，两者都是揭示共同的行为标准，关注在特定文化习俗的交际场合下（when），谁（who）

说什么（what）。话语分析人员通过对有限范围的数据进行详细观察和分析，而民族志学者则试图通过对其研究对象所处的文化和概念世界的详细描述来理解这些问题（Geertz, 1973）。作为一种写作形式，批判话语学者可能会对民族志做出特殊贡献，尤其是当他们探究自己的文化传统，考察当下哪些话语智慧、策略或技巧可能被创造性地重新利用时显得尤为突出（Hou & Wu, 2017）。

科里赞诺斯基在对欧盟等制度空间的变革和变化进行批判性研究时认为，有必要将民族志和话语分析相结合。特别是当后者演变成非常复杂的有机体时，这样的话语民族志研究就成为一种必要，以便充分说明"新"制度文化和身份的构建动态，在许多情况下，这些文化和身份具有非常复杂的政治和制度本体，并借鉴了许多现有/以前的机构的组织实践和行为模式（从而突出相关概念，如再文本化和/或交叉性）。在这种方法中，谈话只是大量数据的一部分，这些数据还包括观察、与参与者的访谈和对研究者的主观印象。尽管他们最大的功劳是美国人类语言学（Hymes, 1974）及其对"理解语言（和其他符号学资源）在社会构成及其文化表征中所起的关键作用"的承诺（Duranti, 2001: 5），但话语的民族志方法也使用许多其他的话语研究方法，包括体裁研究（Bazerman, 1994; Bhatia, 1993）、活动理论（Engeström & Middleton, 1996）、批评话语分析（Fairclough, 1992c）、社会文化学习方法（Lave & Wenger, 1991）和知识考古学（Foucault, 1972）。

民族志也对其他话语方法产生了重大影响，尤其是沃达克的批评话语分析，它涉及反犹太主义、种族主义、民族主义和失业等领域的批判民族志研究（Reisigl & Wodak, 2001），Schiefflin et al.（1998: 286）在考察海地持续五十年关于"克里约尔正字法"争论中所反映的文化范畴和概念逻辑后指出：语言意识形态是社会结构与话语形式之间的中介纽带，与社会实践、话语实践和语言实践存在着辩证关系，并对其产生重大影响。奥奇斯（Ochs, 1991）的语言社会化研究以民族志为研究方法，着眼于通过语言活动成为有文化能力的社会成员的过程。他指出语言特征反映了社会文化背景的不止一个维度；某些维度的索引在构成意义上与其他维度的索引相关联（例如，附加疑问句可以表示不确定的立场以及请求确认/澄清/反馈的行为；这两个语境特征又反过来在某些社区中，性别 / 性别指数可能有帮助）。

费尔克劳（2005）将新自由主义话语中的官僚主义和治理看作是文类之间复杂的网络关系。沃达克（2003，2004）利用半结构化访谈的数据，研究了政治家和官员特别是欧洲联盟（EU）议会的女性成员的多重身份，她将这一复杂的公共领域描述为文化间、意识形态、种族、民族和性别冲突所决定的。她提供了统计数据作为背景，然后从与欧盟女议员的访谈中摘录，展示了妇女如何在这种复杂的环境中确立自己的地位，以及她们采用什么策略来展示和提升自己，并保证她们受到认真对待。

CDA 除了具有以问题为导向，跨学科多视角的特点外，它还注重通过其他诸如观察、采访、历史文本、媒体报道收集等方式分析文本之外的丰富语境意义，描述、解读和阐释复杂的社会现象。CDA 对于社会情境的重视和民族志身临其境的观察具有高度的契合点，民族志学提供的"局内人"视角，可以有效地补充、印证或者修正分析者作为"局外人"的阐释（郭松，2019）。民族志由于其扎根土壤、关注田野的特色，成为 CDA 跨学科拓展的重要方法论。与此同时，民族志本身也受话语批判的影响，开始越来越体现出对语言批判的敏感性，形成所谓的民族志话语转向。由此民族志与批判话语就具有了相互靠拢、相互支撑、相互渗透的内在合力（吴宗杰、余华，2013：12）。CDA 研究吸收民族志方法是 CDA 研究方法论上的一大丰富，这些从田野调查获得的第一手观察和访谈资料很大程度上修正甚至改变了研究者单从文本分析所感悟的内容。

8.4　民族志在批评话语研究中的优势

民族志与批评话语研究有着密切的联系，两者互相映衬，相得益彰。民族志研究区别于其他研究方法最主要的特点是研究者能够深入、深刻、详细而翔实地了解某一文化，这种对文化的浸入程度是其他研究方法无法企及的。民族志的研究设计具有相对的流动性和灵活性，研究问题随着研究的推进和深入而不断修改和细化，因此是动态变化的。此外，民族志通常研究某一个具体的目标群体，研究者需要对研究对象"此时此刻"的言语行为进行实时同步录音或录像，而不是让他们对过去行为进行回忆或对将来行为进行预测，因此研究者在田野调查时所观察到的行为和他们不在现场时这些研究对象的行为应保持高度的一致性。由此，民族志方法下所获得的数据真实性能够相对准确地反映出所研究的情境或文化（李茨婷、郑咏滟，2015）。郭松（2019）在总结民族志和 CDA 相结合的意义时指出：（1）CDA 关注社会现实问题，而民族志学的田野调查法有助于研究者选择研究议题并收集数据；（2）民族志学方法能够提供文本之外丰富的语境信息，有助于研究者更加全面、深入地看待研究议题，从而使研究结果更可信。

8.5　民族志与批评话语分析结合存在的问题

斯玛特（2008：57–61）提出基于民族志的话语分析方法的五大问题并进行深入的阐述：

（1）什么样的研究称得上是民族志的？有的时候人们把"民族志""定性研究""自然主义研究""实地研究"当作同义词，而斯玛特认为应该将民族志与定性研究、自然主义研究和实地研究加以区别。民族志比其他术语更具体，在格尔茨（Geertz）传统中它被看作是一种特殊的定性、自然主义或实地研究。

（2）格尔茨提出的"深描"一词的含义是什么？虽然一些方法论者和研究人员认为这个概念仅仅是对一种文化的高度详细的描述，但是仔细观察格尔茨的工作和方法论逻辑，可以发现一些更为具体的东西，对一个社会群体文化的详细描述包括对该群体的"可解释符号的相互作用系统"、其"意义结构……和符号系统"（1973：182）以及"相互加强的社会理解网络"（1983：156）的描述。换言之，深描是一个社会群体的成员使用话语系统来构建一个特定的共享现实版本，一个独特的概念世界。

（3）民族志和理论之间是什么关系？研究过程中的不同阶段民族志和理论之间的关系有所区别。一些观点认为，一个研究者不受任何特定理论束缚地开始对一个特定的群体展开研究，旨在更直接、更清楚地了解这一特定群体。另一些观点认为研究人员不能指望通过一个民族志项目生产出什么理论，因为这些发现是在特定地点获得的，因此不具备普遍意义。

（4）一个民族志研究者如何能够保持一个平衡的、批判性的观点来看待他的研究中由研究对象所提供的资料而构建的概念现实？

（5）在什么条件下，基于民族志的话语分析能够与其他方法兼容？基于民族志的话语分析能否在一个单独的研究项目中与另一种方法相结合？

对于第五个问题，斯玛特的回答是肯定的。他通过两个项目的研究证明了两者结合的可行性。斯玛特将民族志方法应用于大型金融机构（加拿大银行）以及高等教育环境中的语篇使用研究，以了解学生如何从大学期望的话语实践过渡到工作领域的话语实践。在他的讨论中，斯玛特强调民族志学者需要在理论概念（他们将其带到实地的概念）和基于经验的概念之间取得平衡，这些概念是从参与者的生活经历中产生的。话语分析者和民族志学者都在寻找模式，但是，尽管话语分析者在实际谈话中寻找"客观"模式，民族志学者却是试图在他们与参与者的社交活动中发现"主体间性模式"（Smart, 2008）。

8.6　民族志与批评话语研究的新进展

学界一直在寻求民族志和批评话语研究结合的新模式，我们可以看到《批评话语研究》2011 年第四期发表的五篇民族志和批判话语专栏文章，展示了民族志和批评话语研究相结合的最新进展情况。这些研究涵盖教育、健康、语言政策、身份建构以及媒体报道，作者从多个角度将民族志和批评话语分析结合的方法付诸实践，极大地丰富了两者的研究方法，就像该专栏主持人科里赞诺斯基（Krzyżanowski, 2011）指出的那样，民族志的话语转向和话语的民族志转向显著改变了两者的研究实践，表明了它们在各种日益复杂的社会中话语分析研究的互补性。民族志和批评话语研究都是在问题导向和注重语境的前提下研究语言、

话语和社会。长期以来两者并没有融合在一起，早期的批评话语分析
（CDA）只聚焦书面语和大众语篇中的词汇语法意义（Blommaert et al., 2001：5），近几十年来批评话语分析有了长足的发展，研究领域
有了更大的拓展，现在多被定义为批评话语研究（CDS）（van Dijk, 2007；Wodak, 2009；Graham, 2002）。后者虽然仍然借鉴了批评话语
分析的一些原创思想（例如，语言/话语和意识形态的相互作用以及它
们在社会关系中的构成力），但显然超越了传统的"流派"或"趋势"
（Krzyżanowski, 2010）。尽管可以肯定的是，批评话语分析的某些领域
仍然完全忠实于文本分析，尤其是在费尔克劳（2006, 2009）的研究或
相关的文化政治经济学方法（参见 Jessop, 2004），CDA 的其他一些领
域已经开始朝着更加面向语境和与参与者相关的分析类型发展。以下将
简要介绍这组文章的主要观点。

罗杰斯（Rogers, 2011）的 "The Sounds of Silence in Educational Tracking: A Longitudinal, Ethnographic Case Study" 将批评话语分析与
民族志相结合，利用历时十年的案例研究数据，探讨了教育追踪问题。
罗杰斯聚焦生活在纽约州奥尔巴尼市一位非裔美国年轻女性维姬·特雷
德（Vicky Treader）为了获得高中文凭而被贴上特殊教育学生的标签。
从分析的角度，罗杰斯通过官方和非官方记录和成绩单的详细论述，以
及在强化教育和社会不平等的新自由主义教育政策的背景下，构建了维
姬在教育体系中的经历。罗杰斯将十年的制度化论述和决策贯穿于三个
阶段（1998 年、1999 年和 2005 年），这些故事代表了维姬在小学、初
中和高中特殊教育中的经历。罗杰斯认为，教育追踪不仅依赖于官方记
录和叙述，而且还依赖于哈金（2002 年）的研究成果。该研究展示了
如何在纵向民族志中使用批评话语分析来连接微观和宏观话语，理解教
育决策的长期后果以及教育决策对教育公平的意义。

加拉辛斯基（Galasiński, 2011）是在民族志的背景下对心理健康的
话语研究。该研究体现出现场访谈的话语分析如何为精神卫生服务的民
族志探索提供一个重要的视角。这一视角关注两组数据的相补性，一方
面是基于对波兰一家高级精神病医院的行医实践的民族志洞察；另一方
面则是基于在册病号刚入院时的访谈记录。所有受访者都被初步诊断为
患有抑郁症。加拉辛斯基展示了通过民族志研究观察到的民族志描述与

在册病号叙述中它们的构建之间的缺漏。在这个过程中，加拉辛斯基证实话语分析是民族志研究的重要补充。

约翰逊（Johnson，2011）的《批评话语分析和语言政策民族志》（Critical Discourse Analysis and the Ethnography of Language Policy）探讨了民族志与批判性话语分析在语言政策研究中的兼容性。约翰逊认为如何在宏观与微观、宏观层面的政策文本与话语、微观层面的语言运用之间建立联系，是语言政策领域面临的一个长期挑战。该研究中Johnson探讨了如何将批评性话语分析纳入语言政策的民族志研究中，并提出批评性话语分析与民族志的结合对于揭示政策活动的多层面之间的联系尤其有用。该研究通过对费城校区双语教育政策与实践的三年民族志研究，考察了政策文本与语篇之间的互文性和交叉性联系，以揭示宏观层面语言政策的再文本化对双语教育的影响。该研究进一步丰富了霍恩伯格和约翰逊（Hornberger & Johnson，2007）提出的用于检查政策制定、解释和分配的多个层面内和跨层面的语言政策过程中话语与民族志结合的方法。

科里赞诺斯基的《民族志与批评话语分析：问题导向的科研对话》（Ethnography and Critical Discourse Analysis: Towards a Problem-Oriented Research Dialogue）一文旨在提出一种分析欧盟复杂制度空间中的组织实践和特征的方法。科里赞诺斯基以 2002 至 2003 年《欧洲公约》为例，针对欧盟近年来颁布的新型机构组织，分析这些新的、短暂的机构在多大程度上有能力发展自己独特的制度实践，因为它们的日常行为实际上是基于从其他更持久的制度环境中采用的模式（就欧盟而言，欧盟委员会，欧洲理事会或欧洲议会）。该研究基于广泛的田野调查和民族志，分析《公约》的制度现实，通过制度实践和参与欧洲机构工作的官员的论述，探讨了制度文化和身份的话语建构。

巴克赫（Barkho，2011）指出民族志是 CDA 解决其不足之处的必要条件。该研究通过对新闻话语结构的梳理，从文本和民族志两个方面调查，部分内部准则如何形成 BBC 和半岛电视台英文节目（AJE）的中东叙事。在调查他们的角色时，该研究在很大程度上依赖于采访、观察和研读 BBC 和 AJE 内部指南的大部分内容。该研究的民族志视角有助于说明这两个新闻巨头如何利用自己的组织力量来传播和灌输他们对中东冲突的意识形态和观点。它表明，新闻中声音的表现方式并不完全是记者在现场的工作。该研究揭示了新闻机构在如何以社会和话语方式表达思想和观点以及如何"驯服"声音方面有着不同的干预方式，而内部准则是其主要的话语和社会工具。该研究表明，对产生文本的文本外或宏观制度结构的分析必然与此密切相关。因此，CDA 在相当长一段时间内一直需要这种民族志的维度，没有它，无法证明真正的语境化分析和解释。

科里赞诺斯基（2011）对以上研究做出评价时指出，民族志对于广泛理解的语境化越来越不可或缺，而批评话语分析对于社会和政治、日常和制度研究中产生和／或接受的话语是必要的语境。这种相似性——与更广泛的批评话语研究中文本和语境之间关系的重新关注和重新定义相一致。在社会问题日益趋向于多层次化和复杂化的今天，民族志和批评话语分析的结合可能是语言和社会批判研究对探索的中心之一。

国内近些年来有一批学者呼吁民族志与 CDA 研究的本土化并致力于相关的研究，如吴宗杰（2012）从中国本土出发尤其是古代地方志的视角重新认识坊巷文化，基于浙江衢州水亭门街区文化遗产研究，从文化肌理、文化碎片、遗产叙述的取"义"等视角展现水亭门坊巷文化的丰富意义，并探讨文化遗产作为地方复兴中华文化的重要价值。吴宗杰和余华（2011）通过司马迁《史记》叙事范式"辨章学术、考镜源流""述而不作""行事深切著明""厥协六经异传，整齐百家杂语"的探讨，为困扰西方人类学家的一系列问题提供重要启迪。研究表明，这一本土叙述范式是反观西方民族志表述的一面镜子，也是人类学研究为保持中国文化原生态不被错误表征和歪曲解释的重要前提。吴宗杰和侯松（2012）基于传统方志，考察中国传统的"古迹"思维、内涵、意义空间、价值思考、话语方式，并发现本土历史记忆方式与普世化了的"遗产"理念之间的差异，是一项打开反思遗产政治的跨文化路径，启发中国遗产的本土化探索。吴宗杰和余华（2013）基于中国传统史学视角，探讨了一种中国本土的民族志视角，考察语言记录与行动描写之间应是如何相互促进和补充，以达到言与行两者的动静平衡、阴阳互动。他们建议中国的 CDA 还要与其传统对接，培育跨文化的意识，关注古人的思维，只有这样，两者相互渗透，才能形成一个具有东西汇通、会古达今的学术新平台。吴宗杰和张崇（2014）从《史记》的文化书写探讨"中国故事"的讲述。这些研究为民族志和话语研究的本土化做出了示范性的作用。侯和吴（Hou & Wu, 2017）以衢州市水亭门研究为例，提出了"多话语民族志"概念，说明了多元话语民族志作为一种批评话语研究的写作形式，是如何将 CDS 从最初的分析型范式发展为一种包含批判主导话语和让边缘化话语被倾听的多元化方式的范式。施旭（2010）把中国传统文化中"和谐""仁""礼""言不尽意""风骨""神韵"等概念纳入批评话的分析中。在中国本土的民族志视角的探索过程中，我们清醒地认识到不仅要扎根中国文化和历史，融古达今，也要具有开阔的国际视野，融合中西方的研究方法和视角，中西合璧，开创一个具有多学科、多视角、多方法的学术对话平台。在下一节里我们将通过对义乌"异国风情街"的语言景观分析来具体展示民族志方法在批评话语分析中的应用。

8.7　义乌"异国风情街"的语言景观分析

随着民族志方法在各个学科的不断渗透，它越来越多地被人文社会科学领域的研究所采纳。如近些年来，语言景观研究的范式发生了很大的变化，越来越多的学者采纳民族志方法研究多模态话语和符号。本案例通过实地观察、问卷、访谈等方法，考察义乌市外国移民主要聚居区之一——"异国风情街"的公共标牌，探究该地区公共标牌的语言分布、语言景观的创设机制以及外籍人士对语言景观的态度，从而反思如何在跨国多语社区利用语言景观达到文化和谐共生，助力国家层面语言战略和规划目标的实现，推动"一带一路"建设。

8.7.1　数据采集

"异国风情街"位于义乌市最繁华的宾王商贸区，毗邻义乌国际商贸城，受城市规划导向，入驻该地的外国餐厅和境外机构数量不断增多，也吸引着越来越多的外籍人士来此地工作和娱乐。根据 2019 年的相关数据，宾王商贸区的常驻外商有 300 余人，境外机构有 100 余家，涉及50 多个国家和地区[1]。散居外籍人士主要来自沙特阿拉伯等国家，主要说英语、阿拉伯语及其他语种。此外，该地区目前有少数民族流动人口（以维吾尔族和回族为主）经营清真店铺。"异国风情街"已逐步成为不同民族和文化相互交融的跨国多语社区。

本研究采用的研究方法主要是实地调查、问卷和访谈等。2019 年 4月，我们拍摄了义乌市"异国风情街"八条街道两侧的语言标牌（包括路牌、门牌、建筑牌、店名招牌、宣传海报、广告牌、警示牌、信息牌等），共计 574 块。这些语言标牌分为两类，一是公共事务标牌，即政府设立的标牌，二是商用标牌，即私人或企业所设立的用作商业或信息介绍的标牌。为了精确解读语言标牌信息，我们将分类过后的语言标牌按照语言种类、优势语码、标牌功能等特征进行编码。在编码过程中，依据拜科豪斯（Backhaus，2007）的个体法将有明显边框的语言标牌作为一个计量单位，并对各类标牌的频数及所占百分比进行统计分析。

为了进一步了解不同群体对该地区语言景观的态度，我们也走访了宾王社区街道办事处和警务工作室，向四名工作人员（B1—B4）了解所研究区域的定位、人口信息以及语言景观设立的标准等情况；并采访了四名中外商店店主（D1—D4），了解私人标牌的设立动机；还对该地区的 88 名外籍人士进行了问卷调查，并对其中的十名被调查对象（S1—S10）进行了访谈，了解他们对该地区语言景观的态度。此外，我们还从网络上搜集了义乌市语言和城市规划政策的相关文献资料以辅助研究。

1　参见义乌市人民政府网站。

8.7.2　结果与讨论

1."异国风情街"语言景观的外显形式

1)语码组合形式

表 8-1　"异国风情街"标牌语言组合形式

语言形式	数量（N=574）	所占比例
汉-英	293	51.05%
汉语单语	102	17.77%
汉-英-阿	78	13.59%
英语单语	52	9.06%
汉-阿	14	2.44%
英-阿	7	1.22%
阿拉伯语单语	4	0.70%
汉-波	3	0.52%
汉-维	3	0.52%
汉-韩	3	0.52%
汉-英-阿-韩	2	0.35%
汉-阿-波	2	0.35%
汉-藏	1	0.17%
汉-哈	1	0.17%
汉-突	1	0.17%
汉-法	1	0.17%
汉-英-法	1	0.17%
汉-英-日	1	0.17%
汉-英-韩	1	0.17%
汉-阿-韩	1	0.17%
汉-阿-乌	1	0.17%
汉-俄-英-波	1	0.17%
汉-阿姆哈拉-英	1	0.17%

由表 8-1 可知，义乌市"异国风情街"标牌语言种类繁多，出现了汉语、英语、阿拉伯语、维吾尔族语、韩语、法语、日语、波斯语、乌尔都语、藏语、突厥语、哈萨克语、俄语、阿姆哈拉语等十几种语言，标牌语言组合形式多元化，呈现汉语单语、英语单语、阿拉伯语单语、汉-英、汉-阿、汉-英-阿等二十几种组合模式。具体来说，在我们拍摄到的 574 块标牌中，汉-英标牌占比 51.05%，成为该地标牌最常见的语言选择模式；汉语单语标牌和汉-英-阿标牌分别占比 17.77% 和 13.59%；其余标牌按照所占比例大小排列依次是英语单语标牌，占比 9.06%，汉-阿标牌，占比 2.44%，英-阿标牌，占比 1.22%；剩下语码组合形式所占百分比均小于 1%，此处不再一一列举。

表 8-2　各语码出现频次统计

语码	数量（N=1,082）	所占比例
汉语	511	47.23%
英语	437	40.39%
阿拉伯语	109	11.92%
韩语	7	0.65%
波斯语	6	0.55%
维语	3	0.28%
其他	9	0.83%

表 8-2 更为直观地反映了各种语言在所拍摄的"异国风情街"标牌上的分布，汉语在各类标牌中共出现 511 次，占比 47.23%；英语出现 437 次，占比 40.39%；阿拉伯语出现 109 次，占比 11.92%；韩语、波斯语、维语和其他语种（出现次数小于 3 次的语种）在该地区的语言景观中出现次数较少，各占比 0.65%，0.55%，0.28% 和 0.83%。综合表 8-1 和表 8-2 的数据以及我们的观察结果来看，由于对外经贸往来和人口跨域流动频繁，"异国风情街"的语言景观多语现象显著，这反映了该地区语言生活的多样化和复杂性。

过往研究显示，某地的语言景观多数情况呈现"官方语言-世界通用语-本地少数民族语言"的层级关系（Ben-Rafael et al.，2006；Backhauu，2007）。但本研究发现，在语言接触频繁的跨国多语社区中，语言景观所表现的层级梯度更为复杂，呈现"官方语言–世界通用语–高频外来语–本地少数民族语言–低频外来语"的强弱格局。由于该地区的地理人口优势，汉语是该地区的官方用语，也是该地区语言景观中出现率最高的语言；英语是该地区语言景观中出现率最高的外语，因其世界通用语属性，英语在全国范围内被视为服务外籍人士的首要语言工具，也是该地区中外日常商贸活动的主要辅助用语，实用价值高；阿拉伯语虽然在该地语言景观中的可视程度低于汉语和英语，但在阿拉伯世界享有很高的地位，该地区的外籍客商主要来自中东地区，由于该语言族群的使用和支持，阿拉伯语在该地区的出现频率也较高，无论是本土商铺还是定居该地的外籍人士经营的商铺，大多会在标牌语言中给予阿拉伯语一席之地。

2）多语标牌中的高凸显语码

表 8-3　"异国风情街"多语标牌的高凸显语码

标牌语码	数量	优势语码						
		汉	英	阿	韩	波	维	其他
汉–英	293	148	145	/	/	/	/	/
汉–阿	14	13	/	1	/	/	/	/
汉–英–阿	78	67	7	4	/	/	/	/
英–阿	7	/	6	1	/	/	/	/
汉–波	3	3	/	/	/	0	/	/
汉–维	3	3	/	/	/	/	0	/
汉–韩	3	2	/	/	1	/	/	/
其他	15	15	0	0	0	0	0	0
合计	416	251	158	6	1	0	0	0

我们依据斯考伦和斯考伦（Scollon & Scollon，2003）的语码取向，根据标牌语码的位置、大小和配色等因素来确定多语标牌的语码在认知加工中的凸显度高低，结果如表 8-3 所示。在 416 块多语标牌中，高凸显语码主要有汉语、英语和阿拉伯语，其他语码很少居于低凸显地位。其中，以汉语作为高凸显语码的标牌有 251 块，占比 60.33%；其次是英语 158 块，占比 37.98%；以阿拉伯语作为高凸显语码的标牌有 6 块，

占比 1.44%。具体而言，在汉语参与构建的所有标牌中，汉语一般居于高凸显地位。在汉语和英语同时参与构建的标牌中，英语一般居于第二凸显地位。阿拉伯语虽然应用广泛，但与汉语和英语同时出现时，多居于较低凸显地位。而其他少数语码，除了韩语作为高凸显语码出现 1 次外，无一在多语标牌中占据高凸显地位。由此可见，多语标牌的微观语码呈现形式与前述标牌语码的总体使用状况趋于吻合。

3）公共事务标牌和商用标牌的语码选择差异

表 8-4 官方和非官方标牌的语码分布

标牌主体 语码形式	官方（N=104） （路牌 / 建筑牌 / 指示牌 / 警示牌 / 标语 / 公告牌）	非官方（N=470） （店牌 / 广告 / 海报）
汉–英	87	206
汉语单语	17	85
汉–英–阿	0	78
英语单语	0	52
汉–阿	0	14
英–阿	0	7
阿拉伯语单语	0	4
汉–波	0	3
汉–维	0	3
汉–韩	0	3
汉–英–阿–韩	0	2
汉–阿–波	0	2
汉–藏	0	1
汉–哈	0	1
汉–突	0	1
汉–法	0	1

（续表）

标牌主体 语码形式	官方（N=104）（路牌 / 建筑牌 / 指示牌 / 警示牌 / 标语 / 公告牌）	非官方（N=470）（店牌 / 广告 / 海报）
汉–英–法	0	1
汉–英–日	0	1
汉–英–韩	0	1
汉–阿–韩	0	1
汉–阿–乌	0	1
汉–俄–英–波	0	1
汉–阿姆哈拉–英	0	1

　　我们将标牌划分为公共事务标牌和商用标牌以便考察不同设立机构和不同功能的标牌的语码分布异同，结果如表 8-4 所示。从宏观角度来看，该地区共公共事务标牌和商用标牌呈现较为一致的语码组合关系，在多语共存的格局中，出现频率较高的语码依次为汉语、英语、阿拉伯语。但从微观角度来看，公共事务标牌和商用标牌在语言种类、语言组合形式和语言偏好等方面有着较为明显的差异。为公共事务而设立的语言标牌，包括路牌、建筑牌、指示牌、警示牌、标语和公告牌等，严格按照我国相关语言政策和标牌语言使用的规范，绝大多数使用汉–英双语或汉语单语，汉语在所有官方设立的多语标牌中都是高频语言；汉–英标牌是该地官方标牌的主要语码组合形式，也说明该地国际化程度较高，当地公共部门具有服务外籍人士的国际化意识。而商用标牌，主要是一些店铺和商业机构设立的店牌和广告及海报，其语言选择和语言偏好较官方标牌更为多样化。除了常见的汉语单语标牌和汉–英双语标牌外，商用标牌中还出现了不少英语单语标牌、汉–阿双语标牌和汉–英–阿三语标牌，韩语、维语、波斯语以及其他小语种在非官方标牌上也有不同程度的呈现。总体来看，依据当地具体的实际情况，汉语在商用标牌上仍然保持高频地位，但其使用频率比公共事务标牌略低，英语和阿拉伯语的地位得到凸显，在一些店铺招牌中成为高频语言的概率增

大，且被单独使用的情况不在少数，这也从侧面反映了不同群体对于语言景观有着不一样的认识，从而形成了多元化的语言景观实态。

2. 不同群体对语言景观的认识和影响

语言景观受多重力量的影响，为了解不同群体对"异国风情街"语言景观的认识和影响，我们采取了问卷调查、深入访谈和观察、文献搜集等多种方式，分析结果如下。

1）主管部门

主管部门的政策导向，特别是语言政策和规划，是影响某地语言风貌的重要因素，过往研究普遍说明了这一点（Monnier，1989；Bamgbose，2004；Cenoz & Gorter，2006；王克非、叶洪，2016）。一般而言，占主要人口的主流阶层会在公共空间内给予本民族文字最大的可视性，并不同程度上限制其他民族文字的使用。比如马来西亚语言主管部门规定，公共场所中设置的广告牌、路牌等必须使用马来文，与其他文字同时出现时，马来文必须列在第一排，而且要比其他文字的字体更大更醒目；加拿大魁北克省颁布的法语宪章也确保了法语在公共标牌的主导地位（尚国文，赵守辉，2014）。我国现行的语言文字政策对于"异国风情街"语言景观现状的影响不容忽视。根据《浙江省实施〈中华人民共和国国家通用语言文字法〉办法》（省政府令第 228 号）第 13 条"下列情形应当使用规范汉字：（一）各类名称牌、指示牌、标志牌、招牌、标语（牌）等牌匾用字；……（十一）公共场所用字，建筑物及其他设施面向公众的用字；……"；第 18 条，"……公共场所用字，建筑物及其他设施面向公众的用字，确需使用外国文字的，应当与规范汉字、汉语拼音同时使用"[1]。从义乌市政府官网文件《关于重新公布义乌市语言文字工作委员会的通知》（义政办发〔2018〕110 号）[2]，我们可以看到，义乌市语言文字工作委员会各成员单位各司其职，贯彻落实国家语言文字方针政策，推进义乌市的语言文字规范化建设，负责全市的语言文字统筹规划。公安局、民政局等积极推行并严格规范地名标志和道路交

1　见浙江省人民政府网站。

2　见义乌市人民政府网站。

通标识等官方标牌的标准化，一般采用完全汉语拼音形式（如图 8-1）。行政执法局、城管委严格规范公共设施和各种私人标牌的用字情况。据观察，指示牌、公告牌等官方标牌大多只配备英语一种外文翻译，一般位于汉语之后（如图 8-2），这反映出当地政府部门重视英语的地位，将英语作为树立国际化城市形象以及服务外籍人士的工具。

　　图 8-1　道路交通标识　　　　　　　　图 8-2　官方标牌

　　社区是执行语言文字政策法规的基层单位，我们对街道办事处两位工作人员、一位警务人员和一位城管人员进行了访谈。办事人员（B1）认为"用中文是肯定的，我们是中国人嘛，加英语（翻译）近几年比较多，我们这边外国人多……"。办事人员（B2）表示"是上面要求用（汉字），好像有文件，有时也会来视察，不过也不清楚这些（官方）标牌具体是谁做的，不是我们……"。警务人员（B3）表示"他们（外国人）主要是办出入境业务，也可以在公众号上办，不清楚社区里（标牌）为什么有的用英文，有的不用（英文）"。城管人员（B4）表示"我们会经常看这些（私人）标牌的，也允许用外文，不然怎么叫异国风情街，但如果只用外文或者外文占的面积大了，就得（要求他们）重做……"。

　　通过访谈结果可知，社区虽然是官方语言政策执行的重要场所，但基层管理人员对语言政策的深层内涵理解不够。此外，目前我国尚无针对国际社区标识设置的专门规定，且地区政府对社区标牌设置和管理工作有时分工不明确，社区经常既无法根据本地区外籍人士的组成和规模，适当自主增设除英语外的外文标牌，又无法及时整改不合规的标牌，导致标牌的语言使用问题众多。

2）商铺店主

公共事务标牌语言更多地反映了语言政策和语言使用规范的指引，而商用标牌语言则在体现隐性的语言政策的同时，又展现出一种"草根文化认同"（Hueber，2006；巫喜丽、战菊，2017）。根据表 8–4 可知，两种或两种以上文字已成为该地区商店招牌、广告书写的基本模式。语言不仅具有交际价值，在商业环境中可以变体商品化发挥经济价值。过往不少研究都表明，除具有交际功能外，英语还是一种重要的象征符号，能激活国际化、时尚化、现代化等象征意义，因而在很多非英语地区的语言标牌中占有重要的一席之地（Backhaus，2006；Curtin，2009；Hult，2009）。此外，语言也常常被看作是一种文化物件，其丰富的象征功能常使之成为商业和营销的工具（Leeman & Modan，2009；Burdick，2012；尚国文，2018）。罗马字母（包括汉拼、英语或其他语言）的使用不仅起到信息传递功能，而且能增加商铺的经济价值，也是社会消费心理的符号表征（王克非、叶洪，2016）。

对四位中外店主的访谈结果验证了我们的假设，本土店主在其招牌、广告海报的制作上添加不同的外文翻译主要是受营销因素驱动，目的是吸引顾客进店消费。比如中国店主（D1，经营超市）表示，"现在基本都会（在店牌上）加英文，显得洋气一些，老外也能知道（经营范围），这是我自己用手机翻译，然后请人做的"。中国店主（D2，经营清真糖果工厂）表示，"这个就是卖给外国人的，所以上面主要是阿拉伯语……请别人翻译的，不知道对不对，我们自己也看不懂"。此外，两位店主均认同在标牌上添加外文会吸引相对应的语言族群前来消费，这也反映了标牌制作的"理性利益"原则（Ben-Rafael et al.，2006），即标牌制作者考察顾客的心理需求，并在标牌制作上力图迎合和满足顾客需求。

3）外籍人士

本研究主要依靠问卷和访谈来获悉"异国风情街"外籍人士对该地区语言景观的真实态度和需求，问卷采用中英双语对照设计。问卷和访谈主要在两处涉外宾馆大堂、五处外籍人士经营的餐厅进行，被调查者大多三五成群。本次共发放问卷 100 份，由于语言问题及其他因素，收回有效问卷 88 份。我们还随机对其中 10 名被调查对象进行了半开放式访谈。

　　问卷结果显示，被调查对象主要来自中东和南亚地区。其中，中东地区包括摩洛哥、突尼斯、土耳其等共计 73 人，南亚地区包括印度、斯里兰卡等共计 15 人；男性 72 人，女性 16 人；年龄主要分布在 30 至 50 岁之间；主要使用英语、阿拉伯语、法语、波斯语以及其他小语种；职业都是商人，其中有 68 人常年往返于义乌和其祖国之间，20 人长期定居义乌；83 人会说两种或两种以上的语言，仅有 5 人只会一种语言；78 人在该地区日常生活中最常使用的语言是阿拉伯语，10 人最常使用英语和其他小语种；此外，21 人具备不同程度的汉语听说读写能力，67 人完全不具备汉语听说读写能力。至于对该地区语言标识的态度，有 31 人表示完全看不懂，29 表示仅能看懂很少一部分，18 人表示能够看懂一部分，6 人表示自己能看懂大部分，仅有 4 人表示自己能完全看懂社区里的语言标识；75 人表示外出购物就餐时更愿意选择用自己母语书写标牌的店铺，13 人表示无所谓；81 人表示该地标牌外文翻译存在着不同程度的错误，7 人表示没注意；关于外籍人士认为的该地区需要增设外文翻译的场所，排名前 7 位的分别是政府机构、公共交通、医院、银行、餐馆、宾馆和超市。

　　由问卷结果可知，义乌市"异国风情街"往来的外籍人士大多具备多语能力，但不同语言在该地区的活跃度是不同的。访谈资料表明，阿拉伯语在此地外语中流通度很高。例如，中东商人（S1）表示，由于中东客商在该地区外籍人士中占的比例最高，且本土许多外贸公司为这部分人群配备了翻译，无论是与同乡的日常交流还是与中国本土商人的合作过程中，阿拉伯语都是该地区绝大部分外籍人士最常使用的语言。其同伴（S2，S3）也有类似看法。南亚商人（S4，S5）表示英语是外籍人士在该地公安机关办理信息登记、酒店住宿、日常出行以及就餐购物等时与当地居民交流最常使用的语言。也有摩洛哥商人（S6，S7）表示，之所以愿意去那些在标牌上使用阿拉伯语的餐馆，是因为这让他们感到亲切，能够获得身份上的认同感。此外，突尼斯商人（S8，S9）表示该地区还有很多地方没有外文标识，希望能增设一些。

　　综合问卷和访谈结果，我们发现，该地区的外籍人士融入本地社会具有一定困难，主要原因之一便是语言问题。官方部门虽然重视构建语言桥梁，不仅将英语作为服务外籍人士的主要沟通工具，还定期组织外籍人士学习汉语并开展关爱外籍人士子女的公益活动。但是，有关部门在完善社区语言景观建设和提供外语翻译服务方面仍需努力。

多语社区是当今世界全球化趋势加强及我国进一步对外开放的必然产物，义乌市"异国风情街"是该类言语社区的典型代表。本研究不仅描述和分析了该地区语言景观的外显形式，还通过多种途径获取了不同群体对语言景观的认识和影响方面的一手资料，对语言标牌的设立动机、隐含意义和使用效果有了进一步的理解，弥补了过往研究重计量而轻解读的缺憾。调查结果显示，该地区的语言生态和语言问题错综复杂，这对该类社区的语言管理和服务工作提出了新的要求。因此，如何科学规划各种语言在多语社区语言景观中的分布，如何维护不同群体使用本民族语言文字的权利，如何加强对商用标牌语言的引导和规范，对于构建开放、包容的国际化城市形象和促进各民族之间的和谐共处，具有重要的现实意义。

8.8　结语

自 20 世纪中叶以来，源于人类学的民族志研究一直在丰富和发展，尤其是实现民族志转向后，民族志方法不再是早期专门研究偏远民族的方法，而是延伸到城市亚文化地带，或某个特殊人群、特别的社区，该方法渐渐渗透到社会科学的其他学科，拓展至社会学、教育学、语言学、历史学等学科。民族志作为一种方法的同时，它本身具有研究的内容，如写作形式，叙事的风格。起源于西方的民族志理论引起中国学者的反思，结合中国的历时文化场域，如何拓展民族志话语的研究，如何书写民族志，如何打通批评话语研究和各学科之间的融合通道，打破学科边界，实现跨学科融合，使我们能够多视角、多维度、多方法、更深刻地理解社会语言动态，语言所承载的社会现实以及话语所拥有的力量，这是今后摆在我们面前的研究课题。此外，本章所介绍的案例分析仅仅是多维度话语民族志分析的一部分，我们只是抛砖引玉，希冀更多的同类研究来丰富我国的民族志话语研究。

第 9 章
多模态批评话语分析

索绪尔倡议建立的符号学是作为一种对人类社会使用符号的法则进行研究的学科。霍奇和克莱斯的社会符号学理论从一个独特的角度批判性地继承和发展了早期符号学的研究，形成了一个条理清楚、颇具说服有力的理论体系（Hodge & Kress，1988：13）。霍奇和克莱斯认为社会符号学强调社会行为、语境和使用（1988：5）。它有两个前提：一是社会层面是理解话语结构和过程的首要前提，也就是把社会结构和过程当作出发点来分析意义，要关注意义产生的其他符号体系，而不是仅仅关注语言符号模态；二是语言理论必须看作是社会实践的诸多符号理论的一种，因为多模态是语篇的内在本质。如果单一的语言符号模态不与其他符号体系相联系就得不到充分的理解。因此，社会符号学的任务并不是建立独立的各学科符号学模式，如图像符号学、颜色符号学、声音符号学，而是比较和对比不同的符号学模式，研究他们之间的共同点和不同点，探索他们如何在多模态文本中相互作用。朱永生（2007）指出，要正确理解多模态话语的意义，必须要掌握两个要领，一是确定不同成分之间的语法关系，二是要弄清文字和图像之间的关系。社会符号学的发展与系统功能语言学研究有紧密的联系，是符号学研究的一个新领域，它所关注的主要是具体社会和文化环境中人类有意义的符号活动，解释意义在社会实践中的生成和理解。社会符号学将符号学的研究重点从符号的内在特征转移到符号在社会活动和交际中的功能上（张德禄，2010）。

格雷汉姆（2018b：197–198）指出，对批评话语分析任何重要方面的讨论都必须包括方兴未艾的多模态分析。他引用兰姆克（2006）的一段话来说明多模态分析对批评话语的重要性："严肃的学者可以假装不涉及政治的时代过去了。作为研究者、说话者、作者和教师，在工作中的每一阶段我们都会做出价值观选择。如果我们不对这些选择进行特别的思考，那我们就会幼稚地强化他人的价值观选择，从而促进对我们社会中的不平等和不公正负有责任的那些社会机构和领域的利益。如果我们感觉到了批评学识和批评性多模态课程的需要，那是因为我们不信任当今无处不在的媒体所传达的信息。这不仅是因为我们对它们呈现的事实表示怀疑，我们对它们提供的价值观和假设也抱有戒心。如果缺乏批评性多模态学识，无论是我们自己还是我们的学生都无人能够就我们希望生活其中的那种世界做出自由和民主的选择。"（Graham，2018b：198）本章我们将以三个广告语篇为例来展示多模态批评话语分析。

9.1 多模态话语分析概述

多模态是语篇的内在属性，克莱斯和范吕文是最早提出对语篇或话语进行多模态分析的学者。克莱斯和范吕文（1996）认为，"多模态"指的是在一个交流成品或交流活动中不同符号模态的混合，或者说，不同的符号资源在特定的文本中被用于共同构建意义的各种方式。李战子（2003：1）认为，"多模态话语"是除了文本之外，还带有图像、图表等的复合话语，或者说任何由一种以上的符号编码实现意义的文本。不过，多模态话语中的"多"至少有三层含义：（1）交流主体的人所拥有的多种感知渠道（如听觉、触觉、嗅觉等）；（2）交流所需的物质和技术媒体；3）通过这些渠道和媒介生产出来的语言、图像、声音等多种符号资源。

多模态话语分析能使我们更好地洞察人类如何调动各种符号资源来达到社会交际的目的，加深我们对符号学的认识，推动我们对语言学的研究（胡壮麟，2007）。对话语进行多模态分析能够将语言和其他相关的意义资源整合起来，令人不仅可以看到语言系统在意义交换过程中所发挥的作用，而且可以看到诸如图像、音乐、颜色等其他符号系统在这个过程所产生的效果，从而使话语意义的读解更加全面和准确；因此，这一新的话语分析方法越来越受到国内外话语分析者的关注和重视。奥图尔（1994）、克莱斯和范吕文（1996）比照功能语法中的三大纯理功能理论建立了对图像进行多模态语篇分析的理论框架；范吕文（1999）分析了音乐和声音；马蒂奈克（Martinec，1998）对动作进行了研究；马丁和斯登林（Martin & Stenglin，2006）探讨了空间设计；奥赫娄兰（2004）研究了数学语篇中的多模态现象；罗伊斯（Royce，1998，2007）研究不同符号在多模态话语中的互补性等。我国多模态话语分析始于 21 世纪初，李战子（2003）从社会符号学角度介绍了多模态话语分析理论；胡壮麟（2007）和朱永生（2007）等分别从多模态话语分析的理论基础与方法、多模态话语分析综合研究框架等方面进行了研究与探讨。

　　近年来多模态分析日益受到批评话语研究的关注。传统上批评话语研究更多地将语言视为交际的主要工具，因而话语就基本上是一种语言现象，但进入 21 世纪之后，批评话语分析者开始重视意义的多模态来源，并不仅开始关注语言、图像、音乐等各种模态的语义能产性，也关注不同模态之间在意义生成上的相互作用方式（Roderick，2018）。哈特（2016：335）开篇就指出，最近在话语研究和批评话语研究中出现了一种"多模态转向"（multimodal turn），研究者们开始探讨通过图像而不仅是语言来建构知识和价值观的方式。马奇恩（2016）认为，虽然多模态已经发展成为一个独立的学术领域，但目前在 CDS 中，这方面的研究才刚刚开始，并依然处于一种碎片化状态。但他（2016：322–323）指出，即使从现有的少量相关著述中（如 Abousnnouga & Machin，2013；Djonov & Zhao，2014；Machin & Mayr，2012a，2012b 等）也能看出多模态分析是何等适合 CDA。CDA 旨在揭示语篇中隐含的意识形态以及权力者如何出于自己的利益和对意识形态的控制来再语境化社会实践，而上面提到的这些著述清楚表明这一切是通过多模态做到的，包括语言在内的各种符号资源都可以被调动起来用于达到意识形态目的。《话语与社会》2016 年出版了一期专刊，叫"批评话语研究中的理论与概念挑战"（Theoretical and Conceptual Challenges in Critical Discourse Studies），强调应加强 CDS 的概念和理论研究。编者科里赞诺斯基和施奈柯尔特（2016：358）在谈到最后两篇文章时指出了多模态话语分析对 CDS 的重要性："本期专刊的最后两篇文章处理的是语言和图像之间关系的特点，这种关系对于 CDS 理论和在当代信息与模态多样化的语境下对调解和媒介的分析已经变得具有核心意义。"

对多模态话语分析而言，克莱斯和范吕文（1996，2001）、克莱斯（2010）、朱伊特（Jewitt，2009）、比格奈尔（Bignell，2002）和范吕文（2005）这几本书十分重要，其重要性不仅在于探讨了如何进行多模态话语分析的问题，也探索了社会符号学必然会触及的社会文化和政治问题。范吕文（2007，2009，2011，2012）对颜色、音乐和声音的社会符号学分析对后来的多模态话语分析产生了全面深刻的影响。贝德里纳克和凯普勒（2014）旨在为 CDA 学者提出一个新的新闻话语分析框架。该框架强调新闻价值对语言分析的重要性，倡导了一种建构主义的方法，并将其置于该文所谓的新闻价值的话语方法之内。新闻价值在这里被视为存在于话语内并通过话语所建构的价值观，因而话语研究的重点是语篇如何通过多模态资源来建构新闻价值。他（2014：136）声称，虽然文中的实例分析更多关注的是语料库语言学分析，但这一分析框架也可用于多模态话语分析："我们在这篇文章中通过案例分析来介绍的分析这种价值的新框架明确旨在分析语篇／话语，我们这里不仅指的是语言语篇，也指像图片、布局和排版印刷等其他符号系统。……我们的方法因此符合近来 CDA 向着多模态话语分析发展的趋势，也符合 CDA 在21 世纪向着定量和定性分析相结合的发展趋势，尤其是对语料库语言学技术的运用。"

马奇恩（2016：323）从视觉研究的角度探讨了一些有关多模态的关键思想，思考了什么样的多模态方法最适合 CDS 的需要："鉴于作为一个领域的多模态变得日益多样和复杂，对我们重要的是停下来识别究竟哪些分析概念和过程或多或少地适合 CDA 的需求；哪种多模态方法最适合 MCDA，即多模态批评话语分析。这意味着不仅要考察多模态研究内部的一些概念，而且正像我在本章所表明的，也要关注其他一些学术领域，这些领域具有更长久更确定的视觉分析传统。"马奇恩（2016：332）最终认为多模态研究应该摆脱以往严格按照语言学传统来理解语篇和图像关系的做法，它需要一种社会取向的"基于交际自由的方法"

（affordance-based approach）。这种方法不仅将符号视为是有形式和动机的，而且也将其植根于意识形态，关注其如何将世界塑造成我们看上去的样子，即福柯所意识到的话语和权力的作用

　　哈特（2016：346）主张目前 CDS 中的多模态研究应该超越其原有的系统功能语言学根基，将自己置于更广泛的语言学基础上，尤其是将认知语言学和多模态的研究方法相融合；因为在哈特看来，语言的理解涉及多模态的心智表征的建构，其特征可以在多模态社会符号学和更广泛的多模态批评话语研究的框架内加以探讨；在传统的话语分析中语言形式分析和多模态形式分析之间的影响是单向的，前者影响后者，而现在我们应该呼吁将这种影响关系颠倒过来。哈特在文章最后的结论中指出，他写该文的目的是为 CDS 未来的发展提出一个事项日程（agenda），原则性主张是"由语言使用所引起的心智表征编码多模态信息，从多模态话语分析中获得的真知灼见因此可以被有益地融入批评语言学（CL）和批评话语研究（CDS），以便揭示语言所传递的微妙意义。就是说，鉴于本章有关语言意义的视觉基础的论证，多模态研究可以揭示图像在知识和价值观的社会建构上的作用，多模态研究的发现同样也可以揭示语言对知识和价值观的社会建构的一些最微妙的方式，对于日益增多的图像新闻传播尤其如此。"在下面的三节种我们将以三个案例研究来展示一下多模态分析对批评话语分析的重要作用。

9.2　一则公益广告的多模态分析

　　广告语篇具有典型丰富的多模态特征，在本节中，我们以克莱斯和范吕文在系统功能语言学理论的基础上提出的视觉语法为依据，分析讨论一则关注流浪群体的公益广告的图像模态和文本模态之间的相互作用，彰显不同模态之间相对应的元功能在其自身功能的实现过程中相互依赖，相互促进，从而增强和延伸整个多模态语篇的意义。

9.2.1　语料和理论基础

公益广告旨在增进公众对社会问题的了解，影响他们的相关态度和行为，以促进社会问题的解决。流浪者群体是一个特殊的社会群体，关注他们的生存状态和需求，帮助他们解决生活和工作问题，是世界各国公益机构的主要工作之一。

图 9-1　公益广告

这幅广告是一个多模态语篇，由图像、颜色和文字共同组成。图片正中是两个纸板，在纸板下方有三行文字："BED""190×120cm"和"€0"，表明了纸板的用途、尺寸和价格，图片底部是关注流浪人机构的图标、广告语和网址。背景有木门和铁窗，表明环境是一个家庭的门外。

索绪尔和皮尔斯（Pierce）被誉为现代符号学的先驱，前者关注人们在社会行为中如何用符号创造意义，后者将符号视为一种三元关系，并将其分为三类：相似符号（icon）、索引符号（index）和象征符号（symbol）。但他们的理论均存在一些不足：一是没有考虑语言与副语言（paralanguage）之间的关系；二是只将符号看作一个静止的概念，而忽视其具体的使用过程，即符号是如何产生和理解的。社会符号学将语言、图像和声音等视为社会符号（social semiotic），研究的重点不是静态的符号系统或文本结构，而是在社会环境下符号之间是如何相互作用完成表意功能的（Iedema，2003）。韩礼德主张将语言视为社会符号，从语言与社会文化的互动关系来研究语言。他区分了语言的三大元功能或纯理功能，即概念功能、人际功能和语篇功能。概念功能指语言对人们在现实世界（包括内心世界）中各种经历加以表达的功能；人际功能是说话者运用语言参与社会活动的功能；语篇功能是语言用于组织信息的功能。虽然韩礼德的社会符号学主要关注语言符号系统，但他认为整个社会文化意义存在多种系统。多模态话语分析接受了这种观点，认为语言以外的其他符号系统也是意义的源泉，语篇中的其他模态与语言模态一样具有多功能性。

20 世纪 90 年代中期，克莱斯和范吕文（1996）以系统功能语言学为基础，建构了分析视觉图像的语法框架，从而为多模态话语分析提供了理论依据和分析方法。克莱斯和范吕文将韩礼德对语法的定义延伸到视觉符号，指出"正如语言的语法决定词如何组成小句、句子和语篇，视觉语法描写所表征的人物、地点和实物如何组成具有不同复杂程度的视觉'陈述'"（Kress & Leeuwen，2006：1）。视觉图像和语言符号一样都是社会文化的产物，是人们在生产和阐述社会现象时用来创造意义的认知资源。图像中的视觉符号不仅可以反映主客观世界里发生的事情，而且可以表现各种各样的人际关系，其内部是一个有机的连贯整体，所表达的语义关系也可套用韩礼德对语言元功能的三分法来加以分析。克莱斯和范吕文（1996）因此比照着系统功能语言学中的三大语言元功能，提出了图像体现的三种意义：表征意义、互动意义（interactive meaning）和构图意义（compositional meaning）。其中再现意义是概念功能在多模态语篇中的再现与拓展，包括概念性结构和叙述性结构；互动意义是图像对人际功能的体现，包括视觉接触（visual contact）、社会距离（social distance）、视角（perspective）和情态（modality）；构图意义指的是多模态语篇中各种参与成分的空间布局，由信息价值、突出和框架体现。

图像和文本的关系是多模态话语分析中的一个复杂问题，巴特（1977）用"锚定"（anchorage）和"接递"（relay）来描述这种关系。

他认为在图文并置的页面上，语言"锚定"图像的意义。具体表现为：语言拓展了图像的意义或增加了信息（或相反）；语言细化了图像的意义，并对图像进行详细的说明或更准确的重述（或相反）。但克莱斯和范吕文（1996，2001）认为图像和文字说明是有联系的，但前者并不依赖后者，因为图像本身即是有组织、有结构的。罗伊斯（1998，2007）也提出了"符际互补"（intersemiotic complementarity）的理论框架，强调不同符号资源之间的有效互动，即图像和语言之间一加一大于二，两者相互作用产生的表达合力比单独模态更有效，对构建意义有重要作用。

9.2.2 概念意义和表征意义

系统功能语言学认为语言承担着各种各样的功能。在韩礼德（1994）区分的语言元功能中，概念功能反映主客观世界中所发生的事、所牵涉的人和物以及与之有关的时间、地点等因素。"及物性"（transitivity）是实现概念功能的一个主要的语义系统，它将人们在现实世界中的行为和经历分为六种"过程"（process）。其中物质过程表示做某件事的过程；心理过程表示"感觉""反应""认知"等心理活动；关系过程表示事物之间的关系。表 9-1 是对该广告文字部分及物性的分析。

表 9-1　关于广告文字部分及物性的分析

句子	过程类型	过程	参加者	环境
（2）	关系	are	You, the homeless	Without realizing it
（3）	物质	try	（you）	Think of really

文字部分（1）"BED 190×120cm € 0"虽不是完整的句子结构，却简明描述了流浪者所需"床"的大小与价格。废弃的纸板对于观看广告的人可能一文不值，但却能给无家可归的人提供睡觉的场所。文字部分（2）"Without realizing it, you are giving the homeless an opportunity."是个关系过程，有两个参加者："you"和"the homeless"；"you"指的是广告观看者或受众，表示你把这样的纸板放在门外，无意中就为无家

可归的人提供了一张"床"。换言之，帮助流浪者对你而言是举手之劳。文字部分（3）"Try to think of really achieving it."表达一个动态的物质，呼吁人们参与到关爱流浪者群体的行动中来。

克莱斯和范吕文（1996）在解释图像的表征功能时把图像分为叙事性和概念性两大类，指出叙事图像表达的是开展的工作和事件、变化的过程和瞬间的空间安排，而概念图像是对人、事物、地点等进行视觉性的定义、分析和归类。前者包括行动、反应及言语和心理三个过程，后者包括分类、分析和象征三个过程。叙事性图像是以矢量（vector）为标志，矢量是连接参与者的成分，表达一种动态的关系。概念性图像中没有矢量。

这幅广告中没有矢量，属于概念性图像。它的再现意义主要通过象征过程来构建。象征过程是关于参与者是什么或意味着什么，它可以有两个参与者，其中一个的意义或身份在关系中已经确立，是承载者，另一个表示意义或身份，即象征属性。象征过程也可以只有一个参与者，即承载者，这时象征特征就会以另外的方式建立。前一种叫作象征属性过程，后一种叫作象征暗示过程。象征暗示过程将意义和身份再现为来自内部的，即承载者自身的品质，而象征属性过程则是将意义和身份赋予承载者（Kress & Leeuwen，1996：112）。这幅广告的意义主要是通过象征属性过程构建的。图片里木门、铁窗表明广告的背景是一处住家的外面，纸板的大小和所处的位置都表明它们在图片里是最显著的；阿拉伯数字 190×120cm 既是图中纸板的尺寸，也是一张最简单的床的尺寸；纸板及它们被放置的环境很容易使我们联系到路边流浪者和他们的"床"。图中的纸板从其尺寸与背景构建出"BED"的含义。图片下方出现关注流浪者机构的图标，简单的五笔象征了这个机构的宗旨：上面两撇"人"搭建成一个最简单的处所，下面一个"大"则表示能够在此处容身的无家可归者。

在这则广告中，首先引起观看者注意的是纸板。如果没有纸板下面的文字"BED"，观看者会以为这只是一个包装物品的纸盒，或者就是被废弃在门外的两个纸板，很难将其与无家可归者联系起来。只有将语言与图像结合起来理解，观看者才能被图片制作者带入参与者的世界。图片底部的图标、口号和网址表明了广告语篇制作者的身份、目的和联系方式。至此，该语篇所表达的意识形态也渐渐浮出水面：这是关注流浪者的慈善组织或机构在倡导人们参加关爱流浪者的活动。由此可见，语言具有限制和引导图像的可能意义的作用，使广告语篇制作者希望传达的意义和意图更加明晰。另一方面，图像也具有丰富语言所表达的内容并使之更加具体的功能。"BED"给每个观看者带来的意象是不同的，而此处所谓的"床"是对流浪者而言的，对于普通人它可能只是一堆废弃的纸板。

根据罗伊斯（2007）提出的"符际互补"理论，就概念意义而言，图像和语言之间存在着类似于语言本身之间的关系，如重复、同义、反义、下义、搭配等。在这个广告语篇中语言与图像构成"上下义"关系：文字"BED"是上义，图像"cardboard"是下义。这种"上下义"关系将"BED"的概念具体化，从而使观看者意识到满足流浪者的需求其实很容易。另外，此处的视觉图像和文字也构成一种"重复"关系，两者都被置于对方所提供的语境下去理解，一起强化了整个语篇所表达的概念意义。我们由此可以看到图像和语言相互作用的表达合力比单独使用某一种模态更有效。

9.2.3　人际意义和互动意义

话语的人际功能指它对人与人之间关系的表达，是语言用于与他人交往，建立和保持人际关系的功能，主要由语气系统和情态系统实现。韩礼德将言语功能归为四类，即提供、命令、陈述和提问，它们主要由语气的变化来实现；陈述语气通常完成"陈述"功能，疑问语气完成"提问"功能，祈使语气完成"命令"功能，而"提供"功能没有对应的典型语气，有其他语气来实现。在交际过程中，说话人在选择不同语气的同时，也为自己选取了言语角色，并为听话人分配了相应的角色，双方共同完成交际任务。言语交际的角色通常只有"给予"（offer）和"求取"（demand）两种，交换物可以是物品和服务，也可以是信息。在我们分析的广告图片中，文字部分（2）是个陈述句，旨在提供广告观看者与图片中参与者之间关系的信息。文字部分（3）是个祈使句，用于感召广告的观看者向流浪者提供帮助，我们可将其释义为 "We want you to try to think of really achieving it."（我们希望你们设法考虑去实现）。这里的 "we"（我们）代表做广告的人或组织机构，"you"（你们）既可指广告中的参与者，也可指其观看者，此处主要指后者。广告语篇中经常使用第一人称代词 "we" 和第二人称代词 "you" 来制造或增强亲切的交流氛围，缩小信息提供者与广告观看者的社会距离，试图构建一个广告制作者、参与者和观看者三者之间的互动世界，将枯燥呆板的独白转变成轻松活泼的对话，使观看者产生一种"现场感"和积极参与的冲动，最大程度实现广告所要达到的交际效果。

　　情态主要由各种情态词语（如情态动词、情态形容词、情态副词）和部分名词实现，表示说话者对所表达的命题的肯定程度。我们分析的这幅广告中的文字部分没有任何情态词语，广告的制作者似乎有意把自己与图片拉开距离，给广告的观看者留下纯粹客观提供信息的印象，以增强广告的说服力。黄国文（2001：155）认为，在广告语篇中，"广告主主要是宣传产品或理念和做出承诺，而较少需要表达某种意愿，更不能表达命令，因为广告主没有对受话者发出命令的权利和义务"。

　　克莱斯和范吕文（1996）在视觉语法中用互动意义表示系统功能语言学中的人际意义。阅读图像主要涉及两种参与者：被表征事物（图像中的人、物、景）和互动参与者（图像制作者和图像观看者）。具体说，互动意义是指图像的制作者、图像所表征的人或事物和图像的观看者之间的关系，同时体现观看者对表征事物所持的态度。互动意义由四个要素构成，它们是社会距离、视觉接触、视角和情态。

　　在日常交际中，不同的社会距离决定不同的社会关系，反之亦然。表征参与者和互动参与者之间在图像中的距离反映他们之间的社会关系。克莱斯和范吕文把视觉交流的社会距离分为近、中、远三种。近距离表示参与者和观看者之间私人交往的密切关系，中距离体现的是公共场合的交往距离，远距离则暗示非人际交往的关系。本章分析的广告语篇中的图片使用了社会远距离：纸板占据了取景框架的中间位置，周围有空间环绕（棕色的木门、装有铁条的窗户和灰白色的石板）；图片的参与者（纸板）与观看者之间是疏远的社会人际关系。这种社会远距离的设计表明这不是亲密的私人交流，观看者应站在客观的角度看待流浪者这一特殊社会群体，反思他们的生存状况。另外，这种社会远距离还可使观看者意识到流浪人群生活在一个与他们完全不同的世界里，他们无家可归，更无法像正常人那样拥有一张温暖舒适的床。

视觉接触指图像中参与者通过目光的指向与观看者之间建立起来的一种想象中的接触关系。当参与者的目光指向图像的观看者时，图像中的参与者似乎在向观看者索取什么，这叫作"索取"（demanding）类图像。当参与者不是有生命的人或动物，或者当参与者的目光不指向观看者时，这是"提供"（offering）类图像，它们只是向观看者提供信息。在本章分析的这张图片中参与者是废弃在门外的纸板，没有目光的接触，不存在想象中的人际关系，因而属于"提供"类图像，主要向观看者提供信息。

图像中的态度表达是通过观看图像的角度实现的。大部分图像都采用水平视角和垂直视角。在水平视角上，正面角度能令观看者感同身受，而倾斜的角度则容易使观看者产生漠然或事不关己的旁观者态度。在垂直视角上，俯视表示观看者的强势，平视表示与图中参与者关系平等，仰视则表示观看者处于弱势地位。我们分析的这幅广告呈正面水平视角，表示观看者与图像参与者之间的关系平等，观看者容易产生身临其境、感同身受的感觉，从而情不自禁地开始反思图像中暗示的流浪者的生存现状，并有可能在此后的行为中自觉帮助无家可归者。

在多模态语篇中语言情态和图像情态并存，是互动意义的重要组成部分。情态表达人们对客观世界的态度，其在图像中的体现资源非常丰富。根据克莱斯和范吕文（1996：256）的观点，情态在视觉语法中指的是"某种图画表达手段（色彩、再现的细节、深度、色调等）使用的程度，其中的每一个方面都可以看作是一个尺度，从没有细节到对细节最大程度的再现，或者从没有深度到最大深度。在每一个尺度中，都有一个点，代表了特定图像中自然程度的标准。在这个标准上减一分，则至少在这个方面'不太真实'了，增一分，则'比真的还真'，我们把这和'感官编码倾向'联系起来，强调的是感官的愉悦（或不愉悦，如在'比真的还真'的恐怖图像中）"。克莱斯和范吕文（1996）从色彩饱和度、色彩区分度、语境化、再现、深度、照明和亮度等方面对图像中的情态进行了分析，区分了三种程度的视觉情态：（1）高情态

（high modality）：图像色彩饱和度高，风格自然；（2）中情态（medium modality）：图像色彩不太饱和，呈水粉状风格；（3）低情态（low modality）：图像呈现黑白调；通常，自然风格下，色彩越少，情态越低，真实度越低。

　　与色彩饱和度相关的一个概念是编码取向。话语由一定的社会群体编码，或在特定机构情境中编码，会受制于特定的编码规则和／或原则。克莱斯和范吕文（1996）区分了四类不同社会群体的编码取向：技术性编码、感官性编码、抽象性编码和常识性自然编码。其中常识性自然编码取向在社会交往中占主导地位，也是我们分析的这则广告的编码取向。克莱斯和范吕文（1996：160）将这种编码取向的情态刻度图示为：

按照克莱斯和范吕文对情态高低分类的标准，本章所讨论的广告图片属于高情态。首先从色彩饱和度看，图片中主要呈现棕色和灰白色，不是单纯的黑白，也不是最大饱和度，属高情态；从色彩协调度看，棕色木门与纸板，灰白色的地面与墙面，黑色的字体，颜色是深冷色调，搭配协调，彰显广告主旨的严肃性，属高情态；从细节看，门上的图形，纸板上的折痕，装有护栏的窗户及阴暗不同的墙面等都真实再现了生活中的细节，也是高情态；此外，这幅图片还有语境化，再现的细节有木门、铁窗，暗示背景是一户住家门外。我们看到图片制作者对图像的参与者（纸板）和环绕四周的各种背景进行了最大限度的再现，说明制作者采用了高情态的表现手法，烘托出该广告宣传画的主题——你废弃的纸板是流浪汉们舒适的床，你很容易就能帮助到他们。

　　从本节的分析可以看出，广告中的图像与文字一样能够表达人际意义。在这则广告中制作者通过图片和文字，向观看者提供了特定的信息，建立了特定的关系，以诱导观看者参与到广告制作者构建的世界中，并有可能促使他们事后积极行动起来，帮助流浪者群体。就图像体现出的高情态和文本的低情态而言，表面看来似乎是矛盾的，但这事实上是由公益广告的本质决定的。公益广告的功能是劝说，目的在于说服人们形成正确的观念和行为，因此它们会尽量使用客观的文字以增强其可信性。

9.2.4 语篇 / 构图意义

构图意义是对语篇功能的进一步延伸，不仅是指话语组织的连贯性、统一性与关联性，而且还涵盖在多模态语篇中各种参与成分的空间布局。通常是观看者一眼就获得的一个整体印象，通过三个资源实现，即信息值（information value）、显著性（salience）和框架（frame）。

"信息值"是通过元素在构图中的放置实现的。图像中的任何成分在图像中的位置，包括上、下、左右、中心、边缘等，都具有不同的信息值。克莱斯和范吕文（1996）认为，从左到右的排列会形成已知信息和新信息的结构，即图像左边的信息是"已知"的，右边的是新信息。已知信息是常识性的，或显而易见的，而新信息则是有问题或可争议的。图片中的上方与下方也具有不同的信息值；置于上方的是理想化的或者概括性的信息，通常是最显著的信息；置于下方的是现实的或者特定具体的信息，就是说这里的信息更加贴近实际，更加"脚踏实地"（down-to-earth）。中心和边缘的放置结构表达重要和次要的信息结构。处于中心位置的是分量的平衡点，在此视觉成分获得权势，帮助中心区以外的物体团结在一起并稳定下来（Royce，2007）。本章分析的这则公益广告呈现的是图片在上，文字和图标在下的布局，图中的纸板对流浪者而言十分珍贵，或许就是他们理想中的"床"，图片下方主要由文字提供的信息真实而具体，其中包括关注流浪者群体的组织机构的网址以及为流浪者提供帮助的具体方法和途径。

"显著性"指的是构成图片的各元素吸引观看者注意力的程度，可通过前景、背景、相对尺寸、色调对比、线条粗细、颜色浓淡等来体现（Kress & Leeuwen，1996：183）。在我们分析的这幅图片中纸板位居中间且前置，其棕色与背景墙的灰白色形成对比，极易吸引观看者的视线和对纸板的关注。图片下部的文字"BED"和"€0"被置于灰白色地砖的背景中并被加粗加黑，显得简单醒目，与纸板一样容易引起广告观看者的注意。

"框架"是指图片中是否有空间分割线条，这种线条表示图片中各成分之间在空间上相互分离或连接的关系。对某个成分的分割越是明显，越是表明这个成分表达的信息与其他成分的不相容或不相关，或者说，这些成分不属于同一个世界。在这则公益广告中，纸板位于画面最显著位置，在纸板的下方是黑体字"BED"和数字"190×120cm"；广告制作者巧妙地用图像和文字构成一个完整的多模态语篇，不同模态相互补充和延伸，意义上体现出一种很强的逻辑连接，实现了文字和图像在整个语篇中的信息衔接。从颜色上看，文字是黑色，纸板是淡褐色，木门是深褐色，地板和墙板是灰白色，都属深冷色调。这种颜色上的和谐是语篇衔接的另一体现。因此，该广告图片从信息和颜色两方面实现了意义的衔接和连贯，使整个语篇主题突出、观点明确、言简意赅。

上述分析表明，文字和图像在构造意义上是相互作用、相互支撑的，共同参与了意义的构建，两者相加产生的意义和效果远非单一模态所能完成的。从广告观看者的角度来说，忽视任何一种模态都很难准确充分地理解其全部意义。

9.3　《我和我的祖国》电影海报的多模态分析

《我和我的祖国》是由陈凯歌担任总导演，张一白、管虎、薛晓路、徐峥、宁浩、文牧野联合指导，黄渤、张译、吴京、杜江、葛优、刘昊然、陈飞宇、宋佳领衔主演的剧情片。该片讲述了中华人民共和国成立70年间几个发生在普通老百姓与共和国之间的典型故事。本章选择的是电影中《前夜》的主题海报。片段《前夜》讲述的故事发生在 1949年 10 月 1 日中华人民共和国成立前夕，为保障开国大典升旗仪式时国旗顺利升起，电动旗杆设计安装者林治远争分夺秒排除万难，而护旗手老方等千千万万参与开国大典的工作人员和人民群众齐心协力，攻克了一个又一个难题，用一个惊心动魄的未眠之夜确保开国大典的"万无一失"，终于五星红旗顺利飘扬在天安门广场上空。

9.3.1 海报的表征意义

　　与概念功能相对应的是表征意义，它着重表现图像和观众之间的关系，分为叙事表征和概念表征两部分。区分这两类的唯一标准就是是否含有在图像中由斜线表示的矢量，有矢量的是叙事表征，反之则为概念表征。叙事表征是一种动作和行为的表征过程，包括行为过程、反映过程和言语心理行为。概念表征对应于功能语法中描写的关系过程和存在过程（李战子，2003），主要实现方式有分类、分析和象征。

　　叙事层面上，在《前夜》海报中，电动旗杆的设计者林治远、助手梁昌寿和军人杜兴汉的一腿向前迈，另一腿往后蹬，两腿构成的斜线形成了一个矢量，是叙事图像，这三人仿佛正面向观众走来。在这幅图像中，还包含反应过程，反应者就是这三位主人公，被感知的则是与人物直视的观看者。三位主人公的视线直对观众，通过眼神这一矢量实现了人物与观众之间的视线交流，通过他们坚定的眼神，观众能感受到即使困难重重，也能迎刃而解的承诺。

　　从概念表征层面来看，这幅海报同时包含着象征过程。象征过程是关于参与者是什么或象征什么（李战子，2003）。海报以红黄两色为背景，暗示着国旗的颜色，给人一种气势磅礴、热血沸腾的感觉。红色绸带上点缀的和平鸽样式的图案，和开国大典上放飞的 5 000 多只和平鸽相呼应。喻指开国大典的和平鸽振翅高飞仿佛要冲破画面的样子也和海报上"历史瞬间呼之欲出"的字样相契合。

9.3.2　海报的互动意义

互动意义与人际功能相对应。图像可以在图像制造者、图像本身和图像观看者之间建构联系，图像借此和观看者之间产生互动，并提醒观众观察表征图像时应该持有的态度。互动意义主要通过视觉接触、社会距离、视角、情态等手段来实现。

视觉接触指的是图像中参与者通过目光的指向与观看者之间建立起来的一种想象中的关系。从接触层面来看，图像可以分为索取和提供两类。该海报中，三位主人公的视线直视观众，属于"求取"类图像。海报中，林治远和他的两个助手的眼神中充满了攻克难题之后的喜悦、国旗顺利升起的欣慰和对中华人民共和国成立的憧憬，他们的眼神在索取图像观看者的共情，想要激发出观众内心的爱国热情和对当前祖国强大的自豪之感。

社会距离就是通过镜头取景的远近，来表达图像所表征事物与观看者的亲疏远近关系。图像通过中景镜头呈现代表中国的红色绸带，首尾两端延伸到镜头之外，给观众一种触手可及的感觉；给予近景的三位主人公则仿佛向观众走来，这种近中景的结合，使观众无意识地将自己融入图像当中，成为当时历史瞬间的一部分，激发出强烈的认同感。天安门广场被置于远景，与观众保持距离，既使观看者体会到当时开国大典的庄重肃穆，也体现出了年代的距离感。

视角指的是图像通过视角来体现权势关系，表达图像观看者所持的主观态度。对于水平的角度，如果是正面直观，则会给观众一种身临其境的感觉；如果是侧面斜视，则会使观看者对图像中呈现的世界漠不关心。从垂直的角度来看，如果是仰视，那么图像观看者的权势较低；反之，如果是俯视，那么图像观看者则拥有较高的权力；如果是平视，那么两者则处于平等的地位。（Kress & Leeuwen，1996）海报采用的是正面视角和平视角度，给予图像观众一种平等的关系，更容易使其身临其境，感同身受，仿佛真的置身于开国大典前夜和林治远一同攻克电动旗杆的难关，产生想要观看电影的欲望。

"情态"和我们对于周围世界"真实"的关注度有关。根据我们对客观世界所做出的陈述的真实度和可信度，情态可以分为高、中、低三个层次。克莱斯和范吕文认为，图像的情态高低与色彩饱和度、色彩区分度、色彩协调度、语境化、表征、深度、照明和亮度息息相关。对于广告和艺术设计而言，色彩就是高情态的表现。从海报上可以看出，图像主要采用的是代表高情态的红黄两色，极富视觉冲击力。红色在中华传统文化中代表吉祥、喜庆和热情，而黄色则代表着希望、光明和收获；红黄两色的结合更容易使人联想到电影的主角——国旗，从而激发出观众内心澎湃的爱国热情。

整张海报通过画中主人公与观众的眼神对视，中近景的自如切换以及极具视觉冲击力的红黄两色的搭配使用，使观众爱国的热血在沸腾，与观众之间形成了良好的互动。

9.3.3　海报的构图意义

与韩礼德功能语法中语篇功能相对应的是图像的构图意义。根据克莱斯和范吕文的研究，图像构图意义的实现依赖于三种要素：信息值、显著性和取景。

"信息值"是通过图像所包含的元素被安置的位置来体现的。根据克莱斯和范吕文的理论，被放置的左边的信息是已知信息，而放置在右侧的信息是新信息。图像的上方和下方也具有不同的信息值。居于上方的信息是"理想的"，被放置在下方的信息则是"真实的"。"理想的"是指信息的概括化性质，而"真实的"则指的是更具体、更特定的信息。位于中心的元素更为显著重要，被置于边缘的信息则是处于次要位置的。从海报全局来看，歌曲《我和我的祖国》的歌词以大字号出现在海报最显眼的位置，一下子就吸引了观众的眼球，向观众传达了该影片的主题。片名《我和我的祖国》位于海报下方，紧跟其后的是用小字号标示的电影的演职人员和出品方，相比于海报中的其他元素，是更为具体现实的信息，即"真实的"信息。黄色的和平鸽和红色的绸带有机结合，和三位主角以及天安门一起出现在海报中心，是最重要的信息，点出了电影的主要人物、情节和背景，给人一种置身于开国大典现场，看着五星红旗冉冉升起、迎风飘扬的感觉。

"显著性"是指图像中包含的元素吸引观看者注意力的不同程度，可以通过色彩的对比、前景后景的对比以及鲜明程度等来体现。"取景"指的是图像中有无切割线或明显的边框来划分图像中哪些成分属于哪些部分或者不属于哪些部分的手段。在这张海报中，清晰的前景和背后宏大的背景把图像分隔成了两个部分。漫天飞翔的和平鸽和随风飘扬的红色绸带以及庄严肃穆的天安门广场共同构成了这幅海报的后景，给整幅图片渲染了热烈激动又庄重祥和的氛围。被置于前景的三个人物色彩鲜艳，线条明晰，突出了其主人公的位置，而他们所代表的并不仅仅是他们自己，也是千千万万为开国大典付出辛苦劳动的无名英雄，当他们逐渐向观众自豪而又坚定地走来的时候，他们更象征着祖国一个个辛勤劳动的现代化建设者，激发出观众的爱国认同感，更是让观众相信，再多困难险阻也阻挡不了顽强的中华民族，祖国有了我们，必将走向下一个辉煌。通过对不同元素有效的设计布局以及恰当的颜色对比，该海报充分表达了电影的主题和内容。

时代科技的发展让语言文字不再是单一的表意模态，图像、音乐等模态也参与到了表意进程当中，多模态语篇运用得越来越频繁。由克莱斯和范吕文提出的以系统功能语言学为基础的视觉语法为多模态语篇的话语分析提供了一个令人信服的可操作的分析框架。经过多模态话语分析，我们发现一个优秀的电影海报设计，是集图像、文字和鲜艳的色彩为一体，可以通过多种模态的整合运用，传递电影的主题和思想内涵，从而达到良好的宣传效果。

9.4 微信广告的体裁多模态分析

9.4.1 理论基础和分析框架

巴赫金认为所有的语言使用都在体裁类型的框架之中，其对话理论中有关话语体裁的思想对当今的体裁研究具有重要的影响，他（1986：60）在《言语体裁的问题》一文中把"体裁"定义为语言使用在某领域中"相对稳定的"话语类型，主要涉及主题内容、组织结构和风格三个方面。巴赫金的对话理论强调"话语链"和"主体间性"，因此，在他看来，体裁概念不仅指向个别体裁类型的稳定性和组织方式，还指向类型与类型之间、作者与读者之间的互动（Solin，2014：121）。

当代话语研究者对体裁的研究主要有三个流派：澳大利亚的悉尼学派（The Sydney School）、北美的新修辞派（The New Rhetoric）和专门用途英语学派（English for Specific Purposes）。悉尼学派的体裁研究源于系统功能语言学对语域的早期研究，主要代表人物是吉姆·马丁（Jim Martin）。悉尼学派认为语篇体裁由其功能和目的决定，与特定的社会文化情境相关，对体裁的经典定义为"分阶段的目的性社会过程"（Martin，1997：13）。在体裁分析过程中，悉尼学派关注语法词汇和话语结构的社会功能，强调语境的作用，认为在不同的阶段，语篇的创作者倾向于使用不同的词汇—语法资源。新修辞派主要源于20世纪八九十年代的北美修辞研究，其体裁观以体裁所要完成的社会行为为核心（Miller，1984：151），倾向于特定专业和学科中的体裁研究，重视分析体裁使用的背景和影响写作实践的机构、文化和历史因素。专门用途英语学派对体裁的研究深受前面两派的影响，认为体裁应该由交际目的来定义："体裁是为了达到目的而使用的交际手段。"（Swales，1990：46）该学派重视对语篇整体结构的分析，其代表人物斯威尔斯（Swales）提出了"语步"（move and step）分析法，虽然其开始旨在通过分析帮助英语写作者掌握学术语篇的体裁，但后经发展，拓展了使用范围，目前已成为许多其他专业领域体裁分析经常采用的方法。

　　批评话语分析的重要人物费尔克劳质疑体裁研究中"交际目的作为核心"的分析方法，认为斯威尔斯的语步分析法过于突出体裁的稳定性。费尔克劳受巴赫金体裁观的影响，强调体裁既受特定社会实践的限制，又具有动态性和创新性，体裁系统的变化反应社会实践的变化。在分析"互话语性"时，费尔克劳（1992c：126–129）将体裁视为话语类型的组成成分，并从活动类型和风格两个方面对体裁进行分析。费尔克劳以"活动类型"（activity type）替换巴赫金的"组织结构"（compositional structure），认为一个特定体裁与特定的活动类型相关。对活动类型的具体分析主要包括两个方面，一是活动的参与者及其主体位置，二是结构化的行为顺序，其对后者的分析类似于斯威尔斯的语步分析。例如他在分析杂货店购物时指出，该活动包括"顾客"和"店员"两个指定的主体类型，而在分析行动顺序时，他指出，有些行动是选择性的，可能出现也可能不出现。因此，一种活动类型只是限定了选择范围而非确定一种严格单一的模式（Fairclough，1992c：127）。

　　费尔克劳认为风格跟体裁是分不开的，他采用系统功能语言学中的"语旨""语式"和"修辞方式"（rhetorical mode）三个参数来分析话语风格。首先，风格受语旨的影响，即交际参与者的关系不同，话语风格也会不同。交际参与者之间的社会关系近疏不同，复杂多样，因此产生诸如"正式""非正式""官方""亲密""随意"等话语风格。第二个参数"语式"影响风格，体现在口语、书面语或二者混合的话语媒介对话语的选择上。口语中的话语风格一般要比书面语更随意亲和，但有些书面语中也会出现口语体的话语，口语中出现书面语体，这时两种风格相互混合交融，甚至创造出新的风格。"修辞方式"作为影响风格的第三个参数，指的是由于修辞方式的不同，话语上出现"议论式""描写式""说明式"等风格的差异。

　　斯威尔斯的语步分析法虽然是国内外学者经常采用的体裁分析方法，但是它对语篇结构的分析属于宏观分析，并且以目的为核心的体裁分析法存在局限性，忽视具体的话语细节以及体裁的动态互文性。本章参考巴赫金和费尔克劳的体裁观将采用如下的分析模式（图9–2）：

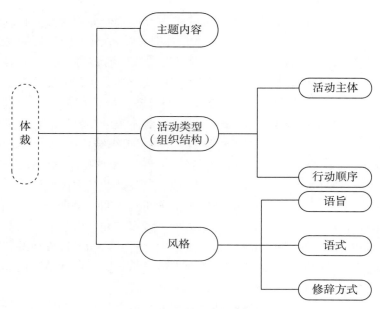

图 9-2 体裁分析模式

如图 9-1 所示，本章根据巴赫金对体裁要素的分类，从主题内容、活动类型（组织结构）和风格三个方面分析体裁。根据巴赫金的观点，主题内容就是指贯穿整个语篇的内容，按照费尔克劳的分析模式，对活动类型的分析从活动主体和行动顺序两方面进行，对风格的分析从语旨、语式和修辞方式三个方面进行。本章将应用上述体裁分析模式，分析地铁上的一则房地产招商广告，并且将广告中的图符模态和文字模态一起纳入话语分析的范围。

多模态广告语篇的体裁分析不仅包括语篇特征，还应涉及参与模态和目的分析等。所以，除了以上体裁分析模式，本章还将多模态话语分析的综合框架纳入考虑范围。以新媒体作为媒介的广告语篇，其多模态特征更加明显，图片、符号等表达的意义也不可忽视。张德禄（2009）认为系统功能语言学的理论框架可以不做任何改动直接应用于多模态话语的分析，这个框架主要包括文化、语境、意义、形式和媒体五个层面（Martin，1992）。此外，里姆（Lim，2004）的图文多模态话语框架指出，图画和语言作为交际模态共同享有四个层面，即意识形态、体裁、语域和话语意义。基于系统功能语言学的理论和里姆的研究成果，张德禄总结提出了一个多模态话语分析综合理论框架（如图 9-3），这个框架主要包括文化、语境、内容和表达四个层面，具体内容如下：

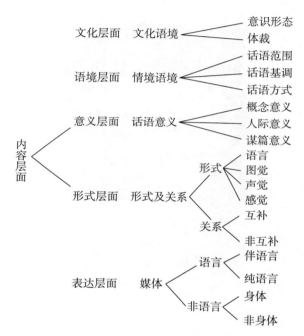

图 9-3 多模态话语分析综合框架

本章将结合以上两个分析框架，对一则多模态广告语篇进行体裁分析，从文化、语境、内容和表达四个方面考察这则广告语篇的主题内容、活动类型和风格特征等体裁要素及其动态复杂性。

9.4.2 分析与讨论

以下是一则多模态图文广告，拍摄自南京地铁一号线的车厢内部，与传统的广告形象不同，这则广告给人的第一感觉不像是广告，而是一个人们日常生活中常见的微信聊天界面。本部分将参考多模态话语的分析框架，从主题内容、活动类型和风格三个方面对其进行考察分析。

其中，我们主要从文化层面考察这则多模态广告语篇的主题内容，从语境层面考察其活动类型，而对风格要素的分析主要从内容和表达层面进行。

从主题内容上看，这是一则房地产招商广告，由主体信息和辅助信息两部分构成。主体信息为两个人的对话框，待售公寓的相关信息贯穿了这一部分，包括其首付价格、公寓面积、地理位置、交通条件和购买途径等。此外，这则语篇还包含不可忽视的辅助信息，例如，第二栏标有文字"微信（1872）""i-park 公寓团购群"，表明对话产生的背景是在一个拥有 1872 名成员的微信群里。

但是，仔细观察这幅微信群聊界面，我们会发现它跟正规的微信群聊界面格式有所区别。正规微信群聊界面的左上角应该是群名称，后面紧跟群成员个数，而在这幅截图中，左上角的位置标注的是"微信（1872）"，群名称"i-park 公寓团购群"则放在了这一栏的中心位置。这种改动是广告设计者故意为之，因为他们不是为了纯粹展示一个微信截屏，他们所有的设计都要为了提供信息和激发观众的购买欲。群名称位于中心位置，发挥一般语篇中题目概括点题的作用。左侧增加的

"微信"二字，直接点明这一对话信息的媒体来源不是其他社交媒体，而是人们最熟悉最常用的微信。从文化层面来看，微信是人们日常生活中不可或缺的社交媒体，甚至很多人会用微信处理工作事务，所以在人们的认知里面，微信具有正规性，来自微信的信息因此也具有相当的可信度。根据最后一条对话框的内容可知，该广告要招商的个数为 1872，所以广告设计者将微信群成员数设为 1872，目的在于暗示该公寓的受欢迎程度很高，有很多人感兴趣，不缺乏顾客资源，从而达到广告商的推销目的。

在活动类型方面，该语篇包含两个活动类型，表面上是一个微信聊天活动，仔细看会发现它其实是一个房产推销活动。参与主体有三个：购房者（头像女）、售房者（头像男）以及"i-park 公寓团购群"的其他成员，前两个活动主体是通过微信头像显示出来的，后一个主体是由群聊的性质和群成员个数间接体现出来的，由对话框的颜色可以判断出这篇微信聊天的视角是售房者。活动的顺序包括：购房者表达购买请求→售房者推荐商品→购房者询问商品信息→售房者提供商品信息→购房者表达购买欲望→售房者提供购买途径。这一活动过程包含了销售和咨询两种结构。除了买卖商品这一销售结构，此广告语篇还包含一个提问–解惑的咨询结构，这体现在购房者通过提出问题的方式表达购房请求，而售房者推荐其商品的同时是在回答购房者的问题，最后一轮对话中购房者表达积极意愿和售房者提供购买途径则是问题的最后解决。

值得注意的是，该广告采取了微信截图的形式，纳入了微信聊天这一新型活动类型，为广告推销活动设定了一个微信交际情境。在微信聊天这一语境下，广告推销活动展开得更加自然，也能够有效避免生硬推销给观众带来的反感效果，从而增加广告的可接受度。这是一种与时俱进地利用人们最常用的社交媒体，以咨询语篇的对话形式出现的新型广告，极具动态性和交互性。这种广告形式常出现在电子商务领域，比如说微商和淘宝卖家常常发布与顾客的聊天截图来吸引其他顾客，而在地铁车厢内部看到这种形式的广告，说明线下销售领域受到新兴的电子商务的影响，将线上的新型广告模式引入到实际生活当中。

体裁的风格要素较为复杂，我们将从语旨、语式和修辞方式三个方面分析。首先从内容层面来分析修辞方式。修辞方式这个术语用于描述以语言为基础的交际的多样性、规约性及交际目的，主要是指口语和书面语交际，其中四个最常见的修辞方式包括叙述式、描述式、说明式和议论式。修辞方式的种类主要根据交际目的来判断，叙述的主要目的是讲述一个故事以及叙述一个或一系列事件，经常采用逻辑顺序或时间顺序；描述的目的在于再造、发明或视觉呈现一个人物、地点、事件或行动，使读者对于所描述的内容产生画面感；说明的修辞方式是指通过提出想法、证据和讨论来解释和分析信息，其功能常为提供背景信息或告知指示；议论式的话语和语篇的目的在于证明一个想法或观点的正确性，通过论证、讨论或争论的手段说服读者或听话人。根据以上判断方法，从内容和修辞方式看，该广告属于描述性语篇，其中潜在购房者以咨询方式提出的问题引出了广告商／销售者对 i-park 公寓的介绍和描述，并且通过他的描述，潜在购房者及广告读者在脑海中会产生 i-park 公寓的画面，包括公寓的地理位置、面积大小、交通状况和购物设施等。

通过对该广告语篇内容和表达层面的微观分析可以总结出语旨和语式上的风格特点，从言语行为层面可以看出参与者主体地位的动态复杂性。从语旨上来看，语篇的参与主体为购房者与售房者，他们之间的社会权利关系不存在明显的高低之分，因此语篇的语言风格也非严肃正式，语言通俗易懂，对话的风格总体偏向于轻松活泼，两者的主体地位趋向于平等。然而在该语篇中，除了销售关系之外，购房者和售房者还存在咨询关系，从言语行为层面看，前者是信息的寻求者，后者则是信息的提供者，两者的主体位置并非平等。因此，两者的语言风格也略有不同。一方面，购房者的语言更加随意，使用了"馋嘴""大笑"两个表情符号，在表达其购买欲望的同时，使两个人的对话氛围更加轻松。而在另一方面，售楼者因为是专业信息的提供者，其语言选择须具有专业性和可信度，所以相对于购房者而言，其语言风格就略显拘谨。虽然在文字模态上受到专业性的限制，售房者却采用"微笑"的表情符号来靠近购房者的语言风格，减弱了对话的严肃性。从语篇内部看，这体现了购房者和售房者之间类似朋友的亲密关系；而从语篇的传播和接受维度而言，这其实是广告商在极力拉近和拉平与潜在客户的关系。

在语式上，该广告语篇以聊天截屏为载体，利用微信作为多媒体和新媒体的优势，丰富了话语风格，使其比传统广告更具吸引力和交互性。一方面，作为综合性多媒体社交工具，微信可使用的媒体包括文字、图像、声音、动画和影片等。本广告语篇主要采用的是视觉方面的媒体，包括文字和图像（头像和表情）。而且值得注意的是，在最后一条对话信息中出现了二维码，通过二维码提供的链接，用户可以获取更多的购房信息，这种超链接也是一种媒体形式，其作用在于为消费者提供更加便捷的购房途径。另一方面，微信作为移动新媒体，与报刊、广播、电视等传统媒体相比，最大的优势和特点是其互动性。首先，这种互动性在形式上体现为对话框，即信息是在购房者与售房者的对话过程中，一条一条地被呈现出来，与传统广告长篇大论式的整体呈现方式相比，这更符合现代人的快餐式阅读习惯。另外，微信的互动性还体现在信息形成的动态过程中，在微信聊天的互动环境中，信息不再依赖某一方发出，而是在双方的交流过程中形成的。例如首付价格这一信息就是由购房者以问题的形式呈现出来的，公寓的其他信息也是在购房者的辅助之下，通过与售房者的对话交流慢慢呈现出来的。也就是说，购房者看似为信息的寻求者，其实也参与了信息的选择和传播。广告商利用微信这种新型话语媒介，促进了信息的双向流动，摒弃了传统媒体单向乏味的传播模式，使消费者也参与到广告宣传活动中来，在某种程度上体现出对消费者话语权的尊重，也营造出买卖双方主体之间的平等关系。

语言会受到媒体影响，随着短信、电子邮件和其他聊天工具等新兴媒体的成熟完善，一整套独立完整的媒体语言也被发展出来。由于此篇广告采用了微信这一新型媒介，其语言风格也就不是传统的口语或书面语，而是一种新型的网络媒体语言。这类语言具有明显的特色，在此篇广告话语中主要体现为简约性和多元化。媒体话语的简约性是由通信工具的即时性和快捷需求决定的，在网络世界里，双方希望能够快速地交流信息，否则交际就有可能终止，因此用来沟通的话语应尽量简洁。这种简约性体现在词语或句子常被缩写、语法规则或标点符号常被忽略等，分析购房者与售房者的对话可以发现，二者的语言都比较简洁，常常省去句子主语，虽然是打字聊天，但二者是在模拟实况对话情境，在保留主要信息的同时尽量缩减语言长度。媒体语言的多元化体现在话语模态的选择上，除了文字之外，数字、声音、符号和图片等话语模态使交流的内容和情感更加丰富和形象。在购房者与售房者的对话中，出现了文字、数字、图片和表情符号等话语模态，这些话语模态之间形成互补关系，共同为广告商的推销目的服务。文字和数字准确地描述了待售公寓的相关情况，而为了表达强烈的购买倾向，购房者除了文字表达"想买"之外，还利用诸如"馋嘴"等表情符号，更加生动形象地表达情感，令广告观众仿佛看到了其真实表情。这种新式媒体类似口语却又比口语更加丰富多彩，营造出实时交际的氛围，使得这篇广告语篇的语言风格更加独特有趣。

从以上分析可以看出，不论在活动类型还是风格方面，体裁特征都不是单一的。销售、咨询和微信聊天等活动类型相互交融，主体位置也处于动态变化之中，这些都体现了广告语篇丰富的体裁互文性，其背后的社会实践意图在于使潜在消费者更易接受推销的内容，同时拉近与潜在消费者之间的距离，从而成功达成广告商推销的目的。我们的分析将图符模态和文字模态一起纳入分析范围，运用多模态话语分析框架，从文化、情境、内容和表达层面分析了利用多媒体和新媒体进行广告宣传的优势，揭示了广告话语的动态性和复杂性。

9.5　结语

本章对两则广告的分析表明，图像、颜色、线条等各种非语言文字模态在交流中经常与语言文字相辅相成，一起参与意义的构建，这足以证明多模态话语理论的观点，即语言之外的其他符号系统也是意义的源泉。多模态话语分析是一种跨学科、多视角的分析，涉及各种学科领域，如时尚、艺术、音乐、建筑、电脑技术等，因而拥有跨学科的知识背景是进行多模态研究的基础。另外，如果能运用电脑技术把文本中的图像模式和文本模式分离，并进行各种重新组合或重构，可能会取得令人意想不到的分析效果。

第 10 章
新媒体话语的批评性分析

当网络以难以想象的高速度发展的时候，网络语言由于各行各业人们的加入逐渐形成了自己的风格。可以说，因特网语是全球化的产物，其独特性与网络交流的特点和发展息息相关。本章有关以互联网为依托的新媒体话语的批评分析首先简单总结了英语因特网语的一些主要形式特征及其发展变化，然后再谈社交平台网络话语的互文特点。

10.1　社交网络平台

据亨特和考特克（Hunt & Koteyko，2015：446）统计，脸书（www.facebook.com）的社会网络网站（social networking site，SNS）从 2004 年建立至 2015 年已拥有 13 亿使用者，绝大多数每天都会登录该网站，已经成为当代话语生成和消费的重要媒介。特里姆和莱昂纳尔迪（Treem & Leonardi，2012）认为与其他形式的计算机辅助交际形式（例如 email）相比，社交网络平台具有四个特点：（1）能见性；（2）交际性；（3）存留性；（4）可编辑性。“能见性”指的是 SNS 提供的多样表征手段、方法和机会，使得行为和信息在网络上能轻易公布给他人。与能见性相关的“联系”能使使用者展示其与他人的联系，以创建可视的社会联系网络，制造一种共同体的感觉。“存留”指的是当使用者退出系统后，其声称的内容仍会保留下来，可供其他使用者浏览、引用、标注、搜索和再语境化（Erickson & Kellogg，2000）。“可编辑性”指的是使用者可以编辑和修改欲交流的或者已贴出公布的信息，也可以删去其他使用者对自己信息的跟帖。琼斯（Jones，2013）认为通过社会网络发布的话语是经过网络使用者的兴趣和议题筛选过滤过的，脸书网页尤其如此，网页所有者可以对新的或现存内容做出选择并决定以何种方式来表达和评论它们或者与之建立联系；他们也可以决定是否审查删改其他使用者的话语。麦克吉尔克里斯特（2016：263）提到，2014 年人们开始争论有关像脸书这样的"科技巨头"（tech giant）在塑造新闻价值上所扮演的日益重要的角色，运用不透明的规则系统来选择对受众有价值的信息。关于筛选和过滤信息规则的公开辩论表明公众对与知识生产相关的技术和实践活动的强烈意识。

一些对网络话语的研究表明，人们在网上的情感表达对社会过程会产生重要影响，例如网上表达的一些群体情绪会影响线上群体的创立、形成和瓦解等。仲然（Jung-ran，2007）表示，在线聊天者在交谈中使用缩略语、韵律特征和书写方式来表达人际意义和情感立场。同样，帕金斯（Parkins，2012）表明，澳大利亚人在推特和脸书上的交流使用韵律符号和副语言符号（paralinguistic marker，例如大写、标点符号和表情符号等）来表达情感。一些研究试图表明媒体上的情感话语会对受众产生更大的影响。例如，范德斯蒂格（van de Steeg）认为高度情感的话语要比平常的技术话语和有共识的话语更容易令人心动而采取整治行动。她总结说，媒体话语产生足够的激励性来吸引公民的注意力和兴趣，激发出一种想象的共同体身份感和行为主体感（Chiluwa & Ifukor，2015：273）。

奇鲁瓦和伊夫科尔（Chiluwa & Ifukor，2015：269）发现，人们在像推特和脸书这样的社交网络平台上所表达的有关突发事件、自然灾害或社会危机的评价往往呈现出"负面效价"（negative valence），充满了消极情绪，而"这也会经常威胁到常识，因为情绪性语言往往会夸大现实并扭曲事实"。奇鲁瓦和伊夫科尔指出，对社会行为者和情景做出的情绪化意识形态评论本身于事无补，不会解决任何实际问题，这是一种"懒惰活动主义"（slacktivism）。李和赫斯耶（Lee & Hsieh，2013）将"懒惰活动主义"定义为通过社会媒体的低风险和低成本的活动，例如点击一下"喜欢"表示支持，签一下网上请愿，或者转发网络上的信息或视频，以引起他人的注意或者获得一种情绪上的满足感。但是一些有关计算机辅助交际的研究表明了网络交际的一些重要特征和功能。例如德劳克尔（Draucker，2013）表明，隐藏在推特屏幕背后的个人通过使用某些像指示词这样的语言形式来提高组织的声音以支持其青睐的政治群体；扎帕维格纳（Zappavigna，2011：794）注意到推特信息不仅实施概念功能也完成人际功能，在其评价功能中，"语言被用于表达立场和指涉其他语篇以建构权力和凝聚力"；哈内卡特和赫尔里英（Honeycutt & Herring，2009）突出推特的会话风格，显示其支持使用者之间交流和作为合作工具的特点；斯塔姆珀尔（Stumpel，2010：2）运用话语分析的方法论证脸书"制定了话语框定和日程设置的一种复现模式以支持对平台造成的即时变化"；梅里德尔和奥瑟霍夫尔（Maireder & Ausserhofer，2014）认为，就像脸书一样，推特也被视为一种开放、透明和低门槛的信息和思想交流平台，它显示出巨大潜力朝着通过促进社会联系扩展公共辩论空间的方向来重塑政治话语结构。

10.2 英语因特网语的主要特点

10.2.1 因特网语

语言在履行社会职能时，会因其使用的地域不同而产生不同的地域变体，也会因其交际目的、内容、场合以及交际双方关系的不同而产生不同的情景变体和功能变体，还会因社会因素的差异而形成不同的社会变体。正在崛起的因特网上因传递"电子邮件"，进行"电子商务"和网上聊天等言语交际活动而出现了一种用字母、短语和符号的特殊组合进行交流的方法。由于因特网上使用的主要是英语，因此英语语言的网络变体逐渐引起人们的注意。

在英语中网络语言有若干提法，如"网上用语"（netcronym）、"网络俚语"（netspeak / cyber slang）、"电脑语言"（cyber language）、"计算机俚语"（computer slang）等。由于它起源于因特网，所以我们更倾向于把它称为"因特网语"（Internet language，IL），即上网者使用的一种由字母、短语和符号的特殊组合进行交流的语言。它不同于计算机术语，即计算机专家在编程等过程中所用的一种特别的包含许多专门词汇的术语；也不是关于网络的新名称，如 netizen（网民），而是上网一族在聊天、收发电子邮件时使用的语言。费尔克劳（2003：77）指出，"新型通信技术的发展伴随着新体裁的发展。"因特网语的历史很短，最早也只能追溯到 20 世纪 60 年代。20 世纪 80 年代之后，随着网络技术的发展和普及，因特网语逐渐走向成熟："在现实空间里，我们除了用语言来交流，更多的还借助工具，而在网络上，我们唯一依靠的就是语言。语言的功用被网络发挥到了极致。可以说，网络就是语言世界。"（《光明日报》1999 年 1 月 20 日第 15 版）

10.2.2 因特网语的形式特征

在虚拟的网络世界里，语言主要是靠文字交流来实现。虽然有了多媒体的介入，声音和图像能够被实时传播，但是纯文字交流仍然居主导地位。各种语言都能以其独特的方式准确高效地传递信息进行交流，英语因特网语也不例外，它调动了语言、数学、逻辑学等多学科中的各种缩略手段，以便用最简短的线性排列来传递更多的信息。下面我们仅从三个方面来展示一下英语因特网语的这种简练而高效的特征。

1. 标点符号及其组合

大约两个世纪以前，英语中的标点符号还主要用于修辞，即表示讲话中的停顿、强调等。在现代英语中，标点符号的应用已经标准化和模式化，用以更加清晰地表达意义和标示句子的语气结构。在网络聊天中，标点的非常规使用可谓是一大特点，本章对标点的研究并不包括其在网络聊天中的省略，而是关注其衍生的新的形式、功能和意义。在网上，交流者之间一般存在遥远的空间距离。聊天双方既看不到对方的形象也听不到对方的声音，所以无法用手势、语气或面部表情等非语言手段传递情感。于是，上网聊天的人们为弥补这种情感交流方式的不足，发明了以标点符号与其他符号组合在一起（主要是标点符号之间的组合及与字母的组合），构成一张张简单生动的脸谱，图文并茂，来传递感情。在理解这些脸谱时，一般需要扭转 90 度来阅读（有的网络聊天室会自动把符号转为实际的脸谱）。例如：

符号	含义	标点符号	含义
:）	微笑，高兴 ☺	^.^（不需扭转 90 度）	眯眼笑
:（	难过 ☹	^.^;（不需扭转 90 度）	流冷汗的笑
:P	吐舌头	:-O	呼喊
;）	眨眼睛	~	扬眉一笑
?-（	有问题，疑惑	:-Q	我吸咽
:-D	震惊或惊喜	:-/	困惑

　　一般这类符号组合都具有象形功能，一旦接触之后，就能为人理解而得到广泛传播。此外，还有一些标点符号和其他符号如数字和非常用符号的组合。例如：

:-@	尖叫	8-）	我是眼镜族
:-&	舌头打结，说不出话来	:-{	我蓄胡子

2. 缩略语

　　在网络聊天或发送电子邮件时，为了加快打字速度节约交谈的空间和时间，出现了许多新的英语缩略语和不规范拼写。缩略语是因特网语的一种主要构词手段，它们具有造词简练，使用简便的特点，具有很强的生命力。缩略的语句一般为常用的起衔接作用的短语，即使初次接触网络的人不明白其含义，也不会对理解对方的意图影响太多。这些缩略语通常很快就会被广大网民所接受。下面仅举三种缩略法。

　　一个是首字母缩略法（Acronym）。

　　首字母缩略法用每个单词的第一个字母（通常大写）进行组合来取代该词组或短句，是因特网语中最为常见的，也是最令初上网者费解的。其中，既有一个字母代表整个单词的，也有一个字母代表单词一部分的缩略词，在后一种情况下，整个单词往往是一个合成词。例如：

	缩略语	原文	中文含义
一个字母代表整个单词	A/S/L	Age/ Sex/Location	年龄/性别/所处位置（用于询问对方的基本情况）
	LOL	Laugh Out Loud or Lots Of Laughter	大声地笑出来或者有许多欢笑
	ATM	At The Moment	当时
	BBL	Be Back Later	一会儿就回来
	IOW	In Other Words	换句话说
	LTNS	Long Time No See	好久不见
	FUD	Fear, Uncertainty and Doubt	害怕、不确定和怀疑
	Wombat	Waste Of Money, Brains And Time	浪费金钱、脑力和时间
一个字母代表单词的一部分	BF	Boyfriend	男友
	GF	Girlfriend	女友
	DL	Download	下载

第二个是截短法（Clipping）。

截短法是将原词的一部分截短，常见的方式包括截去词尾或词头，或者去掉元音等。例如：

截词尾：hang on a sec=hang on a second（稍候）；rep=reputation（名声）。有的单词甚至截至只剩第一个字母，如 P=Pardon（再说一遍）；G=Grin or Giggle（狞笑或咯咯笑）。

截词头：cause（或 cuz)=because（因为）；m=am（是）。截词头在因特网语中似乎比较少见。

去元音：去元音是指去掉词语中的元音字母，只保留辅音中发音突出、外形明显的那些字母。这有点类似于汉字输入法中智能 ABC 中的联想输入。例如：

因特网语	原文	含义
MSG	MESSAGE	消息
PLS	PLEASE	请
PPL	PEOPLE	人们
THX	THANKS	谢谢

第三个是同音借用法。

英语重形，汉语重意，而因特网语重音。因此，许多让人莫名其妙的错误拼写其实只是根据其读音的一种简化改写。这也是因特网语所特有的一种构词方法。例如：

因特网语	原文	含义
B	Be	（可以作为一个单词的音节，如 bcome）
C	See	看见
OIC	Oh–I see	哦，我懂了
Y	Why	为什么
U	You	你
UR	Your	你的
R	Are	是

还有一种就是词组仅按照发音来描述，而不再有一一对应的替代字母。如 ICQ（I seek you）中 seek 的尾音 k 和 you 结合在一起用发音相同的字母 Q 来代替。还有一些利用数字的发音掺入单词拼写中的情况，将在下文详述。除了借音以外，还有一些特别的借形，如 XOXO 即为 hugs and kisses（拥抱和亲吻）和 ZZZ 即 bored or sleeping（无聊或在睡觉）。

由字母构成的缩略语通常是表意的，但在某些大型正规的聊天室的配置下，一些单个字母也可表达情感。如在 hotmail 中，上网者键入一个左括号，一个特定字母和一个右括号，就会有意想不到的图像效果出现。例如，键入"（R）"，就会出现一朵玫瑰花（因为 R 是 rose 的意思）；键入"（G）"，则会出现一个礼物盒子（因为 G 是 gift 的意思）。当然，字母和字母组合的表达力非常有限，且与不同的聊天室的设置相关，因此，在这里就不做进一步讨论。可以预计的是随着网络的发展，很可能会出现统一的字母表情符号。

3. 数字拼缀法

数字拼缀法是指根据发音把阿拉伯数字嵌入一个词中的相应部位以节省打字时间和篇幅。例如：

因特网语	原文	含义
L8	Late	迟到
CUL8R	See you later	待会见
GR8	Great	了不起
2	Two/To	二／对
4	Four/For（也可以是词缀）	四／为了
B4	Before	之前
4GET	Forget	忘
W8	Wait	等
M8	Mate	伙伴

还有一种拼缀方法就是把单词中数字拼写的部分换成阿拉伯数字，如 any1（anyone）和 some1（someone）。阿拉伯数字不仅可以与字母组合来替代一个单词或短语，还可以与标点符号组合来表达情感，这已经在"标点符号"中阐述了。

因特网语主要用于聊天室、电子邮件、网页及其他受网络影响的地方，如手机、呼机短消息等，它的特点与其使用场所的特点有着紧密的联系。聊天室无疑是因特网语使用最多，创新最频繁的地方，因而也最具研究价值。网上聊天与面对面聊天既不同又相似。一方面，网上聊天的参与者被局限在以键盘为主要工具的交流形式中，他们无法依靠手势语、身势语、面部表情等其他非语言信息来辅助交流；另一方面，网上聊天又是一种实时交流，在同一时段里交流是双向的，交流者可同时接受信息或发出信息。也就是说，网络聊天又非常类似于我们日常生活中面对面的口语交流，信息的接收和发送构成一个连续的、不间断的过程，交流的双方能及时收到对方的反馈信息，并据此调节和修正下一步交流的方向和内容。因此，网上聊天使用的因特网语具有口语和书面语的双重特征，它模糊了人们对口语和书面语的传统区别，形成自己独特的文体风格。这意味着参与网上活动的人必须打破传统言语交际的一些成规，并逐渐适应一些新的在网际交流中被一致认可的行为规范。另外，网上聊天与电话聊天也不尽相同。电话聊天虽然缺乏面对面聊天那样的身体语言，但是谈话者的语气语调可以在一定程度上做出弥补；而在网络聊天中，视觉文字和标点符号是传递信息的唯一载体，所以音系标记不具有意义。当然，网络聊天也有语音聊天系统，但由于涉及网络安全配置问题，文字交流仍然占绝对优势，因而谈话也就相应地变成了在电脑上"打"话。依赖键盘的网络聊天要求谈话者既要弄懂对方的意思又要同时键入文字，做出反馈，而这一切都是在极短的时间内完成的，上述各种标点符号组合、缩略语和数字拼缀的大量使用也就不足为奇了。

10.2.3　英语因特网语的发展变化

正像任何活的语言一样，因特网语既有一定的封闭稳定性，又处于不断的发展变化之中。在一个年龄层次、在一个国家内流行的因特网语未必会在另一个年龄层次、另一个国家内流行。随着因特网普及程度的提高和上网人群年龄层次的多样化，英语因特网语的形式和功能在不断地发生着变化，其使用范围也在不断延伸："计算机上的对话不知不觉地成了普遍使用的语言。以'微笑'为例，以前只出现在网络语言中，现在我看到越来越多的人在写信和便条中使用这种符号。"（《参考消息》1999 年 2 月 11 日第 6 版）广告商也用上了因特网语，例如可口可乐公司在推销柠檬味冰芬达的广告牌上这样写道："Tell yourM8S"，芬达 "Tastes GR8"（告诉你的朋友们，芬达口味棒极了）(《北京青年报》2001 年 5 月 31 日）。

手机短消息和呼机留言的出现大大加速了因特网语与生活的联系。手机短信息于 20 世纪 90 年代中期出现在荷兰，"它们以掐头去尾、稀奇古怪著称，成为当今世界发展最快的行话。"（《北京青年报》2001 年 5 月 31 日）手机每条短消息最多容纳 160 个字符，对语言缩略要求更高，其简化程度有超过因特网语的趋势。例如，18 岁的高中生约瑟芬在伦敦市中心的莫里兹服装店前收到其男友理查德发来的这样一条短信息：WAN2CAPIC.（Wanna to see a picture/ 一起去看场电影）。当然，因特网语也会淘汰掉过于抽象的缩略语或过于烦琐的表达方式，只留下易于辨认和记忆的那些。因特网是一个世界性的网络，英语因特网语中那些易于被母语为非英语的上网者所理解的缩略语最具有生命力，这就解释了为什么表示"微笑"的符号要比表示"流冷汗的笑"的符号流传得更为广泛。

在官方语不是英语的国家里，英语因特网语在与各国语言的结合过程中会呈现出不同的特色："与通常的观点相反，计算机通信似乎不会导致使用者形成一种共同风格。相反，他们倾向于形成各自的风格。"（《参考消息》1999年2月11日第6版）由于阿拉伯数字是最为普及的和最易为各国人民所理解的符号，因此这种以数字的本国发音来替代一种语言里相似发音的单词或短语的使用方法在许多国家都很普遍。替代的语言可以是英语，也可以是本国语。下面分别是一些日语和汉语发音中模仿英语的数字语。

数字	日语或汉语发音	英语原文	含义
39	SANKYU	THANK YOU	谢谢
88	BABA	BYEBYE	再见
2651	ERLIUWUYAO	I LOVE YOU	我爱你

数字语言在日本和中国要比英语国家发达得多，主要是这两个国家的语言中同音字非常多。早在呼机，尤其是数字式呼机（numerical pager），出现后不久，数字就开始不仅仅被用于显示回电号码，而且增添了新的表意功能。美国虽然是呼机的发源地，却并没有如此发达的数字语言，仅有一些简单的，如"911"（紧急救援）和"411"（电话查号台），不像日语和汉语可根据发音来创新。呼机上的数字语言体现了不同国家语言与高科技的因特网融合时的文化特色，下面是一些日语和汉语数字发音模仿其各自语言的例子：

数字	日语或汉语发音	含义
88951	HAYAKUKOI	早点回来
0298	ONIKUYA	卖猪肉的
3166	SAYONALA	再见
518	WUYAOBA	我要发
26511314	ERLIUWUYAOYISANYISI	我爱你一生一世
886	BABALIU	拜拜了

10.3　社交平台新闻话语的互文性分析

10.3.1　理论背景

新闻的传播媒介有多种，如纸质材料、有声广播、电子语篇等。脸书和推特等作为一种"新媒体"（new media）社交平台，其流行促进了信息在全球的快速传播。各国的新闻机构纷纷在社交平台上注册官方账号，将其作为传播新闻的一种新媒介，国家领导人也在社交媒体上发表政治言论，利用社交媒体实时快捷的特点，对政治问题做出即时反应，出现了例如美国总统特朗普的"推特治国""推特外交"等新形式。新媒体最突出的特点包括交互性与即时性、海量性与共享性、多媒体与超文本、个性化与社群化，这些特点令新媒体形成了一个广阔且内容丰富多彩、形式灵活多变的"众声喧哗"的信息传播与对话交流空间。

随着信息技术、计算机技术和移动通信技术的飞速发展，新媒体以其全新的信息传播方式日益深入我们社会的方方面面，不仅成了一种新时尚，也形成了一种新文化，可以称作"新媒体文化"（侯巧红，2014）。"新媒体"相对于传统媒体，是一个不断变化的概念，国内外至今尚未对其形成一个统一的定义。美国《连线》杂志对新媒体的定义是"所有人对所有人的传播"。联合国教科文组织对新媒体下的定义是"以数字技术为基础，以网络为载体进行信息传播的媒介。"美国互联网实验室认为，"新媒体是基于计算机技术、通信技术、数字广播等，通过互联网、无线通信网、数字广播电视网和卫星等渠道，以电脑、电视、手机等实现个性化、细分化和互动化，能够实现精准投放，点对点的传播"。国内一般认为，新媒体是一个相对的概念，"是报刊、广播、电视等传统媒体以后发展起来的新的媒体形态"。（《中国人才网》2018 年 3 月 22 日的"新媒体发展现状调查报告"）新媒体涵盖了所有数字化的媒体形式，包括所有数字化的传统媒体、网络媒体、移动端媒体、数字电视、数字报纸杂志等。简言之，新媒体是利用数字技术、网络技术，通过互联网、宽带局域网、无线通信网、卫星等渠道，以及电脑、手机、数字电视机等终端，向用户提供信息和娱乐服务的传播形态。它是以互联网为大背景，区别于电视、报纸等传统媒体，目前被大众广泛应用的信息传播平台的统称，具有更加快速高效、开放灵活和碎片个性的去中心化多向传播特点。传统媒体一般采取的是"你说我听"的单向传播方式，而新媒体达到了"你说我听，听完我说"的多维互动传播方式，就是说，新媒体用户不仅是新闻的消费者，也是新闻内容的生产者和推广者，用户新闻信息传播系统具有"传–受"和"受–传"双向互动的特点（童清艳，2017）。

新媒体的发展代表了未来媒体发展的新趋势和大方向，因而自然引起了业界和学界的广泛关注，越来越多的专家从不同的角度对其进行研究，国内比较有代表性的包括中国人民大学新闻学院彭兰、清华大学新闻与传播学院熊澄宇、中国社会科学院新闻与传播研究所孟威、中国传媒大学邓忻忻、北京大学胡泳、华中科技大学钟瑛等。早在 2013 年 6 月 25 日，中国社会科学院新闻与传播研究所、社会科学文献出版社就在北京联合发布了新媒体蓝皮书《中国新媒体发展报告（2013）》，总结了当时我国新媒体发展的六大态势和移动互联网、微信、微博客、大数据与云计算、社交媒体、三网融合、宽带中国、智慧城市与物联网、移动应用 App、OTT TV 等十大热点，全面解析了中国新媒体传播的社会影响。李建伟和李梦龙（2013）认为目前新媒体研究主要集中在四个领域：（1）微博等新媒体应用研究；（2）手机等移动新媒体终端研究；（3）新媒体与传统媒体的关系及变革研究；（4）新媒体兴起对社会政治、文化影响的研究。童清艳（2017）认为以下几点将是未来媒体突破的靶向，预示着全球媒体未来的发展趋势，因而也应该是当下和未来学界研究的重点领域：（1）新媒体对人们未来生活产生的重大影响；（2）新媒体发展进入"大数据"时代，"智能云"成为各类企业走向国际化的路径；（3）移动互联持续创新与改变新媒体的发展态势；（4）社会化媒体依然是新媒体发展的焦点。

互文理论是在 19 世纪 60 年代法国结构主义的背景下产生的，其根源可以追溯到索绪尔的结构主义语言观和巴赫金的对话理论。索绪尔（1974）把语言符号视作能指（signifier）和所指（signified）的结合，并强调二者之间的关系具有任意性。他指出，一个语言符号因为与其他符号之间的对立而产生意义，一个词语的意义产生于与其他词语所构成的横组合（syntagmatic）与纵聚合（paradigmatic）的关系网络中。索绪尔的这种语言符号观为互文理论的产生奠定了基础。巴赫金为符号意义的生成过程引入了历史维度。巴赫金（1986）对语言符号意义的阐释突出的是其历史性和主体间性，强调所有言语交际都发生在特定的社会情境之下，是特定等级和群体之间的对话，无论是口头语还是书面语，无论是最简单的对话还是最复杂的科学论文，所有话语都具有内在的对话性。受结构主义和后结构主义的影响，克丽丝蒂娃在向西方介绍巴赫金的对话理论时，将其对话性阐释为"互文性"，指出，"任何语篇都是由引语拼凑而成的，任何语篇都是对另一语篇的吸收和转化"（Kristeva，1986：37）。伯格兰德和德莱斯勒（De Beaugrande & Dressler，1981）把互文性视为构成语篇"篇章性"的七大特征之一，互文性成为语篇的内在属性。对语篇互文性的分析最初主要集中在文学领域，到了 20 世纪 80 年代，媒体批评家注意到互文性在媒体语篇中的应用，比如电影和电视节目中对于其他通俗文化产品的引用和指涉，所以人们渐渐开始将互文性视为语篇生成者的语用策略，用来引导受众把不同的语篇联系起来，以达成其交际意图（辛斌，2008）。费尔克劳（1992c：103）利用批评话语分析的范式研究互文性，强调将互文性与霸权理论相结合的重要性。他把互文关系视作社会权力的互动，认为互文性理论需要与社会权力结构和社会实践等理论相结合，从而揭示互文策略背后的权力关系和意识形态意义。

　　人们迄今在互文性分类上进行了很多尝试。克丽丝蒂娃（1986）将互文性分为水平互文性（horizontal intertextuality）和垂直互文性（vertical intertextuality），前者指一个文本与其他序列文本之间的对话和互文关系，比如一个说话者将其他说话者的声像、词汇和短语储存在大脑中并进行重新利用；后者从历史和聚合的角度看待互文语篇，指的是构成语篇的直接或间接的语境。詹尼（1982）区分"强式"互文性和"弱式"互文性；前者指一个语篇中包含明显与其他语篇相关的话语，如引言、抄袭等，后者指语篇中存在语义上能引起对其他语篇联想的东西，诸如类似的观点，主题思想等。费尔克劳（1992c）区分"明示互文性"和"构成互文性"，前者是指其他语篇在某一语篇中的明显呈现，后者指由不同体裁和写作惯例相互交织形成的复杂关系。在上述分类的基础上，辛斌（2005，2008）从读者和分析者的角度将互文性分为具体的（specific）和体裁的（generic）。具体互文性（specific intertextuality）指一个语篇包含可以找到具体来源（即说话主体）的他人的话语，这类互文性能够涵盖上述的强势互文性和显著互文性以及不加标明引用他人话语而产生的互文关系。体裁互文性是指在一个语篇中不同文体、风格、语域或体裁特征的混合交融，它们所涉及的不是个体主体，而是群体主体（例如某一社会阶层、职业、行业、机构等）。脸书作为一种新媒体"在人们快速汇合意见、分享观点、传递信息、提供捐款等方面提供了重要平台"（侯巧红，2014：173），本节试图从辛斌（2005，2008）的分类出发考察该社交媒体在其有关中国南海问题的新闻报道中如何调配具体互文和体裁互文资源，从而创造一种内容丰富多彩、形式灵活多变的互动对话新闻信息空间。

10.3.2　具体互文的"众声喧哗"

"声音"（voice）是巴赫金对话理论的一个基本概念，它指说话者在某一话语或语篇中的存在。声音的这种意义充分体现在巴赫金对陀思妥耶夫斯基（Dostoevsky）小说的评论中，例如他认为陀思妥耶夫斯基的小说结构就像是"关于某个就在面前的人物，他听得见作者的话并能做出回答。作者不是就一个人物说话而是与他说话"（1984：63）。与传统媒体相比，新媒体通过各种具体互文性手段更能促成说话者和受话者之间的这种朵思妥耶夫斯基小说式的对话。通过分析脸书上关于南海问题的新闻话语我们发现以下五种手段最常见："参考"（reference）、"言语转述"、"回应"（response）或"回声"（echo）、"提及"（mention）和"预设"（presupposition）。在这些手段当中，两个或多个声音或者界限分明、互不干扰（例如"参考""直接言语"），或者其中一个声音支配或歪曲其他声音（例如"间接言语""提及""预设"），或者它们相互回应、支持或反驳（例如"回应"或"回声"）。

"参考"指的是新闻机构的脸书账号运营者在简短的脸书语篇下直接附上供读者参考的具体新闻报道，而这些新闻报道一般来自该新闻机构，一般篇幅都比较较长。例如：

例 1：China said on Tuesday it was waiting for an official word on why Japan plans to send its largest warship on a three-month tour through the South China Sea, but that it hopes Japan can be responsible. （中国星期二说正在等待日本官方解释为何要派遣其最大战舰在中国南海巡航三个月，但它希望日本是负责任的。）

"China waits to hear why Japanese warship going to South China Sea"（中国等着日本解释为何要派战舰去中国南海）（Reuters, March 14, 2017）

如例 1 所示，在路透社（Reuters）账号发布的脸书正文下附上了新闻报道的标题，读者通过点开标题就可阅读来自路透社的完整参考语篇。此外，与许多其他新媒体一样，脸书也提供了灵活方便的"发布者–受众、受众–发布者、受众–受众"的多维互动空间，在每一条新闻之下都附有三个选择："like"（喜欢）、"comment"（评论）和"share"（分享），供阅读者点击，以表明对该条新闻的态度、评价或将其转发他人分享；再往下还进一步提供了阅读者"写评论"（write a comment）的空间。我们将这类互动手段也归于"参考"，它们不仅为消息发布者也为阅读者提供反馈和参考。像路透社这样的传统新闻机构以这样的方式成了新媒体的最大受益者，它们通过脸书这样的社交平台和其四通八达的互文关系能将自己的新闻迅速传播给更多的读者并获得即时反馈。

在传统形式的新闻语篇中最常见的一种具体互文性就是转述言语，基于社交平台的新闻语篇依然具有这一特点。利奇和肖特（Leech & Short，1981）将转述言语分为"直接言语"（direct speech, DS）、"间接言语"（indirect speech, IS）、"自由直接言语"（free direct speech, FDS）、"自由间接言语"（free indirect speech, FIS）和"言语行为的叙述性报道"（narrative report of speech act, NRSA）五类，并按转述者的介入程度进行了排序：按 FDS、DS、FIS、IS 和 NRSA 的顺序由左向右，转述者介入的力度依次增强。就是说，最左边的 FDS 在形式与内容上最接近原话，受转述者介入的程度最低，而 NRSA 则只转述原话所实施的言语行为，因而主要传递的是转述者的声音。凯珀伦和莱波里

（Cappelen & Lepore，1997）认为引语至少可分为四类，即"纯粹引语"（pure quotation）、"直接引语"（direct quotation）、"间接引语"（indirect quotation）和"混合引语"（mixed quotation）。"纯粹引语"不是在引用他人的话语，而只是在谈论某个语言表达方式（例如"生活是一杯酒"是个比喻）；"混合引语"就是直接引语和间接引语的混合。

在我们所分析的脸书上关于南海问题的语料中最常见的是以下四类转述言语：直接言语、间接言语、混合引语和言语行为的叙述性报道。上面的例1中出现的是间接言语，其他三种转述形式见下面的例子（以下脸书正文语篇下均附有作为"参考"的新闻报道标题和互动空间，这里不再引用，下同）：

例 2a：The United States and China will fight a war within the next 10 years over islands in the South China Sea, and "there's no doubt about that". At the same time, the U.S. will be in another "major" war in the Middle East. Those are the views—nine months ago at least—of one of the most powerful men in Donald Trump's administration.（在未来10年之内美国和中国会为中国南海岛屿打一仗，"这是确定无疑的"；与此同时，美国还会在中东卷入另一场"大战"。这些就是唐纳德·特朗普政府中最有权势的人之一持有的观点，至少九个月前是如此。）

（*The Guardian*, February 2, 2017）

例 2b：China's state media is warning of a "devastating confrontation".（中国官媒警告毁灭性对峙）（*Time*, January 13, 2017）

例 2a 通过混合引语建立互文关系，在对美国某政府高官的观点进行间接转述时提到了其部分原话。这种形式的使用，既便于公众理解官方的观点，又在一定程度上保留了转述者着意突出的那部分话语的语气和风格，在把官方话语通俗化的同时也增强了报道的准确性。例 2b 通过言语行为的叙述性报道建立了该语篇同中国官方媒体发言的互文关系。在言语行为的叙述性报道中，转述者既不承诺忠实于原文的内容也不承诺忠实于其形式，因而这种转述形式要比间接言语更为间接（辛斌，2005：115）。例 2b 中的转述者使用这种转述形式一方面传递了自己对中方话语的解读，即这是一种"警告"（warning）言语行为，另一方面也突出了事态的严重性，即有可能导致"灾难性的对抗"（devastating confrontation）。

"回应"或"回声"是指脸书上的当下某一语篇在内容或形式上是对此前某一语篇或话语的回应，其中或许也会有转述言语，但转述的目的在于对其做出回应，请看下面的例子：

例 3：A real "freedom of #navigation operation" may be harmless. But it will be hardly distinguishable from an innocent passage in the #SouthChinaSea. All because freedom of navigation has never been an issue in those waters.（真正的"航行自由"可能是无害的，但在中国南海很难与无害通过相区分，因为在那些海域航行自由从来都不是问题。）（*China Daily*, May 25, 2017）

例 3 中的这段话通过"回应"建立了与美官方话语的互文对话关系。此前美国官方声称"杜威号"在南海的航行属于所谓的"自由航行计划"而非"无害通过"。这两个名词看似相似，其实蕴含的意识形态意义大为不同，"无害通过"的前提是承认航行领域属于某个国家的领海或管辖范围，而美国的所谓"自由航行计划"指的是在国际公海的航行。所以美方的话语实际上暗中表明不承认中国在南海的主权和权益，这种言语上的主权侵犯当然会受到中国官方的反驳。中方指出"自由航行"虽然也可能无害，但是不适用于在南海相关水域，表明南海相关海域属于中国主权管辖范围内。如果说例 3 中的回应还属于一种比较委婉的反驳的话，那么下面例 4 中的回应就是对此前西方某些媒体报道的严词否定了：

例 4：Truth about #SouthChinaSea should not be misrepresented by Western media...（中国南海的真相不应被西方媒体歪曲……）（*Global Times*, July 11, 2016）

"提及"指的是在脸书语篇中虽然没有引用原话，但是提到了另一具体语篇、话语或话语事件，从而形成两者之间的互文关系。

例 5：...Top Chinese and United States naval officials held talks on Thursday amid fresh tension in the South China Sea following the USS Lassen's high-profile entry into the waters near isles claimed by China.（……美国海军"拉森号"驱逐舰高调驶入中国声索主权的岛屿

近海，引起中国南海新的紧张局势，中美海军高级官员星期四举行了会谈。）（*China Daily*，Nov. 2，2015）

例 5 提及了中美海军官员在星期四举行高层会谈这一具体的话语事件，这种互文手段往往能为新闻报道提供一种"有据可查"的权威性。虽然受限于篇幅该脸书语篇并未提到具体谈话的内容，但却为想要进一步了解信息的读者提供了线索。

作为一种具体互文关系，"预设"指的是说话者认为已经"存在"的其他语篇信息（Fairclough，1992c：120）。通过预设，说话者将暗含在语篇中的某种信息假定为公认的事实，引导读者不加质疑地去接受该事实，以获得将自己的认知或意识形态倾向强加于读者的效果。

例 6：The UN tribunal's decision applies not to sovereignty claims, but the maritime rights attached to such claims.（联合国法庭的判决不是针对主权声索而是其产生的海洋权益。）（*Financial Times*，July 12，2016）

例 6 中的这句话预设了所谓的"联合国临时仲裁法庭"关于菲律宾单方面提交的南海仲裁案裁决的真实性和有效性。然而，事实是中国从一开始就一直郑重声明，既不承认这一仲裁案，其临时仲裁庭也不接受裁决结果。

10.3.3 体裁互文的"异声同啸"

巴赫金认为，传统语言学上所谓的统一的语言实际上是不存在的，现实生活中的语言是芜杂、多样的，"语言只有作为由一系列规范的语法形式组成的抽象的语法体系、脱离其内在的具体的思想意识概念才具有统一性……现实的社会生活和历史变化带来语言内部各式各样且各自自成一体的、用言语表述出来的思想意识体系……构成这些思想意识体系的是充满多种语言意义和价值取向的语言成分，每一种语言成分都有其各自不同的声音"（Bakhtin，1981：281）。这种"各自自成一体的、用言语表述出来的思想意识体系"便是巴赫金所说的"异质语"。在巴赫金看来，不同体裁、不同职业、不同时代的话语，甚至是不同个人的话语，以及官方语言、文学和政治运动语言都是不同的"语言"，都是纷繁世界中的异质语。

与异质语的基本理念一样，巴赫金认为在体裁的相互作用甚至是相互斗争中，存在有意识地引申转用体裁的问题。体裁的引申转用是指某一活动领域的体裁被有意识地转用到另一种活动领域之中，目的是达到幽默、戏谑、讽刺、滑稽或反讽的效果。巴赫金所说的体裁引申转用实际就是本章所说的体裁互文性。体裁的引申转用会使原体裁带上不同言语体裁的基调和意向。每个言语体裁都代表着人们对现实世界的一种视角、一种思考方式，隐含着根据语境而选用体裁的价值评判。换言之，体裁本身就代表着群体对事物或现象的共同的社会评价（凌建候，2007：171）。人们在进行表达的时候，每一个语境都会暗示交际者选择适当的言语体裁。体裁自身的属性（价值取向和基调）会提供给交际者所需要的交际效果。基于脸书的新闻语篇通常来自相关报道或者发言，在社交媒体上进行传播，各种语篇特征相互并存融合以适应广大受众的不同口味。所以，从语篇的产生、传播和接受三个维度看，作为一种新媒体的脸书上的新闻报道具有明显语言异质性或体裁互文性，体现出各种体裁特征，包括超文本、警示语、广告和网络用语等。

在脸书有关南海问题的新闻话语中经常出现网址和"#SouthChinaSea"等形式的超文本链接，点开这些链接就会进入一个文本网络，里面包含与南海问题相关的各种风格和体裁的文本，例如历史介绍、地理描述、旅游宣传、漫画恶搞等。超链接建立了脸书新闻与各种其他体裁文本之间的联系，这超越了传统纸媒的呈现方式，为读者提供了相对完整的信息网络和信息渠道，便于他们更加全面地获得相关问题的背景知识或了解其来龙去脉，使自己对当下新闻话语的理解和判断更加准确。

脸书新闻中经常出现像"MUST KNOW"（必须知道），"You should know"（你应该知道）等这样具有特意提醒或警示作用的词语，这是典型的广告风格，意在引起读者对其新闻中某些内容的特别注意。其他具有广告风格或特点的表达方式在脸书新闻中也俯拾即是。

例 7：China's fishing moratorium will cover the South China Sea south to...To hear a discussion on the impact of past fishing moratoriums, tune into today's VOA ASIA radio program at 15: 03

http://bit.ly/2mupTZ3.（中国的休渔区域涵盖中国南海至……要听有关以往休渔期影响的讨论，收听 15：03 的《美国之音》节目。）

（VOA ASIA, March 16, 2017 at 8: 30 a.m.）

例 7 语篇的前半部分是提供有关"中国禁渔"的信息，后半部分则是在推销宣传其电台节目，并附上了收听节目的网址，这很容易使读者联想到广告推销的模式，即告知商品信息并附上消费渠道。另外，脸书新闻经常以"Exclusive"（独家报道）、"Breaking news"（突发新闻）等词语开始，具有典型的博眼球搞促销的广告特征。

例 8：Exclusive: Japan to send largest warship to South China Sea...（独家报道：日本将派遣最大战舰去中国南海）（*Bangkok Post*, March 14，2017）

例 9：BREAKING OVERNIGHT: U.S. warship approaches disputed islands in South China Sea for first time during Trump administration.（昨夜突发：美国战舰在特朗普上任后首次驶近中国南海有争议岛屿。）（World News Now，May 25，2017）

漫画的作用主要是宣传和讽刺批判，虽然其在传统新闻语篇中也时有所见，但在脸书新闻中尤其常见，这主要是由漫画独特的艺术形式所决定的。好的漫画具有强烈的视觉效果，它往往能以简洁生动的形式达到揭露、讽刺或幽默的表达效果，是人们十分喜闻乐见的一种表现形式。

例 10：U.S. brinksmanship will turn #SouthChinaSea into a powder keg again.（美国的战争边缘政策会再次把中国南海变成火药桶）

（Global Times，Dec. 30，2016）

例 10 的文字部分表达的是"美国的战争边缘政策将把中国南海变成火药桶",但报道者显然意犹未尽,在下面加了一幅漫画,其中有两个角色正做出拳击对决的姿势,一方是黑白相间的熊猫形象,代表中国,另一方则是头戴高礼帽的山姆大叔,代表美国。这种文本与漫画的结合使整个新闻语篇充满了动态感和趣味性,生动形象地表达了文字所无法表达出来的许多其他意思,令读者浮想联翩,例如"熊猫这样憨态可掬的温顺动物都被惹急了",或者"熊猫都忍无可忍而不再忍了",等等。赵新利(2017)将通过漫画这类手段所达到的传播效果叫作"萌力量",即通过挖掘和展现以"可爱"为中心的"萌元素",以特定的表达方式,例如语言、动作、表情、吉祥物、动漫等,来进行传播和沟通活动,从而获得受众的好感和支持的力量。

社交平台上的新闻依靠网络进行传播,在传播过程中也受到网络用语的影响。

例 11: Beijing seeks for "positive energy" in South China Sea.(北京在中国南海寻求"正能量")(*China English News*, February 25, 2017 at 9: 01 a.m.)

在 CCTV 发布的一篇脸书语篇中使用了"positive energy"(正能量),该词为 2013 年中国网络热词,该词的使用表明网络词汇正逐渐蔓延到政治新闻领域。这种体裁互文形式把通常是严肃庄重的政治新闻变得灵活轻松。脸书用户多为广大网民,用受众熟悉的词汇传播新闻信息拉近了媒体与受众的距离,有助于新闻内容的理解和接受。

除了上述主要由不同的体裁形式和风格混合交融所构成的体裁互文性之外,脸书上"南海问题"或者"南海争端"这一主题还涉及各种相关话题,它们形成一个放射状的话题网络,在这一网络中各相关话题之间也构成各种各样的体裁互文关系,这在脸书新闻中主要通过"# 话题"的形式表现出来。例如:

例 12: Flexing muscles? Sailing to #SriLanka, #ThePhilippines, #Singapore and #Indonesia, #Japan's largest warship will make waves in #SouthChinaSea.(亮肌肉?驶向斯里兰卡,菲律宾、新加坡和印度尼西亚,日本最大的战舰要在中国南海掀波浪。)

(*Sputnik*, March 14, 2017 at 4: 20 a.m.)

例 12 中每一个提到的国家都加了话题符号"#"，这些国家与"南海问题"相关，读者可以点击由"#"形成的链接，从而了解脸书上关于这个话题的相关内容。除了相关国家构成的话题，脸书上围绕着"南海问题"的新闻还涵盖了各种各样的其他相关话题，诸如"#westphilippinesea"、"#navigation"、"#Tensions"、"#Trump"等。这种庞大的话题网络为"南海问题"提供了详尽的背景资料，读者通过在信息中遨游，对这一主题逐渐有了深入而全面的了解。

10.4　社交平台多模态话语的体裁互文分析

在信息化时代，语篇的呈现途径多种多样，文本、图片、视频等各种传播形式的出现使得文本的概念逐渐扩大。社交平台用户往往以吸引更多粉丝关注为目的，他们的发帖内容通常形式多变、多种体裁糅合以博取人们的注意。比如，图片或者视频的使用对于解释、传播往往具有更好的效果，超链接、超话等功能也扩展了信息的来源渠道。所以，社交平台这种大众化、接地气、易操作、以传播为导向的特点让不同体裁的借用、糅合变得更加方便。本节拟以新冠肺炎相关话题为背景，从个人、媒体、机构三个层次结合体裁互文性和多模态话语分析的研究方法对社交媒体脸书上相关用户的发帖进行分类研究。

10.4.1　社交平台上的多模态话语

在这个"读图"的时代，多模态话语分析的应用十分广泛。最早同时也是产出最多成果的研究是图片等二维图像在人类社会交往活动中的作用。比如，期刊封面的图像研究（王莹、辛斌，2016；王正、张德禄，2016），旅游宣传画及其承载的文化因素等（梁兵、蒋平，2015）。此外，多模态话语分析也逐渐延伸到了以视频形式出现的电视新闻、电影或者宣传片之中（Pentzold et al.，2016；潘艳艳，2020）。潘艳艳（2017）从多模态话语分析的视角在隐喻和转喻分析的基础上对比研究了中美国防宣传片《中国力量》和《勇士之歌》在叙事模式、话语策略以及意识形态方面的差异，该研究不仅涉及图像模态，还涉及背景音乐的声音模态。

今天，社交媒体在人们日常生活中变得愈加重要，社交平台"易操作性""高创作性""快传播性"的特点使得网络话语的呈现形式不再局限于某一种体裁或格式，社交平台的创作形式更多地体现了"借鉴""杂糅"的性质。在多模态话语研究的传统领域，期刊、报纸、电影等研究语料往往会遵循某种创作手法或者创作技巧，在某种程度上这些研究资源是有规律可循的。而且，以上语料通常会保持一定的严肃性和庄重性。但是，社交媒体中的发帖一般显得毫无规律、杂乱无章。但近年来学者们也逐渐注意到了社交网络的特点，并开始尝试研究其对多模态资源的运用。例如，耿敬北和陈子娟（2016）以 QQ 群中使用的文字、语音、表情符号和超链接等多种交际形式作为研究对象，发现网络社区倾向于以不同模态的互动为基础以构建虚拟和现实语境的最佳交融。辛斌和李文艳（2019）在社交平台网络新闻话语的互文性相关研究中也发现漫画的使用往往可以提升一个严肃话题的可读性和趣味性。

以往的多模态话语和体裁互文研究所涉及的多模态资源分析往往比较单一，或者是图片模态的阐释，或者是视频模态的分析，较少涉及各种社交平台上相对更加复杂的对各种话语模态之间的相互搭配和作用关系进行分类和描述。当下流行的社交平台已经不是文字、图片或视频的简单集汇，而是提供了包括各种视觉资源以及超链接、超话、直播等不同功能或者创作形式的交流平台，是各种体裁杂糅、重铸、再生的混合体。所以，将多模态话语分析和体裁互文分析相结合是十分必要的，体裁互文性这个概念对社交网络中应用广泛的各种文本、图片、视频、超链接等的杂糅、再造等具有较强的解释力。

10.4.2　多模态话语的体裁互文分析

我们将脸书上有关新冠肺炎的发帖分为三类：个人、媒体和机构。个人用户选择的是拥有众多粉丝且关心疫情的好莱坞首位被传染新冠肺炎的明星汤姆·汉克斯（Tom Hanks）；媒体和团体用户分别是《纽约时报》（New York Times）和世界卫生组织（World Health Organization）。本研究发现，广告体裁、文本–漫画体裁、讣告体裁、文本–视频体裁这四种混合体裁形式在社交媒体上最具特色，因此也最具分析价值。

1. 广告体裁

广告往往是以新奇的文字或图片、视频搭配来吸引受众的关注，因此在社交平台的发帖中十分常见。传统上，广告的目的是让受众记住某个品牌或者对某种服务留下深刻印象。但在互联网时代，社交媒体互联互通的特点不仅具有"广而告之"的功能，还有为广告客户精准"引流"的功能。例如汉克斯十分关心新冠肺炎的发展，时常为防疫、抗疫发出自己的声音。2020年4月25日他曾在脸书上发表了下面这个帖子：

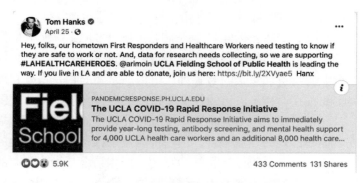

图 10-1　脸书上网民发帖举例

这个帖子是汉克斯为了洛杉矶当地医疗机构的一项保护卫生工作者计划做宣传而发的，自身就带有比较强的广告属性。同时，社交媒体多元功能选择和特殊的体裁特征也增强了它的广告属性。首先，帖子中最重要的信息都用加黑、放大的方式着重显示出来，如#LAHEALTHCAREHEROES、UCLA Fielding School of Public Health等，这种凸显的方式可以让受众在第一时间内了解帖子的最重要信息。此外，超话（点击便会显示平台上所有相关话题的帖子）#LAHEALTHCAREHEROES 的使用和直接 @arimoin（点击可以转到该用户主页）点名项目负责人的方式则给受众提供了直接渠道去详细了解该计划的影响力及进程，增强了该计划的可信度和透明度。而通过点击蓝色超链接 https://bit.ly/2XVyae5 或下面的缩略网页都可以直接进入该项目的网络主页。如图 10-2 所示：

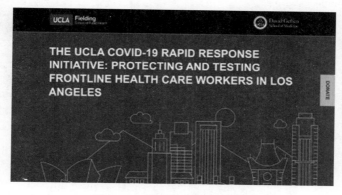

图 10-2　脸书上网民跟帖举例

该项目的主页设计简洁，在页眉的左右部分分别有加州大学洛杉矶分校两个学院（School of Public Health 和 School of Medicine）的标识，这种设计无疑对于受众第一时间了解该计划的权威性有重要作用。所以，在这个短短的帖子中，超话、超链接、@ 用户等社交媒体上特有的不同体裁的互相杂糅不仅仅增强了文本的可读性，也进一步扩展了表达内容，拓展了知识维度。社交媒体的特殊功能也让广告不仅实现了"广而告之"，同时也实现了对于广大受众的"精准引流"。

此外，媒体用户在社交网络上存在的重要目的之一就是扩大自身影响力，所以，媒体用户在社交媒体上的表现更加具有广告倾向性。它们几乎所有的发帖都有一个共同特点：发帖只是为了介绍，将受众引导至自身网站才是目的。在社交平台的发帖中，《纽约时报》的发帖遵循了这样一个原则：介绍大意 + 转载标题 + 醒目配图，如图 10-3 所示：

图 10-3 《纽约时报》在脸书上的网民发帖举例

　　如图 10-3 所示，该帖子主要是为了报道部分欧洲国家决定采取隔离政策，文字之外，也配上了一幅空荡荡的街景图，空旷的配图实际上把文本的语义具体化、形象化了，从而实现了"语图互文"（王莹、辛斌，2016）。这种特殊的体裁杂糅在某种程度上可以让受众在第一时间对于报道内容进行简单了解，如果拥有详细了解的需要，点击图片或标题便可以直接进入《纽约时报》的官方网站。

　　综上，基于社交媒体"受众广""传播快"等特点，广告体裁的帖文在社交平台上的应用比较广泛，尤其对于一些拥有"引流"需求的用户来说，社交平台所提供的配图、超链接、超话等功能允许用户让受众第一时间了解相关信息并进一步提供简单方法准确引导。

2. 文本–漫画体裁

　　与写实图片不同，漫画总是以一种简洁生动的方式进行宣传、解释或者讽刺和批判（辛斌、李文艳，2019）。脸书上，各新闻机构所发布的帖子中，配图是一种常见的行为。这样做不仅是为了证实或者使得发帖更加饱满和生动，同时，漫画也可以将一些晦涩的概念变得通俗易懂。所以，文本和漫画的体裁互文在突发性公共卫生事件中具有良好的解释、说明作用。

比如，在应对新冠肺炎的政策上，"群体免疫"（herd immunity 或 community immunity）作为个别国家（英国、瑞典等）的防疫政策饱受争议。"群体免疫"是指人或动物群体中的很大比例获得免疫力，使得其他没有免疫力的个体因此受到保护而不被感染。英国首席科学顾问甚至表示要让 60% 的英国人感染新冠肺炎以获得群体免疫。《纽约时报》为了解释何为群体免疫，如何获得群体免疫，以及目前的世界距离群体免疫有多远，便运用了如下漫画插图。

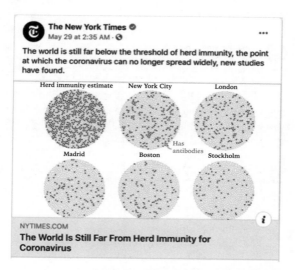

图 10-4　《纽约时报》有关群体免疫介绍的示意图

如图 10-4 所示，《纽约时报》所发相关帖子中运用了 6 张简单的配图，在这 6 张配图中红点代表了拥有抗体（即被感染）的人数，空缺部分代表了没有抗体的人数。第一幅图显示了为获得群体免疫所需要的免疫人数比例，其余几幅图则显示了当前世界上疫情较为严重地区的感染情况（包括纽约、伦敦、马德里、波士顿、斯德哥尔摩等地）。不难看出，第一幅图和其余几幅形成了比较明显的反差，即使是疫情相对比较严重的纽约地区（第二幅图）距离群体免疫也非常遥远。这几幅简单的配图和正文中 "The world is still far below the threshold of herd immunity, the point at which the coronavirus can no longer spread widely, new studies have found."（新的研究发现，世界还远未达到群体免疫的界限，达到这个界限新冠病毒就无法广泛传播。）形成了"语图互文"，受众通过图片更容易理解帖子中的核心观点。所以，在这种视觉上的强烈对比以及新冠肺炎较高的死亡率背景之下，受众很容易得出如下结论：（1）如果依靠群体免疫，将会有更多人失去生命；（2）群体免疫政策是错误的。

此外，在疫情之初，《纽约时报》也运用漫画对一些诸如"社交距离"等防疫概念做出了解释。比如，2020 年 3 月 20 日《纽约时报》在脸书上发了这样一个帖子：

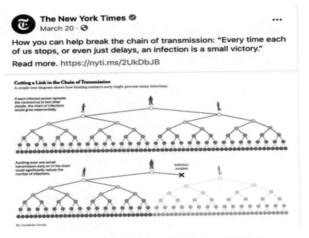

图 10-5 《纽约时报》有关社交距离的图

在图 10-5 中，上下两幅漫画形成了强烈的对比。上半幅图揭示了新冠肺炎在人与人之间的传播路径，如果不采取任何隔离措施，任何一个感染新冠肺炎的病人都有可能"一传十，十传百"，造成新冠肺炎的肆意传播。而在下半幅图中，分支最顶端一个人的隔断，使得右边整个分支免受新冠肺炎的侵扰。这就与文本中 "Every time each of us stops, or even just delays, an infection is a small victory."（我们每一个人每次阻止或者哪怕延缓一下感染，就是一次小的胜利。）形成语图互文，在视觉上详细解释了保持"社交距离"的重要意义，实现了快速而又明了的宣传。

综上，在突发公共卫生事件中，漫画体裁和文本体裁的杂糅在解释晦涩的医学概念、防范传播等方面具有显著效果，不仅可以利用漫画将文本具体化，同时视觉资源的利用也有利于强调重要信息，符合当下快节奏的社会生活方式。

3. 讣告体裁

数字时代，传媒领域发生了巨大的变化，但是对于一些传统纸媒来说，虽然传播平台发生了巨大变化，但是撰文依旧保持一贯风格。《纽约时报》因其古典严肃的报道风格素有"灰色女士"之称，讣告发布作为一项历史悠久的业务，时至今日依然被《纽约时报》重视。新冠肺炎在全世界范围内造成了不同程度的恐慌情绪和一定程度的伤亡。当面对这样一个席卷全球的突发公共卫生事件时，《纽约时报》在社交平台上的表现依然严肃、传统，对于一些伤亡事件尤其重视，依然保持着一贯以来对于逝者的尊重。疫情期间，《纽约时报》在有关新冠肺炎的发帖中，一些讣告体裁的帖子令人印象深刻。如图 10-6 和图 10-7 所示：

图 10-6 《纽约时报》有关新冠肺炎的讣告体裁帖子

They Were Not Simply Names on a List. They Were Us.

Numbers alone cannot possibly measure the impact of the coronavirus on America, whether it is the number of patients treated, jobs interrupted or lives cut short. As the country nears a grim milestone of 100,000 deaths attributed to the virus, The New York Times scoured obituaries and death notices of the victims. The 1,000 people here reflect just 1 percent of the toll. None were mere numbers.

Patricia Dowd, 57, San Jose, Calif., au-

real jokester · **Michael Sorkin**, 71, New York City, champion of social justice through architecture · **George Valentine**, 66, Washington, D.C., lawyer who mentored others · **James Quigley**, 77, Chicago, rebel of the family · **Sherman Pittman**, 61, Chicago, dedicated his life to his church and his neighborhood · **Susan McPherson Gottsegen**, 74, Palm Beach, Fla., loyal and generous friend to many · **Andreas Koutsoudakis**, 59, New York City, trailblazer for TriBeCa · **Bob Barnum**, 64, St. Petersburg, Fla., leader in Florida Pride events · **Noel Sinkiat**, 64, Olney, Md., nurse planning for retirement · **Thomas E. Anglin**, 85, Cumming, Ga., created many wonderful memories for his family · **Robert Manley Argo Jr.**, 75, South Bay, Calif., member of Del Amo Flyers · **Michael McKinnell**, 84, Beverly, Mass., architect of Boston's monumental City Hall · **Huguette Dorsey**, 94,

图 10-7 《纽约时报》有关新冠肺炎的讣告体裁帖子（a）

2020 年 5 月 29 日，美国新冠肺炎死亡病例突破十万例，在《纽约时报》的相关发帖中，一行简单的文字配上由 1 000 名病亡人名组成的插图的方式看似简单却也显得十分震撼。如图 10-6 所示，帖子的正文部分是部分病亡人员职业的简单介绍，以及美国超过十万人死于新冠肺炎这个事实的简单阐述："A dictionary collector. A wind chaser. A disco dancer. They are just a few of the more than 100,000 lost to the coronavirus in the U.S.（一位辞典收藏者、一位逐风者、一位迪斯科舞者，他们只是美国十多万新冠病毒死亡者中的几位。）"

而点击文章链接，则会进入文章的正文，如图 10-7 所示。这篇文章的第一句话是刻意大写的一句："They Were Not Simply Names on a List. They Were Us."（他们并非只是些名字，他们曾经就是我们。）帖子正文中几个常见职业的选择和图片中普通名字的列举以及文章中刻意的提醒形成了语图互文。同时这种列举也和受众之间形成了对话，因为受众也可能从事类似的职业，受众也可能拥有同样的名字。这种由图像解释文字、由文字拓展图片意义的表达方式在有关"死亡"话题的阐释中既震撼又发人深省。《纽约时报》在该帖子的发表中不仅缅怀了逝者，还向受众阐明了这样一个观点：逝者曾经就是我们当中的一员，我们却也有可能变成逝去的他们，防疫、保持社交距离仍然是社会生活中需要重视的方面。

除此之外，《纽约时报》在脸书有关新冠肺炎的发帖中还经常使用如下配图，如图 10-8 所示：

图 10-8　《纽约时报》有关新冠肺炎的讣告体裁帖子（b）

《纽约时报》在新冠肺炎的相关报道中，经常使用黑底白字"Coronavirus Live Updates"的配图，在常规的帖子中，这种黑底白字、极易令人联想到墓碑或者讣告的配图并不常见。所以，这种稀缺也往往吸引更多的关注。此外，图像往往比文字拥有更加丰富的表达，图像自身的模糊属性可以让受众向不同方向产生丰富联想（Fiske，1990；张辉、展伟伟，2011），尤其对于这种带有强烈象征意义的图片，不仅更容易吸引受众的眼球，同时也更容易向人们表达新冠肺炎的危险性，提醒人们应更加重视。

所以，讣告体裁的使用不仅起到吸引受众眼球的作用，在突发公共卫生事件的报道中，这也是一种更加谨慎、更加严肃的报道方式，对于新冠肺炎的相关宣传以及有关逝者新闻的报道都更加恰当。

4. 文本-视频体裁

前文已经从体裁互文性的角度讨论了社交媒体上不同用户的发帖类型，实际上，除了链接、超话、@ 用户等特殊功能，传统纸质媒介也可以做到诸如讣告、图片、漫画等体裁的自如运用，但是对于视频，报纸或者杂志就无能为力了。所以，在社交媒体上，视频的运用是最能体现社交平台特色，也是最具传播力的工具之一，因为视频是文字、图像、声音的集合体，承载的信息往往更多。视频的内容多种多样，可以是实物或者场景，同时也可以是文本的集合，将文本融入视频往往可以起到引导受众把握重点的功能，同时也降低了受众阅读的时间成本。所以，视频和文本体裁的杂糅在突发公共卫生事件中对于介绍、引导、传播等方面具有不可替代的作用。

在分析所涉及的三个用户中，世界卫生组织在发帖中对于视频的运用更为广泛，世界卫生组织作为世界范围内的抗疫领导者，在宣传、介绍、解释、新闻发布等活动中对于视频的使用无论在简洁性、传播性或知识的广泛性方面都更具优势。

比如，2020 年 5 月 24 日，世界卫生组织在脸书上贴出了题为"5 Ways to Stop Misinformation"的视频。在这 44 秒的视频中，世界卫生组织提供了五种常见的辨别谣言的方法，其中包括：（1）Verify the Source;（2）Verify the Date;（3）Is It a Joke?（4）What's Your Motive for Sharing It? 5）Is It Even Possible to Verify? ［（1）确认来源；（2）确认日期；（3）是否只是个玩笑？（4）你分享它的动机是什么？（5）有办法确认吗？］虽然以上辨别谣言的方法本可以通过文本的形式呈现，但是以视频的形式总结却可以体现更多的优势：（1）视频更容易突出重点，令受众警觉；（2）视频避免了过多文本阅读所造成的视觉疲劳；（3）视频具有引导阅读的作用，令效果更好。

比如，在该视频中第一条方法的介绍中，辨别是否为谣言的最重要证据就是参看消息的来源。

图 10-9　确认消息来源的方法

　　首先，从时间长度来看，5 秒钟时间之内，从序号（如图 10-9（a））到辨别方法（如图 10-9（b））再到举例说明（如图 10-9（c）），这个视频便介绍了一种重要的识别谣言的方法，符合快节奏的现代生活。此外，从视觉角度来看，第二幅图在虚化的背景之上，突出了"Verify the Source"三个词。而图 10-9（c）则运用聚焦和添加底色的手法又将实例报刊或杂志的作者身份投射到影像之上作为重点介绍对象，这种方式不仅清晰，同时也更好地向受众准确定位了消息来源的常见位置。因此，受众可以快速、容易地得出结论：高学历、有亲身经历经验的人所说的话才是可以相信的。所以，将文本以视频的方式呈现来传播防疫知识既快速又可以更加方便地突出重点。

　　除了视频和文本的杂糅，将漫画以视频的形式呈现也是社交媒体上常见的表达手法。实际上，对于成年人来说，无论是口头警告还是文字宣传，在防疫方面都可以起到较好的效果。可是，对于认知或理解能力较差的儿童，文字就没有那么大的吸引力了。所以，如何正确又有效地面向儿童进行新冠肺炎的预防宣传也是事关防疫成败的重中之重。2020 年 6 月 3 日，世界卫生组织在脸书上贴出了一段题为 "wash your hands for 40 seconds with Peppa pig"（和小猪佩奇洗手 40 秒）的视频。

　　在这个时长 31 秒的视频中，世界卫生组织将洗手习惯的介绍融入风靡世界的学前电视动画片《小猪佩奇》。视频封面展示了佩奇的形象和世界卫生组织的标志，而右下角 "Wash Wash Wash Your Hands"（洗洗洗你的手）则是一首儿歌的名字，整部动画短片在这首欢快的歌曲中将佩奇一家围在一起洗手的画面展示出来。不仅是画面在家庭场景中描

图 10-10 世卫组织有关洗手防疫的漫画（a）

图 10-11 世卫组织有关洗手防疫的漫画（b）

述着洗手的动作，背景音乐的歌词其实也是 "wash wash your hands"（洗洗你的手）的不断重复。而且，短片最后的画外音也会进行提示："Remember to wash your hands for at least 40 seconds."（记得洗手至少 40 秒）。以儿童熟悉的卡通形象和较为容易接受的欢快歌曲以及不断重复的简单语言作为宣传媒介对于接受能力较差的广大未成年人会有更好的效果。

综上，视频作为一种信息承载量巨大的媒介不仅能和文本也能和漫画进行体裁的杂糅，从而在引导读者关注信息重点以及对于特殊受众进行定向传播方面具有不可替代的作用。

10.5　结语

本章对脸书这种社交平台上的话语分析表明，网络信息平台不仅用户数量庞大、传播速度快，而且图片、视频、超链接等不同功能和不同模态的并存和灵活运用允许不同用户的自主参与和创作更加多样化。视觉资源和听觉资源的应用对于解释新鲜事物具有不可替代的作用，但与此同时也并没有压缩文字的存在空间，而是令不同载体的图文相互支撑、相得益彰。各种形式的新媒体与我们当今社会生活已经密不可分，其迅猛发展已经并将会继续催生出无限的虚拟空间，这既为现代社会和个人带来了极大的活力和便利，也对社会管理和个人素养带来了巨大的挑战和风险。在新媒体的环境下我们如何借鉴迄今国内外新媒体文化发展的经验教训，优化网络安全环境，提高公民的新媒体文化意识和个人素养，建立既包容开放又充满正能量的新媒体文化，对中国特色社会主义的建设与和谐社会的发展至关重要。

第 11 章
边缘话语的批评性分析

　　范戴克（1986：4）指出："每一领域的批评科学都试图超越描述或肤浅的应用，追寻一些深层次的问题，比如说谁应该负责，有什么利益涉入其中，有何意识形态需要厘清。不同于纯粹学术或理论的探讨，批评理论从普遍性的社会问题入手，采取的立场往往是那些最受苦受难者的立场，批评性地分析那些权势阶层，揭示究竟谁该负责，谁又有能力解决这些问题。"本章所涉及的"边缘话语分析"（marginal discourse analysis，简称 MDA）正是本着这样的批评精神，以社会问题为己任，在西方学界和中国都崭露头角的一种话语分析新范式。本章试图厘清话语与人种学、话语与文本、边缘与核心等边缘话语分析的一些基本理论问题，并介绍边缘话语分析在中国的研究进展。

11.1　话语批评：一种人种学的批评范式

　　作为一种以社会关切为己任的话语分析方法，批评话语分析以社会语境和文化语境为经纬对语言的性质与意义进行诠释。它把语言当作社会文化现象来考察，将语言视为一种社会符号，探究语言是什么，语言为什么如此，话语的意义何在，话语如何产生这种意义等问题。同时，它关注当代社会生活中正在发生的重大变化，这些变化如何在话语中实现，并考量话语与意识形态、权势、身份、社会结构等诸多因素的关系。

　　批评话语分析关于语言与社会的研究，内核是话语的语境化，而话语语境化究其本质是一个人种学（ethnography）的问题，因为语言、社会/语境、人类活动三者息息相关。遵循从话语批评到文化批评的路径是批评话语分析的基本理念。"语言批评"（linguistic criticism）聚焦话语承载的差异与不平等，同时对话语作为体现差异与不平等的载体与场所的复杂性做出阐释。

在批评话语分析看来，话语活动不是孤立封闭的，它有一个广阔而深厚的社会、文化关联域，离开它们，语言活动步履维艰，话语研究的人文意味将逐步消失。因此，批评话语分析视话语为活生生的社会存在与人类经验，而非一组组无生命、无人性的表示语法逻辑的符号。话语批评关注边缘话语，致力于在社会文化的实践行动中发出真实的声音，它的终极目标在于边缘话语所代表的边缘社会、边缘人群与边缘文化。

"批评"是话语分析者探讨社会互动，挖掘话语与社会现实之间关系的途径。批评话语分析的"批评"代表着一种"态度"，它是中性的而非负面的，秉承客观、中立的立场，拒绝吹毛求疵。"批评"与"描述"互为参照系，描述性话语分析从话语的直接语境中寻求解释话语的原因，而批评性话语分析立足社会体系和社会制度来寻求解释话语的原因，并通过批评"揭示语言和其他社会生活要素之间隐晦不明的关系，同时致力于进步的社会变革以及解放的知识欲望"（Fairclough，1995a：747）。

话语分析可在多个维度上开展，如文体、修辞、叙事、体裁的分析，词汇、句法、语义、语用的分析，以及时下异军突起的认知话语分析等。不同的分析视角影射了批评话语研究自 20 世纪 70 年代末兴起以来呈现于不同时期的不同研究倾向。起初，以福勒为代表的批评语言学沿袭了文体学与语言学分析的传统，以韩礼德的系统功能语言学为理论框架，着重微观的语言分析与描写；20 世纪 90 年代，以费尔克劳为代表的批评话语分析着眼于构建一种批判性的社会科学，虽然仍以系统功能语言学为理论基础，但由于受到法兰克福学派麾下阿多诺（Ardono）、霍克海默、哈贝马斯以及后结构主义哲学家福柯等社会学、文化研究和意识形态批评理论的影响，其话语研究注重多视角与跨学科性；与此同时，以范戴克和沃达克等人为代表的批评话语分析者将一直缺席的认知科学纳入批评话语分析的理论体系中，提出认知话语分析模式，旨在推动对语言、认知与社会关系的研究。

一言以蔽之，批评话语分析是一种"生态主义"（ecologism）或"生态批评"（ecocriticism）。如果德里达（1976：158）宣称的一切尺度都是文本的尺度，"文本之外别无他物"（There is nothing outside of the text.）指明了其话语观的一维性的话，那么批评话语分析的语言观至少是四维的，它是大地尺度、人的尺度、话语尺度与批评尺度的聚合。它既关注自然的生态危机也关注由于阶级、种族、性别等的不同而产生的精神的生态危机；既关注话语也关注文化。批评话语分析在提供一种语言分析方法的同时，也为人们经由后现代视角审视社会提供了一种思维方式，并逐步发展成为后现代批评的范式之一。

11.2　关于边缘的思考

2010年夏天，笔者因工作需要带领 20 余名本科学生前往美国纽约皇后区的圣约翰大学访学，为期 40 天。平生第一次与这么多 90 后贵族子弟生活相处，笔者有诸多不适应。与其说老师带学生，不如说学生带老师。网络的通达，使得这一代人在来之前已对纽约了如指掌。稍有空暇，他们必定穿梭地铁去第五大道大包小包购物。买的都是在中国制造的世界名牌。跟随几次之后，笔者不再担心他们迷路，也就放弃了一同前往的坚持，一个人留在大学校园里看点书。圣约翰大学是教会学校，颇有历史，有几处校区。位于皇后区的这个原是一家高尔夫球场，最迷人的莫过于那绵延起伏的草地，笔者一个人日复一日地享受草地、阳光、空气、阅读以及去国怀乡的孤独。正是这次纽约之行，触动了笔者对于边缘话语的思考。

"城市是言说之都"（A city is a place of talk. 韩礼德，1978：154）。纽约这样的大熔炉更是如此。话语与身份在这里留下了最好的注释。在我的记忆中，印象最深刻的莫过于黑人与华人这两个群体。黑人从早期作为奴隶被贩卖到美洲，一直处于美国社会的边缘。天生的肤色，使得他们成为美国社会的问题。他们的语言为主流的社会与教育机构所歧视。黑人很多时候被认为天生就是语言能力缺陷者。然而，在我的印象中，黑人团结、能歌善舞、富有节奏感。在圣约翰的草坪上，他们随时都可以舞动起身肢。在纽约最繁华的商业区，不时会飘来一阵嘹亮的歌声，那往往是哪位黑人歌手在献歌卖艺。华人呢？华人在美国社会也是一个边缘群体。从最早远涉重洋去美国西海岸淘金、开餐馆、修铁路算起，华人其实也一路坎坷。走在法拉盛的夜色中，所有的思考都化作心酸。脏乱差竟如改革开放之前的中国城市。完全是被这个国际性大都市遗忘的角落。时至今日，真正能进入主流社会的华人寥寥无几。为什么？因为他们天生的肤色、他们的语言。在唐人街，华人很多时候讲的是福建话、广东话、中国英语。乡音难改令其无法越过语言的鸿沟。有一本书，名为 The Island of English，大概是讲华人的语言教育问题。而这逼仄的孤岛，未尝不凝固着华人在美国的语言与社会境遇。

　　"边缘""话语"这些概念，其实都是介于语言与文化之间的一些范畴。近年来，学界真正打通话语研究与文化批评两个领域的著述，非朱大可（2006）先生的《流氓的盛宴：当代中国的流氓叙事》莫属。对于朱先生来说，"国家""流氓"这一"二元对立"左右了中国历史，并维系了历代王朝的漫长生命。中国王朝的历史正是在国家主义／流氓主义、国家社会／流氓社会、极权状态／江湖状态之间震荡与摆动。当然，据朱先生的词源学考证，"流氓"一词最早在汉语中并非贬义。在朱先生的话语体系中，流氓是一种"流亡""他者"的状态，是拥有身份危机、异乡情节和精神焦虑的个体。用我们的话来说，是"边缘人群"。朱先生认为当代的流氓话语不仅存在于诗歌、小说之中，而且还存在于影视、音乐、建筑、网络之中。色情话语、污秽话语、刘索拉的嬉皮文学、崔健的摇滚乐、消费话语、王朔的痞子文学等都落入流氓话语的队列。在朱先生看来，流氓主义是一把双刃剑，它对国家主义的正典话语（我们所说的主流话语）具有解构的作用，力量此消彼长之后成为国家主义的"刺客"；而如果能利用其解构中的"建构"性元素，流氓主义将给国家主义话语提供生生不息的新鲜血液。对我们而言，朱先生这部被誉为"近年来难得"的理论著述恰恰打通了话语与文化两个研究领域，验证了边缘与主流话语之间的共生关系。而也正是这部力作，为我们用功能主义关于"反语言"的理论来诠释话语与文化提供了灵感（丁建新，2010：76–83）。

　　近年来对于福柯的阅读是促使我们研究边缘话语的另一个原因。福柯作为一位思想系统的历史学家、哲学家和文学评论家，对于理解西方晚期现代性具有很重要的启发。而我们更愿意把他（1972，1973，1975，1977，1984）看作是一个注重语言疗效、聚焦边缘、点亮边缘的先行者。他宣称"凡人已死"，强调"主体之死，大写的主体之死，作为知识、自由、语言和历史的源头和基础的主体之死"（莫伟民，2005：129）。被社会选择所忽视、遗忘、排斥的人群及其话语常常出现在他的研究视域中，如疯子、囚犯、性变态、精神病话语、囚犯话语、惩戒话语等。在《疯癫与文明》（*Madness and Civilization*：*A History of Insanity in the Age of Reason*，1973）一书中，福柯考察了中世纪以来关于疯癫的历史。女子的子宫被视作疯癫的始作俑者，麻风病人被关禁闭、被恐吓、被施以冷水浴和紧身衣予以治疗。在《规训与惩罚》（*Discipline and Punish*：*The Birth of Prison*，1977）一书中，福柯对惩戒与罪犯的关系进行了考察。从传统帝王采用的凌迟罪犯、斩首示众到现代社会全景监狱、心理治疗，人们对罪犯的惩罚从肉身转向精神。在《性史》（*The History of Sexuality*，1984）一书中，福柯探究的是性与权力的关系以及同性恋者的历史境遇。无论是疯癫病人、麻风患者，还是囚犯、同性恋者，在我们看来，都是边缘文化的代表，他们的境遇是主流话语构建的，其中涉及的权势问题正是我们需要加以解构的。

11.3　为什么要关注边缘话语

人为什么会用不同的话语方式理解世界、创造意义？话语的不同与人类文化、人类生存状态又有着怎样深刻的联系？边缘族群与主流群体何以能共生于一个包容的广大的社会之中？

17 世纪启蒙运动兴起以来，理性熠熠生辉，被推崇为思想与行动的指南，占据着现代主义的核心。然而，理性的发展似乎遵循着一个悲剧性的二律悖反法则：启蒙投射光明，呼吁人们走出黑暗与愚昧；有光必有影，启蒙理性同时展现了它的黑暗面。现代性所痴迷的秩序理想借助理性的光辉逐渐淡化、模糊了主导权、盟主权、控制权的概念，将人们置于无处不在的理性主义坐标系下。理性探索未必能发现真理，现代性秩序梦想的征途中滋生二元对立，致使"他者"位置的产生，将那些求生于现代性秩序原则夹缝中的族群推向被收编的境地。时至今日，启蒙运动走到了穷途末路，理性主义不再自我沉醉，后现代主义风起云涌，为现代主义疗伤。疗伤的途径之一就是恢复从属者的声音，关注话语与文化的不平等，照亮话语与文化的夹缝与边缘，以此消解"中心／边缘""主流／非主流"的二元对立。话语与文化一直处于永不停息的流变状态，社会意义空间是复调的、多元的。理解并保持对片段、差异与边缘的敏感性，倾听边缘、点亮边缘、引导并包容边缘，或许才能弥合话语权带来的社会裂痕，才能真正奏响最曼妙的调和式社会和弦。

20 世纪 60 年代涌现的后现代话语，让话语借着后现代的思想呈现出了一种新的叙事和表征形态。后现代主义是一种思想状态，它具有游戏性，"其最显著的标志是其嘲弄一切（all-deriding）、蚀耗一切（all-eroding）、消解一切（all-dissolving）的破坏性（destructiveness）"（Bauman，1992：7–8）。后现代话语要么富于反讽意味，要么是其他样态的无意义"声音"，长期以来都被贴上另类的标签，无法融入主流的话语。作为社会公共空间中主流话语背后的"噪音""杂音""污言秽语"的反语言，以及以拒绝、反叛、对抗的姿态言说自己、外露自己的反文化族群，更是被挤兑到话语与文化的边缘。

事实上，每个社会都有属于自己的中心与边缘。这里的"中心"不再是一个地理的位置，而是"一个社会核心的象征、价值与信仰"，是社会集体认同感的焦点，负载着"神圣的性质"（Shils，1975：3）。边缘话语以主流话语、中心话语的反面被定义，边缘的他者地位由主流话语建构。面对这些对立，边缘话语分析希望以对话语及隐藏其后的意识形态、权势、身份、文化等问题的聚焦来呈现其对边缘的情怀与深意。

11.4　话语与语篇／文本

在话语分析领域，不同的学者对于 discourse 和 text 存在不同的解读，国内对于其衍生术语，如话语、语篇、文本等，也因为研究者的目的与取径各异而难以界定。

"话语不单单是话语研究的客体,更代表着对待语言的态度"(Wood & Kroger, 2000: 3)。在伍德和克罗杰(Wood & Kroger, 2000: 19)看来,话语是一种"社会实践"(social practice),是一种做事情的方式。同时,他们将话语领域中几种普遍的观点杂然纷陈:第一,discourse 和 text 可替换使用;第二,discourse 是口头性的,text 是书面性的;第三,符号的抽象系统与具体实现作为索绪尔对"语言"和"言语"的区分标准同样适用于 discourse 与 text,然而这也并非绝对,discourse 与 text 孰是抽象孰是具体不能一概而论。对布朗和尤尔(1983: 26)、韩礼德(1994: 339)而言,"话语"指整个交际事件与过程,而 text 是交际事件的一部分,是过程的产物。而且,韩礼德认为,语篇是一个语义单位而非语法单位,它的界定不取决于语篇规模的大小。将语篇视为大于小句的超句子,认为语篇包括小句的观点都是十分错误的。语篇与小句之间是一种实现关系,语篇被小句编码,由小句实现。

葛伊(Gee, 1996)使用带有大写"D"的 Discourse,强调话语的"文化模式"(cultural models)。对他而言,话语是"一种将语言、行为、价值观、信仰、态度和社会身份融为一体的存在方式或者生活方式"(Gee, 1996: 127)。这是一种关注话语的意识形态维度的话语观,有效地实现了语言、行为、交流、思维方式的融合,人们可以凭借语言、服饰、行为、态度等各种符号资源来扮演某种社会身份,并与非我族群保持区分。这种话语观大致相当于福柯(1972: 121)所谓的"话语秩序"(order of discourse)。福柯通过精神病话语、诊所话语等进行了示例说明。话语可谓福柯思想中最重要的主题之一。对他而言,话语包含在各类族群的权力、知识体系中,话语能够通过限定事物被讨论的方式以及特定语境中哪些才称得上是"知识",从而对各类族群施以控制,因此话语是建构知识、生产权力的主要工具。同时,话语也在权力、知识交织纵横的网络体系中产生。不同的话语对应不同的族群、知识、权力关联域,不同类型的族群及其成员由话语建构并受话语约束。

同样地,费尔克劳(1992c: 3)也认为"话语(discourse)是一种社会实践,语篇/文本(text)是这种实践留下的痕迹"。任何话语都可以同时被视为一种三维的概念:第一,语篇,口语或书面语;第二,话语实践(discourse practice),包括语篇的生成和解释;第三,社会文化实践（social-cultural practice）（Fairclough，1995a）。话语可以在两种意义上被使用，抽象的话语指涉作为社会生活有机组成部分的语言与其他符号，而具体意义上的话语指的是表征世界、现实的特殊方式（Fairclough，2003：26）。

相应地，话语分析与语篇分析并非是相互排斥、不可兼容的。话语分析的开展离不开语篇分析或者文本分析，但是话语分析又不是对文本进行单纯的语言分析。费尔克劳（1995a）认为话语的性质要求话语分析也必须是三维的，一般应包括：第一，对语篇的语言学描述；第二，对语篇与话语过程之间的关系做出解释；第三，对话语过程与社会过程之间的关系做出解释。换言之，话语分析既关注语篇层面的语言，也关注行动的语言；既关注人与人、群体、社会、文化之间的交流，也关注人如何使用语言交流思想与观念，如何做事情，等等。

话语分析在具体的文本与话语秩序抑或语言的社会结构之间摆动，话语分析强调语言运用的语境。同样地，话语与语篇/文本的意义往往也需要结合研究者的目的与取径才能确定下来。本研究采用的是批评话语分析的观点，认为话语不是语篇或文本，话语是一种社会实践，是一种意义的生成方式，一种言说方式、生活方式、生存之道，是一种味道，一种姿态或者一种气质，有点像印度哲学中的"无形"（黄国文、丁建新，2001：301）；话语既可以是口头的也可以是书面的，话语的方式多种多样。我们对话语与文本/语篇的区分基本采用费尔克劳的观点。

11.5　边缘话语分析在中国

边缘话语分析是中山大学语言研究所最近几年来的一个重要研究课题。对边缘话语的关注体现了批评话语分析的社会关切。我们认为人文关怀与社会关切是作为一个语言学者不可或缺的胸襟与视野。批评话语分析以揭示话语实践中隐含的权力关系与不平等为己任，将主流话语"自然化"（naturalise）到语言中的意识形态揭露出来，从而消除话语霸权，使得更多的人能够获得"有效的公民权和民主资格"。在《作为社会符号的"反语言"——"边缘话语与社会"系列研究之一》一文中，丁建新（2010：76–83）第一次在国内提出"边缘话语"这一概念，同时也第一次系统地介绍韩礼德关于"反语言"这一长期被国内学界尘封的论述。文章以因犯语言、黑帮行话、引航员俚语、卡车司机车载电台语言、大学校园俚语、说唱音乐等反语言或半反语言形式为例，说明这一另类话语及其构建的另类世界。反语言是一种相对于主流语言来说具有不同词汇的语言形式，是反文化群体用以反抗、抵制、扰乱，从而远离占统治地位的主流文化的一种话语实践。与主流语言相比，反语言具有寄生性与隐喻性。反语言生成反社会，而反社会是主流社会的有意识的替代。反语言是构建身份认同、寻找"有意义的他者"的重要手段。反语言作为边缘话语的一种极端形式，对社会符号学研究话语与社会的关系具有重要的理论意义。在《从话语批评到文化批评——边缘话语与社会系列研究之二》一文中，丁建新对《海角七号》与《1895》两部台湾电影的分析，尝试将边缘话语、边缘族群与社会的理论运用到电影批评与文化评论，拆除从话语批评到文化批评的学术壁垒。在《语法作为文化：韩礼德语言学的人类学解释》（Grammar as Culture: An Anthropological Interpretation of Hallidayan Linguistics，2012）一文中，丁建新再次从多个方面论证了韩氏理论的精髓是对社会、文化研究的贡献。这篇文章从根本上纠正了功能主义长期以来在国内被肤浅对待的趋向，为边缘话语与社会这一研究课题取得了理论支持。

中山大学语言研究所的其他成员在边缘话语分析方面也做了不少研究。廖益清近年来从跨学科的角度对女性话语这一长期处于男权社会底层的话语形式做了许多颇有意义的探究（2008a，2008b）。同一主题的研究还有梁绮韵《亲密关系中的权力协商——〈爱在日落余晖前〉后结构女性主义话语分析》（2009）、陈娟的《法庭中的不平等：基于猥亵儿童及强奸案中交叉询问的批评性语篇分析》（2011）、侯丽娴的《女同性恋 QQ 聊天中亲密关系的构建：系统功能语言学中的参与视角》（2012）。沈文静的博士论文则从反语言与身份构建的角度来研究伯吉斯小说《发条橙》中的纳查奇语。研究所同样以青年话语为研究对象的论文还有胡安奇的《山寨文化研究：巴赫金狂欢化理论视角》（2010）、周旗的《话语与青年：从批评性语篇分析角度来看〈校园王〉中的语码转换》（2010）、方艾若的《关于校园俚语的调查研究——从社会的角度》

（2011）、黄璟的《广州二代移民的语言选择、语码转换模式和身份认同》（2012）、李坤梅的《对中国说唱中反语言的社会符号学分析》（2012）、胡上的《从批评语言学的角度分析电影〈那些年，我们一起追的女孩〉中的青年话语》（2013）等。在话语与种族问题上，在该研究所完成的硕士论文有冯小玮的《语言与种族歧视的共建——对奥巴马关于种族演说的批评语篇分析》（2009）、何湘君的《语篇、意识形态、种族歧视：对保林·汉森演说的批评语篇分析》（2009）等。研究所其他关于边缘话语的研究还有荣兰英的《闲话的批评话语分析》（2012）、刘婷的《探讨网络语言暴力下隐藏的意识形态与权势——批评话语分析》（2013）和赵羽茜的《消费文化中的身体研究——从文化研究的角度》（2013）等。中山大学外国语学院的另外一位博士生许伊（导师为黄国文）则从批评话语分析的角度来研究叙事语篇《马桥词典》中的反语言。无论是反语言，还是女性话语、同性恋话语、青年话语、网络话语、移民话语，在我们的理论中都属于边缘话语。

继《批评语言学》（丁建新、廖益清，2011）之后，我们编撰的《边缘话语分析》一书是关于边缘话语分析的全国性论文集。它收集了近年来国内同行从各个研究领域对边缘话语的研究。我们试图突出跨学科的特色，收集了边缘话语分析这一新范式在文体学、社会语言学、话语分析、文化批评等领域的最新研究。其中包括：第一，青年话语，如肖伟胜的《作为青年亚文化现象的网络语言》（2008）、郭中子的《汉语"火星文"的认知诠释》（2008）、方亨的《从动漫流行语解读中国青年亚文化的心理症候——以"萝莉""伪娘""宅男／宅女"为例》（2011）、袁梦倩的《青春怀旧、纯爱消费与青年亚文化的狂欢——〈那些年，我们一起追的女孩〉》（2012）；第二，女性话语，如王迪的《女性话语的突围之路——论埃莱娜·西克苏"阴性书写"进行时》（2010）、张玫玫的《身体／语言：西苏与威蒂格的女性话语重建》（2008）、傅蓓的《中国妇女社会性别话语识别及其批判性分析——以〈中国妇女性观点调查〉为例》（2011）；第三，同性恋话语，如边静的《隐秘情结的影像诉说——华语电影同性恋话语的生成和发展》（2007）、王晴锋的《生存现状、话语演变和异质的声音——90年代以来的同性恋研究》（2011）；第四，摇滚，如李皖的《摇滚中国（一九八九——二〇〇九）——

"六十年三地歌"之七（上）》（2011）、周宗伟的《中国摇滚乐与城市青少年文化》（2005）；第五，"神秘"语言，如曲彦斌的《现实社会生活视野下的隐语行话》（2009）、黄涛的《咒语、祷语与神谕：民间信仰仪式中的三种"神秘"语言现象》（2005）；第六，其他领域，如张荣翼的《从边缘到中心——词、曲、小说的文体变迁与知识分子话语转型》（1996）、陈伟军的《被放逐的边缘话语——解读建国初期文坛有关同人刊物的言说》（2005）、殷平善和庞杰的《汉语言文字与中医学的整体思维》（2011）、黄剑的《"边缘人"角色的建构——身体缺陷者社会歧视的文化社会学分析》（2009）、李艳红的《一个"差异人群"的群体素描与社会身份构建：当代城市报纸对"农民工"新闻报道的叙事分析》（2006）、蔡志诚的《疯癫的边际——精神分裂的话语分析》（2011）、庞好农的《理查德·赖特笔下非洲裔美国人的他者身份》（2007），张峰的《"属下"的声音——〈藻海无边〉中的后殖民抵抗话语》（2009）。

中山大学语言研究所主办的"中国批评语言学高层论坛"两年一次，已经召开过两届。首届于 2010 年 11 月召开，主题是"从话语批评到文化批评"。第二届秉承透过话语观照社会的理念，以"话语与社会变迁"为主题，于 2012 年 12 月召开。国内许多同行学者一次或两次参加了这一高层论坛。他们从其各自的研究领域诠释边缘话语与边缘社会、边缘文化的关系，包括黄国文（功能语言学，华南农业大学）、杨信彰（话语分析，厦门大学）、施旭（文化话语，浙江大学）、吴宗杰（话语的民族志研究，浙江大学）、李洪儒（语言哲学，黑龙江大学）、赵彦春（翻译研究，天津外国语大学）、阮炜（文明研究，深圳大学）、辛斌（批评性认知研究，南京师范大学）、田海龙（当代中国新话语，天津商业大学）、杜金榜（法律语言学，广东外语外贸大学）、袁传有（法律语言学，广东外语外贸大学）、冯捷蕴（媒体研究，对外贸易大学）、袁文彬博士（文学／文化批评，深圳大学）。他们的参与，为边缘话语分析在中国的研究注入了新的、跨学科的活力。

11.6 结语

　　边缘话语分析是一种以社会关切为本的后现代主义话语分析范式。这一范式试图打通话语批评与文化批评之间的阻隔与断裂，带有人种学的研究取向。它关注话语与文化的不平等，试图照亮话语与文化的夹缝与边缘，以此消解"中心／边缘""主流／非主流"的二元对立。这一新范式在文体学、社会语言学、话语分析、文化批评等领域都获得了研究进展。我们相信，边缘话语分析这一新的跨学科领域在中国将会有很好的发展。

参考文献

巴赫金 . 1998. 文本、对话与人文 . 石家庄：河北教育出版社 .

巴特 . 2012. S/Z. 上海：上海人民出版社 .

巴特勒 . 2001. 不确定的基础：女权主义和"后现代主义"的问题 . 塞德曼主编 . 后现代转向 . 沈阳：辽宁教育出版社，207–230.

巴战龙 . 2008. 教育民族志：含义、特点、类型 . 湖南师范大学教育科学学报，（3）：10–13.

鲍曼 . 2001. 是否有一门后现代的社会学 . 塞德曼主编 . 后现代转向 . 沈阳：辽宁教育出版社，251–276.

布朗 . 2001. 修辞性、文本性与社会学理论的后现代转向 . 塞德曼主编 . 后现代转向 . 沈阳：辽宁教育出版社，311–327.

陈鹤琴 . 1922. 语体文应用字汇 . 新教育，（5）：987–995.

陈卫东 . 2016. 伟大的英国能源转型 . 1 月 20 日 . 来自和讯新闻网 .

陈卫东 . 2016. "去煤"为治霾 无需等风来——英国能源转型的经验与借鉴 . 资源导刊，（5）：56–57.

陈中竺 . 1995. 批评语言学述评 . 外语教学与研究，（1）：21–27.

程文超 . 1993. 晚近批评中的后现代主义话语欲望 . 文艺争鸣，（6）：71–80, 68.

戴炜华，陈宇昀 . 2004. 批评语篇分析的理论和方法 . 外语研究，（4）：12–16.

戴炜华，高军 . 2002. 批评语篇分析：理论评述和实例分析 . 外国语，（6）：42–48.

丁建新 . 2010. 作为社会符号的"反语言"——"边缘话语与社会"系列研究之一 . 外语学刊，（2）：76–83.

丁建新 . 2013. 从话语批评到文化批评——"边缘话语与社会"研究 . 江西社会科学，（9）：71–75.

丁建新 . 2016. 作为文化的语法——功能语言学的人类学解释 . 现代外语，（4）：459–469.

丁建新，廖益清 . 2001. 批评话语分析述评 . 当代语言学，（4）：305–310.

丁建新，廖益清 . 2011. 批评语言学 . 北京：外语教学与研究出版社 .

丁建新，沈文静 . 2013. 边缘话语分析：一些基本的理论问题 . 外语与外语教学，（4）：17–21.

樊秀丽 . 2008. 教育民族志方法的探讨 . 教育学报，（3）：80–84.

冯志伟 . 2002. 中国语料库研究的历史与现状 . 中国语言与计算学报，（1）：43–62.

郜丽娜 . 2013. 认知语言学理论在批评话语分析中的应用 . 牡丹江大学学报，（1）：79–81.

耿敬北，陈子娟．2016．网络社区多模态话语分析——以 QQ 群话语为例．外语教学，
　　（3）：35–39.

郭松．2019．批评话语分析：批评与进展．北京第二外国语学院学报，41（4）：34–47.

胡壮麟．2007．社会符号学研究中的多模态化．语言教学与研究，（1）：1–10.

黄国文．2001．语篇分析的理论与实践——广告语篇研究．上海：上海外语教育出版社．

黄国文，丁建新．2001．沃尔夫论隐性范畴．外语教学与研究，33（1）：299–320.

黄敏．2012．新闻话语中的言语表征研究．上海：华东师范大学出版社．

霍克斯．1987．结构主义和符号学．上海：上海译文出版社．

纪卫宁．2013．维也纳学派的批评话语分析思想论略．当代外语研究，（3）：14–17.

纪玉华．2001．批评性话语分析：理论与方法．厦门大学学报（哲学社会科学版），
　　（3）：149–155.

纪玉华，李锡纯．2011．论"批评性话语分析"中的"批评性"．外国语言文学，（4）：
　　217–221.

伽达默尔．1999．真理与方法．上海：上海译文出版社．

蒋一澄．2006．欧盟能源政策：动力、机制与评价．浙江社会科学，（1）：108–112.

蒋原伦．1992．一种新的批评话语——读巴赫金《陀思妥耶夫斯基诗学问题》．文艺
　　评论，（5）：12–16.

勒梅特．2001．后结构主义与社会学．塞德曼主编．后现代转向．沈阳：辽宁教育
　　出版社，355–378.

利奥塔．2001．后现代状况．塞德曼主编．后现代转向．沈阳：辽宁教育出版社，
　　35–50.

李茨婷，郑咏滟．2015．民族志研究等同于质性研究吗？——语言教育学的视角．
　　外语电化教学，（3）：17–24.

李恩耀，丁建新．2020．国内外批评话语研究 40 年——一项基于文献计量学的研究．
　　天津外国语大学学报，（3）：41–55.

李杰，陈超美．2016．CiteSpace：科技文本挖掘及可视化．北京：首都经济贸易大学
　　出版社．

凌建侯．2007．巴赫金哲学思想与文本分析法．北京：北京大学出版社．

李桔元，李鸿雁．2014．批评话语分析研究最新进展及相关问题再思考．外国语，（4）：
　　88–96.

李战子．2003．多模式话语的社会符号学分析．外语研究，（5）：1–8.

梁兵，蒋平．2015．旅游语篇多模态话语分析与中国文化对外传播．外语学刊，（2）：
　　155–158.

梁晶．2011．民族志书写去范式化的可能性——论格雷戈里·贝特森《纳文》在民族
　　志书写中的地位．文学界（理论版），（11）：151–152.

梁茂成，李文中，许家金．2010．语料库应用教程．北京：外语教学与研究出版社．

廖益清. 2008a. 评判与鉴赏构建社会性别身份——时尚话语的批评性分析. 外语学刊,（6）：71–75.

廖益清. 2008b. 社会性别的批评话语分析述评. 外语教学, 29（5）：23–27.

廖益清. 2018. 小句构型参与者与社会性别身份构建——社会符号学视角下的时尚话语分析. 天津外国语大学学报,（2）：88–94.

林予婷, 苗兴伟. 2016. 战争合法化的话语策略——美国总统阿富汗战争演讲的批评话语分析. 外语与外语教学,（5）：59–68.

刘立华. 2007. 系统功能语言学与批评话语分析：回顾与前景展望. 西安外国语大学学报,（2）：5–9.

刘文宇, 李珂. 2017. "青岛大虾事件"微博语篇的批评性话语分析. 辽宁师范大学学报（社会科学版）,（3）：98–104.

罗蒂. 2001. 方法、社会科学和社会希望. 塞德曼主编. 后现代转向. 沈阳：辽宁教育出版社, 61–86.

罗萨尔多. 2001. 社会分析的主观性. 塞德曼主编. 后现代转向. 沈阳：辽宁教育出版社, 231–248.

苗兴伟. 2016. 批评话语分析的系统功能语言学路径. 山东外语教学,（6）：10–17.

莫伟民. 2005. 莫伟民讲福柯. 北京：北京大学出版社.

穆军芳. 2016. 国内批评话语分析研究进展的科学知识图谱分析（1995—2015）. 山东外语教学,（6）：26–34, 107.

穆军芳, 马美茹. 2016. 国际批评话语分析研究进展的科学知识图谱分析（2006—2015 年）. 河北大学学报（哲学社会科学版）,（6）：146–154.

潘艳艳. 2017. 国防话语的多模态认知批评视角——以中美征兵宣传片的对比分析为例. 外语研究,（6）：11–18.

潘艳艳. 2020. 战争影片的多模态转喻批评分析. 外语教学,（2）：13–18.

庞超伟. 2013. 伊拉克战争合法性的话语重建——一项基于布什伊战演讲语料库的评价研究. 外语研究,（4）：41–48.

钱敏汝. 1988a. 戴伊克的话语宏观结构论（上）. 国外语言学,（2）：86–93.

钱敏汝. 1988b. 戴伊克的话语宏观结构论（下）. 国外语言学,（3）：128–131.

钱毓芳. 2010a. 语料库与批评话语分析. 外语教学与研究,（3）：198–202.

钱毓芳. 2010b. 媒介话语研究的新视野：一种基于语料库的批评话语分析. 广西大学学报（哲学社会科学版）,（3）：80–84.

钱毓芳. 2010c. 英国《太阳报》关于恐怖主义话语的主题词分析. 浙江传媒学院学报,（4）：98–103.

钱毓芳. 2016. 英国报刊关于低碳经济的话语建构. 外语与外语教学,（3）：25–35.

钱毓芳. 2019.《纽约时报》关于低碳经济的话语建构. 天津外国语大学学报,（2）：30–41.

钱毓芳，黄晓琴 . 2016. 英美主流媒体关于"中国梦"的话语建构研究 . 天津外国语大学学报，（3）：15–21.

钱毓芳，黄晓琴，李茂 . 2015. 新浪微博中的"中国梦"话语分析及启示 . 对外传播，（1）：59–61.

钱毓芳，McEnery, T. 2017. A corpus-based discourse study of Chinese Medicine in UK national newspapers. 外语教学与研究，（1）：73–84.

钱毓芳，田海龙 . 2011. 话语与中国社会变迁：以政府工作报告为例 . 外语与外语教学，（3）：40–43.

钱毓芳，叶蒙荻 . 2019. 语料库与媒体话语：理论、方法与实践 . London: Global Century Press.

秦勇，丁建新 . 2019. 社会符号、音乐话语和意识形态：多模态批评视角 . 山东外语教学，（3）：11–21.

邱均平 . 1986. 文献计量学的定义及其研究对象 . 图书馆学通讯，（2）：71.

塞德曼 . 2001. 后现代转向 . 沈阳：辽宁教育出版社 .

尚国文 . 2018. 宏观社会语言学视域下的旅游语言景观研究 . 浙江外国语学院学报，（3）：46–56.

尚国文，赵守辉 . 2014. 语言景观的分析维度与理论构建 . 外国语，（3）：81–89.

沈继荣，辛斌 . 2016. 两种取向，一种融合——批评话语分析与认知语言学整合研究 . 山东外语教学，（1）：19–26.

沈文静 . 2019. 社会与符号的互动：青年新媒体话语与"e"托邦建构 . 山东外语教学，（3）：22–30.

施旭 . 1989. 冯·戴伊克的话语理论及其最新发展 . 外国语，（6）：48–50.

施旭 . 2010. 文化话语研究：探索中国的理论、方法与问题 . 北京：北京大学出版社 .

斯科特 . 2001. 解构平等与差异的对立：或面向女权主义的后结构主义理论的运用 . 塞德曼主编 . 后现代转向 . 沈阳：辽宁教育出版社，379–401.

苏琪 . 2015. 论德里达语言哲学的结构性 . 外语学刊，（2）：18–21.

唐丽萍 . 2009. 对英语学习者文化霸权话语解读的批评话语分析 . 解放军外国语学院学报，（4）：47–51.

唐丽萍 . 2011. 语料库语言学在批评话语分析中的作为空间 . 外国语，（4）：43–49.

唐丽萍 . 2016. 美国大报之中国形象的语料库语言学方法辅助下的批评话语分析 . 北京：高等教育出版社 .

唐韧 . 2014. 批评话语分析之认知语言学途径：以英国媒体移民话语为例 . 外语研究，（6）：18–22.

田耕 . 2019. 社会学民族志的力量：重返早期社会研究的田野工作 . 社会，39（1）：71–97.

田海龙 . 2006. 语篇研究的批评视角：从批评语言学到批评话语分析 . 山东外语教学，（2）：40–47.

田海龙 . 2013. 趋于质的研究的批评话语分析 . 外语与外语教学，（4）：6–10.

田海龙 . 2016. 话语研究的语言学范式：从批评话语分析到批评话语研究 . 山东外语
教学，（6）：3–9.

田海龙 . 2019. 批评话语研究的三个新动态 . 现代外语，（6）：855–864.

田海龙，潘艳艳 . 2018. 从意义到意图——多模态话语分析到多模态批评话语分析的
新发展 . 山东外语教学，（1）：23–33.

田海龙，赵芃 . 2017. 批评话语分析再思考——基于辩证唯物主义的语言与社会关系
研究 . 当代语言学，（4）：494–506.

王红阳 . 2007. 多模态广告语篇的互动意义的构建 . 四川外语学院学报，（11）：31–34.

王建华，蒋新莉，李玖 . 2018. 能源官微话语研究——语言诗学视域下的功能分析 .
天津外国语大学学报，25（3）：78–86，160–161.

王晋军 . 2002. CDA 与 SFL 关系分析 . 山东外语教学，（6）：10–13.

王克非，叶洪 . 2016. 都市多语景观——北京的多语生态考察与分析 . 语言政策与规划
研究，3（1）：11–26.

汪少华，张薇 . 2018. "后真相" 时代话语研究的新路径：批评架构分析 . 外语教学，
（4）：29–34.

王莹，辛斌 . 2016. 多模态图文语篇的互文性分析——以德国《明镜》周刊的封面语篇
为例 . 外语教学，（6）：7–11.

王玉 . 2017. 真相在田野中绽放——解读怀特《街角社会》. 新西部（理论版），（6）：
79–80.

王正，张德禄 . 2016. 基于语料库的多模态语类研究——以期刊封面语类为例 . 外语
教学，（5）：15–20.

王仲成，安树民，吴佳 . 2011. 英国新政府能源政策的基本走向及其启示 . 中国科技
论坛，（4）：145–150.

巫喜丽，战菊 . 2017. 全球化背景下广州市 "非洲街" 语言景观实探 . 外语研究，34
（2）：6–11.

吴宗杰 . 2012. 话语与文化遗产的本土意义建构 . 浙江大学学报（人文社会科学版），
42（5）：28–40.

吴宗杰，侯松 . 2012. 批评话语研究的超学科与跨文化转向——以文化遗产的中国
话语重构为例 . 广东外语外贸大学学报，（6）：12–16.

吴宗杰，余华 . 2011.《史记》叙事范式与民族志书写的本土化 . 广西民族大学学报，
（1）：70–77.

吴宗杰，余华 . 2013. 民族志与批评话语分析 . 外语与外语教学，（4）：11–16.

吴宗杰，张崇 . 2014. 从《史记》的文化书写探讨 "中国故事" 的讲述 . 新闻与传播
研究，21（5）：5–24，126.

武建国 . 2015. 批评性话语分析：争议与讨论 . 外语学刊，（2）：76–81.

武建国，林金容 . 2016. 篇际互文性与中国梦传播的话语策略 . 中国外语，（5）：43–50.

武建国，林金容，栗艺 . 2016. 批评话语分析的新方法——趋近化理论 . 外国语，（5）：75–82.

武建国，牛振俊 . 2018. 趋近化理论视域下的政治话语合法化分析——以特朗普的移民政策为例 . 中国外语，（6）：48–53.

辛斌 . 1996. 语言、权力与意识形态：批评语言学 . 现代外语，（1）：21–26.

辛斌 . 1997. 英语语篇的批评性分析刍议 . 四川外语学院学报，（4）：43–49.

辛斌 . 1998. 新闻语篇转述引语的批评性分析 . 外语教学与研究，（2）：9–14.

辛斌 . 1999. 语篇的对话性分析初探 . 外国语，（5）：8–13.

辛斌 . 2000. 批评语言学与英语新闻语篇的批评性分析 . 外语教学，（4）：44–48.

辛斌 . 2001. 体裁互文性与主体位置的语用分析 . 外语教学与研究，（5）：348–352.

辛斌 . 2002. 批评性语篇分析方法论 . 外国语，（6）：34–41.

辛斌 . 2004a. 论理解的历史性和解释的客观性 . 四川外国语学院学报，（5）：1–10.

辛斌 . 2004b. 论意义的合法化、习惯化和语境化 . 外语学刊，（5）：21–25.

辛斌 . 2004c. 批评性语篇分析：问题与讨论 . 外国语，（5）：64–69.

辛斌 . 2005. 批评语言学：理论与应用 . 上海：上海外语教育出版社 .

辛斌 . 2006. 《中国日报》和《纽约时报》中转述方式和消息来源的比较分析 . 外语与外语教学，（3）：1–4.

辛斌 . 2008. 汉英新闻语篇中转述动词的比较分析——以《中国日报》和《纽约时报》为例 . 四川外语学院学报，（5）：61–65.

辛斌 . 2016. 语言的建构性和话语的异质性 . 现代外语，（1）：1–10.

辛斌 . 2018. 南海仲裁案"裁决"书的批评性互文分析 . 当代修辞学，（3）：1–8.

辛斌，李文艳 . 2019. 社交平台新闻话语的互文性分析 . 当代修辞学，（5）：26–34.

辛斌，时佳 . 2018. 《人民日报》和《纽约时报》南海仲裁案报道中的中美官方转述言语对比分析 . 外语教学，（5）：17–20.

辛志英 . 2008. 话语分析的新发展——多模态话语分析 . 社会科学辑刊，（5）：208–211.

许丽芹，杜娟 . 2009. 批评语篇分析视角下的新闻解读 . 外语教学，（4）：58–61.

尤泽顺，陈建平 . 2008. 政治话语的批判性分析研究及其对中国的启示 . 解放军外国语学院学报，（5）：1–6.

袁艳艳，张德禄 . 2012. 多模态电影海报语篇的社会符号学分析 . 济宁学院学报，（2）：35–39.

詹韧 . 2014. 批评话语分析之认知语言学途径：以英国媒体移话语为例 . 外语研究，（6）：18–22.

张冰 . 2017. 巴赫金学派马克思主义语言哲学研究 . 北京：北京师范大学出版社 .

张德禄 . 2009. 多模态话语分析综合理论框架探索 . 中国外语，6（1）：24–30.

张德禄 . 2010. 适用性社会符号学的理论与实践研究 . 外语与外语教学，（5）：5–10.

张辉，江龙 . 2008. 试论认知语言学与批评话语分析的融合 . 外语学刊，（5）：12–19.

张辉，展伟伟 . 2011. 广告语篇中多模态转喻与隐喻的动态建构 . 外语研究，（1）：16–23.

张辉，张天伟 . 2012. 批评话语分析的认知转喻视角 . 外国语文，28（3）：41–46.

张立英，李可 . 2017. 小品词在余篇分析中的作用——《纽约时报》反恐语料库中 against 所揭示的反恐策略 . 解放军外国语学院学报，（4）：44–52.

张平 . 2001. 英国提高能源效率的政策取向 . 中国能源，（2）：28–29.

张天伟，郭彬彬 . 2016. 批评话语分析中的话语策略和识解操作研究 . 外语教学，（6）：17–22.

张宵，田海龙 . 2009. 从批评性语篇分析的理论渊源看其跨学科特征 . 天津商业大学学报，（4）：64–67, 72.

赵芃 . 2015. 学雷锋活动中的修辞——基于批评话语分析的论辩策略研究 . 当代修辞学，（4）：41–46.

赵秀凤 . 2018. 能源话语研究的体系与范畴 . 天津外国语大学学报，（3）：63–77, 160.

赵新利 .2017. 萌力量：可爱传播论 . 北京：人民日报出版社 .

郑海翠，张迈曾 . 2008. 和谐理念的多模式话语建构 . 外语学刊，（2）：107–112.

钟馨 . 2018. 英国全国性报纸中"一带一路"话语的意义建构研究——基于语料库批评话语分析法 . 现代传播，（7）：61–69.

朱大可 . 2006. 流氓的盛宴 . 北京：新星出版社 .

朱慧超，李克 . 2017. 国内批评话语分析二十年——基于文献计量学方法 . 华北理工大学学报（社会科学版），（6）：111–117.

朱永生 . 2007. 多模态话语分析的理论基础与研究方法 . 外语学刊，（5）：82–86.

Aarts, J., & Meijs, W. (Eds.). 1984. *Corpus linguistics: Recent developments in the use of computer corpora in English language research.* Amsterdam: Rodopi.

Abousnnouga, G., & Machin, D. 2013. *The language of war monuments.* London: Bloomsbury.

Agger, G. 1999. Intertextuality revisited: Dialogues and negotiations in media studies. *Canadian Aesthetics Journal,* (4): 62–71.

Allen, W. S. 1956. Structure and system in the Abaza verbal complex. *Transactions of the Philological Society,* (1): 1127–1176.

Allen, G. 2000. *Intertextuality.* London: Routledge.

Althusser, L. 1969. *For Marx.* London: Verso.

Althusser, L. 1971. *Lenin and philosophy, and other essays.* New York: Monthly Review Press.

Althusser, L. 2003. Three notes on the theory of discourses. In L. Althusser (Ed.), *The Humanist controversy and other writings (1966–1967).* London: Verso, 33–84.

Anderson, N. 1940. *Men on the move.* Chicago: University of Chicago Press.

Andrus, J. 2011. Beyond texts in context: Recontextualization and the co-production of texts and contexts in the legal discourse, excited utterance exception to hearsay. *Discourse & Society, 22*(2): 115–136.

Angermuller, J. 2018. Accumulating discursive capital, valuating subject positions. From Marx to Foucault. *Critical Discourse Studies, 15*(4): 414–425.

Angouri, J., & Wodak, R. 2014. "They became big in the shadow of the crisis": The Greek success story and the rise of the far right. *Discourse & Society, 25*(4): 540–565.

Asad, T. 1973. Two European images of non-European rule. In T. Asad (Ed.), *Anthropology and the colonial encounter*. London: Ithaca Press, 103–118.

Auty, K., & Briggs, D. 2004. Koori court, Victoria: Magistrates court (Koori Court) Act 2002. *Law, Text, Culture, 8*: 7–37.

Backhaus, P. 2006. Multilingualism in Tokyo: A look into the linguistic landscape. *International Journal of Multilingualism, 3*(1): 52–66.

Backhaus, P. 2007. *Linguistic landscapes: A comparative study of urban multilingualism in Tokyo*. Clevedon: Multilingual Matters.

Baker, H., Brezina, V., & McEnery, T. 2017. Ireland in British parliamentary debates 1803–2005: Plotting changes in discourse in a large volume of time-series corpus data. In T. Saily, A. Nurmi, M. Palander Collin & A. Auer (Eds.). *Exploring future paths for historical sociolinguistics: Advances in historical sociolinguistics*. Amsterdam & Philadelphia: John Benjamins, 83–107.

Baker, P. 2005. *Public discourses of gay men*. New York: Routledge.

Baker, P. 2006. *Using corpora in discourse analysis*. London: Continuum.

Baker, P. 2012. Acceptable bias? Using corpus linguistics methods with critical discourse analysis. *Critical Discourse Studies, 9*(3): 247–256.

Baker, P., Gabrielatos, C., Khosravinik, M., Krzyżanowski, M., McEnery, T., & Wodak, R. 2008. A useful methodological synergy? Combining critical discourse analysis and corpus linguistics to examine discourses of refugees and asylum seekers in the UK press. *Discourse & Society, 19*(3): 273–306.

Baker, P., Gabrielatos, C., & McEnery, T. 2013. *Discourse analysis and media attitudes: The representation of Islam in the British press*. Cambridge: Cambridge University Press.

Baker, P., Gabrielatos. C., & McEnery, T. 2013. Sketching Muslims: A corpus-driven analysis of representations around the word "Muslim" in the British press (1998–2009). *Applied Linguistics, (3)*: 255–278.

Baker, P., & McEnery, T. 2005. A corpus-based approach to discourses of refugees and asylum seekers in UN and newspaper texts. *Journal of Language and Politics*, (2): 197–226.

Baker, P., & McEnery, T. (Eds.). 2015. *Corpora and discourse studies: Integrating discourse and corpora*. Basingstoke: Palgrave Mcmillan.

Bakhtin, M. M. 1981. Discourse in the novel. In M. Holquist (Ed.), *M. M. Bakhtin, the dialogic imagination: Four essays*. Austin: University of Texas Press, 259–422.

Bakhtin, M. M. 1984. *Problems of Dostoevsky's poetics*. Minneapolis: University of Minesota Press.

Bakhtin, M. M. 1986. *Speech genres and other late essays*. Austin: University of Texas Press.

Bakhtin, M. M. 1990. *Art and answerability: Early philosophical essays by M. M. Bakhtin*. Austin: University of Texas Press.

Bakhtin, M. M. 1993. *Toward a philosophy of the act*. Austin: University of Texas Press.

Bamgbose, A. 2004. Language planning and language policies: Issues and prospects. In P. G. J. Sterkenburg (Ed.), *Linguistics today: Facing a greater challenge*. Amsterdam: John Benjamins, 61–88.

Barkho, L. 2011. The role of internal guidelines in shaping news narratives: Ethnographic insights into the discursive rhetoric of Middle East reporting by the BBC and Al-Jazeera English. *Critical Discourse Studies*, 8(4): 297–309.

Barthes, R. 1973. *Mythologies*. London: Granada Publishing.

Barthes, R. 1977. *Image-Music-Text*. London: Fontana.

Bateson, G. 1936. *Naven: A Survey of the problems suggested by a composite picture of the culture of a new Guinea tribe drawn from three points of view*. Palo Alto: Stanford University Press.

Bateson, G., Jackson, D. D., Haley, J., & Weakland, J. 1968. Toward a theory of schizophrenia. In D. D. Jackson (Ed.), *Communication, family and marriage* (Human Communication, Vol. I). Palo Alto: Science and Behavior Books, 31–54.

Baudrillard, J. 1983. *Simulations*. New York: Semiotext(e).

Bauman, Z. 1992. *Intimations of postmodernity*. London & New York: Routledge.

Bazerman, C. 1993. Intertextual self-fashioning—Gould and Lewontin's representation of the literature. In J. Selzer (Ed.), *Understanding scientific prose*. Madison: The University of Wisconsin Press, 20–41.

Bazerman, C. 1994. Systems of genres and the enactment of social intentions. In A. Freedman & P. Medway (Eds.), *Genre and the new rhetoric*. London: Taylor & Francis, 79–101.

Bazerman, C. 2004. Intertextuality: How texts rely on other texts. In C. Bazerman & P. Prior (Eds.), *What writing does and how it does it*. Mahwah: Lawrence Erlbaum Associates, 83–95.

Bednarek, M., & Caple, H. 2014. Why do news values matter? Towards a new methodological framework for analysing news discourse in critical discourse analysis and beyond. *Discourse & Society*, 25(2): 135–158.

Beetz, J., & Schwab, V. 2018. Conditions and relations of (re)production in Marxism and discourse studies. *Critical Discourse Studies*, 15(4): 338–350.

Beetz, J., Herzog, B., & Maesse, J. 2018. Introduction special issue Marx & discourse. *Critical Discourse Studies*, 15(4): 321–324.

Bell, A. 1991. *The language of news media*. Oxford: Blackwell.

Ben-Rafael, E., Shohamy, E., Hasan, A. M., & Trumper-Hecht, N. 2006. Linguistic landscape as symbolic construction of the public space: The case of Israel. *International Journal of Multilingualism*, 3(1): 7–30.

Bernstein, B. 1986. On pedagogic discourse. In J. Richardson (Ed.), *Handbook for theory and research in sociology of education*. Westport: Greenwood Press.

Bernstein, B. 1990. *Class, codes and control: The structuring of pedagogic discourse* (Vol. IV). London: Routledge.

Bhatia, V. K. 1993. *Analysing genre*. London & New York: Longman.

Bhatia, V. K. 2008a. Genre analysis, ESP and professional practice. *English for Specific Purposes*, 27: 161–174.

Bhatia, V. K. 2008b. Towards critical genre analysis. In V. K. Bhatia, J. Flowerdew & R. Jones (Eds.), *Advances in discourse studies*. London: Routledge, 166–177.

Bhatia, V. K. 2010. Interdiscursivity in professional communication. *Discourse and Communciation*, (21): 32–50.

Bhatia, V. K. 2012. Critical reflections on genre analysis. *Iberica*, (24): 17–28.

Bignell, J. 2002. *Media semiotics: An introduction*. Manchester: Manchester University Press.

Billig, M. 1999. Whose terms? Whose ordinariness? Rhetoric and ideology in conversation analysis. *Discourse & Society*, (10): 543–558.

Block, D. 2018. Some thoughts on CDS and its Marxist political economy bases. *Critical Discourse Studies*, 15(4): 390–401.

Blommaert, J. 2005. *Discourse: A critical introduction*. Cambridge: Canbridge Unirersity Press.

Blommaert, J., Collins, J., & Heller, M. 2001. Discourse and critique: Part one. *Critique of Anthropology*, (21): 5–12.

Boas, F. 1897. The social organization and the secret societies of the Kwakiutl Indians—Report of the U.S. National Museum for 1897. Washington, DC: Smithsonian Institution, 311–738.

Borrelli, G. 2018. Marx, a "semiotician"? On the (possible) relevance of a materialistic-semiotic approach to discourse studies. *Critical Discourse Studies*, 15(4): 351–363.

Bourdieu, P. 1984. *Distinction: A social critique of the judgement of taste*. Cambridge: Harvard University Press.

Bourdieu, P. 1988. *Language and symbolic power*. Cambridge: Polity Press.

Bourdieu, P. 1990a. *In other words: Essays toward a reflexive sociology*. Cambridge: Polity Press.

Bourdieu, P. 1990b. *The logic of practice*. Cambridge: Polity Press.

Bourdieu, P. 1994. *The field of cultural production: Essays on art and literature*. Cambridge: Polity Press.

Bourdieu, P. 2005. *The social structures of the economy*. Cambridge: Polity Press.

Bourdieu, P., & Wacquant, L. 1992. *An invitation to reflexive sociology*. Cambridge: Polity Press.

Bouvier, G. 2015. What is a discourse approach to Twitter, Facebook, YouTube and other social media: Connecting with other academic fields? *Journal of Multicultural Discourses*, (2): 149–162.

Brandt, P. A. 2005. Mental spaces and cognitive semantics: A critical comment. *Journal of Pragmatics*, (37): 1578–1594.

Brandt, L., & Brandt, P. A. 2002. Making sense of a blend. *Apparatur*, 4: 62–71.

Braudel, F. 1981. *The structures of everyday life: The limits of the possible*. New York: Harper & Row.

Brewer, J. D. 2000. *Ethnography*. Buckingham: Open University Press.

Briggs, C. L., & Bauman, R. 1992. Genre, intertextuality, and social power. *Journal of Linguistic Anthropology*, 2(2): 131–172.

Brown, G., & Yule, G. 1983. *Discourse analysis*. Cambridge: Cambridge University Press.

Burdick, C. 2012. Mobility and language in place: A linguistic landscape of language commodification. From Student Research Reports website.

Burroughs, E. 2015. Discursive representations of "illegal immigration" in the Irish newsprint media: The domination and multiple facets of the "control" argumentation. *Discourse & Society,* (2): 165–183.

Caldas-Coulthard, C. R. 1996. Women who pay for sex, and enjoy it: Transgression versus morality in women's magazines. In C. R. Caldas-Coulthard & M. Coulthard (Eds.), *Texts and practices. Readings in critical discourse analysis.* London & New York: Routledge, 250–270.

Calsamiglia, H., & Ferrero, L. 2003. Role and position on scientific voices: Reported speech in the media. *Discourse Studies, 5*(2): 147–173.

Cappelen, H., & Lepore, E. 1997. Varieties of quotation. *Mind, 106*(4): 429–450.

Carranza, I. E. 1999. Winning the battle in private discourse: Rhetorical-logical operations in storytelling. *Discourse & Society,* (10): 509–541.

Cenoz, J., & Gorter, D. 2006. Linguistic landscape and minority languages. *International Journal of Multilingualism, 3*(1): 67–80.

Charteris-Black, J. 2004. *Corpus approaches to critical metaphor analysis.* New York: Palgrave Macmillan.

Chiapello, E., & Fairclough, N. 2002. Understanding the new management ideology: A transdisciplinary contribution from critical discourse analysis and new sociology of capitalism. *Discourse & Society,* (2): 185–208.

Chilton, P. 1983. Self-critical linguistics. *Network, 5*: 34.

Chilton, P. (Ed.). 1985. *Language and the nuclear arms debate: Nukespeak today.* London: Frances Pinter.

Chilton, P. 2004. *Analysing political discourse.* London & New York: Routledge.

Chilton, P. 2005. Missing links in mainstream CDA: Modules, blends and the critical instinct. In R. Wodak & P. Chilton (Eds.), *A new agenda in critical discourse analysis.* Amsterdam: John Benjamins, 19–51.

Chilton, P. 2014. *Language, space and mind: The conceptual geometry of linguistic meaning.* Cambridge: Cambridge University Press.

Chiluwa, I., & Ifukor, P. 2015. "War against our children": Stance and evaluation in #BringBackOurGirls campaign discourse on Twitter and Facebook. *Discourse & Society, 26*(3): 267–296.

Chouliaraki, L., & Fairclough, N. 1999. *Discourse in late modernity: Rethinking critical discourse analysis.* Edinburgh: Edinburgh University Press.

Clarke, K., & Holquist, M. 1984. *Mikhail Bakhtin.* Cambridge & London: Harvard University Press.

Coulson, S., & Oakley, T. 2005. Blending and coded meaning: Literal and figurative meaning in cognitive semantics. *Journal of Pragmatics,* (37): 1510–1536.

Creswell, J. W., & Miller, D. L. 2010. Determining validaty in qualitative inquiry. *Theory into Practice, 39*: 124–130.

Cross, G. A. 2001. *Forming the collective mind: A contextual exploration of large scale collaborative writing in industry.* Cresskill: Hampton Press.

Culler, J. 1981. *The pursuit of signs: Semiotics, literature, deconstruction.* Ithaca: Cornell University Press.

Curtin, M. 2009. Languages on display: Indexical signs, identities and the linguistic landscape of Taipei. In E. Shohamy & D. Gorter (Eds.), *Linguistic landscape: Expanding the scenery.* London: Routledge, 221–237.

Derrida, J. 1976. *Of grammatology.* Baltimore & London: The John Hopkins University Press.

Djonov, E., & Zhao, S. 2014. *Critical multimodal studies of popular discourse.* New York: Routledge.

Draucker, F. 2013. *Participation as a tool for interactional work on Twitter: A sociolinguistic approach to social media engagement.* Pittsburg: University of Pittsburg Press.

Drew, P., & Heritage, J. 1992. Analyzing talk at work: An introduction. In P. Drew & J. Heritage (Eds.), *Talk at work: Interaction in institutional settings.* New York: Cambridge University Press.

Duranti, A. 2001. Linguistic anthropology: History, ideas, and issues. In A. Duranti (Ed.), *Linguistic anthropology: A reader.* Malden: Blackwell, 1–59.

Durey, J. F. 1991. The state of play and interplay in intertextuality. *Style, 25*(4): 616–635.

Eagleton, T. 1991. *Ideology: An introduction.* London: Verso.

Eliot, T. S. 1951. *Tradition and the individual talent: Selected essays.* London: Faber.

Engeström, Y., & Middleton, D. (Eds.) 1996. *Cognition and communication at work.* Cambridge: Cambridge University Press.

Erickson, T., & Kellogg, W. 2000. Social translucence: An approach to designing systems that support social processes. *ACM Transactions on Computer—Human Interaction, 7*: 59–83.

Fairclough, I., & Fairclough, N. 2012. *Political discourse analysis: A method for advanced students.* London: Routledge.

Fairclough, N. 1989. *Language and power.* London & New York: Longman.

Fairclough, N. 1992a. Intertextuality in critical discourse analysis. *Linguistics and Education, 4*: 269–293.

Fairclough, N. 1992b. Discourse and text: Linguistic and intertextual analysis within discourse analysis. *Discourse & Society, 3*(2): 193–217.

Fairclough, N. 1992c. *Discourse and social change*. Cambridge: Polity Press.

Fairclough, N. 1995a. *Critical discourse analysis: The critical study of language*. London & New York: Longman.

Fairclough, N. 1995b. *Media discourse*. London & New York: Edward Arnold.

Fairclough, N. 2000. *New labour, new language?* London: Routledge.

Fairclough, N. 2003. *Analysing discourse: Textual analysis for social research*. London: Routledge.

Fairclough, N. 2005. Critical discourse analysis in transdisciplinary research. In R. Wodak & P. Chilton (Eds.), *A new agenda in critical discourse analysis: Theory, methodology and interdisciplinarity*. Amsterdam: John Benjamins, 53–70.

Fairclough, N. 2006. *Language and globalization*. New York: Routledge.

Fairclough, N. 2009. *Critical discourse analysis*. London: Pearson Education.

Fairclough, N. 2010. *Critical discourse analysis: The critical study of language*. Harlow: Longman.

Fairclough, N., & Fairclough, I. 2018. A procedural approach to ethical critique in CDA. *Critical Discourse Studies*, *15*(2): 169–185.

Fairclough, N., Graham, P., Lemke, J. L., & Wodak, R. 2004. Introduction. *Critical Discourse Studies*, *1*(1): 1–6.

Fairclough, N., & Wodak, R. 1997. Critical discourse analysis. In T. A. van Dijk (Ed.), *Discourse as social interaction*. London: Sage, 258–284.

Fauconnier, G. 1997. *Mappings in thought and language*. Cambridge: Cambridge University Press, 258–284.

Fetterman, D. M. 2010. *Ethnography: Step-by-step guide* (3rd ed.). Los Angeles: Sage.

Fillmore, C., & Atkins, B. T. 1992. Toward a frame-based lexicon: The semantics of RISK and its neighbors. In A. Lehrer & E. Kittay (Eds.), *Frames, fields and contrasts*. Mahwah: Lawrence Erlbaum Associates.

Firth, J. R. 1957. Modes of meaning. In F. R. Palmer (Ed.), *Papers in linguistics (1934–1951)*. London: Oxford University Press, 190–215.

Firth, J. 1957. A synopsis of linguistic theory, 1930–1955. Studies in linguistic analysis (Special Volume of the Philological Society). Reprinted in F. Palmer (Ed.). 1968. *Selected Papers of J. R. Firth (1952–1959)*. London & Harlow: Longman, 168–205.

Fiske, J. 1990. *Introduction to communication studies*. London: Routledge.

Flowerdew, J. 1997. The discourse of colonial withdrawal: A case study in the creation of mythic discourse. *Discourse & Society*, (4): 453–477.

Fodor, J. A., & Pylyshyn, Z. W. 1988. Connectionism and cognitive architecture: A critical analysis. *Cognition*, 28: 3–71.

Forchtner, B., & Schneickert, C. 2016. Collective learning in social fields: Bourdieu, Habermas and critical discourse studies. *Discourse & Society*, 27(3): 293–307.

Foucault, M. 1972. *The archeology of knowledge*. New York: Harper & Row.

Foucault, M. 1973. *Madness and civilization: A history of insanity in the age of reason*. New York: Vintage.

Foucault, M. 1975. *The birth of the clinic: An archaeology of medical perception*. New York: Vintage.

Foucault, M. 1977. *Discipline & punish*. London: Allen Lane.

Foucault, M. 1980. *Power/knowledge: Selected interviews and other writings* (1972–1977). New York: Pantheon.

Foucault, M. 1981a. The order of discourse. In R. Young (Ed.), *Untying the text: A post-structural anthology*. London: Routledge & Kegan Paul, 48–78.

Foucault, M. 1981b. *The history of sexuality* (Vol. 1). Harmondsworth: Penguin.

Foucault, M. 1984. *The history of sexuality*. Harmondsworth: Penguin.

Fowler, R., Kress, G., Hodge, R., & Trew, T. 1979. *Language and control*. London: Routledge & Kegan Paul.

Fowler, R. 1986. *Linguistic criticism*. Oxford & New York: Oxford University Press.

Fowler, R. 1987. Notes on critical linguistics. In R. Steele & T. Threadgold (Eds.), *Language topics: Essays in honour of Michael Halliday*. Amsterdam & Philadelphia: John Benjamins, 31–37.

Fowler, R. 1991a. *Language in the news: Discourse and ideology in the press*. London & New York: Routledge.

Fowler, R. 1991b. Critical linguistics. In K. Malmkjaer (Ed.), *The linguistics encyclopedia*. London: Routledge.

Fowler, R. 2002. On critical linguistics. In M. Toolan (Ed.), *Critical discourse analysis* (Vol. I). London & New York: Routledge, 346–357.

Fowler, R., Hodge, R. I. V., Kress, G., & Trew, T. 1979. *Language and control*. London: Routledge & Kegan Paul.

Frow, J. 1986. *Marxism and literary history*. Oxford: Basil Blackwell.

Gabrielatos, C., McEnery, T., Diggle, P., Baker, P., & ESRC (funder). 2012. The peaks and troughs of corpus-based contextual analysis. *International Journal of Corpus Linguistics*, (2): 151–175.

Gardiner, M. 1992. *The dialogics of critique: M. M. Bakhtin and the theory of ideology*. London & New York: Routledge.

Gardiner, M. 2003. Foucault, ethics and dialogue. In M. Gardiner (Ed.), *Mikhail Bakhtin* (Vol. IV). London: Sage, 61–80.

Garnham, A. 1985. *Psycholinguistics: Central topics*. New York: Methuen.

Ge, Y., & Wang, H. 2018. The representation of ordinary people: A discursive study of identities constructed in China's news reports of social conflicts. *Discourse, Context & Media*, (26): 52–63.

Gee, J. P. 1996. *Social linguistics and literacies: Ideology in discourses*. London: Taylor & Francis.

Geertz, C. 1973. *The interpretation of cultures*. New York: Basic Books.

Geertz, C. 1983. *Local knowledge: Further essays in interpretive anthropology*. New York: Basic Books.

Genette, G. 1997. *Palimpsests: Literature in the second degree*. Lincoln & London: University of Nebraska Press.

Goetz, J., & Breneman, E. 1988. Desegregation and black students' experiences in two rural southern elementary schools. *Elementary School Journal*, (88): 489–502.

Graham, P. 2002. Critical discourse analysis and evaluative meaning: Interdisciplinarity as a critical turn. In G. Weiss & R. Wodak (Eds.), *Critical discourse analysis: Theory and interdisciplinarity*. Basingstoke: Palgrave Macmillan, 130–159.

Graham, P. 2018a. Special issue introduction on ethics in CDS. *Critical Discourse Studies*, 15(2): 107–110.

Graham, P. 2018b. Ethics in critical discourse analysis. *Critical Discourse Studies*, 15(2): 186–203.

Gramsci, A. 1971. *Selections from the prison notebooks*. London: Lawrence and Wishart.

Gray, B., & Biber, D. 2011. Corpus approaches to the study of discourse. In K. Hyland & B. Paltridge (Eds.), *Continuum companion to discourse analysis*. London & New York: Continuum, 138–152.

Groshek, J. 2008. Coverage of the pre-Iraq war debate as a case study of frame indexing. *SAGE Journals*, 1(3): 315–338.

Grosz, E. A. 1989. *Sexual subversions: Three French feminists*. North Sydney: Allen & Unwin.

Gumperz, J., & Hymes, D. 1972. *Directions in sociolinguistics: The ethnography of communication*. New York: Holt, Rinehart and Winston.

Haberer, A. 2007. Intertextuality in theory and practice. *Literatûra, 49*(5): 54–67.

Habermas, J. 1972. *Knowledge and human interest*. London: Heinemann.

Hall, S. 1986. The problem of ideology—Marxism without guarantees. *Journal of Communication Inquiry, 10*(2): 28–44.

Halliday, M. A. K. 1976. *Systems and functions in language*. London: Oxford University Press.

Halliday, M. A. K. 1978. *Language as social semiotic*. London: Arnold.

Halliday, M. A. K. 1994. *An introduction to functional grammar*. London: Arnold.

Halliday, M. A. K., & Hasan, R. 1989. *Language, context and text*. Victoria: Deakin University.

Halliday, M. A. K., & Matthiessen, C. M. I. M. 1999/2008. *Construing experience through meaning: A language-based approach to cognition*. Beijing: World Publication Cooperation.

Hammersley, M. 1992. *What's wrong with ethnography? Methodological explorations*. London: Routledge.

Harding, R. 2006. Historical representations of aboriginal people in the Canadian news media. *Discourse & Society, *(2): 205–235.

Hart, C. 2001. Moving beyond metaphor in the cognitive linguistic approach to CDA: Construal operations in immigration discourse. In C. Hart (Ed.), *Critical discourse studies in context and cognition*. Amsterdam: John Benjamins, 171–192.

Hart, C. 2010. *Critical discourse analysis and cognitive science: New perspectives on immigration discourse*. Basingstoke: Palgrave Macmillan.

Hart, C. 2013. Event-construal in press reports of violence in two recent political protests: A cognitive linguistic approach to CDA. *Journal of Language and Politics, *(3): 400–423.

Hart, C. 2016. The visual basis of linguistic meaning and its implications for critical discourse studies: Integrating cognitive linguistic and multimodal methods. *Discourse & Society, 27*(3): 335–350.

Hart, C. 2018. Event-Frames affect blame assignment and perception of aggression in discourse on political protests: An experimental case study in critical discourse analysis. *Applied Linguistics, *(3): 400–421.

Harvey, D. 1989. *The condition of postmodernity: An enquiry into the origins of cultural change*. Oxford: Blackwell.

Harvey, D. 1996. *Justice, nature and the geography of difference*. London: Blackwell.

Herzog, B. 2016. Discourse analysis as immanent critique: Possibilities and limits of normative critique in empirical discourse studies. *Discourse & Society*, *27*(3): 278–292.

Herzog, B. 2018a. Suffering as an anchor of critique: The place of critique in critical discourse studies. *Critical Discourse Studies*, *15*(2): 111–122.

Herzog, B. 2018b. Marx's critique of ideology for discourse analysis: From analysis of ideologies to social critique. *Critical Discourse Studies*, *15*(4): 402–413.

Hess, G. 1991. *School restructuring, Chicago style*. Newbury Park: Sage.

Hodge, A. 2008. The politics of recontextualization: Discursive competition over claims of Iranian involvement in Iraq. *Discourse & Society*, *19*(4): 483–505.

Hodge, R., & Kress, G. 1988. *Social semiotics*. Oxford: Polity Press.

Holquist, M. 1986. Introduction to Mikhail Bakhtin. In C. Emerson & M. Holquist (Eds.), *Speech genres and other late essays*. Austin: University of Texas Press.

Holquist, M. 1991. *Dialogism: Bakhtin and his world*. London & New York: Routledge.

Honeycutt, C., & Herring, S. 2009. Beyond microblogging: Conversation and collaboration via Twitter. Paper presented at the forty-second Hawaii international conference on system sciences.

Hook, D. 2001. Discourse, knowledge, materiality, history—Foucault and discourse analysis. *Theory & Psychology*, *11*(4): 521–547.

Hornberger, N. H., & Johnson, D.C. 2007. Slicing the onion ethnographically: Layers and spaces in multilingual language education policy and practice. *TESOL Quarterly*, *41*(3): 509–532.

Hou, S., & Wu, Z. 2017. Writing multi-discursive ethnography as critical discourse study: The case of the Wenchang Palace in Quzhou, China. *Critical Discourse Studies*, (1): 1–17.

Howarth, D. 2018. Marx, discourse theory and political analysis: Negotiating an ambiguous legacy. *Critical Discourse Studies*, *15*(4): 377–389.

Hoy, M. 2003. Bakhtin and popular culture. In M. Gardiner (Ed.), *Mikhail Bakhtin* (Vol. IV). London: Sage, 185–200.

Hunston, S. 2002. *Corpora in applied linguistics*. Cambridge: Cambridge University Press.

Hunt, D., & Koteyko, N. 2015. "What was your blood sugar reading this morning?" Representing diabetes self-managementon Facebook. *Discourse & Society*, *26*(4): 445–463.

Hutcheon, L. 1989. *The politics of postmodernism*. London: Routledge.

Hyland, K. 1999. Academic attribution: Citation and the construction of disciplinary knowledge. *Applied Linguistics, 20*(3): 341–367.

Hymes, D. 1974. *Foundations in sociolinguistics: An ethnographic approach.* Philadelphia: University of Pennsylvania Press.

Iedema, R. 2003. Muhimodality, resemiotization: Extending the analysis of discourse as multi-semiotic practice. *Visual Communication, 2*(1): 29–57.

Irwin, W. 2004. Against intertextuality. *Philosophy and Literature, 28*(2): 227–242.

Jackell, R. 1988. *Moral mazes: The world of corporate managers*. New York: Oxford University Press.

Jaeggi, R. 2009. Was is tideologiekritik? In R. Jaeggi & T. Wesche (Eds.), *Was is tKritik?* Frankfurt: Suhrkamp.

Jafarey, A. 2009. Conversations with kidney vendors in Pakistan: An ethnographic study. *Hastings Center Report,* (39): 29–44.

James, W. 1947. *Pragmaticism*. New York: Longman.

Janks, H. 2002. Critical discourse analysis as a research tool. In M. Toolan (Ed.), *Critical discourse analysis* (Vol. IV). London & New York: Routledge, 26–42.

Jenner, B., & Titscher, S. 2000. *Methods of text and discourse analysis*. London: Sage.

Jenny, L. 1982. The strategy of form. In T. Todorov (Ed.), *French literary theory today*. Cambridge: Cambridge University Press, 34–63.

Jessop, B. 2004. Critical semiotic analysis and cultural political economy. *Critical Discourse Studies, 1*(2): 159–174.

Jessop, B., & Sum, N. L. 2018. Language and critique: Some anticipations of critical discourse studies in Marx. *Critical Discourse Studies, 15*(4): 325–337.

Jewitt, C. 2009. *The Routledge handbook of multimodal analysis*. Abingdon: Routledge.

Jewitt, C., & Kress, G. (Eds.). 2003. *Multimodal literacy*. New York: Peter Lang.

Johnson, D. C. 2011. Critical discourse analysis and the ethnography of language policy. *Critical Discourse Studies, 8*(4): 267–279.

Jones. R. 2013. *Health and risk communication: An applied linguistic perspective*. Abingdon: Routledge.

Jullian, P. M. 2011. Appraising through someone else's words: The evaluative power of quotations in news reports. *Discourse & Society, 22*(6): 766–780.

Jung-ran, P. 2007. Interpersonal and affective communication in synchronous online discourse. *Library Quarterly, 77*(2): 133–155.

Kaeding, F. 1897/1898. *Häufigkeitswörterbuch der deutschen sprache*. Berlin: Self-published.

Kelsey, D., & Bennett. L. 2014. Discipline and resistance on social media: Discourse, power and context in the Paul Chambers "Twitter Joke Trial". *Discourse, Context & Media*, (3): 37–45.

KhosraviNik, M. 2010. The representation of refugees, asylum seekers and immigrants in British newspapers: A critical discourse analysis. *Journal of Language and Politics*, (1): 1–28.

Kilgariff, A., Rychlý, P., Smrž, P., & Tugwell, D. 2004. The sketch engine. Paper presented at EURALEX, Lorient, France, July 2004.

Kleinberg, J. 2003. Bursty and hierarchical structure in streams. *Data Mining and Knowledge Discovery*, (4): 373–397.

Koller, V. 2005. Critical discourse analysis and social cognition: Evidence from business media discourse. *Discourse & Society*, (16): 199–224.

Koller, V., & Mautner, G. 2004. Computer applications in critical discourse analysis. In C. Coffin, A. Hewings & K. O'Halloran (Eds.), *Applying English grammar: Functional and corpus approaches*. London: Hodder and Stoughton, 216–228.

Kress, G. 1989. *Linguistic processes in socialcultural practices*. Oxford: Oxford University Press.

Kress, G. 1996. Representational resources and the production of subjectivity: Questions for the theoretical development of critical discourse analysis in a multicultural society. In C. R. Caldas-Coulthard & M. Coulthard (Eds.), *Texts and practices. Readings in critical discourse analysis*. London & New York: Routledge, 15–31.

Kress, G. 2010. *Multimodality*. Abingdon: Routledge.

Kress, G., & Hodge, R. 1979. *Language as ideology*. London: Routledge & Kegan Paul.

Kress, G., & van Leeuwen, T. 1996. *Reading images—The grammar of visual design*. London: Routledge.

Kress, G., & van Leeuwen, T. 2001. *Multimodal discourse—The modes and media of contemporary communication*. London: Arnold.

Krishnamurthy, R. 1996. Ethnic, racial and tribal: The language of racism? In C. R. Caldas-Coulthard & M. Coulthard (Eds.), *Texts and practices. Readings in critical discourse analysis*. London & New York: Routledge, 129–149.

Kristeva, J. 1980. *Desire in language: A semiotic approach to literature and art*. New York: Columbia University Press.

Kristeva, J. 1986. *The Kristeva reader*. Oxford: Basil Blackwell.

Krzyzanowski, M. 2010. *The discursive construction of European identities*. Frankfurt: Peter Lang.

Krzyżanowski, M. 2011. Ethnography and critical discourse analysis: Towards a problem-oriented research dialogue. *Critical Discourse Studies, 8*(4): 231–238.

Krzyżanowski, M. 2016. Recontextualisation of neoliberalism and the increasingly conceptual nature of discourse: Challenges for critical discourse studies. *Discourse & Society, 27*(3): 308–321.

Krzyżanowski, M. 2018a. Discursive shifts in ethno-nationalist politics: On politicization and mediatization of the "refugee crisis" in Poland. *Journal of Immigrant & Refugee Studies*, (1–2): 76–96.

Krzyżanowski, M. 2018b. "We are a small country that has done enormously lot": The "refugee crisis" and the hybrid discourse of politicizing immigration in Sweden. *Journal of Immigrant & Refugee Studies*, (1–2): 97–117.

Krzyżanowski, M., & Forchtner, B. 2016. Theories and concepts in critical discourse studies: Facing challenges, moving beyond foundations. *Discourse & Society, 27*(3): 253–261.

Lacan, J. 1977. *Ecrits: A selection*. London: Tavistock Publications.

Laclau, E. 1990. *New reflections on the revolution of our time*. London: Verso.

Laclau, E., & Mouffe, C. 1985. *Hegemony and socialist strategy: Towards a radical democratic politics*. London: Verso.

Lakoff, G., & Johnson, M. 1980. *Metaphors we live by*. Chicago: University of Chicago Press.

Lampropoulou, S. 2014. "Greece will decide the future of Europe": The recontextualisation of the Greek national elections in a British broadsheet newspaper. *Discourse & Society, 25*(4): 467–482.

Langacker, R. W. 2002. *Concept, image, and symbol: The cognitive basis of grammar*. Berlin: Mouton de Gruyter.

Latour, B. 2004. Why has critique run out of steam? From matters of fact to matters of concern. *Critical Inquiry, 30*(2), 225–248.

Lave, J., & Wenger, E. 1991. *Situated learning: Legitimate peripheral participation*. Cambridge: Cambridge University Press.

Ledin, P., & Machin, D. 2015. How lists, bullet points and tables recontextualize social practice: A multimodal study of management language in Swedish universities. *Critical Discourse Studies*, (4): 463–481.

Ledin, P., & Machin, D. 2019. Doing critical discourse studies with multimodality: From metafunctions to materiality. *Critical Discourse Studies,* (5): 497–513.

Lee, Y., & Hsieh, G. 2013. Does slacktivism hurt activism?: The effects of moral balancing and consistency in online activism. CHI conference on human factors in computing systems CHI'13.

Leech, G. 1992. Corpora and theories of linguistic performance. In J. Svartvik (Ed.), *Directions in corpus linguistics.* Berlin: Mouton de Gruyter, 105–122.

Leech, G., & Short, M. H. 1981. *Style in fiction.* London: Longman.

Leeman, J., & Modan, G. 2009. Commodified language in Chinatown: A contextualized approach to linguistic landscape. *Journal of Sociolinguistics, 13*(3): 332–362.

Lemke, J. 1985. Ideology, intertextuality, and register. In J. D. Benson & W. S. Greaves (Eds.), *Systemic perspectives on discourse: Selected theoretical papers from the ninth International Systemic Workshop.* Norwood: Ablex, 275–294.

Lemke, J. 1988. Discourses in conflict: Heteroglossia and text semantics. In J. D. Benson & W. S. Greaves (Eds.), *Systemic functional approaches to discourse: Selected papers from the 12th International Systemic Workshop.* Norwood: Ablex, 29–50.

Lemke, J. 1992. Intertextuality and educational research. *Linguistics and Education,* 4: 257–267.

Lemke, J. 1995. *Textual politics, discourse and social dynamics.* London: Taylor & Francis.

Lenin, V. L. 1969. *What is to be done? Burning questions of our movement.* New York: International Publishers.

Lévi-Strauss, C. 1968. *Structural anthropology.* London: Allen Lane.

Li, Juan. 2009. Intertextuality and national identity: Discourse of national conflicts in daily newspapers in the United States and China. *Discourse & Society, 20*(1): 85–121.

Liebow, E. 1966. *Tally's corner: A study of negro street corner men.* Boston: Little, Brown & Company.

Lim, F. V. 2004. Developing an integrative multi-semiotic model. In K. O'Halloran (Ed.), *Multimodal discourse analysis: Systemic-functional perspectives.* London: Continuum, 220–246.

Linell, P. 1998. Discourse across boundaries: On recontextualizations and the blending of voices in professional discourse. *Text, 18*(2): 143–157.

Liu, M., & Li. C. 2017. Competing discursive constructions of China's smog in Chinese and Anglo-American English-language newspapers: A corpus-assisted discourse study. *Discourse & Communication*, (4): 386–403.

Liu, M., & Zhang. Y. 2018. Discursive constructions of scientific (un) certainty about the health risks of China's air pollution: A corpus-assisted discourse study. *Language and Communication*, (60): 1–10.

Luke, A. 2002. Beyond science and ideology critique: Developments in critical discourse analysis. *Annual Review of Applied Linguistics*, 22: 96–110.

Lynd, H., & Lynd, R. 1937. *Middletown in transition: A study in cultural conflicts.* New York: Harcourt, Brace & Company.

Macgilchrist, F. 2013. Extended review of corpus linguistics and CDA. *Critical Discourse Studies*, 10(3): 339–343.

Macgilchrist, F. 2016. Fissures in the discourse-scape: Critique, rationality and validity in post-foundational approaches to CDS. *Discourse & Society*, 27(3): 262–277.

Machin, D. 2007. An *introduction to multimodal analysis*. London: Bloomsbury.

Machin, D. 2009. Multimodality and theories of the visual. In C. Jewitt (Ed.), *Handbook of multimodal analysis*. London: Routledge, 181–190.

Machin, D. 2013. What is multimodal critical discourse studies? *Critical Discourse Studies*, 10(4): 347–355.

Machin, D. 2016. The need for a social and affordance-driven multimodal critical discourse studies. *Discourse & Society*, 27(3): 322–334.

Machin, D., & Mayr, A. 2012a. *Critical discourse studies: A multimodal approach.* London: Sage.

Machin, D., & Mayr, A. 2012b. *How to do critical discourse analysis*. London: Sage.

Machin, D., & Mayr, A. 2013. Personalising crime and crime-fighting in factual television: An analysis of social actors and transitivity in language and images. *Critical Discourse Studies*, (4): 356–372.

Machin, D., & Niblock, S. 2008. Branding newspapers: Visual texts as social practice. *Journalism Studies*, (2): 244–259.

Machin, D., & van Leeuwen, T. 2016. Multimodality, politics and ideology. *Journal of Language and Politics*, (3): 243–258.

Maesse, J. 2018. Discursive Marxism: How Marx treats the economy and what discourse studies contribute to it. *Critical Discourse Studies*, 15(4): 364–376.

Maireder, A., & Ausserhofer, J. 2014. Political discourse on Twitter: Networking topics, objects and people. In K. Weller, A. Bruns & J. Burgess (Eds.), *Twitter and Society*. New York: Peter Lang, 305–318.

Malinowski, B. 1922. Argonauts of the Western Pacific. New York: Dutton.

Manley, L. 1981. Concepts of convention and models of critical discourse. *New Literary History*, (1): 31–52.

Marcus, G. E., & Fischer, M. J. 1986. *Anthropology as cultural critique: An experimental moment in the human sciences*. Chicago: University of Chicago Press.

Marcuse, H. 1964. *One dimensional man*. Boston: The Bacon Press.

Martin, J. R. 1992. *English text: System and structure*. Amsterdam: John Benjamins.

Martin, J. R. 1997. Analysing genre: Functional parameters. In F. Christie & J. R. Martin (Eds.), *Genre and institutions: Social process in the workplace and school*. London & New York: Continuum, 3–39.

Martin, J. R. 2004. Positive discourse analysis: Power, solidarity and change. *Revista Canaria de EstudiosIngleses*, (49): 179–200.

Martin, J. R., & Wodak. R. 2003. *Re/reading the past: Critical and functional perspectives on time and value*. Amsterdam: John Benjamins.

Martin, J. R., & White. P. R. R. 2005. *The language of evaluation: Appraisal in English*. Basingstoke: Palgrave Macmillan.

Martin, J. R., & Stenglin, M. 2006. Materialising reconciliation: Negotiating difference in a post-colonial exhibition. In T. Royce & W. Bowcher (Eds.), *New directions in the analysis of multimodal discourse*. Mahwah: Lawrence Erlbaum Associates, 215–238.

Martinec, R. 1998. Cohesion in action. *Semiotic, 120*(1–2): 161–180.

Marx, K., & Engels, F. 1978. *The Marx-Engels reader*. New York: W. W. Norton & Company.

Marx, K. 2010. *Theses on Feuerbach: Karl Marx and Frederick Engels works* (Vol. 5). London: Lawrence & Wishart Electric Book.

Mautner, G. 1995. *Only connect: Critical discourse analysis and corpus linguistics*. Lancaster: Lancaster University.

Mautner, G. 2015. Checks and balances: How corpus linguistics can contribute to CDA. *International Journal of Corpus Linguistics, 24*(4): 413–444.

Mautner, G. 2016. Checks and balances: How corpus linguistics can contribute to CDS. In R. Wodak & M. Meyer (Eds.), *Methods of critical discourse analysis*. London: Sage, 154–179.

Mayr, A., & Machin, D. 2012. *The language of crime and deviance*. London: Bloomsbury.

McEnery, T., & Hardie, A. 2012. *Corpus linguistics: Method, theory and practice*. Cambridge: Cambridge University Press.

McEnery, T., Xiao, R. Z., & Tono, Y. 2006. *Corpus-based language studies: An advanced resource book*. London: Routledge.

Mcgann, J. 1985. Some forms of critical discourse. *Critical Inquiry*, (3): 399–417.

Mcgannon, K., & Smith, B. 2015. Centralizing culture in cultural sport psychology research: The potential of narrative inquiry and discursive psychology. *Psychology of Sport & Exercise*, (17): 79–87.

McKinlay, A., & McVittie, C. 2008. *Social psychology and discourse*. Chichester: Wiley-Blackwell.

Mead, M. 1928. *Coming of age in Samoa*. New York: Morrow.

Meyer, M. 2001. Between theory, method, and politics: Positioning of the approaches to CDA. In R. Wodak & M. Meyer (Eds.), *Methods of critical discourse analysis*. London: Sage, 14–31.

Miller, C.R. 1984. Genre as social action. *Quarterly Journal of Speech*, 70(2): 151–167.

Minow, M. 1984. Learning to live with the dilemma of difference: Bilingual and special education. *Law and Contemporary Problems*, 48(2): 157–211.

Morrison, A., & Love, A. 1996. A discourse of disillusionment: Letters to the editor in two Zimbabwean magazines 10 years after independence. *Discourse & Society*, 7(1): 39–76.

Moscovici, S. 1981. On social representations. In J. Forgas (Ed.), *Social cognition: Perspectives on everyday understanding*. London: The Academic Press, 181–209.

Mountz, A., & Wright, R. 1996. Daily life in the transnational migrant community of San Agustin, Oaxaca and Poughkeepsie, New York. *Diaspora*, 5: 403–428.

Nevalainen, T. 1999. Making the best use of "bad" data: Evidence for sociolinguistic variation in early modern English. *Neuphilologische Mitteilungen*, (4): 499–533.

Oberbuber, F., & Kryzanowski, M. 2008. Discourse analysis and ethnography. In R. Wodak & M. Kryzanowski (Eds.), *Qualitative discourse analysis in the social sciences*. New York: Palgrave Macmillan, 182–203.

Ochs, E. 1991. Indexing gender: Language as an interactive phenomenon. In A. Duranti & C. Goodwin (Eds.), *Rethinking context*. Cambridge: Cambridge University Press, 335–358.

O'Halloran, K. (Ed.). 2004. *Multimodal discourse analysis—Systemic functional perspectives*. London: Continnum.

O'Halloran, K. 2003. *Critical discourse analysis and language cognition*. Edinburgh: Edinburgh University Press.

O'Halloran, K. 2007. Critical discourse analysis and the corpus-informed interpretation of metaphor at the register level. *Applied Linguistics, 28*(1): 1–24.

O'Keeffe, A., & McCarthy, M. (Eds.). 2010. *The Routledge handbook of corpus linguistics*. London: Routledge.

Olausson, U. 2018. The celebrified journalist: Journalistic self-promotion and branding in celebrity constructions on Twitter. *Journalism Studies,* (16): 2379–2399.

Oliveira, S. 2004. The unthinkable unprecedented: Intertextuality in newspaper genres. *Linguagemem (Dis)curso-LemD, Tubarão, 5*(1): 9–28.

Orpin, D. 2005. Corpus linguistics and critical discourse analysis: Examining the ideology of sleaze. *International Journal of Corpus Linguistics, 10*(1): 37–61.

Orr, J. 1996. *Talking about machines: An ethnography of a modern job.* Ithaca: Cornell University Press.

O'Toole, M. 1994. *The language of displayed art*. London: Leicester University Press.

Pardo, M. L. 2001. Linguistic persuasion as an essential political factor in current democracies: Critical analysis of the globalization discourse in Argentina at the turn and at the end of the century. *Discourse & Society,* (12): 91–118.

Parkins, R. 2012. Gender and emotional expressiveness: An analysis of prosodic features in emotional expression. *Griffith Working Papers in Pragmatics and Intercultural Communication, 5*(1): 46–54.

Parrinder, P. 1979. Sermons, pseudo-science and critical discourse: Some reflections on the aims and methods of contemporary English. *Studies in Higher Education,* (1): 3–13.

Partington, A. 2003. *The linguistics of political argument*. London: Routledge.

Partington, A. 2004. Corpora and discourse, a most congruous beast. In A. Partington, J. Morley & L. Haarman (Eds.), *Corpora and discourse*. Berlinn: Peter Lang, 11–20.

Peacock, J. L. 1986. *The anthropological lens: Harsh light, soft focus*. Cambridge: Cambridge University Press.

Pêcheux, M. 1995. Automatic discourse analysis. In T. Hak & N. Helsloot (Eds.), *Automatic discourse analysis*. Amsterdam: Rodopi.

Pennycook, A. 2001. *Critical applied linguistics: A critical introduction*. Mahwah: Lawrence Erlbaum Associates.

Pentzold, C., Sommer, V., Meier, S., & Fraas. C. 2016. Reconstructing media frames in multimodal discourse: The John / Ivan Demjanjuk trial. *Discourse, Context & Media, 12*(3): 32–39.

Pinto, D. 2004. Indoctrinating the youth of post-war Spain: A discourse analysis of a fascist civics textbook. *Discourse & Society*, (15): 649–667.

Piper, A. 2000. Some have credit cards and others have giro cheques: "Individuals" and "people" as lifelong learners in late modernity. *Discourse & Society*, (4): 515–542.

Poler, K. M., & Erjavec, K. 2011. Construction of semi-investigative reporting: Journalists' discourse strategies in the Slovenian daily press. *Journalism Studies*, (3): 328–343.

Qian, Y. 2008. *Discursive constructions around terrorism in the* People's Daily and The Sun *before and after 9.11*. Lancaster: Lancaster University Press.

Qian, Y. 2010. *Discursive constructions around terrorism in* The People's Daily *and* The Sun *before and after 9·11*. Oxford: Peter Lang.

Quirk, R., Greenbaum, S., Leech, G., & Svartvik, J. 1985. A comprehensive grammar of the English language. New York: Longman.

Reeves, S., Kuper, A., & Hodges, B. D. 2008. Qualitative research methodologies: Ethnography. *British Medical Journal, 337(a1020)*: 512–514.

Reisigl, M., & Wodak, R. 2001. *Discourse and discrimination*. London: Routledge.

Reisigl, M., & Wodak, R. 2009. Discourse—historical approach (DHA). In R. Wodak & M. Meyer (Eds.), *Methods of critical discourse analysis*. London: Sage, 87–121.

Richardson, F., & Walker, C. 1948. *Human relations in an expanding company: A study of the manufacturing departments in the endicott plant of the international business machines corporation*. New Haven: Yale University Labor Management Center.

Riffaterre, M. 1978. *Semiotics of poetry*. London: Methuen.

Roderick, I. 2018. Multimodal critical discourse analysis as ethical praxis. *Critical Discourse Studies, 15*(2): 154–168.

Rogers, R. 2011. The sounds of silence in educational tracking: A longitudinal, ethnographic case study. *Critical Discourse Studies, 8*(4): 239–252.

Rogers, R. 2012. In the aftermath of a state takeover of a school district: A case study in public consultative discourse analysis. *Urban Education*, (5): 910–938.

Royce, T. D. 1998. Synergy on the page: Exploring intersemiotic complementarity in page-based multimodal text. *JASFL Occasional Papers*, (1): 25–30.

Royce, T. D. 2007. Intersemiotic complementarity: A framework for multimodal discourse analysis. In T. D. Royce & W. L. Bowcher (Eds.), *New directions in the analysis of multimodal discourse*. Mahwah: Lawrence Erlbaum Associates, 63–109.

Rozanova, J. 2010. Discourse of successful aging in *The Globe & Mail*: Insights from critical gerontology. *Journal of Aging Studies*, (4): 213–222.

Sacks, H., Schegloff, E. A., & Jefferson, G. 1974. A simplest systematics for the organization of turn-taking for conversation. *Language*, (50): 696–735.

Sanford, A. J., & Garrod, S. C. 1981. *Understanding written language: Explorations of comprehension beyond the sentence*. Chichester: John Wiley and Sons.

Sarangi, S., & Slembrouck, S. 1996. *Language, bureaucracy and social control*. London: Longman.

Saussure, F. 1974. De *course in general linguistics*. London: Fontana.

Saville-Troike, M. 2002. *The ethnography of communication: An introduction* (3rd ed.). New York: Blackwell.

Schank, R. C., & Abelson, R. P. 1997. *Scripts, plans, goals, and understanding: An inquiry into human knowledge structures*. Mahwah: Lawrence Erlbaum Associates.

Schegloff, E. A. 1997. Whose text? Whose context? *Discourse & Society*, (8): 165–187.

Schegloff, E. A. 1998. Reply to Wetherell. *Discourse & Society*, (9): 413–416.

Schegloff, E. A. 2006. On possibles. *Discourse Studies*, (8): 141–157.

Schieffelin, B. B., Woolard, K. A., & Kroskrity, P. V. (Eds). 1998. *Language ideologies: Practice and theory*. Oxford: Oxford University Press.

Schultz, E. A. 1990. *Dialogue at the margins: Whorf, Bakhtin, and linguistic relativity*. Madison: The University of Wisconsin Press.

Scollon, R. 1998. *Mediated discourse as social interaction: A study of news discourse*. London: Longman.

Scollon, R., & Scollon, S. W. 2003. *Discourses in place*. London: Routledge.

Scott, M. 2020. *WordSmith Tools 8*. Oxford: Oxfod University Press.

Shils, E. (Ed.). 1975. *Center and periphery: Essays in macrosociology*. Chicago: University of Chicago Press.

Shotter, J., & Billig, M. 2003. A Bakhtinian psychology: From out of the heads of individuals and into the dialogues between them. In M. Gardiner (Ed.), *Mikhail Bakhtin* (Vol. 4). London: Sage, 201–223.

Silverstein, M. 1979. Language structure and linguistic ideology. In P. Clyne, W. Hanks & C. Horbauer (Eds.), *The elements: A parasession on linguistic units and levels*. Chicago: Chicago Linguistic Society, 193–247.

Sinclair, J. 1996. Eagles preliminary recommendations on corpus typology. Pisa: ILC-CNR.

Sinclair, J., Jones, S., Daley, R., & Krishnamurthy, R. 2004. *English collocational studies: The OSTI Report*. London: Continuum.

Sinha, C. 2005. Blending out of the background: Play, props and staging in the material world. *Journal of Pragmatics*, (37): 1537–1554.

Sinha, C., & Jensen de Lo'pez, K. 2000. Language, culture and the embodiment of spatial cognition. *Cognitive Linguistics*, (11): 17–41.

Smart, G. 2008. Ethnographic-based discourse analysis: Uses, issues and prospects. In V. K. Bhatha, J. Flowerdew & R. Jones (Eds.), *Advances in discourse studies*. London: Routledge, 56–66.

Smart, G. 2012. Discourse-oriented ethnography. In J. P. Gee & M. Handford (Eds.), *The Routledge handbook of discourse analysis*. London: Routledge, 147–159.

Smith, A. D. 1989. *The ethnic origin of nations*. Oxford: Basil Blackwell.

Smith, L. 2006. *Uses of heritage*. London: Routledge.

Solin, A. 2004. Intertextuality as mediation: On the analysis of intertextual relations in public discourse. *Text*, 24(2): 267–296.

Solin, A. 2014. Genre. In J. Zienkowski, J. Ostman & J. Verschueren (Eds.), *Discursive pragmatics*. Shanghai: Shanghai Foreign Language Education Press, 119–134.

Sperber, D., & Wilson, D. 1986. *Relevance*. Oxford: Blackwell.

Sperber, D. 2006. Mediation between discourse and society: Assessing cognitive approaches in CDA. *Discourse Studies*, 8(1): 179–190.

Spindler, G. (ed.) 2000. *Fifty years of anthropology and education, 1950–2000: A spindler anthology*. Mahwah: Lawrence Erlbaum Associates.

Spindler, G. D. (Ed.). 1955. *Education and anthropology*. Stanford: Stanford University Press.

Stallybrass, P., & White, A. 1986. *The politics and poetics of transgression*. London: Methuen.

Stamou, A. 2013. Adopting a critical discourse analytical approach to the mediation of sociolinguistic reality in mass culture: The case of youth language in advertising. *Critical Studies in Media Communication*, (4): 327–346.

Stubbs, M. 1994. Grammar, text and ideology: Computer-assisted methods in the linguistics of representation. *Applied Linguistics*, 2(1): 23–55.

Stubbs, M. 1996. *Text and corpus analysis: Computer-assisted studies of language and culture*. Oxford: Blackwell.

Stubbs, M. 2002. Whorf's children: Critical comments on critical discourse analysis. In M. Toolan (Ed.), *Critical discourse analysis* (Vol. III). London & New York: Routledge. 202–218.

Stumpel, M. 2010. *The politics of social media: Facebook, control and resistance*. Amsterdam: University of Amsterdam Press.

Susen, S. 2007. *The foundation of the social: Between critical theory and reflexive sociology*. Oxford: Bardwell Press.

Swales, J. M. 1990. *Genre analysis: Englishin academic settings*. Cambridge: Cambridge University Press.

Tagg, J. 1988. *The burden of representation*. Basingstoke: Palgrave Macmillan.

Talib, N., & Fitzgerald, R. 2018. Putting philosophy back to work in critical discourse analysis. *Critical Discourse Studies*, 15(2): 123–139.

Tannen, D. 1989. Talking voices: Repetition, dialogue and imagery in conversational discourse. New York: Cambridge University Press.

Teubert, W. 2000. "A province of a federal superstate, ruled by an unelected bureaucracy": Keywords of the Euro-sceptic discourse in Britain. In C. Good, A. Musolff, P. Points & R. Wittlinger (Eds.), *Attitudes towards Europe*. Abingdon: Ashgate, 45–86.

Thibault, P. J. 1991. Social semiotics as praxis. Minneapolis: University of Minnesota Press.

Thibault, P. J. 1997. *Re-reading Saussure: The dynamics of signs in social life*. London & New York: Routledge.

Thompson, J. B. 1984. *Studies in the theory of ideology*. Cambridge: Polity Press.

Titscher, S., Meyer, M., Wodak, R., & Vetter, E. 2000. *Methods of text and discourse analysis*. London & Thousand Oaks & New Delhi: Sage.

Thompson, J. B. 1990. *Ideology and modern culture*. Cambridge: Polity Press.

Todorov, T. 1984. *Mikhail Bakhtin: The dialogic principle*. Minneapolis: University of Minnesota Press.

Toolan, M. (Ed.). 2002a. *Critical discourse analysis* (Vol. I). London & New York: Routledge.

Toolan, M. (Ed.). 2002b. *Critical discourse analysis* (Vol. III). London & New York: Routledge.

Törnberg, A., & Törnberg, P. 2016. Combining CDA and topic modeling: Analyzing discursive connections between Islamophobia and anti-feminism on an online forum. *Discourse & Society, 27*(4): 401–422.

Tovares, A. V. 2016. Going off-script and reframing the frame: The dialogic intertwining of the centripetal and centrifugal voices in the Truth and Reconciliation Commission hearings. *Discourse & Society, 27*(5): 554–573.

Treem, J. W., & Leonardi, P. M. 2012. Social media use in organizations. *Communication Yearbook, 36*: 143–189.

Ungerer, F., & Schmid, H. J. 2001. *An introduction to cognitive linguistic.* Beijing: Foreign Language Teaching and Research Press.

van Dijk, T. A. 1984. *Prejudice in discourse.* Amsterdam: John Benjamins.

van Dijk, T. A. 1986. *Racism in the press.* London: Arnold.

van Dijk, T. A. 1993. Principles of critical discourse analysis. *Discourse & Society, 4*(2): 249–283.

van Dijk, T. A. 1996. Discourse, power and access. In C. R. Caldas-Coulthard & M. Coulthard (Eds.), *Texts and practices: Readings in critical discourse analysis.* London & New York: Routledge, 84–104.

van Dijk, T. A. 2001. Multidisipinary CDA: A plea for diversity. In R. Wodak & M. Meyer (Eds.), *Methods of critical discourse analysis.* London: Sage, 95–120.

van Dijk, T. A. 2003a. The discourse-knowledge interface. In G. Weiss & R. Wodak (Eds.), *Critical discourse analysis: Theory and interdisciplinarity.* London: MacMillan, 85–109.

van Dijk, T. A. 2003b. Knowledge in parliamentary debates. *Journal of Language and Politics, 2*(1): 93–129.

van Dijk, T. A. 2004. Principles of critical discourse analysis. In M. Toolan (Ed.), *Critical discourse analysis* (Vol. II). London & New York: Routledge, 104–141.

van Dijk, T. A. 2006a. Discourse and manipulation. *Discourse & Society, 17*(3): 359–383.

van Dijk, T. A. 2006b. Discourse, context and cognition. *Discourse Studies, 8*(1): 159–177.

van Dijk, T. A. 2007. Editor's introduction: The study of discourse—An introduction. *Discourse Studies, 1*: xix–xlii.

van Dijk, T. A. 2008a. *Society and discourse: How social contexts influence text and talk.* New York: Cambridge University Press.

van Dijk, T. A. 2008b. *Discourse and power*. Basingstoke: Palgrave Macmillan.

van Dijk, T. A. 2008c. *Discourse and context: A sociocognitive approach*. Cambridge: Cambridge University Press.

van Dijk, T. A. 2008d. Critical discourse analysis and nominalization: Problem or pseudo-problem? *Discourse & Society, 19*(6): 821–828.

van Dijk, T. A., & Kintsch, W. 1983. *Strategies of discourse comprehension*. New York: The Academic Press.

van Leeuwen, T. 1993. Genre and field in critical discourse analysis: A synopsis. *Discourse & Society, 4*(2): 193–223.

van Leeuwen, T. 1999. *Speech, sound and music*. London: Macmillan.

van Leeuwen, T. 2005. *Introducing social semiotics*. Abingdon: Routledge.

van Leeuwen, T. 2007. Sound and vision. *Visual Communication, 6*: 136–145.

van Leeuwen, T. 2008. *Discourse as practice*. Oxford: Oxford University Press.

van Leeuwen, T. 2011. *The language of colour: An introduction*. Abingdon & New York: Routledge.

van Leeuwen, T. 2012. The critical analysis of musical discourse. *Critical Discourse Studies, 9*: 319–328.

van Leeuwen, T., & Wodak, R. 1999. Legitimizing immigration control: A discourse-historical analysis. *Discourse Studies, 1*(1): 83–118.

Vidich, A., & Lyman, S. 1998. Qualitative methods: Their history in sociology and anthropology. In N. Denzin & Y. Lincoln (Eds.), *The landscape of qualitative research: Theories and issues*. Thousand Oaks: Sage, 41–110.

Volosinov, V. N. 1973. *Marxism and the philosophy of language*. New York: Seminar Press.

Volosinov, V. N. 1976. *Freudianism: A Marxist critique*. New York & London: The Academic Press.

Volosinov, V. N. 1983. Literary stylistics. In A. Shukman (Ed.), *Bakhtin school papers: Russian poetics in translation, 10*: 93–152.

Wang, F. 2013. A social constructionist analysis of the discourse of mental depression in British and Chinese news: A corpus-based study. Birminghan: Birminghan University Press.

Weiss, G., & Wodak, R. (Eds.). 2003. *Critical discourse analysis: Theory and interdisciplinarity*. Basingstoke: Palgrave Macmillan.

White, P. R. 2003. Beyond modality and hedging: A dialogic view of the language of intersubjective stance. *Text, 23*(3): 259–284.

White, P. R. 2004. Subjectivity, evaluation and point of view in media discourse. In C. Coffin, A. Hewings & K. O'Halloran (Eds.), *Applying English grammar*. London: Hodder Arnold, 229–246.

Whorf, B. L. 1956. Linguistic relativity. In Liu Runqing & Cui Gang (Eds.), *Readings in linguistics*. Beijing: Foreign Language Teaching and Research Press, 216–223.

Whorf, B. L. 1964. *Language, thought and reality*. Cambridge: MIT Press.

Whorf, B. L. 2002. The relation of habitual thought and behaviour to language. In M. Toolan (Ed.), *Critical discourse analysis* (Vol. I). London & New York: Routledge, 8–28.

Whyte, W. F. 1943. *Street corner society*. Chicago: University of Chicago Press.

Whyte, W. F. 1993. *Street corner society: The social structure of an Italian slum* (3rd ed.). Chicago: University of Chicago Press.

Wichens, P. 1996. Comparative analysis of the use of projecting clauses in pedagogic genres. Paper read at the 25th International Systematic-Functional Congress, University of Wales, Cardiff, 154–179.

Widdowson, H. G. 1995a. Discourse analysis: A critical view. *Language and Literature*, 4(3): 157–172.

Widdowson, H. G. 1995b. Norman Fairclough: Discourse and social change. *Applied Linguistics*, 16(4): 510–516.

Widdowson, H. G. 1996. Reply to Fairclaugh: Discourse and interpretation: Conjectures and refutations. *Language and Literature*, 5(1): 57–69.

Widdowson, H. G. 2000. On the limitations of linguistics applied. *Applied Linguistics*, 21(1): 3–25.

Widdowson, H. G. 2004. *Text, context, pretext: Critical issues in discourse analysis*. Oxford: Blackwell.

Williams, R. 1977. *Maxism and literature*. Oxford: Oxford University Press.

Wodak, R. 1996. *Disorders of discourse*. London: Longman.

Wodak, R. 2001a. The discourse-historical approach. In R. Wodak & M. Meyer (Eds.), *Methods of critical discourse analysis*. London: Sage, 63–94.

Wodak, R. 2001b. What CDA is about—A summary of its history, important concepts and its development. In R. Wodak & M. Meyer (Eds.), *Methods of critical discourse analysis*. London: Sage, 1–13.

Wodak, R. 2002. Friend or foe: Defamation or legitimate and necessary criticism? Reflections on recent political discourse in Austria. *Language & Communication*, (22): 495–517.

Wodak, R. 2003. Multiple identities: The female parliamentarians in the EU Parliament. In J. Holmes & M. Meyerhoff (Eds.), *The handbook of language and gender*. Oxford: Blackwell, 671–699.

Wodak, R. 2004. National and transnational identities: European and other identities oriented in interviews with EU officials. In R. Hermann, M. Brewer & T. Risse (Eds.), *Transnational identities: Becoming European in the EU*. Lanham: Rowman & Littlefield, 97–129.

Wodak, R. 2006. Mediatiuon between discourse and society: Assessing cognitive approaches in CDA. *Discourse Studies, 8*(1): 179–190.

Wodak, R. 2009. *The discourse of politics in action: Politics as usual*. Basingstoke: Palgrave Macmillan.

Wodak, R. 2010. The glocalization of politics in television: Fiction or reality? *European Journal of Cultural Studies*, (1): 43–62.

Wodak, R. 2011. Critical discourse analysis. In K. Hyland & B. Paltridge (Eds.), *Continuum companion to discourse analysis*. London & New York: Continuum.

Wodak, R., & Boukala, S. 2015a. European identities and the revival of nationalism in the European Union: A discourse historical approach. *Journal of Language and Politics*, (1): 87–109.

Wodak, R., & Boukala, S. 2015b. (Supra)National identity and language: Rethinking national and European migration policies and the linguistic integration of migrants. *Annual Review of Applied Linguistics*, (35): 253–273.

Wodak, R., & Forchtner, B. 2014. Embattled Vienna 1683/2010: Right-wing populism, collective memory and the fictionalisation of politics. *Visual Communication*, (2): 231–255.

Wodak, R., & Krzyżanowski, M. (Eds.). 2008. *Qualitative discourse analysis in the social sciences*. Basingstoke: Palgrave Macmillan.

Wodak, R., Krzyżanowski, M., & Forchtner, B. 2012. The interplay of language ideologies and contextual cues in multilingual interactions: Language choice and code-switching in European Union institutions. *Language in Society*, (2): 157–186.

Wodak, R., & Meyer, M. (Eds.). 2001. *Methods of critical discourse analysis*. London: Sage.

Wodak, R., & Meyer, M. 2016. Critical discourse studies: History, agenda, theory and methodology. In R. Wodak & M. Meyer (Eds.), *Methods of critical discourse studies*. London: Sage, 1–22.

Wodak, R., & Meyer, M. (Eds.). 2000. *Methods of critical discourse studies*. London: Sage.

Wood, L. A., & Kroger, R. O. 2000. *Doing discourse analysis: Methods for studying action in talk and text*. London: Sage.

Woolgar, S., & Latour, B. 1986. *Laboratory life: The construction of scientific facts*. Princeton: Princeton University Press.

Wu, J. G., Huang, S. S., & Zheng, R. 2016. Recontextualization and transformation in media discourse: An analysis of the first-instance judgment of the Peng Yu Case. *Discourse & Society, 27*(4): 441–466.

Young, L., & Harrison, C. 2004. *Systemic functional linguistics and critical discourse analysis: Studies in social change*. London: Continuum.

Zappavigna, M. 2011. Ambient affiliation: A linguistic perspective on Twitter. *New Media & Society, 13*(5): 788–806.

Zhang, H., & Di, W. C. 2016. Making intelligence more transparent: A critical cognitive analysis of U.S. strategic intelligence reports on Sino-U.S. relation. *Journal of Language and Politics, 15*(1): 63–93.

Zimmerman, D. H. 1992. The interactional organization of calls for emergency assistance. In P. Drew & J. Heritage (Eds.), *Talk at work: Interaction in institutional settings*. Cambridge: Cambridge University Press, 418–469.

术 语 表

电脑语言	cyber language
定位、占位	positioning
定位箱	grounding box
多模态	multimodality
多模态的	multimodal
多模态批评话语分析	multimodal critical discourse analysis
多模态分析	multimodal analysis
多学科的	multidisciplinary
二级意指系统	second-order signifying system
法兰克福学派	the Frankfurt School
反思	reflexivity
反映论	theory of reflection
范畴化	categorization
方言	dialect
分层	stratification
风格	style
符合论	correspondence theory
符号空间	the semiotic space
符际互补	intersemiotic complementarity
副语言	paralanguage
副语言符号	paralinguistic marker
复调的	polyphonic
负面效价	negative valence
概念功能	ideational function
概念视域	conceptual horizon
概念整合理论	conceptual blending theory
高情态	high modality
工具理性	instrumental rationality
工具推导	instrument inference
工具语言学	instrumental linguistics
公平地位	fair position
公共领域	public sphere
功能谬误	functional fallacy
共现结构	co-patterning
构成互文性	constitutive intertextuality

构图意义	compositional meaning
关系逻辑	relational logic
官僚话语	bureaucratic discourse
惯习、习性	habitus
惯用话题	topoi
规范立场	normative standpoint
规范批评	normative critique
归属	attribution
过程	process
合成原则	principle of composition
后果伦理	consequentialist ethnics
后基础思想	postfoundational thinking
后结构的	poststructural
后马克思主义的	post-Marxist
互动意义	interactive meaning
互话语的	interdiscursive
互话语性	interdiscursivity
互文	intertextual
互文本	intertext
互文链	intertextual chain
互文性	intertextuality
互文形态	intertextual formation
话语	discourse
话语表征	discourse representation
话语技术化	technologization of discourse
话语–历史方法	discourse-historical approach，DHA
话语伦理	discourse ethics
话语批评	linguistic criticism
话语–认知–社会三角	discourse-cognitive-society triangle
话语身份	discourse identity
话语实践	discourse practice
话语市场化	marketization of discourse
话语形态	discursive formation
话语政治经济学	discursive political economy
话语秩序	order of discourse

话语资本积累	accumulation of discursive capital
幻想地位	fairy position
会话化	conversationalization
混合引语	mixed quotation
基本加工原则	primary processing principle
基于交际自由的方法	affordance-based approach
即时时间	intermediate time
技术话语	technocratic discourse
及物性	transitivity
机构	agency
计算机俚语	computer slang
伽利略语言意识	Galilean language consciousness
价值观	value
间接言语	indirect speech
间接引语	indirect quotation
建构主义	constructivism
建构主义的结构主义	constructivist structuralism
教育话语	pedagogic discourse
接递	relay
结构主义的建构主义	structuralist constructivism
建构的对话	constructed dialogue
脚本	script
节点词	node word
解读、解释	interpretation
解读的、解释的	interpretive
解放	emancipation
解释批评	explanatory critique
界面	interface
介入	engagement
经验观	experiential view
经验科学	empirical science
具体互文性	specific intertextuality
具体话语	discourse in the concrete
可读性的	readerly
可渗透性	permeability

可写性的	writerly
跨学科方法	interdisciplinary approach
跨学科的	interdisciplinary
跨学科性	interdisciplinarity
跨语篇性	architextuality
框定	framing
框架	frame
懒惰活动主义	slacktivism
理想读者	idealized reader
理想言语情景	ideal speech situation
理性	rationality
例示推导	instantiation inference
连贯推导	coherence inference
连通论	connectionism
脸书	Facebook
伦理	ethnics
锚定	anchorage
媒体话语	media discourse
弥散的	dispersed
民族语言	national language
民族志	ethnography
民族志的	ethnographic
明示互文性	manifest intertextuality
谬论	fallacy
内化	internalization
内在批评	immanent critique
能源效率标签	energy efficiency labelling
挪用	appropriate
偶然性	contingency
陪音	overtone
批评	critical/critique
批评互文分析	critical intertextual analysis
批评语篇分析	critical text analysis
批评语言学	critical linguistics
批评话语分析	critical discourse analysis

批评话语研究　　　　　critical discourse studies
批评体裁分析　　　　　critical genre analysis
篇内发声　　　　　　　intra-vocalization
篇外发声　　　　　　　extra-vocalization
品德伦理　　　　　　　virtue ethnics
评价理论　　　　　　　appraisal theory
评议　　　　　　　　　deliberation
前语篇　　　　　　　　pretext
强式的　　　　　　　　strong
情景身份　　　　　　　situated identity
情态　　　　　　　　　modality
去神秘化　　　　　　　demystify/demystification
去语境化　　　　　　　decontextualization
去中心化　　　　　　　decentering
去自然化　　　　　　　denaturalizing
权力　　　　　　　　　power
劝说　　　　　　　　　persuasion
人际功能　　　　　　　interpersonal function
人文理性　　　　　　　human rationality
人种学　　　　　　　　ethnography
任意意识形态　　　　　arbitrary ideology
认知范畴　　　　　　　cognitive category
认知话语分析　　　　　cognitive discourse analysis
认知模型　　　　　　　cognitive model
弱式的　　　　　　　　weak
萨丕尔–沃尔夫假说　　　Sapir-Whorf hypothesis
商品化　　　　　　　　commodification
社会表征　　　　　　　social representation
社会符号　　　　　　　social semiotic
社会关系　　　　　　　social relation
社会距离　　　　　　　social distance
社会认知　　　　　　　social cognition
社会–认知话语分析　　　socio-cognitive discourse analysis
社会符号学方法　　　　social semiotic approach
社会建构主义　　　　　social constructivism

社会实践	social practice
社会视域	social purview
社会痛苦	social suffering
社会文化实践	social-cultural practice
社会性构成的	socially constituted
社会形态	social formation
社会语用空间	socio-pragmatic space
身份	identity
生态批评	ecocriticism
生态主义	ecologism
生命权力	biopower
省略推理	enthymeme
事件时间	event time
时刻	moment
事态时间	conjunctural time
实践论证	practical argumentation
实例	instantiation
势力场	field of force
使役后果推导	causal consequence inference
使役前因推导	causal antecedence inference
视角	perspective
视觉接触	visual contact
市场	market
事实地位	act position
视域	horizon
视域融合	fusion of horizons
双声的	double-voiced
双语言的	double-languaged
水平互文性	horizontal intertextuality
私人领域	private sphere
碎片化	fragmentation
碎片化的	fragmented
体裁	genre
体裁风格	stylistics of genre
体裁互文性	generic intertextuality

体验	embodiment
同意	consent
同质性	homogeneity
突变检测	burst detection
突变性	discontinuity
突出观	prominence view
图式	schema
推特	Twitter
外在批评	external critique
网络俚语	netspeak / cyber slang
网上用语	netcronym
网民	netizen
唯物主义符号学	materialistic semiotics
文化模型	cultural model
物化	reify
物质实践	material practice
完形感知	gestalt perception
系统	system
系统功能语言学	systemic functional linguistics
下意识	subconscious
显性的	explicit
显著性	salience
现实	reality
相对主义	relativism
详述推导	elaborative inference
象征主义	symbolism
胁迫	coercion
心智表征	mental representation
心智模型	mental model
新媒体	new media
新闻价值	news value
信念	belief
信息值	information value
虚拟物	simulacra
言语体裁	speech genre

言语行为的叙述性报道	narrative report of speech act
言语转述	speech reporting
扬基	Yankee
要素	moment
仪式	ritual
意识形态	ideology
异体语言、异质语	heteroglossia
异质性	heterogeneity
意图性	intentionality
因特网语	Internet language
引用	quotation
隐性的	implicit
应用伦理学	applied ethics
用法波动分析	usage fluctuation analysis
语境化	contextualization
语境模式	context model
语类	discourse type
语料导向的	data-led，data-oriented
语料库	corpus
语料库语言学	corpus linguistics
语料库辅助话语研究	corpus-assisted discourse analysis
语码	code
语篇	text
语篇功能	textual function
语篇在场偏见	text presence bias
语式	mode
语言变体	language variety
语言决定论	linguistic determinism
语言相对论	linguistic relativity
语言意义	semantic meaning
语言游戏	language game
语言转向	linguistic turn
语义风格	semantic style
语用意义	pragmatic meaning
语域	register

语旨	tenor
预设	presupposition
欲望	desire
元功能、纯理功能	metafunction
元语言学	metalinguistics
原型	stereotype
阅读位置	reading position
杂合	hybridity
在线推导	on-line inference
再语境化	recontextualization
责任、指责	blame
真理意志	will to truth
真理主张	truth claim
整体感知	holistic perception
知识兴趣	knowledge interest
知性探索	intellectual inquiry
直接言语	direct speech
直接引语	direct quotation
殖民	colonize
制度	institution
中情态	medium modality
中性化	neutralization
主体位置	subject position
主题词	keyword
主语篇	main text
注意观	attentional view
转述言语	reported speech
资本	capital
自然化	naturalize
自由直接言语	free direct speech
自由间接言语	free indirect speech
踪迹	trace